主　编｜刘寿明
副主编｜孙竹青　沈董炎

房产纠纷
常用法律问答与典型案例

刘寿明 ◎ 主编

中国法制出版社
CHINA LEGAL PUBLISHING HOUSE

序言 PREFACE

多少人奋斗一生就为了一套房。

中国人根深蒂固的"房子"情结,使得一些人对于房产具有极为特殊的偏好,导致房产在家庭资产中占比较高。

多少奋斗者,追求的梦想就是在"漂"的城市拥有一套自己的房,创建属于自己的"家";而为了这个"家",又掏空了多少老人的钱包,捆绑了多少年轻人的青春。

在不少人眼中,在城里拥有一套房,不仅仅是具备购房能力的表现,更关乎人生是否成功。

正因为房产在家庭资产、个人财富中占据了无可替代的绝对份额,房产的任何闪失,都可能给家庭、个人带来重大损失和巨大困扰。

房产纠纷,在民事纠纷中占比较大,任何一个人、一个家庭,只要拥有房产或准备拥有房产,都应该学习和储备一定的房产法律知识,有备无患。

北京京闽律师事务所以刘寿明、孙竹青、沈董炎律师为核心的房地产律师团队,用十几年服务于各大房产企业的实践经验、专业知识,深入浅出地以法律问答和典型案例分析的方式,从"一手房买卖纠纷""二手房买卖纠纷""经济适用房、房改房、小产权房买卖纠纷""农村房买卖纠纷""夫妻房产纠纷""房产抵押纠纷""房产租赁纠纷""房产继承纠纷""房产中介纠纷""房产物业纠纷"等最为常见、最可能发生的纠纷入手，普及房产法律知识，供社会公众、房地产专业人士、法律人士以及对房产法律知识感兴趣的人士学习参考。

为了增加实用性和权威性，本书的典型案例主要选自中国裁判文书网，部分案例系作者团队在工作实践中收集整理。考虑到我国地域辽阔，各地差异性较大，创作团队在选取典型案例过程中，尽量选取各地具有代表性的案例。对于创作团队来说，这是一个庞大的工程，创作团队为此付出了大量的劳动，采取了各项措施和办法，尽可能采用各地、各层级的典型案例。

由于篇幅有限，本书仅对收录典型案例的核心要素进行摘录，为了文章叙述完整性，对部分案例进行了一定的改编。除此之外，本书还对当事人姓名、单位名称等进行了隐名处理。本书案例仅为研究、学习某个法律问题之用，如果需要进行全面研究、了解案件全貌，可以登录中国裁判文书网查询判决全文。

需要特别说明的是，因房地产法律涉及面广、争议性多、地区差异性大，故本书收录案例的生效判决仅作为本书释法说理的参考，能否成为他案判案的依据，要视具体情况而定。随着最高人民法院统一法律适用工作的推进，各地法院对于同类案件的判决差异性会越来越小。

刘寿明

2023年9月

目录 CONTENTS

第一章 "一手房"买卖纠纷 / 001

1. 普通购房者，如何最简单有效地核查购买房屋的合法性？开发商的"五证"是指哪些？ / 003

2. 没有"五证"的房屋是否可以购买？ / 007

3. 没有《商品房预售许可证》，所签购房合同是否一定无效？ / 011

4. 签订购房合同，应该注意哪几个关键问题？ / 015

5. 双方只签订了《订购合同》，开发商不签订正式合同，是不是就无法取得所购房屋？ / 021

6. 给银行作抵押的房屋是否可以购买？应注意什么问题？ / 024

7. 开发商"一房二卖"，购房者如何维权？ / 028

8. 开发商延期交房如何计算违约金？如果没有约定延期交房违约金，如何维权？ / 032

9. 签完购房合同、交完首付，国家出台新政，失去购房资格，是否可以退房？是否需要承担违约责任？ / 037

10. 所购房屋面积有增减，如何处理？ / 042

11. 所购房屋小区配套与销售沙盘、宣传材料不符，如何向开发商主张赔偿责任？ / 046

12. 商品房买卖的预告登记是什么？与网签或备案有什么区别？ / 051

第二章 "二手房"买卖纠纷 / 055

1. 如何简单核查卖方卖房的合法性？/ 057

2. 网签合同与实际合同发生冲突，法院会如何处理？/ 062

3. 没有办理产权证的房屋是否可以购买？/ 066

4. 登记在夫妻一方名下的房产，是否需要另一方同意才可以购买？/ 069

5. 抵押给银行的房产，未经银行同意，业主就对外销售，是否有效？/ 073

6. 已经按揭贷款的房屋，如何交易会更安全？/ 077

7. 签订房屋买卖合同交付定金后，房价上涨，卖房人愿意双倍赔偿定金拒不交房，购房者是否可以要求继续交房？/ 080

8. 一个房屋出现多个购房者，都想要房，法律上是如何规定的？/ 083

9. 签完合同、付完款，过户前房屋被法院查封怎么办？/ 086

10. 为孩子上学购房，购房后发现"学位"无法使用，孩子无法上对应的学校，是否可退房？是否可以要求卖方赔偿？/ 090

11. 购房后，卖方拒不迁出户籍如何处理？/ 094

12. "二手房"交易有哪些税费？约定全部由买方承担是否合法有效？买方不承担会有什么法律责任？/ 097

第三章 "经济适用房""房改房""小产权房"买卖纠纷 / 103

1. 哪些"经济适用房"可以合法买卖？/ 105

2. 购买"经济适用房"与购买普通商品房有什么不同？需要额外办理什么手续？/ 108

3. 不具有购买"经济适用房"的资格，借用具有购房资格的人名义购买，签订的买卖合同是否有效？/ 111

4. 签订的"经济适用房"买卖合同无效后，是否就是自担全部损失？如何维护自己的权益？/ 115

5. "共有产权房"与"经济适用房"有什么区别？"共有产权房"是否可以买卖？/ 118

6. "房改房"可以购买吗？/ 122

7. 购买"房改房"一般要核查什么文件确认是否可以交易？需要补交什么费用？/ 124

8. "小产权房"究竟有哪些？哪些是合法建筑、哪些是非法建筑？/ 126

9. 购买"小产权房"，主要承担哪些风险？/ 129

10. 购买"小产权房"如何尽可能地减少风险？/ 131

第四章 "农村房"买卖纠纷 / 135

1. "城里人"到农村购买农村房屋是否合法有效？/ 137

2. "城里人"购买农村房屋，若干年后，原房东或其继承人要求归还房屋，应该怎么办？/ 140

3. "城里人"购买农村房屋，若干年后拆迁，原房主主张买卖无效，拆迁款如何分配？/ 143

4. "城里人"到农村与具有宅基地的农户合作建房是否合法？/ 146

5. "城里人"到农村合作建设非住宅房屋是否合法？/ 149

6. "城里人"到农村购买非住宅用房是否合法？/ 152

7. 以"永久租赁"或"租赁二十年后自动续租二十年，一直续租"的方式购买是否合法？/ 156

8. 先"承包土地"，再在"承包土地"上建造房屋是否合法？/ 159

9. 把户口迁到农村，再购买该村农民房屋是否合法？/ 163

10. 同村村民购买宅基地或宅基地上的房屋是否一定合法有效？/ 167

第五章 夫妻房产纠纷 / 171

1. 婚前一方签订购房合同、交完全部购房款，在婚后才办完产权证，属于夫妻一方个人财产，还是夫妻共同财产？/ 173

2. 婚前一方签订购房合同、交完首付款，婚后办完产权证，并以个人财产归还银行按揭款，属于夫妻一方个人财产，还是夫妻共同财产？/ 176

3. 婚前一方签订购房合同、交完首付款，共同归还银行按揭款，并在婚后办完产权证，离婚时，双方都要房，法院会如何判决？/ 179

4. 婚前一方出资购买房屋，登记在另一方名下，离婚时，该房屋属于出资人一方财产、登记人一方财产还是夫妻财产？/ 182

5. 一方父母为子女结婚，出资以夫妻名义购买了婚房，离婚时，该房屋属于父母、子女，还是夫妻共同财产？/ 186

6. 一方父母支付首付款，以夫妻一方名义购买，夫妻共同归还银行按揭贷款，房屋属于谁？利益如何分配？/ 191

7. 结婚后，一方父母为解决子女结婚的住房问题，出资以自己孩子一方名义购买房屋，如果出现纠纷，该房屋属于父母、自己孩子一方，还是夫妻共同财产？/ 194

8. 结婚后，一方父母出资，以子女夫妻名义购买房屋，一定就属于子女夫妻共同财产吗？/ 197

9. 双方父母共同出资，但出资额不同，以夫妻名义购房，付完全款，夫妻离婚时，是按各方父母出资比例分配吗？/ 200

10. 双方父母共同出资，但出资额不同，以夫妻名义购房，付首付款，夫妻共同还按揭款，离婚时，如何分配？/ 203

第六章　房产抵押纠纷 / 207

1. 把房产证原件押给借款人，欠款人未还款，借款人是否可以行使抵押权，要求拍卖房屋，优先归还借款？/ 209

2. 签订借款合同并用房屋抵押，约定如不按时还款，房屋归借款人所有，房屋是否真的就归借款人？/ 212

3. 抵押的房屋被其他法院查封，抵押权人如何维护自己的权益？/ 216

4. 抵押的房屋被房主私下卖了，买卖有效吗？借款人权益如何保障？/ 219

5. 按揭款未还完，抵押给银行的房屋可以对外销售吗？/ 223

6. 按揭款未还完，抵押给银行的房屋，房主又想以该房对外借款，是否可以再次抵押？如果多次抵押，拍卖款如何分配？/ 226

7. 抵押的房屋又被出租了，并被房东一次性收取了长年的租金，房东无钱还款，贷款人是否可以清走租户，对外拍卖房屋？/ 229

8. 租赁的房屋又被抵押了，房东未还钱，房屋要被拍卖，租户是否可以要求继续租赁房屋？ / 234

9. 按揭贷款抵押给银行的房屋，还清贷款后，是否要去产权登记中心办理解押手续？如何办理？ / 238

10. 抵押给他人的房屋，到期后未还款，贷款人是否可以直接要求"收房"？ / 241

第七章　房产租赁纠纷 / 245

1. 房产租赁合同包括哪些主要条款？需要注意哪些问题？ / 247

2. 房产租赁是否一定要签订书面合同？是否要向房管部门登记备案？不登记备案要承担什么责任？ / 252

3. 哪些房产的租赁需要审批？出租或承租时如何最简单有效地核查是否需要审批？ / 255

4. 未取得产权证的房产是否可以租赁？哪些情况下是有效的？哪些情况下是无效的？ / 260

5. 什么情况下可以转租？如果承租人在无权转租的情况下转租了，出租人如何保护自己的权利和利益？ / 263

6. 承租人有权转租，次承租人从承租人处租房，承租人失踪或不履行租赁合同，出租人和次承租人如何处理才是合法的？ / 266

7. 租赁合同无效、租赁合同解除以及租赁期满后，租赁房屋的装修问题如何处理？ / 270

8. 对于租赁房屋的维修，法律是如何规定的？租赁合同应如何约定？ / 274

9. 在哪些情况下，出租人或承租人可以解除租赁合同？ / 277

10. 租赁合同期限届满，承租人逾期不迁出时，出租人应该如何处理？ / 281

第八章　房产继承纠纷 / 285

1. 如何确保父母离世后，将房产归自己的子女所有？ / 287

2. 是生前将房屋过户给子女，还是去世后由子女继承？各有什么利弊？ / 290

3. 父母立遗嘱，死后将房屋归一个子女所有，并经过公证，若该子女不孝，如何废除或改变遗嘱？是否一定还要公证？/ 294

4. 立有多份遗嘱，有公证的、有律师代书的、有只是自己写的，将房屋给不同的人，哪一份有效，房屋应该归谁？/ 297

5. 父母共同立遗嘱将一套房在死后归其中一子女所有，一方去世后，另一方反悔了，是否可废除或改变该遗嘱？/ 300

6. 父母只有一套房，一方已去世多年，另一方立遗嘱归其中一子女，父母都去世后，该房如何继承？/ 303

7. 父母一方先去世，未去世的一方将登记在自己名下的房屋过户给其中一个子女，其他子女是否还可以继续继承？/ 306

8. 父母与其中一个子女长期居住在父母的老房子里，居住过程中，该子女对老房子进行了翻建，父母去世后，其他子女是否可要求继承？/ 310

9. 子女长年在国外，父母先后去世，待准备卖房时，侄子拿出一份老人写的字条，说已经将该房屋赠与他了，这种赠与是否有效？这套房应该归谁？/ 313

10. 为感谢保姆长年尽心照顾，老人是否可以立遗嘱，约定其去世后，房屋归保姆居住，直到保姆去世，再由子孙继承？/ 317

第九章　房产中介纠纷 / 321

1. 通过中介购房，并支付了中介费，卖房人却在签订购房合同后违约，导致未成功购房，中介费是否可以退回？/ 323

2. 通过中介接洽卖房人后，未签中介协议，绕过中介直接与卖房人购房，中介是否可以要求支付中介费？/ 326

3. 中介公司隐瞒价格"吃差价"，购房者发现后是否可以要求其赔偿差价？/ 330

4. 中介公司因违规，被主管部门处罚，处于暂停业务时期，当事人通过该中介接洽购买了房屋，是否可以拒绝支付中介费？/ 333

5. 中介公司业务人员为购房者"出谋划策"，如虚开收入贷款、离婚解决购房资格等，但是最终相关"招数"未成功，造成损失，购房者是否可向中介公司要求赔偿？/ 336

6. 签订中介协议并支付了中介费，也签订了购房合同并支付了首付款，由于国家政策调整，购房者不再具有购房资格，购房未成功，是否可以要求退还中介费？ / 340

7. 看中了一套房，签了购房意向书，向中介支付了意向金后反悔，购房者是否可以要求退还意向金？ / 343

8. 因买房人不了解限购政策，中介公司也未告知，签订购房合同后因不具有购房资格不能办理网签的，买房人是否可以要求中介公司退还中介费？ / 347

9. 买房人被卖房人诈骗，房产中介是否需要赔偿损失？ / 350

10. 中介承诺办理贷款但未兑现，对买房人逾期支付购房款的违约赔偿由谁来买单？ / 354

第十章　房产物业纠纷 / 359

1. 业主拖欠物业费，物业公司是否可以通过断水、断电催收物业费？ / 361

2. 业主拖欠物业费，物业公司是否可以拒绝办理停车、拒绝更换小区门禁卡、停用小区门禁卡？ / 364

3. 物业公司不公示物业费收支情况，业主是否可以拒交物业费？ / 368

4. 业主私搭乱建，影响其他业主权益，物业公司是否有权拆除？ / 372

5. 物业公司是开发商聘请的，业主未与物业公司签过物业合同，业主是否可以不交物业费？ / 375

6. 业主购房后一直未居住，业主是否可以不交或少交物业费？ / 379

7. 物业公司由于服务不好被业主大会更换，新物业公司入驻后，拖欠原物业公司的物业费是否就可以不再交了？ / 383

8. 业主家被偷窃，小偷一直未抓到，业主损失巨大，是否可向物业公司主张损失？ / 386

9. 业主在小区被高层业主扔的东西砸伤，扔东西的业主一直未查到，是否可以要求物业赔偿损失？ / 389

10. 大风天，小区外墙或小区树枝掉落砸伤业主或损坏业主的财产，业主是否可以要求物业公司赔偿损失？ / 393

第十一章　房产其他纠纷 / 397

1. 为借款而签订房屋买卖合同，到期后未还款，房屋是否已卖给出借人了？ / 399

2. 借他人名义购房，多年后他人反悔，拒不配合过户，甚至拒不承认借名购房事实，会如何认定和处理？ / 402

3. 借名购房后，名义产权人擅自将房屋对外销售，是否有效？实际产权人以及购房者如何保障自己的权益？ / 407

4. 借他人名义购房后，由于名义人的债务纠纷，房屋被法院查封，实际购房者是否可以申请排除法院执行？ / 411

5. 购房后，房屋又被法院查封、拍卖，要具备什么条件才能排除法院查封、拍卖，保住所购房屋？ / 417

6. 如果是家庭唯一住房，法院是不是就不能强制拍卖、变卖或抵债了？ / 422

7. 购买的房屋长期"烂尾"，业主是否可以"断供"？如何合法维护自己的权益？ / 426

附　录　房产实用流程及注意事项 / 433

一、购买"一手房"主要流程及注意事项 / 435

二、购买"二手房"主要流程及注意事项 / 439

三、购买"经济适用房"主要流程及注意事项 / 444

四、购买"房改房"的主要流程与注意事项 / 446

五、购买"农村房"主要流程及注意事项 / 448

六、"收房"主要流程及注意事项 / 450

七、房产过户指南及注意事项 / 454

八、房产抵押指南及注意事项 / 460

九、房产继承的主要方式、办理流程及注意事项 / 463

十、房产赠与的主要流程及注意事项 / 468

十一、夫妻婚内房产赠与、共有、分割的方式和注意事项 / 470

第一章

"一手房"买卖纠纷

实践中，有的购房者因购买了属于违法、违规项目建设的房屋，导致购房合同无效，极大地侵害了购房者的权益。还有的购房者，所购正在建设的项目变成"烂尾楼"，甚至因"违法违规"被拆除，开发商又无钱退款，购房者无法得到满心期待的新房，导致"钱房两空"。

特别提示

最简单的办法是核查"五证","五证"是指《国有土地使用权证》《建设用地规划许可证》《建设工程规划许可证》《建设工程施工许可证》《商品房预售许可证》。

1. 普通购房者,如何最简单有效地核查购买房屋的合法性?开发商的"五证"是指哪些?

答:如何核查确认购买的房屋是不是合法开发建设的?这是普通购房者第一道购房必考题,而房地产开发是所有项目开发中审批手续较为复杂的项目。而且不同的项目,所需要的审批又千差万别。那么,作为一名普通购房者,如何能够最为简单地进行核查购买的房屋是不是合法开发的?

最为简单的方法是核查该项目是否具备"五证","五证"是指《国有土地使用权证》《建设用地规划许可证》《建设工程规划许可证》《建设工程施工许可证》《商品房预售可证》。按照国家相关规定,开发商应该在销售大厅公示这"五证"。

普通购房者在有意向购买该项目房屋时,应先检查该项目"五证"是否齐备。如果开发商未在销售大厅公示,应要求销售人员提供。如果开发商以各种理由拒不提供,很有可能是未合法取得上述证件,应谨慎购买,不要轻信开发商销售人员的"各种解释"。如果仍想购买,建议请专业法律人士协助查清其"各种解释"是否合理,以及可能带来的风险。

核查时,应对比"五证"的内容、项目信息是否一致,同时,需要确认自己购买的房屋是否在这"五证"范围内,以防一些不良开发商用"一期"

项目的"五证"作为"二期"项目的"五证"使用。因为套用其他"五证"提前进行销售是某些开发商的惯用伎俩。开发商公示、销售人员提供的"五证"一般是复印件，可以通过当地的相关官网查询确认。随着我国政府信息电子化管理的大力建设，绝大部分地区的政府主管部门都会在自己的官网对上述"五证"进行公示。

典型案例[①]

2013年9月至2018年9月，杨女士在位于某市某项目售楼处，查阅该项目房地产销售"五证"并经销售人员介绍后，与开发商某投资公司签订了《商品房认购凭证》和《某市商品房买卖合同》，并依约付清全部房款，还根据某投资公司的要求，签订《委托装修合同》，支付了装修款。

2018年10月前，某投资公司将涉案房屋交付给杨女士，杨女士已购置家电家具入住至今。2018年10月9日，法院张贴公告，查封某投资公司名下的涉案项目土地使用权和在建工程，杨女士方知涉案项目已被抵押，遂提起诉讼。杨女士主张购房时已尽到合理的注意义务，签约前查阅了某投资公司持有的由政府有关职能部门通过审查后颁发的涉案项目房产销售"五证"，在确认售楼处"五证"俱全的情况下，才与某投资公司签订涉案房屋买卖合同，并支付全款。某投资公司与杨女士签订的涉案房屋买卖合同中的土地状态载明的都是未抵押，如存在涉案项目被抵押，涉案房产不可售的情况，不可能在长达五年以上的销售期间没有受到任何行政机关或抵押权人的干扰或阻挠。杨女士有理由相信自己全款所购买的房屋是没有任何权利瑕疵的。因此，杨女士在不知情的情况下签订的涉案房产买卖合同，已依约付清全款，实际装修并交付使用，属善意第三人，应依法受到保护。

一审法院经审查后认为：根据《最高人民法院关于审理商品房买卖合同

[①] 案号：海南省高级人民法院（2019）琼民终536号民事判决书；本书"典型案例"和"法律分析"适用的法律法规均为案件裁判当时有效，下文不再提示。

纠纷案件适用法律若干问题的解释》第二条规定："出卖人未取得商品房预售许可证明，与买受人订立的商品房预售合同，应当认定无效，但在起诉前取得商品房预售许可证明的，可以认定有效。"根据本案查明的事实，杨女士与某投资公司签订《商品房买卖合同》时，某投资公司"五证"齐全，取得了预售许可证，合同的签订时间是在法院查封前，并已通过银行支付购房款、房屋也已交付使用，因此应认定合同真实有效。

某投资公司开发的位于某市北侧地段土地使用权以及天某国际在建工程已分别于2013年3月、4月，2015年11月、12月两次办理抵押他项权利登记，杨女士与某投资公司就涉案房屋签订的《商品房买卖合同》是在抵押登记之后，但杨女士作为购房者，是在了解某投资公司"五证"齐全，尤其是具备预售许可证的情况下购买房屋，其对抵押的事实并不知晓，导致抵押物无法优先受偿的责任不应由杨女士承担。

一审法院判决支持了杨女士的诉讼请求。

二审法院认为，虽然杨女士与某投资公司就案涉房屋签订《某市商品房买卖合同》，其也依约支付全部购房款，并对案涉房屋进行装修使用，但因不符合限购政策的要求，其购买案涉房屋的行为不能产生物权变动的结果。虽然《物权法》第十五条确立了不动产物权变动的原因与结果相区分的原则，限购政策只限制了物权变动，物权转让行为不能成就，并不必然导致物权转让合同的无效。但杨女士签订《某市商品房买卖合同》因不符合限购政策而不能产生对案涉房屋物权变动的效力，其基于该合同仅享有普通的合同债权，无法请求出卖人某投资公司为其办理不动产转让登记。故法院认为，杨女士不能依据限购后所签订的《某市商品房买卖合同》以及对该合同的履行而获得案涉房屋的物权，由此，其也无法享有案涉房屋的物权期待权。故二审法院撤销了一审判决，准许继续查封案涉房屋。

法律分析

这是购买的房屋被开发商抵押给金融机构，开发商无法还款，金融机构主张对房屋行使优先权，虽然购房者在购房时查验了"五证"，尽到了注意义务，但由于不符合限购政策而不能产生对案涉房屋物权变动的效力，最终未获法院支持的典型案例。开发商将开发的在建工程抵押给金融机构进行融资，这是普遍存在的现象，有些是销售前就进行抵押融资了，有些是销售后抵押融资。如果开发商出现资金链问题无法按时还款，金融机构就会行使抵押权拍卖房屋，造成购买人"钱房两空"。购买人购买时是否合法，是否尽到应尽的义务、是否符合当地限购政策至关重要。本案中，杨女士与某投资公司签订《商品房买卖合同》时，虽然某投资公司"五证"齐全，取得了预售许可证，合同的签订时间是在法院查封前，并已通过银行支付购房款、房屋也已交付使用，但杨女士签订《某市商品房买卖合同》不符合限购政策，而不能产生对案涉房屋物权变动的效力，其基于该合同仅享有普通的合同债权，无法请求出卖人某投资公司为其办理不动产转让登记。

> **特别提示**
>
> "五证"不全的房屋,要谨慎购买,要核查缺失哪些证件,根据缺失的原因,具体分析。如果已经具有《不动产权证》或通过各种方式确认最终可以取得"五证",可以购买。

2. 没有"五证"的房屋是否可以购买?

答: "五证"是判断一个房地产项目是否合法开发建设、是否可以合法对外销售的最为关键的政府审批文件。

具有这"五证"基本可以判断这个项目是合法开发的,可以合法购买;如果没有这"五证",是否可以购买?这就要根据具体情况进行分析认定了。

如果具有"四证",即《国有土地使用证》《建设用地规划许可证》《建设工程规划许可证》《建设工程施工许可证》,但是没有《商品房预售许可证》,这种房屋是否可以购买?

如果开发商已经取得整幢房屋的《不动产权证书》,这属于现房销售,《不动产权证书》代替了《商品房预售许可证》,可以购买。

如果具有"四证",既没有《商品房预售许可证》也没有《不动产权证书》,但是房屋从普通购买者看来基本建成,但从专业角度看,还没有达到办理《商品房预售许可证》的标准,或者相关证件在办理过程中;也有可能是这个项目建设是合法的,但是,是不对外销售或销售对象是有严格限制的,如内部职工自建房、拆迁安置房、教师公寓房等,这类房屋是无法取得《商品房预售许可证》的。

对于未办理或正在办理《商品房预售许可证》的房屋,购买后,一旦后期正常办理了《商品房预售许可证》，房屋交易是没有问题的。对于不能对外销售或销售对象受到严格限制的，如果不具有其特殊的购房资格，购买合同是无效的。

如果"五证"中的一个证都没有，但是有其他政府文件，如乡、镇政府颁发的"产权证"或审批文件，是否可以购买？这种项目从严格的法律性质上认定，就是违法建筑，购买合同是无效合同，一旦发生纠纷，是无法得到法院支持的。

典型案例[①]

2016年9月16日，原告原某购买被告某公司开发的商品房，并于2016年9月30日交纳首付款计232106元，被告承诺2017年5月1日前交房。后原告得知被告从收取首付款至今都没有取得"五证"，因被告"五证"不全，不具备售房资质，请求法院依法支持原告合同无效、退款、承担违约责任的诉讼请求。

被告某公司辩称：原告的诉讼请求不能成立，认购协议有效，原告要求支付利息不成立。1.认购协议书不是商品房买卖合同，原、被告签订的认购协议书是签订商品房买卖合同前的磋商认购的行为，协议中没有约定交房日期，也没有约定如果逾期交房的违约责任。原告请求返还购房款的事实不存在，原告请求被告支付利息没有事实和法律依据。2.原告购买房屋时对于"五证"不齐情况知情，协议书上明确了原告是在充分了解被告的背景和实力、开发项目进度和实际情况的基础上签订的协议书，原告知道被告没有"五证"的情况，所以被告不存在欺诈行为，亦未给其造成任何经济损失，也没有责任给予经济补偿，原告以被告没有"五证"为理由要求退还已交款项不成立。3.被告"五证"不全无过错，原告认购的房屋是2015年的项目，是按政府要求边施工边办理手续的情况下建设的，被告一直积极地办理手续，未能办理"五证"是政府行为导致，属不可抗力的情形，被告无过错，

---

① 案号：铁岭市银州区人民法院（2019）辽1202民初4420号民事判决书。

不存在履行协议中的违约行为。4.本案争议怡某花园项目的各种政府审批手续，政府已明确解决办法，双方签订的认购协议书可以继续履行，如原告坚决要求退还购房款，被告保留对其追究违约责任的诉权。5.被告至今已投入一亿元的资金到争议项目中，原告先期支付的232106元也在其中，因政府行为至今无法办理相关审批手续致使无法与原告签订商品房买卖合同，并致使被告的巨额投入无法收回。

庭审中被告某公司举证：

1. 2015年9月14日，某政府的某会议纪要，用于证明争议项目的建设是政府要求的，政府在要求建设的同时答应为被告办理各种手续，该会议纪要明确被告在尽快办理各项审批手续的同时抓紧施工；2.某政（2018）××号请示，用于证明关于案涉小区"五证"的办理问题，政府正在积极地想办法解决。

法院认为，原告原某与被告某公司签订的《怡某花园商品房认购协议》，约定了原告所认购商品房的基本状况、销售方式、商品房价款的确定方式、总价款、付款方式、争议解决方式等商品房买卖合同的主要内容，且被告已经按照约定收取了原告首付购房款232106元（双方约定其余房款通过银行按揭贷款支付），因此，双方签订的认购协议应当认定为商品房买卖合同。

根据被告提供的某政府2015年9月14日某会议纪要记载，某政府的某会议纪要只是要求被告在尽快办理各项建设审批手续的同时，要抓紧组织施工，但被告至本案一审辩论终结亦未取得其开发的怡某花园项目的商品房预售许可证，被告违反法律规定在未取得商品房预售许可证的情况下预售房屋非政府行为导致，故应认定双方之间签订的《怡某花园商品房认购协议》为无效合同。

法律分析

这是一个比较典型的尽管取得某会议纪要承诺尽快办理各项建设审批手续，但是由于"五证"不齐全，《商品房买卖认购协议》被法院判决无效的案件。

开发商提供了某政府的某会议纪要、相关请示，证明怡某花园的建设是政府要求的，政府在要求建设的同时答应为被告办理各种手续，并明确被告在尽快办理各项审批手续的同时抓紧施工。但是，根据被告提供的会议纪要记载，某政府只是要求被告在尽快办理各项建设审批手续的同时，要抓紧组织施工，并未要求被告在未取得商品房预售许可证的情况下预售其开发建设的房屋，故被告违反法律规定在未取得商品房预售许可证的情况下预售房屋非政府行为导致。

因此，购房者在购房时，一定要认真查核"五证"是否齐全，如果"五证"不齐，尽管项目有政府其他形式的会议纪要等，一旦产生纠纷，购房合同极有可能被法院判决为无效。

> **特别提示**
>
> 在起诉前取得《商品房预售许可证》，所签购房合同可以认定为有效。

3. 没有《商品房预售许可证》，所签购房合同是否一定无效？

答：《最高人民法院关于审理商品房买卖合同纠纷案件适用法律若干问题的解释》第二条明确规定："出卖人未取得商品房预售许可证明，与买受人订立的商品房预售合同，应当认定无效，但是在起诉前取得商品房预售许可证明的，可以认定有效。"

可见《商品房预售许可证》在确定《商品房购买合同》是否有效的认定中具有关键性作用。购买人在购买新房时，首先应查看该项目是否具有《商品房预售许可证》。

商品房预售许可证应当载明下列内容：

（1）房地产开发企业名称；

（2）预售许可证编号；

（3）预售商品房的建设工程规划许可证编号；

（4）预售商品房的坐落位置、幢号或者楼层、面积；

（5）土地的用途和使用期限；

（6）发证机关和发证日期。

房地产开发企业应当按照《商品房预售许可证》核准的内容预售商品房。预售时，房地产开发企业应当向预购人出示《商品房预售许可证》。买房人除审核《商品房预售许可证》上是否载明以上这些内容以外，还要注意查看该证的真伪,以防不法开发商伪造、涂改、租借、转让、冒用《商品房预售许可证》。

所以,买房人在看商品房预售广告时,除了看价格、位置、户型这些内容以外,不要忘了看一看上面是否标有《商品房预售许可证》的编号。如果没有,就应该谨慎购买。

典型案例[①]

牛某于2013年参与甲公司组织团购商品房,2013年4月21日交纳购房报名款5万元,2013年5月26日交纳选房款5万元。2013年7月1日,牛某与甲公司、乙公司签订了《商品房团购三方协议》,约定由甲公司组织公司员工团购乙公司开发建设的铂某小区。2013年6月4日,乙公司开具10万元房款收据。

2014年10月27日,牛某与乙公司签订了《商品房买卖合同》,约定牛某购买的商品房为铂某小区第6幢1单元0903号房,房屋价款为423101元。同日,牛某的妻子谢某向乙公司银行转账73101元。

2014年11月21日,牛某与某市住房公积金管理中心签订《个人住房公积金借款合同》,牛某与某银行签订《个人住房公积金委托借款合同》,约定贷款金额27万元。某银行于2014年11月24日发放贷款27万元,汇入乙公司账户。乙公司于2014年11月28日向牛某出具226425元的购房款收据(注明收款方式为公积金扣款)。

2018年10月15日,牛某向乙公司缴纳19794元,其中包含购房尾款10481元。同日,牛某与乙公司签订《铂某小区入住合约》。但是,因施工合同纠纷,法院于2016年1月18日依法查封了乙公司铂某小区项目的未售房产,查封期限为三年。

2019年1月15日,法院向某市不动产登记中心送达协助执行通知书和最高人民法院作出的民事裁定书,继续查封乙公司铂某小区项目价值1亿的未售房产,查封期限为自2019年1月15日起至2022年1月14日止,上述查封

---

① 案号:最高人民法院(2021)最高法民终516号民事判决书。

房产中包括案涉房屋。

2019年4月1日,申请执行人丙公司依照最高人民法院作出的民事判决书申请强制执行,一审法院依法立案执行。执行过程中,牛某以案外人身份向一审法院提出书面异议。

申请执行人辩称,涉案商品房买卖合同签订于乙公司取得《商品房预售许可证》之前,且至今未办理网签备案手续,牛某与乙公司之间的购房交易不符合房屋买卖常理,涉案商品房买卖合同非有效书面买卖合同。

但是,法院经审理认为,尽管在签订《商品房团购三方协议》时,乙公司未取得涉案《商品房预售许可证》,但是,在案件起诉时已经取得《商品房预售许可证》,上述合同未违反法律法规强制性规定,合法有效,一审、二审法院支持了牛某的诉讼请求,丙公司不服,向最高人民法院提起再审,牛某最终也得到最高人民法院的支持,避免了房屋被拍卖。

法律分析

这是一个在开发商取得《商品房预售许可证》之前只签订了一份非规范的购房合同,即《商品房团购三方协议》,一直未办理网签《商品房买卖合同》,最终取得法院支持的典型案例。

其取得法院支持的关键性因素就是在起诉前,开发商已经取得《商品房预售许可证》。《最高人民法院关于审理商品房买卖合同纠纷案件适用法律若干问题的解释》第二条规定:"出卖人未取得商品房预售许可证明,与买受人订立的商品房预售合同,应当认定无效,但是在起诉前取得商品房预售许可证明的,可以认定有效。"

购房者往往将是否网签当成购房是否有效的关键性因素,大多数普通购房者常常认为没有网签,就视为没有签订购房合同,买卖合同也会无效。这种认识是错误的,在司法实践中,法院认为网签系房屋行政主管部门为防止"一房多卖"而建立的网络管理系统,是对房屋买卖双方合同关系的确认及公示,是否网签并不影响房屋买卖合同的效力。丙公司认为案涉房产没有办理网签备案手续不符合房屋买卖的常理、存在虚假买卖的可能的理由,缺乏法律和事实依据。

因此，只要双方签订了商品房买卖合同，即使没有网签或备案，只要在起诉前，开发商取得《商品房预售许可证》，就视为有效的商品房买卖合同。

> **特别提示**
>
> 一定要注意《补充协议》,开发商有时会通过《补充协议》改变《商品房购买合同》的条款。

4. 签订购房合同,应该注意哪几个关键问题?

答:《商品购房合同》基本都是由开发商预先准备的,一般都是厚厚一本,有几十页,作为一个普通购房者,应该注意哪几个关键问题呢?

(1)真正的销售主体

销售主体也就是卖方,一定要查看清楚卖方的准确名称,这是购房后的权利义务方。销售公司或者开发商销售人员的口头介绍、承诺,甚至宣传材料上的公司,都可能不是最终的销售公司,一旦出现纠纷、诉讼,也只能找销售合同中的卖方公司。

销售方与实际签订合同的不是同一个公司,这在商品房销售中是经常出现的问题,特别是一些小开发商与品牌公司合作的项目。

例如,某知名房产开发商与某个项目合作,可能各种宣传材料里都是"某知名房产开发商某小区",购房者以为是向某知名房产开发商购买房屋,实际上某知名房产开发商可能只是这个项目的品牌合作方,只占真正的项目公司的一小部分股权。因此,要注意签合同的公司究竟是什么公司,大股东究竟是谁?可以通过当地市场监督管理局的"国家企业信用信息公示系统"上查该公司的全称,从而了解其股权结构,验明其真身。

(2)销售依据

按照国家相关规定,在商品房销售合同中,必须列明销售依据。预售商品房应列明"五证",即《国有土地使用权证》《建设用地规划许可证》《建设工程规划许可证》《建设工程施工许可证》《商品房预售许可证》,现房销售应列明前"四证",同时,列明《不动产权证》(开发商"大产权证")

(3) 商品房的基本情况

除约定房屋的详细地址、楼层、房号外,应注意约定层高、面积、结构等基本情况,还应当核对合同附件所附房屋平面图与开发商售楼资料介绍的情况是否一致。

(4) 房款计价方式

最为常用的计价方式是按建筑面积计价,建筑面积不只是业主所购买的专有面积,还包括公摊面积。这种计价方式,一旦出现纠纷,专有面积容易通过专业的测量机构测量,但是,公摊面积就难以测量。

为避免发生纠纷后公摊面积难测量的问题,现在越来越多地使用套内建筑面积的方式计价,建议尽量选择使用套内建筑面积的方式计价。此外,按套计价在普通的商品房计价中很少见,一般只在别墅,以及一些特殊的房屋交易中才使用。按套计价,也不是没有限定的,一般约定有误差范围,以及误差处理方式。

(5) 付款方式及期限

主要有三种付款方式:一次性付款、分期付款、按揭贷款。选择一次性付款的,应明确付款时间;选择分期付款的,应明确每期付款的金额与期限;选择银行按揭贷款付款的,应明确首期款的付款日期及数额、贷款金额,以及贷款的办理程序,贷款失败后如何处理。同时,购房者应注意约定的责任,如付款逾期期限、违约金比例要与开发商逾期交房的逾期期限、违约金比例相对等。

(6) 交房条件

按照国家相关规定,交房必须经竣工验收合格。这是硬性规定,未竣工验收合格,不能交付房屋。用电、用水、用气、道路等应具备使用的条件,但是,有时会出现使用的是临时电、临时水、临时气等情况。特别是临时电往往是施工用电,电费计价是不一样的。所以,最好在合同上注明正式用电、用水、用气等交房条件,如果无法达到"正式"的要求,开发商应承担相应的违约责任。

另外，对于幼儿园、绿化、车库等可能对业主造成较大影响的尽量在交房条件中具体约定。同时，关注逾期交房违约金比例与购房者逾期交付购房款的违约金比例是否相对等。

（7）产权登记

办理产权证的纠纷在商品房买卖中越来越多，而产权证对于购房者来说，具有极其重要的价值，应将办理权属证书的条件和期限进行明确约定，并约定开发商的违约责任。开发商早期的合同版本，往往只是笼统地约定承担相应的违约责任，要注意应约定具体的计算方式和标准。

同时，为了避免出现长期限无法办理好产权证的情况，应约定逾期一定时间的，购房者有权解除购房合同。

（8）面积差异处理

大多数购买的商品房在签订合同时都未建好，没有面积误差是不现实的，应当约定商品房的面积存在误差，但是误差不应超过合理的范围，法律规定为合同约定面积的3%。

在3%误差范围内，双方都应继续履行合同，按照约定的计价方式重新计算房款。超过3%，不管是多出还是少建，都应该约定购房者具有退房的权利。如果因开发商多建，购买者选择继续履行合同，超出部分应赠送给购房者。

（9）设计变更、装饰、设备标准

房屋设计对于房屋的价值以及使用功能具有决定性作用，应约定设计变更须经购房者书面同意。如未经同意，购房者有权退房，购房者退房的，开发商除退还购房者购房款外，对购房者的损失赔偿不宜过低，至少按不能低于购房者购房贷款利率的标准支付购房者利息。

装修、设备附件的内容应当尽量明确、具体，并约定出现纠纷后如何认定、处理等具体程序。

（10）一定要注意看《补充协议》

普通购房者看完厚厚的《商品房买卖合同》，已经大多头昏脑涨了，或者认为《补充协议》不重要，只是补充内容而已，常常不予重视，这是完全错误的。

有的地区，开发商销售房屋，只允许使用《商品房买卖合同》示范文本，否则，无法网签或备案。因此，《商品房买卖合同》正本一般是没有问题的。但是，有些开发商却通过《补充协议》的方式变更《商品房买卖合同》的条款，只要这种变更没有违反国家法律法规强制性规定，便是有效的。

因此，一定要注意《补充协议》，尤其是变更了《商品房购买合同》正本条款的内容。如有异议，应提出更改；如更改不成，双方又无法达成新的一致意见，不建议购买者签订。千万不能不看就签，不然很可能不知不觉中就违背了原本的意思。

典型案例[①]

2018年8月15日，张某（买受人）与某互联网公司（出卖人）签订《买卖合同（预售）》，约定张某向某互联网公司购买某新区办公的不动产，该商品房的规划用途为办公。房屋价款为2026159元，张某应在2018年8月15日前付清。某互联网公司应在2020年6月30日前交付商品房，商品房交付时应当取得建设工程竣工验收备案证明文件及房屋测绘报告。除双方另有约定，逾期交付90日内的，某互联网公司每日按张某已付购房款的万分之一向张某支付违约金，合同继续履行；逾期交付超过90日的，某互联网公司每日按张某已付款的万分之二支付违约金等。

在《买卖合同（预售）》签订的同时或之后（双方主张的签订时间不一致），双方签订《委托协议》，约定张某委托某互联网公司对案涉房屋进行局部改造工程，改造后的平面图见附件1，某互联网公司室内改造工程应在2020年6月30日前完工并向张某移交。根据附件1载明内容，与《买卖合同（预售）》约定的内容相比较，改造工程涉及案涉房屋局部改造及室内装修。

2019年12月17日，案涉房屋取得《单位（子单位）竣工验收备案表》

---

① 案号：广东省珠海市中级人民法院（2021）粤04民终3855号民事判决书。

和《某市不动产测量报告》。

2020年2月5日，某新区管委会办公室发出通知，明确全区（含一体化区域）已出让用地的开竣工时限及在建工程的施工期限，可以顺延3个月。

2020年10月10日，某新区管理委员会综合执法局发出《关于进一步加强某新区及一体化新拓展区域商办类建设项目执法监管的通告》明确商办类建设项目不得设置居住空间以及为居住配套的设施，不得遗留、违规增设可作为住宅用途配套设施的条件。

2020年4月29日，某市自然资源局发出《某市自然资源局关于印发〈关于加强某市商办类建设项目全链条管理的实施意见〉的通知》，明确商办类建设项目平面功能标注不得出现诸如"公寓""卧室""客厅"等住宅类描述，应严格按照规划许可图纸进行施工，严禁改造为"类住宅"。

双方因以什么方式交房发生纠纷，某互联网公司认为《买卖合同（预售）》明确约定为"毛坯房交付""装修系委托"，现由于政策限制，开发商不能再接受"委托"进行装修。但是，张某却认为购买的是"精装修房"，交房应按"精装修标准"，否则，自己有权拒绝收房并解除合同。

法院经审理认为：尽管案涉《买卖合同（预售）》约定的是毛坯房交付，但同时双方又以签订《委托协议》的方式约定由张某委托某互联网公司免费对案涉房屋进行局部改造及室内装饰装修，应当据此认定交楼标准为精装交付。

案涉《买卖合同（预售）》以及《委托协议》约定的交楼时间为2020年6月30日，而某互联网公司在本案庭审中明确表示由于政策的调整导致委托协议的内容履行存在障碍，从而未能向张某交付委托协议约定的精装房屋。根据《民法典》[①]第五百六十三条第四项"当事人一方迟延履行债务或者有其他违约行为致使不能实现合同目的"的有关规定，由于某互联网公司违约致使张某合同目的不能实现，张某有权解除案涉相关合同。据此，张某要求解

[①] 全称为《中华人民共和国民法典》，为表达方便，在不影响理解的前提下，本书在引用法律法规名称时，均省略全称中的"中华人民共和国"字样。

除双方所签订的《买卖合同（预售）》以及《委托协议》的诉请，理据充分，法院予以支持。

法律分析

这是一个业主经常遇到购买"精装修房"需要签订《商品房买卖合同》和《委托装修合同》的典型案例。

买卖双方对于"精装修房"的标准容易发生纠纷，开发商为了规避责任，或者为了将房价加到装修款中，达到变相涨价的目的，开发商往往让购房者签订两份合同，即《商品房买卖（预售）合同》和《委托装修合同》，而且装修公司通常还不是开发商，而是另一家装修公司。当购买方在签合同时提出疑问，销售人员往往会说："没关系的，交房时就是跟样板间一样的'精装修房'。"

开发商、销售人员的承诺需要落实在合同中，所以重要的是签订的合同上写的是什么，一旦发生纠纷，以双方签订的文字内容为准。

在大量的"精装修房"纠纷中，由于《委托装修合同》中的公司并非开发商，只能向签订合同的装修公司主张，很难追究开发商的责任。而像本案诉讼，能将两个合同一并考虑的并不多见。

> **特别提示**
>
> 具备《商品房买卖合同》的主要内容，且出卖人已经按照约定收受购房款的，该协议应当认定为《商品房买卖合同》。

5. 双方只签订了《订购合同》，开发商不签订正式合同，是不是就无法取得所购房屋？

答： 购买新的商品房，一般是先签订《订购合同》或《预购合同》，开发商收取一部分定金或首付款，过一段时间再签订正式的《商品房买卖合同》，这是开发商锁定客户的一个手段，同时，也让客户有更长的时间筹措购房资金。

其实，先签《订购合同》，往往也是开发商在还未取得《商品房预售许可证》，或抵押给银行的房屋（销售还未取得银行的同意），还不能正式签《商品房买卖合同》情况下的一种销售方式。

在房地产销售火爆的时候，房价变动频繁，一旦房价上涨，有些开发商就找各种理由不再与早期签订《订购合同》的购房者签订正式的《商品房买卖合同》。

而购房者由于房价上涨，或其他原因，还想继续购房，在这种情况下，会不会因为购房者没有签订正式的《商品房买卖合同》就无法买到房，只能双倍要回定金或要求开发商赔偿？其实不一定，还要看《订购合同》的具体约定。

《最高人民法院关于审理商品房买卖合同纠纷案件适用法律若干问题的解释》第五条明确规定："商品房的认购、订购、预订等协议具备《商品房销售管理办法》第十六条规定的商品房买卖合同的主要内容，并且出卖人已经按照约定收受购房款的，该协议应当认定为商品房买卖合同。"

而《商品房销售管理办法》第十六条第二款规定："商品房买卖合同应当明确以下主要内容：（一）当事人名称或者姓名和住所；（二）商品房基本状况；（三）商品房的销售方式；（四）商品房价款的确定方式及总价款、付款方式、付款时间；（五）交付使用条件及日期；（六）装饰、设备标准承诺；（七）供水、供电、供热、燃气、通讯、道路、绿化等配套基础设施和公共设施的交付承诺和有关权益、责任；（八）公共配套建筑的产权归属；（九）面积差异的处理方式；（十）办理产权登记有关事宜；（十一）解决争议的方法；（十二）违约责任；（十三）双方约定的其他事项。"

因此，只要《订购合同》或《预购合同》约定了明确的房号、房屋面积、房价、交付时间等房屋买卖核心条款的，就可以视为《商品房买卖合同》，可以继续要求开发商履行买卖合同，而不是只能要求开发商与自己签正式的《商品房买卖合同》，如果开发商不签，就只能"要钱"，而不能"要房"的结果。

典型案例[①]

2013年5月14日，原告罗某与被告某房地产有限公司，签订一份《商品房认购书》，约定原告购买被告开发建设的涉案房屋，合同约定内部认购价480000元，原告一次性支付购房款460000元，剩余20000元在被告交房办证后支付。

法院认为，原告与被告签订的《商品房认购书》虽然约定在将来一定期限内签订《商品房订购合同》，但双方签订的《商品房认购书》已经具备房屋买卖合同的主要条款，且原告按协议支付了相应的房款，被告向原告交付了涉案房屋，原告已入住该商品房至今。该商品房认购书是双方的真实意思表示，且未违反法律法规的规定，应认定涉案的《商品房认购书》为房屋买

---

① 案号：广东省梅州市中级人民法院（2020）粤14民终524号民事判决书。

卖合同，该《商品房认购书》真实有效，原、被告应按合同约定全面适当地履行合同。

法律分析

这是一个法院直接把《商品房认购书》认定为《房屋买卖合同》的典型案例。

《商品房认购书》，是指房屋买卖双方在订立正式的房屋买卖合同前所签订的文书，约定将来订立正式的房屋买卖合同的一种合同。目的在于对双方交易房屋有关事宜进行初步的确认，只有最终签署的《商品房买卖合同》是有效合同，而《商品房认购书》并不是正式合同，充其量被定义为意向书，并不具备合同的约束力。

《商品房认购书》约定的是当事人履行特定行为（签订《商品房买卖合同》）的义务，而不是对将来签约的内容进行先期肯定，更不是对房屋买卖结果进行直接确认，仅仅是为签订《商品房买卖合同》进行预约，《商品房认购书》当然不具备房屋买卖合同的效力。

如果《商品房认购书》的内容已经具备《商品房买卖合同》的主要内容，并且出卖人已经按照约定收受购房款的，依据《民法典》相关规定，双方的买卖合同关系成立，并已经履行，按照《最高人民法院关于审理商品房买卖合同纠纷案件适用法律若干问题的解释》的相关规定，该认购协议应当认定为商品房买卖合同。

> **特别提示**
>
> 　　原《担保法》规定，被抵押的不动产对外销售，需抵押权人同意，现《民法典》改变了需抵押权人同意的规定，但是，允许当事人进行约定，可以约定需抵押权人同意。

6. 给银行作抵押的房屋是否可以购买？应注意什么问题？

　　答：房地产行业是资金密集型行业，开发商一般都会将开发的在建工程抵押给银行进行融资，因此，开发商出售给购房者的在建房屋在绝大多数情况下是抵押给银行的。极少的开发商会在对外销售时，先归还银行贷款，解除抵押。

　　因此，被抵押房产是可以购买的，按照原《担保法》第二十三条"保证期间，债权人许可债务人转让债务的，应当取得保证人书面同意，保证人对未经其同意转让的债务，不再承担保证责任"的规定，要求对外销售被抵押的不动产时，需要取得抵押权人的同意。开发商对外销售时，应取得抵押银行同意对外销售的书面同意函件。

　　《民法典》修改了关于抵押物对外销售需要抵押权人同意的规定，同时，规定抵押人与抵押权人另有约定的除外。银行为了维护自己的权益，一般会在贷款时的抵押合同中约定，对外销售需要银行书面同意。

　　为了最大限度地维护自己的权益，购房者应向销售人员详细了解所购房屋是否有抵押，是否取得了抵押权人的同意，可以要求开发商提供抵押权人同意的书面函件。如果销售人员介绍未抵押，谨慎起见，可以到当地不动产登记中心查询。现在大部分地区房屋管理部门官网的开发商房源信息公示中，都会对于该房源是否进行抵押一并公示，购房者也可以到房屋所在的房屋管理部门开发商房源公示信息中查询。

购买了抵押给银行的房屋，注意以下两个操作，可以大大减少最后因开发商未还银行贷款房屋被拍卖的风险：

一是将房款汇入银行监管账户。银行同意抵押的房屋对外销售一般都会有"房屋销售款要受其监管，优先用于归还贷款"的前提条件，只要银行贷款归还，主债务清除，抵押权自然也会消灭，购房者可以咨询开发商的收款账户，是不是抵押银行的监管账户，当然，最好向抵押银行咨询。

二是在购房之后要尽快进行网签备案。按照现在多数房屋管理部门的具体操作，如果未经抵押权人同意，是无法进行网签备案的。如果能够顺利进行网签备案，可以证明取得了抵押权人的同意。更重要的是，在司法实践中，如果是正常网签的房屋，司法机关拍卖开发商财产时，一般会将已网签备案的房屋排除；即使开发商未归还银行贷款，拍卖抵押物时，按照《最高人民法院关于人民法院办理执行异议和复议案件若干问题的规定》，购房者还可以提出执行异议。如果能够符合在查封前签订合法有效的购房合同、购房者在本地区只有一套房、已支付大部分房款并愿意将所剩房款交由法院执行的条件，购房者将在开发商的所有债权人中占据第一优先的地位，不至于"钱房两空"。

🔍 典型案例[①]

原告李某诉称，2013年，原、被告签订《商品房买卖合同》，原告购买被告开发的涉案房屋，房屋总价为462888元。签订合同后，原告支付购房款，共计253694元。2014年9月，原告获知所购买的商品房已抵押给第三人，并多次与被告协商，被告一直未能解决。被告向原告销售商品房时，未告知所购房屋处于抵押状态，属于欺诈销售行为。根据《消费者权益保护法》第五十五条规

---

① 案号：广东省惠州市中级人民法院（2016）粤13民终70号民事判决书。

定,被告除退还原告购房款外,还要赔偿商品房价格三倍的赔偿款给原告。根据《最高人民法院关于审理商品房买卖合同纠纷案件适用法律若干问题的解释》(法释〔2003〕7号)规定,被告除返还已付购房款及利息、赔偿损失外,还需赔偿原告一倍购房款。原告李某主张,涉案房屋处于抵押状态,被告销售此房屋存在欺诈销售行为,请求撤销原、被告签订的《商品房买卖合同》。

法院认为,涉案房屋虽然办理了在建工程抵押登记,但是依据《物权法》第一百八十条规定,正在建造的建筑物可以抵押,为此,涉案房屋在预售前办理在建工程抵押登记,没有违反法律规定,同时被告已经办理了注销涉案房屋的抵押登记,不影响原告合同目的的实现。

依据《最高人民法院关于审理商品房买卖合同纠纷案件适用法律若干问题的解释》(法释〔2003〕7号)第九条的规定,合同当事人请求撤销或解除合同的条件为"故意隐瞒所售房屋已经抵押的事实"。本案中,被告办理的是在建工程抵押登记,与房屋抵押登记有所区别。此外,对个人来说,商品房买卖为重大事项,原告作为涉案商品房买受人,对涉案房屋是否存在抵押情形等状态,能够地从房产主管部门设立的对外公开网站、咨询电话等渠道查询得到,难以认定为"故意隐瞒"。据此,法院判决双方当事人签订的《商品房买卖合同》继续履行。

法律分析

该案中,购房者购买的是开发商抵押给银行的商品房,购房者拟以此为由解除《商品房购房合同》,同时,主张一倍购房款的赔偿。不过需要特别说明的是:《最高人民法院关于审理商品房买卖合同纠纷案件适用法律若干问题的解释》(法释〔2003〕7号)规定了不高于一倍购房款的赔偿,但是,在《民法典》施行后,最高人民法院对该司法解释作了修订,删除了关于一倍购房款赔偿的规定。

依据《民法典》相关规定,正在建造的建筑物可以抵押,为此,涉案房屋在预售前办理在建工程抵押登记,没有违反法律规定。

只有在开发商"故意隐瞒所售房屋已经抵押的事实",导致商品房购房合同无法履行需要解除时，除要求退房款外，还可以要求不高于一倍购房款的赔偿。这有两个条件：一是"故意隐瞒"；二是因为"存在抵押"导致合同无法履行的情况。而不是只要存在开发商故意隐瞒抵押的情况，购买人就可以此为由退房，并要求双倍赔偿购房款。

在本案中，法院认为开发商办理的是在建工程抵押登记，与房屋抵押登记有所区别。此外，对个人来说商品房买卖为重大事项，作为买受人，涉案房屋是否存在抵押情形等状态，能够从房产主管部门设立的对外公开网站、咨询电话等渠道查询得到。这也警示购房者应尽量通过当地房屋管理部门官网、咨询电话或现场咨询等方式查清拟购买房屋的抵押情况。

> **特别提示**
>
> 是否"善意"、是否办理了产权登记是判断能否取得房屋的两个关键要素。

7. 开发商"一房二卖",购房者如何维权?

答:"一房二卖"主要有以下几种情况,购房者要根据不同情况进行维权:

(1)购房者先签订购房合同,但另一购房者先于购房者办理了产权变更登记且为"善意"。在这种情况下,该购房者只能"要钱",无法"要房"。

所谓"善意",是指另一购房者并不知道该房屋已经出售,并以正常价格购买。两份购房合同均已成立,同时,另一购房者已经取得房屋所有权,则房屋归另一购房者所有。尽管购房者先购房,但因未办理产权登记,只能依合同要求开发商退还房款、承担违约责任及损害赔偿责任,但无法主张另一购房者返还房屋并承担侵权责任。

(2)购房者先签订购房合同,另一购房者先于购房者办理了产权变更登记但为"恶意"。在这种情况下,该购房者可以"要房"并要求开发商承担违约责任。

所谓"恶意",是指共同合谋、另一购房者明知或根据交易情况可以推断其知道该房屋已经出售,仍继续购买。在这种情况下,可以要求法院确认出卖人与另一购房者签订的买卖合同无效,并撤销另一购房者的产权登记。在确认合同无效并撤销另一购房者的产权登记之后,再要求开发商继续履行合同,并承担违约责任。

(3)两名购房者均未办理产权变更登记且均为善意。在此情况下,双方均未取得房屋所有权，可要求开发商继续履行合同或返还房款并承担相关违约责任。如果双方都"要房"，法院会根据合同签订时间、房屋交付情况，以及房屋登记、房屋交付、合同签订时间先后顺序来确定房屋的归属。

（4）两次买卖均未办理产权变更登记且另一购房者为恶意。在此种情况下，可以向法院主张另一购房者与出卖人签订的合同为无效，再要求开发商继续履行合同并承担相关的违约责任。

典型案例[①]

2013年9月27日，原告马某开始向被告某公司开发的铭某国际项目缴纳诚意金。2018年4月20日，原告与被告某公司签订《商品房买卖合同》，约定某公司将其开发建设的铭某国际第3幢商铺107室以总价3254565元的价款售予原告。2015年8月5日至2018年4月20日，某公司向原告出具收据，以诚意金转定金、诚意金利息、房款等方式收取原告3254565元，其中标明"诚意金利息"的收据两张，各计利息65894元、14580元。2018年1月26日，经原告申请，被告于2018年4月20日向原告交付房屋，并与物业公司签订前期物业管理服务协议，交付被告维修基金6381.5元，交付物业公司物业费2986.5元，装修保证金3000元，装修出入证、装修垃圾清运处理费530.5元。2018年7月6日，原告与案外人宋某签订《商铺租赁合同》，原告将房屋租赁于宋某，年租金16万元，期限为5年，即自2018年7月15日起至2023年7月15日止。2016年12月1日，被告与第三人肖某签订《铭某国际内部认购协议》，将原告购买的房屋以总价3652264元的价格售予肖某。2018年7月25日，肖某提起诉讼，要求限期办理不动产所有权证、承担利息损失10000元、支付违约金182610元。2018年9月27日，法院作出民事调解书，确认了双方达成的协议并办理不动产权证。

原告马某购买多年并已出租的房屋被开发商"一房二卖"，法院通过调解的方式确认被告与第三人肖某达成的协议有效并办理了不动产权证。

[①] 案号：甘肃省定西市中级人民法院（2019）甘11民终403号民事判决书。

原告只能提起诉讼，要求解除商品房预售合同，赔偿损失，并要求双倍赔偿购房款。法院认为，原告马某与被告某公司之间的商品房预售合同合法有效，受法律保护。原告认购被告预售的商铺后，被告在明知商铺预售予原告，又于2016年12月1日与第三人肖某签订认购协议，将商铺销售予肖某，在此情况下，被告又与原告于2018年4月20日订立《商品房买卖合同》，向原告交付了房屋，致使原告缴纳了相关费用。后房屋又被肖某占有，造成原告既不能得到合同约定的标的，又形成费用损失。依照《最高人民法院关于审理商品房买卖合同纠纷案件适用法律若干问题的解释》第九条的规定，买受人可以请求返还已付购房款及利息、赔偿损失，并可以请求出卖人承担不超过已付购房款一倍的赔偿责任，于是判决支持了原告退房款、赔偿装修损失、物业费等损失的诉讼请求，同时，判令被告赔偿一倍购房款的惩罚性赔偿。

法律分析

从本案可见，购买了商品房，即使签订了买卖合同、交付了房屋并已经出租，但是，只要还未办理不动产权证，都有可能被不良开发商"一房二卖"。

本案中，在后的购买者试图通过法院调解的方式通过有效法律文书确认购房的合法性。经调解，法院出具了生效的法律调解书，双方再通过调解书到政府部门办理不动产权登记。根据不动产登记公示原则，以及相关法律规定，不动产登记在先的人取得该不动产的所有权，该原则会造成即使是先购买、先付款，甚至先取得房屋的购买人极有可能失去房屋。

这就警示购房者，不要认为自己已经入住，占有和使用房屋，房屋就是自己的，就可以高枕无忧，房产证办不办就不着急了，不再催促甚至不关心何时能办产权证。

在实际生活中，购房者只关心入住，不太关心办产权证，在入住后忘记合同约定的办证时间的不在少数。因此，在入住后又被不良开发商卖给他人，即"一房二卖"，甚至"一房多卖"也时常发生，进行"一房二卖"这种恶劣行为的开发商，一般都存在经营不善、资不抵债的状况，因此，即使取得"双倍购房款"的法院判决，也可能已经难以执行到位。

　　因此，尽快取得合法的不动产权证书是上策，根据我国对于不动产物权的规定，不动产权登记是具有对世的公示效力的，任何人不得非法侵犯不动产权登记所有人对于不动产的占有、使用、收益、处分的权利。

　　一旦遇上"一房二卖"的情况，先购房者可先行调查了解开发商经营状况和偿还能力，如果具有偿还能力，可以考虑解除合同、退房，同时要求损失赔偿并要求"双倍购房款"的惩罚性赔偿；如果开发商经营状况不佳、清偿能力有限，或者自己从实际情况来看需要该套房屋，应尽可能收集后购买人系恶意购买的证据，争取要求法院确认后购买协议无效。

> **特别提示**
>
> 不能只简单地约定延期交房就应承担违约责任,应约定具体的标准。如果确实没有具体标准,可以参照同地段房屋租金标准计算。

8. 开发商延期交房如何计算违约金?如果没有约定延期交房违约金,如何维权?

答:除"炒房客"外,普通的购房者都希望能够快点交房。但是,房屋建设是一个复杂的过程,由于种种原因,在实际购房过程中,延期交房的情况是经常发生的。如出现延期交房的情况,购房者如何计算违约金?

购房者往往在发生延期交房后,才想起延期交房违约责任,经常不看不知道,一看吓一跳。《商品房买卖合同》只简单约定了开发商承担违约责任,但是,没有约定责任如何承担。在这种情况下,还能否要求开发商支付违约金或赔偿损失,违约金或损失又应当如何计算?

按照《民法典》以及《最高人民法院关于审理商品房买卖合同纠纷案件适用法律若干问题的解释》的有关规定,出卖人延期交付使用房屋的,应当支付违约金或者赔偿损失;商品房买卖合同没有约定违约金数额或者损失赔偿额计算方法的,可以按照延期交付使用房屋期间有关主管部门公布或者有资格的房地产评估机构评定的同地段同类房屋租金标准确定。

根据上述规定,开发商延期交房要分情况处理:

(1)正常延期交付的处理:正常延期交付主要是指由于施工迟延、相关政府手续办理迟延、市政配套迟延等导致的房屋交付逾期。在这种情况下,购房者可以选择等待,并要求开发商按合同承担延期交付房屋的违约责任,如合同约定的违约金不能弥补经济损失，可以参照周边的正常市场租金要求开发商赔偿。

（2）非正常延期交付的处理：非正常延期交付主要是指由于开发商经济实力、相关政府手续违法且无法办理等，交房将遥遥无期，甚至难以预料是否能够交房，建议购房者应立即退房，要求开发商退还房款并承担违约责任或赔偿损失。

典型案例[①]

2012年10月12日，某公司（出卖人）与李某（买受人）签订了《北京市商品房预售合同》，第三条约定，买受人购买案涉房屋，房屋为普通住宅；第五条约定房屋总价款5715589元；第十二条约定，出卖人应在2013年12月31日前向买受人交付房屋；第十四条约定，除不可抗力外，出卖人未按照第十二条约定的期限和条件将该商品房交付买受人的，按照下列第1、2种方式处理：1.按照逾期时间，逾期90日之内，自第十二条约定的交付期限届满之次日起至实际交付之日止，出卖人按日计算向买受人支付已支付房款万分之二的违约金，并于该商品房实际交付之日起30日内向买受人支付违约金，合同继续履行。2.……

同日，李某（买受人）与某公司（出卖人）签订了一份补充条款，内容是：出卖人根据绿化与景观需要，可对该项目的车行道与步行道规划进行变更、调整；买受人同意出卖人将该项目地上规划的车位变更为绿化与景观用地，非经该项目全体业主一致要求，买受人不得要求出卖人恢复地上车位。本补充条款与预售合同具有同等法律效力，若本补充条款与预售合同约定不一致时，以本补充条款约定为准。上述合同签订后，李某按期足额交付了购房款5715589元。但截至本案辩论终结时，某公司未取得涉案房屋的规划验收批准文件及建筑工程竣工验收备案表。

李某拒绝收房，并起诉某公司按照合同约定支付违约金。北京市大

[①] 案号：北京市高级人民法院（2018）京民再79号民事判决书。

兴区人民法院一审认为，某公司明确表示其至今未取得涉案房屋的规划验收批准文件及工程竣工验收备案表，即涉案房屋至今仍不具备交房条件，某公司未在合同约定期间交付具备交付条件的房屋的行为显属违约，某公司应就其逾期交房的行为承担违约责任。判决某公司给付李某逾期交房违约金。

一审法院判决后，某公司不服，上诉至北京市第二中级人民法院，主要上诉理由为：某公司系经李某同意进行的规划变更，李某亦应承担涉诉房屋未能取得规划验收批准文件的责任。涉诉房屋目前可以入住使用，李某拒绝收房，应自行承担房屋闲置造成的扩大损失。某公司对李某的赔偿已经远远高于其损失，李某利用法律与合同拖延收房获取暴利。

北京市第二中级人民法院二审认为，本案系因某公司向李某提出交付的房屋在约定的交房期限内未能取得规划验收批准文件，不符合双方约定的房屋交付条件，李某因此拒绝接收房屋并主张逾期交房违约金。

根据查明事实，涉诉房屋未取得规划验收批准文件系某公司擅自将项目地上规划车位变更为景观绿地等导致。尽管李某在补充条款中同意某公司对规划进行相关变更，但某公司并未告知、李某亦无法预见相关规划变更将导致房屋无法取得规划验收批准文件之后果。同时，按照建设工程规划许可建设商品房，不得擅自变更规划系房地产开发企业的当然义务，纵然李某在补充条款中同意某公司作相应变更亦不能免除某公司应依法依约向买受人交付取得规划验收批准文件之房屋的义务。因此，某公司未向李某交付符合约定条件的房屋，构成违约，应承担违约责任。

二审法院经查，李某此前曾就本案相同事实提起诉讼，法院作出民事判决，判令某公司支付李某逾期交房违约金518691元（违约金计算自2014年1月1日起至2015年8月28日止），该判决已生效并履行。

现李某就某公司同一违约行为再次起诉请求支付其自2015年8月29日至2016年4月14日的逾期交房违约金197187.82元，一审判决对李某请求的违约金全额予以支持，某公司不服，提起上诉。

故本案二审审理的争议焦点为某公司承担的逾期交房违约金数额是否

适当。

首先，从违约后果及造成损失来看。涉诉房屋未能取得规划验收批准文件系因某公司将项目地上规划车位变更为景观绿地。上述规划变更系经李某同意，且涉诉房屋已经经过四方验收，尽管涉诉房屋尚未取得规划验收批准文件，但该情节并未对涉诉房屋的居住使用功能造成实质影响和必然阻碍。李某固然有权以涉诉房屋未满足约定交付条件为由拒绝接收房屋，但某公司违约行为对李某造成的主要损失应限于李某在逾期交房期间未能居住使用涉诉房屋产生的损失。

其次，从李某前诉已经获得的违约赔偿来看。李某曾就某公司的逾期交房违约行为起诉主张违约金，前述案件生效判决已判令某公司支付李某逾期交房违约金51万余元。本案系李某就某公司同一违约行为分段主张自2015年8月29日至2016年4月14日的违约金，故本案违约金数额应综合考量前诉案件确定的违约金数额及李某总体所受实际损失。

再次，从违约方过错来看。尽管违约方是否具有过错并非违约责任的必要构成要件，但违约方过错程度仍然是衡量过错责任的考量因素之一。考虑到本案某公司进行规划变更前征得了包括李某在内的购房者同意，涉诉房屋未能取得规划验收批准文件的违约后果并非某公司恶意违约行为导致。

最后，从违约金的功能价值考虑。违约金的主要功能在于弥补守约方的损失，同时督促合同当事人诚信履约，当违约发生时积极采取补救措施。基于此，根据《合同法》的相关规定，违约损失赔偿额应当相当于因违约所造成的损失，约定的违约金低于或者过分高于造成的损失的，当事人可以请求人民法院予以增加或适当减少；当事人就迟延履行约定违约金的，违约方支付违约金后，还应当履行债务。本着既能弥补李某所受损失，又能督促某公司积极采取补救措施，同时防止畸高违约金诱发守约方恶意扩大损失等目的，法院综合考量上述因素，并参考李某于前案诉讼后在2015年8月29日至2016年4月14日新增加的损失，酌定某公司再向李某支付逾期交房违约金2万元。

二审判决后，李某不服，向北京市高级人民法院提出再审申请，北京市高级人民法院支持了二审判决。

法律分析

这是一个如何确定逾期交房、逾期交房责任如何分配、违约金如何计算、合同约定违约金是否应该调整的典型案例。为此，经三级人民法院审理，法院判决也从违约金的法律规定和法律意义层面进行了分析说理。

首先，逾期交房的责任由谁承担？在经业主同意变更规划，其他都已验收合格，但无法取得政府规划部门验收的情况下，业主拒绝收房，导致逾期交房，责任由谁来承担？对此，法院明确，按照建设工程规划许可建设商品房，不得擅自变更规划系房地产开发企业的当然义务，纵然李某在补充条款中同意某公司作相应变更亦不能免除某公司应依法依约向买受人交付取得规划验收批准文件之房屋的义务。

其次，违约方过错如何确定？法院认为，尽管违约方是否具有过错并非违约责任的必要构成要件，但违约方过错程度仍然是衡量过错责任的考量因素之一。考虑到本案某公司进行规划变更前征得了包括李某在内的购房者同意，涉诉房屋未能取得规划验收批准文件的违约后果并非某公司恶意违约行为导致。

最后，从违约金的功能价值考虑。违约金的主要功能在于弥补守约方的损失，同时督促合同当事人诚信履约，当违约发生时积极采取补救措施。基于此，法律规定，违约损失赔偿额应当相当于因违约所造成的损失，约定的违约金低于或者过分高于造成的损失的，当事人可以请求人民法院予以增加或适当减少；当事人就迟延履行约定违约金的，违约方支付违约金后，还应当履行债务。

因此，一旦出现逾期交房，购买人首先可以依据合同的约定主张开发商的违约责任。如果没有约定详细的违约责任，或约定的违约责任无法抵御给自己造成的损失，还可以要求开发商赔偿损失或相应提高违约金的数额。同时，也要采取积极的措施，尽量减少损失，不能放任损失的扩大，否则，扩大的损失可能无法得到法院的支持。

> **特别提示**
>
> 因国家出台新政失去购房资格，实践中一般会以不可归责于双方当事人原因的"情势变更"为由解除合同，双方无须承担违约责任。

9. 签完购房合同、交完首付，国家出台新政，失去购房资格，是否可以退房？是否需要承担违约责任？

答： 考虑到国家政策变化对于房地产的开发、销售、贷款等具有显著影响，因此，签了购房合同，交了定金，甚至付了首付款，但由于新的政策出台，丧失购房资格，无法继续购买的情况在现实中经常发生。购买者要求退房、退钱常常无法如愿。

开发商经常会以各种理由不愿退房、退钱。即使同意退房，往往要求按合同约定扣定金或承担一定的违约金。不少地方曾经出现集体维权事件，特别是在"商办房"纳入限购时，由于大部分购买"商办房"的人都是不具备购房资格的人，也正是没有购房资格，才去购买一直不受限购政策影响的"商办房"。相关部门出台政策，将"商办房"纳入限购范围，致使某些"商办房"项目的购房者丧失购买"商办房"的资格。

有人认为这属于"不可抗力"，但是，对于不可抗力，法律是有严格规定的，是指发生在签订合同时"不能预见、不能避免且不能克服"的客观情况。而国家政策可能发生变化，是合同签订时应当预见和应当承担的风险。

但是，由于这种国家政策突然的变化，造成无法再履行合同，让任何一方承担责任，又有失公平。因此，多数法院以不可归责于双方当事人原因的"情势变更"为由，支持了购房者解除合同、退房的请求。只要没有其他违约责任，双方都不向另一方承担违约责任，各自承担相应的损失。

典型案例[①]

2016年8月18日，被告某房地产开发有限公司（甲方、卖方）与原告马某（乙方、预订方）签订一份《定金合同》，约定：原告预订案涉房屋，总金额1512298元。原告同意签订本合同时，支付定金50000元，作为原、被告双方当事人订立商品房预售合同的担保，签订商品房预售合同后，原告支付的定金转为房价款。

原告于2016年11月20日前到现场售楼处与被告签订《商品房买卖合同》。合同约定：本合同约定的预定期限内，被告拒绝签订商品房预售合同的，返还已收取的定金；原告拒绝签订商品房预售合同的，无权要求被告返还已收取的定金。

合同签订当日，原告向被告支付定金50000元。2016年9月底，原告要求被告履行《定金合同》，但因案涉房屋尚有在建工程抵押尚未解除，故被告未能与原告签署《某省商品房买卖合同》。被告的工作人员允诺在解除抵押后与原告签署正式合同，具体以《定金合同》为准。2016年10月8日，原告向被告支付购房款378001元。2016年10月15日，案涉房屋仍处于限制房产状态。2016年11月10日，某市出台相关限购政策，原告丧失案涉房屋的购房资格。2016年12月10日，被告某房地产开发有限公司（甲方、卖方）与原告马某（乙方、预定方）再次签订《补充协议》一份，约定所购房的具体楼号、楼层及房号，面积为105.47平方米，单价每平方米13539.4元，总价1428001元。

鉴于原告未能满足某市住房限购政策要求的购房资格，导致无法与被告

[①] 案号：杭州市余杭区人民法院（2018）浙0110民初9912号民事判决书。

网签《商品房预售合同》的事实。原、被告经友好协商，依据实际情况，在原双方签订的《定金合同》基础上变更合同条款部分内容：1.原告需于本协议签订当日向被告支付不低于定金合同约定的房屋总价款的10%，作为房屋的购房款。需支付购房款合计142800元。2.被告在收到原告支付的购房款后，为原告保留《定金合同》约定的房屋，保留期限为13个月（最长不超过13个月）。在保留期内，如原告满足某市购房资格，需及时与被告网签《商品房预售合同》。

2018年3月5日，被告向原告寄送《签约通知函》一份，告知原告《补充协议》约定的保留期限已经届满，催促原告于2018年3月13日前，根据《补充协议》的约定，提供保留期内的符合某市住房限购政策要求的购房资格原件材料，至售楼部签署该房屋《某省商品房买卖合同》并办理相关购房的正式签约手续，如果逾期仍未办理，被告将不再另行通知。按照《补充协议》约定，被告不再保留该房源，并将该房屋直接另行销售且不承担任何责任。2018年3月6日，原告签收邮件，但并未前往被告处签约。

2017年3月2日，由于某市再次出台新的限购政策，原告再次丧失案涉房屋的购房资格，故未能与被告于2018年3月13日前签订《某省商品房买卖合同》，现案涉房屋已由被告出售给案外人。

法院认为，2016年11月10日，原告因政策原因丧失案涉房屋的购房资格。2016年12月10日，原、被告再次签订的《补充协议》中，原告认可系其未能满足某市住房限购政策要求的购房资格，导致无法与被告网签《商品房预售合同》。

庭审中，原告亦认可系2017年3月2日某市又出台新的限购政策，原告再次丧失购房资格，故未能与被告于2018年3月13日前签订《某省商品房买卖合同》。

法院认为，原、被告在预定期内，均无违约行为，因政策原因，双方基于原定金合同签订《补充协议》，后又因政策原因，仍未能签订正式的房屋买卖合同，非因双方当事人过错所致。现案涉房屋已由被告另行出售，双方签订的《定金合同》《补充协议》已无法继续履行。被告应当返还原告定金5万元及购房款142800元，驳回双方的其他诉讼请求。

法律分析

这是一个因限购政策调整，购房者两次丧失"购房资格"的典型案例。

2016年8月，双方签定购协议，订购房屋；2016年11月，某市出台限购政策，购房者丧失购房资格，无法进行网签，双方签订补充协议，延长购房期限；2017年3月，杭州又出台限购政策，导致购房者再次丧失购房资格，无法在补充协议约定的购房期限，即2018年3月13日签订正式的《商品房预售合同》。

法院认为，原、被告在预定期内，均无违约行为，因政策原因，双方基于原定金合同签订《补充协议》，后又因政策原因，仍未能签订正式的房屋买卖合同，均非因双方当事人过错所致。因此，支持了购买人要求退还定金及已付购房款的要求，但是，并未支持其他诉求。

由于国家加强房地产市场的调控，各地出台相应政策，可能今天还有购房资格，一夜之间便丧失资格，导致购房者在签订房屋定购协议，甚至房屋买卖合同后失去资格产生购房纠纷。对此学术界颇有争议，有观点认为国家的政策变化是属于商业风险，在签订合同时应当预见其风险，出现风险后，不能免除其责任，应根据合同的约定承担相应的违约责任。

近几年，随着国家限购政策相继出台，由于国家政策的变化导致购房资格丧失的纠纷增多，各地法院逐渐适用法律规定的"情势变更"原则进行审理和判决。

"情势变更"是指合同成立以后客观情况发生了当事人在订立合同时无法预见的、非不可抗力造成的不属于商业风险的重大变化，继续履行合同对于一方当事人明显不公平或者不能实现合同目的，当事人请求人民法院变更或者解除合同的，人民法院应当根据公平原则，并结合案件的实际情况确定是否变更或者解除。

大部分法院认为新的限购政策属于情势变更因素，因新的限购政策导致的合同无法履行，当事人可以基于情势变更原则解除合同。也有部分法院变通"情势变更"原则为因不可归责于双方当事人的事由导致合同无法履行，并以此为由解除合同，双方不承担责任。

> **特别提示**
>
> 房屋面积误差处理有约定的按约定,没有约定的以误差3%为标准,3%以内的据实结算;超过3%的,可以解除合同。

10. 所购房屋面积有增减,如何处理?

答:由于购房者所购房屋基本上是未建成的期房,从签订购房合同至房屋建成通常需要两年左右的时间。而且由于房屋这种特殊的商品,房屋面积要完全按照合同约定建成,没有误差,在现实中是极其困难的。因此,在交房时,房屋面积的增减,就成为"必然"的事件,如何处理就成为每一个购房者必须面对的问题。

对此,《商品房销售管理办法》第二十条明确规定,"按套内建筑面积或者建筑面积计价的,当事人应当在合同中载明合同约定面积与产权登记面积发生误差的处理方式。合同未作约定的,按以下原则处理:(一)面积误差比绝对值在3%以内(含3%)的,据实结算房价款;(二)面积误差比绝对值超出3%时,买受人有权退房。买受人退房的,房地产开发企业应当在买受人提出退房之日起30日内将买受人已付房价款退还给买受人,同时支付已付房价款利息。买受人不退房的,产权登记面积大于合同约定面积时,面积误差比在3%以内(含3%)部分的房价款由买受人补足;超出3%部分的房价款由房地产开发企业承担,产权归买受人。产权登记面积小于合同约定面积时,面积误差比绝对值在3%以内(含3%)部分的房价款由房地产开发企业返还买受人;绝对值超出3%部分的房价款由房地产开发企业双倍返还买受人。"

典型案例[①]

2017年5月25日，某公司与姜某、孙某签订《商品房买卖合同（预售）》，约定姜某、孙某购买案涉房屋，建筑面积为241.37m^2，房款按套计算，总价款365万元，面积差异处理为：商品房交付时，某公司应当向姜某、孙某出示房屋测绘报告，并向姜某、孙某提供该商品房的面积实测数据，实测面积与合同载明的面积发生误差的，某公司承诺在房屋平面图中标明详细尺寸，并约定误差范围。该商品房交付时，套型与设计图纸不一致或者相关尺寸超出约定的误差范围，以房管局最终测绘面积为准，面积增减不影响房屋总价变化。合同附件一为房屋平面图，但未约定误差范围。

合同签订后，姜某、孙某向某公司付清了房款。2018年8月29日，某公司取得案涉房屋的不动产权证书。2019年7月22日，姜某、孙某办理了案涉房屋的不动产权证书，房屋建筑面积登记为229.50m^2，比合同约定少11.87m^2。

姜某、孙某起诉要求某公司退还房屋差价款，某公司认为合同明确约定"面积增减不影响房屋总价变化"，不存在退还差价的问题。

法院经审理认为，双方签订的商品房预售合同，虽然约定按套计价，但同时约定应当在房屋平面图中标明详细尺寸，并约定误差范围，如超出约定的误差范围，面积增减不影响房屋总价变化。

在合同附件中双方并未约定误差范围，应属约定不明。另外，姜某、孙某在购买案涉房屋时系预售，其作为消费者无法知晓实际交付的房屋与合同约定面积的差异，而某公司作为开发商，无论是商品房规划、设计、建设、预售，应当对直接影响房屋买卖合同重要因素之一的房屋面积，在预售时与实际测绘时的实际误差有预判，而案涉房屋的实际面积比预售面积少11.87m^2，误差达4.92%，明显超出合理范围，损害了购房者的合法权益。

《最高人民法院关于审理商品房买卖合同纠纷案件适用法律若干问题的

---

① 案号：山东省威海市中级人民法院（2021）鲁10民终1534号民事判决书。

解释》（2003年）第十四条规定："出卖人交付使用的房屋套内建筑面积或者建筑面积与商品房买卖合同约定面积不符，合同有约定的，按照约定处理；合同没有约定或者约定不明确的，按照以下原则处理：（一）面积误差比绝对值在3%以内（含3%），按照合同约定的价格据实结算，买受人请求解除合同的，不予支持；（二）面积误差比绝对值超出3%，买受人请求解除合同、返还已付购房款及利息的，应予支持；买受人同意继续履行合同，房屋实际面积大于合同约定面积的，面积误差比在3%以内（含3%）部分的房价款由买受人按照约定的价格补足，面积误差比超出3%部分的房价款由出卖人承担，所有权归买受人；房屋实际面积小于合同约定面积的，面积误差比在3%以内（含3%）部分的房价款及利息由出卖人返还买受人，面积误差比超过3%部分的房价款由出卖人双倍返还买受人。"故姜某、孙某要求返还房屋实际面积小于合同约定面积的3%部分的房款及利息，并要求支付超出3%部分的双倍房款，法院依法予以支持。

法律分析

这是合同约定按成套房屋计算房价，并已经约定面积增减不影响房价的情况下，由于增减的面积过多，购房者要求退房屋差价得到法院支持的典型案例。

房屋面积对于房屋的使用功能以及房屋的价值都具有极其重要的作用，而房屋建设过程是一个复杂的过程，面积误差是普遍存在的，因此，商品房预售合同对于面积误差处理的约定就变得异常重要。在整个房屋规划、设计、建设过程中，开发商处于绝对的支配地位，如果不详细约定面积处理规则，就会纵容开发商有意识地缩减面积，以节省建设成本，或加大面积，变相多卖房。

按照《商品房预售管理办法》《商品房预售合同》（示范文本）规定以3%为标准，误差在3%以内按约定价格计算差价；超过3%的，购房者有权退房，购房者不退房的，超过3%的面积，开发商赠送给购房者，面积减少的，超过3%的部分，开发商双倍返还房款。但是，必须注意的是，这并非强制性规定，是可以通过合同的约定改变的，只有约定与上述规定相同，或约定不明时，才可以适用上述规定。如果约定改变了上述规定，只要不违反法律、法规的强制性规定，应按照约定处理。

因此，购房者应认真审阅商品房买卖合同中关于面积误差处理的约定，看是否与上述规定一致，如果不是，相差在哪里，自己是否可以接受。

本案就是约定按成套进行计算，并约定面积增减不影响房价的计算，这种约定是有效的，严格按约定来审理，购房者就无法退差价，只是由于误差过大，如超过3%，不重新计算房价，有失公平，纵容了恶意违法，法官依法改变了这种约定，购房者得到相应的差价。如果误差未超过3%，购房者很可能按原约定继续履行合同。

> **特别提示**
>
> 销售广告和宣传资料为要约邀请，但是所作的说明和允诺明确具体，并对合同的订立以及价格的确定有重大影响的，应当视为要约。

11. 所购房屋小区配套与销售沙盘、宣传材料不符，如何向开发商主张赔偿责任？

答： 为吸引购房者购房，开发商会通过各种宣传资料、广告，以及沙盘来销售房屋。但是，在签订《购房合同》时，又以内容太多，无法全部体现在合同内为由不在合同中作出约定。

当购房者去收房时，发现一切并非购房时开发商所描绘的那样。而购房者以原来的宣传、广告或沙盘模型等宣传材料去找开发商论理时，他们会提出那只是宣传和广告，一切以《购房合同》约定的为准。

首先需要明确的是，广告、宣传资料是开发商为了吸引购房者而做的一种宣传，法律上称之为"要约邀请"，如果没有写入合同，是无须承担责任的。但是，如果内容写得非常明确具体、内容确定，如"绿化面积达到多少平方米""湖面达到多少亩""健身设施达到多少个""公共配套房屋达到多少平方米"等，对房屋价格及购房者产生重大影响的，即使没有写入合同，如果未达标，开发商也应当承担责任。

《最高人民法院关于审理商品房买卖合同纠纷案件适用法律若干问题的解释》第三条明确规定，商品房的销售广告和宣传资料为要约邀请，但是出卖人就商品房开发规划范围内的房屋及相关设施所作的说明和允诺具体确定，并对商品房买卖合同的订立以及房屋价格的确定有重大影响的，构成要约。该说明和允诺即使未载入商品房买卖合同，亦应当为合同内容，当事人违反的，应当承担违约责任。

而销售沙盘、样板房，目的就是展示商品房开发规划范围、相关设施、绿化情况及小区居住环境。这种展示一般明确具体，对于商品房价格以及对商品房买卖合同的订立会产生重大影响，应视为要约。该展示即使未载入商品房买卖合同，亦应当视为合同内容，开发商应承担相应的责任。

典型案例[①]

2013年8月15日，地产公司在《某晚报》发布"某市某区刚改全优户型观者爆棚，珠某国际，85m^2精装三居，90%得房率，169万元起"的房屋开盘广告，主要内容有：1."珠某国际建筑面积约6.7万平方米，由3栋8-18层的精装板式住宅组成……"2."珠江首创双首层的社区连廊底商及小区地块内10万平方米双子座大型商业，更为生活带来更多的从容与闲适。"3."三重精装一步到位……地下车库全精装，五星级大堂精装，全品牌室内豪装、24小时英式物管全天候，精致生活由表及里全面呈现……"

地产公司发布的《珠某国际楼书宣传册》主要内容有：1."建筑采用经典ARTDECO风格[②]，'金镶玉'工艺包铜掐丝装饰'顶戴花翎'……"2."'殿堂级'双入户大堂：车库与首层双大堂。地上大堂，60m^2大尺度空间、5.7m卓绝挑高入户门庭、艺术天花吊顶、五星级酒店标准精装、会所级软装修配饰、24小时英式物管……"3."品牌电器，组装高品质生活，某国际为客户选用的电磁炉、净水器口、吊顶、密码锁等高端配置，更方便了业主的日常生活需要及居室维护，提升了业主的生活品质。"

2013年12月1日，就购买案涉房屋事宜，以战某为买受人、地产公司为出卖人签订《北京市商品房预售合同》，约定案涉房屋预测建筑面积共88.16m^2，总价款1800286元。

[①] 案号：北京市第三中级人民法院（2020）京03民终14654号民事判决书。
[②] 编者注：ARTDECO风格是指一种艺术装饰风格，以富丽和现代感著称。

同日，双方还签订了《补充协议》，其中第二十二条约定，出卖人发布的广告、宣传册、沙盘等资料均为要约邀请，出卖人设置的样板间，仅为出卖人便于购房者了解商品房布局及使用功能而提供的简单示意，该样板间的装修、设备、设施及室内陈列的家具、装修物品、电器等，除非特别标明为"交房标准"等字样，否则均不包含在房价和交付范畴之内，不构成买受人所购商品房内初装修或精装修的构成部分，也不构成出卖人对买受人所购商品房及所购商品房装修效果的任何承诺，出卖人对买受人的任何承诺和要约邀请均以政府批准文件、合同及其附件、本补充协议约定为准。

后双方发生纠纷，战某起诉地产公司，认为地产公司未按照广告宣传以及楼书提供公共设施和服务，应承担违约责任。

地产公司认为，战某提供的珠某国际楼书宣传册、媒体广告宣传、项目建设方案等证据的真实性不予认可或无法核实；其发布的广告、宣传册、沙盘等资料法律性质为要约邀请，不属于要约，对地产公司不产生法律效力。

法院认为，地产公司发布的商业广告中包括"'殿堂级'双入户大堂……艺术天花吊顶、五星级酒店标准精装、会所级软装修配饰、24小时英式物管""某国际为客户选用的电磁炉、净水器口、吊顶、密码锁等高端配置……""建筑采用经典ARTDECO风格，'金镶玉'工艺包铜掐丝装饰'顶戴花翎'……"等内容系具体确定的对商品房开发规划范围内的房屋及相关设施所作的说明和允诺，会对商品房预售合同的订立产生重大影响，地产公司在商业广告宣传中的说明和允诺应视为要约，应当视为合同内容。

地产公司认为，按照战某、地产公司双方签订的《补充协议》第二十二条的约定，出卖人（地产公司）发布的广告、宣传册、沙盘等资料均为要约邀请……出卖人（地产公司）对买受人的任何承诺和要约邀请均以政府批准文件、合同及其附件、本补充协议约定为准。

战某对此不予认可，并表示，该条款为地产公司为重复使用而预先设定且未与战某协商的格式条款，该条款损害了买受人在多个看房购房环节中所产生的合理期待，致使买受人权利在房屋交接之前处于不确定状态，不合理、不正当地免除了出卖人的相关义务和责任，严重损害和排除了买房人的权益。

法院最终认为,《补充协议》第二十二条为地产公司拟定的格式条款,且存在免除其责任、排除买受人主要权利的情形,应为无效。故,地产公司发布的媒体广告宣传的法律性质应为要约。地产公司未按照商业广告宣传交付房屋的行为不符合约定的,应当承担继续履行、采取补救措施或者赔偿损失等违约责任。

法律分析

本案中,地产公司为推销房屋,通过媒体以及楼书宣传册等进行了大范围的宣传广告,并采用"'殿堂级'双入户大堂……艺术天花吊顶、五星级酒店标准精装、会所级软装修配饰、24小时英式物管""某某国际为客户选用的电磁炉、净水器口、吊顶、密码锁等高端配置……"等描述。

为了规避责任,地产公司又在《补充协议》中明确约定:出卖人发布的广告、宣传册、沙盘等资料均为要约邀请,出卖人设置的样板间,仅为出卖人便于购房者了解商品房布局及使用功能而提供的简单示意,该样板间的装修、设备、设施及室内陈列的家具、装修物品、电器等,除非特别标明为"交房标准"等字样,否则均不包含在房价和交付范畴之内,不构成买受人所购商品房内初装修或精装修的构成部分,也不构成出卖人对买受人所购商品房及所购商品房装修效果的任何承诺,出卖人对买受人的任何承诺和要约邀请均以政府批准文件、合同及其附件、本补充协议约定为准。

但是,《民法典》以及原《合同法》都规定,要约是希望和他人订立合同的意思表示,该意思表示应当符合下列规定:(1)内容具体确定;(2)表明经受要约人承诺,要约人即受该意思表示约束。商业广告和宣传的内容符合要约条件的,构成要约。《民法典》第四百七十三条第一款规定,要约邀请是希望他人向自己发出要约的表示。拍卖公告、招标公告、招股说明书、债券募集办法、基金招募说明书、商业广告和宣传、寄送的价目表等为要约邀请。《最高人民法院关于审理商品房买卖合同纠纷案件适用法律若干问题的解释》第三条规定，商品房的销售广告和宣传资料为要约邀请，但是出卖人就商品房开发规划范围内的房屋及相关设施所作的说明和允诺具体确定，并对商品房买卖合同的订立以及房屋价格的确定有重大影响的，构成要约。

> **特别提示**
> 预告登记是一项物权制度，具有物权效力；网签或备案只是一项行政管理行为，二者法律效力差别很大。

12. 商品房买卖的预告登记是什么？与网签或备案有什么区别？

答：对于网签或合同备案，大多数购房者都比较熟悉了。随着信息化的建设，大部分房屋买卖都采取网签，极少有双方将签订的书面合同拿到房屋管理部门备案的情况了。最近几年，购房者可能又从各种途径听说预告登记，很多购房者不清楚预告登记究竟是什么，与网签有啥区别，网签了还用预告登记吗？

预告登记是根据原《物权法》为保护物权设立的一项制度，《民法典》第二百二十一条第一款规定，当事人签订买卖房屋的协议或者签订其他不动产物权的协议，为保障将来实现物权，按照约定可以向登记机构申请预告登记。预告登记后，未经预告登记的权利人同意，处分该不动产的，不发生物权效力。由此可知预告登记后，未经预先登记权利人同意，处分不动产不发生物权效力，有效地解决了购买的房屋被开发商一房多卖的法律风险。

而网签只是一个行政管理手续，虽然网签后，不撤销网签，很难再网签，一定程度上也能防止"一房二卖"。但是，网签只是行政管理行为，对于其法律效力和法律性质由于没有明确的法律依据，也一直存在争议。

因此，网签与预告登记在法律效力上是有重大差别的，预告登记的法律效力远大于网签。但是，网签却是商品房买卖的必经程序，不网签一般无法正常办理产权证过户，而预告登记却不是必经程序，由买卖双方自行约定是否进行预告登记。

所以，购房者为了更有效地保护自己的权益，可以要求在合同中约定进行预告登记，同时，在签约后及时到不动产权登记中心进行预告登记，为维护自身权利保驾护航。

典型案例[①]

2013年8月19日，某房地产公司将其开发的位于某高层住宅出售给林某。双方签订了12份《商品房买卖合同》并办理了商品房预售合同登记备案手续。同日，林某与某房地产公司签订了《〈商品房买卖合同〉补充协议》约定：自林某支付第一次购房款后3个月内，某房地产公司对案涉商品房享有回购权，回购价格与本协议约定的购买价格一致；回购期满，某房地产公司不行使回购权的，林某有权选择：1.要求某房地产公司按本协议的约定交付房屋；2.要求某房地产公司回购，立即返还购房款。

2013年8月20日，某投资公司代林某根据《〈商品房买卖合同〉补充协议》的约定向某房地产公司指定账户支付了购房款5000万元，同日某房地产公司出具《收据》，确认收到某投资公司代林某支付的购房款人民币5000万元。

2017年5月30日，由于某房地产公司未按照《〈商品房买卖合同〉补充协议》约定的期限进行回购、支付回购款，经协商，某投资公司、林某与某房地产公司、王某、乙投资公司签订《协议书》，约定某房地产公司分批次向某投资公司退还已付的5000万元购房款并支付补偿金。

此外，2012年12月14日，某房地产公司与某银行、乙投资中心签订《委托贷款合同》，并对在建筑工程进行了抵押担保，办理了抵押登记。其后，某房地产公司未能按照合同约定还款，债权人向法院提起诉讼，生效判决确定债权人对包括上述房屋在内的在建工程进行拍卖、变卖所得享有优先受偿权。

---

① 案号：最高人民法院（2021）最高法民申5772号民事裁定书。

林某主张其与某房地产公司签订了《商品房预售合同》并办理了预售备案登记，即完成了财产权利变动公示，等同于预告登记，具有物权效力。

最高人民法院经审查认为，根据一审、二审法院查明的事实，2013年8月19日，林某与某房地产公司签订了12份《商品房买卖合同》，虽办理了商品房预售合同登记备案手续，但未办理预告登记，房屋所有权亦未过户登记到林某名下。《城市房地产管理法》第四十五条、《城市商品房预售管理办法》第十条规定的商品房预售合同登记备案，与《物权法》第二十条规定的预告登记不同。

法律分析

这是办理了网签，但未办理预告登记，购买人认为网签等同于预告登记，法院不予认可的典型案例。

本案林某虽与某房地产公司签订了《商品房预售合同》，并办理了商品房预售合同登记备案手续，但未进行预告登记，后因该房屋被开发商用于贷款抵押，面临拍卖风险，以"合同已经备案，已经完成物权公示，等同于预告登记"进行抗辩，法院对"预售合同备案"与预告登记的法律性质进行了详细的论述。

法院认为，商品房预售备案登记是房地产管理部门出于行政管理目的对《商品房预售合同》进行的备案，系行政管理范畴，备案登记并不当然产生物权或准物权效力，而预告登记制度系物权法确定的一种物权登记制度，预告登记后，其请求权产生权利保全的效力。商品房预售备案登记与《物权法》第二十条规定的不动产预告登记制度具有不同的法律性质。

根据《民法典》第二百二十一条的规定，当事人签订买卖房屋的协议或者签订其他不动产物权的协议，为保障将来实现物权，按照约定可以向登记机构申请预告登记。预告登记后，未经预告登记的权利人同意，处分该不动产的，不发生物权效力。预告登记后，债权消灭或者自能够进行不动产登记之日起九十日内未申请登记的，预告登记失效。

因此，千万不能将"网签备案"视同为预告登记。预告登记具有物权效力，但是，"网签备案"不具有物权效力，只是行政管理行为；预告登记对购房者的保护力度明显大于"网签备案"。购房者尽可能在购房时要求预告登记，同时，监督完成预告登记。

第二章

"二手房"买卖纠纷

"二手房"买卖是相对于从开发商处购买房屋的"一手房"买卖而产生的概念，是实践中广泛被社会公众使用的俗称，准确用语是"存量房"买卖。从1998年国务院发布《国务院关于进一步深化城镇住房制度改革加快住房建设的通知》，进行住房分配货币化改革以来，房地产改革及商品房开发已经进行了二十多年。从全国来说，不管从房屋总量还是人均房屋面积来看，都已经不再属于"缺房"时代。甚至有专家认为，房屋已经过剩。

由于已经存在大量"存量房"，"二手房"买卖就会越来越多，"二手房"买卖所占的房地产交易市场份额会越来越大。在北京、上海、深圳、广州等一二线城市，"二手房"交易量已经超过"一手房"交易量。

> **特别提示**
>
> 三核查，核查身份、核查权属、核查权属的完整性。

1. 如何简单核查卖方卖房的合法性？

答：我国法律规定，与不具备主体资格、无权处分的人签约的合同效力属无效或效力待定。无效合同，无论合同内容签订得多么详细、明确，都没有法律效力，对签约双方均无法律约束力。效力待定的合同，一旦有权追认的人不追认，将认定为无效合同。

因此，确认销售主体、确定其是否具有合法处分权，对于最终确定合同是否有效具有极其关键的作用。在确定意向房源，准备签订购房合同，特别是支付定金或首付款前，一定要先行核查卖方的合法性。那么，作为普通购房者如何简单有效地核查卖方的合法性？

第一，核查身份，确定卖方的真实身份。

要求卖方提供合法的身份证件，一般是居民身份证原件，已婚的要核验夫妻双方身份证原件，特别提醒的是，要核验双方的结婚证，认真核对身份证号码及照片，确认系本人。曾经发生过丈夫找一个与妻子长相相似的女子假冒妻子，背着妻子卖房，最后被判决卖房无效的案例。

如果是授权卖房，由于房产是重大资产，各地房管部门过户时都要求必须公证授权。因此，签约时也最好坚持公证授权。如果不是公证授权，一定要通过各种有效的方式确定确实经授权，而且要留存好证据。

第二，核查房产权属。

简单来说就是核验不动产所有权证书（原房屋所有权证书），要查看原件。首先查看发证机关，只有当地政府不动产权登记中心或改革前政府房屋管理部门颁发的才是真正具有法律效力的产权证书。其他单位，如乡镇人民政府、景区管理委员会、村民委员会颁发的，哪怕外形、内容与真正的不动产权证书一样，但是系无权机关颁发，不是合法有效的不动产权证书。同时，应认真核对地址、房号以及房主姓名、身份证号码。

第三，核查房屋权属完整性。

主要核查是否存在抵押、查封、共有、出租的情况。抵押一般在产权证书有附注，但是，为保险起见，最好到当地的房屋管理部门查询，同时查询是否存在查封、冻结的情况。现在，不少地方政府便民信息化，可以通过其官网查询，但是，查询时一定要确定系从官网查询，亲自核验，不要轻信卖方或中介人员的说辞。如果存在抵押，要了解清楚抵押权人是谁，欠款额是多少？在交易过程中一定侧重约定如何保障房款优先用于归还抵押债权、及时解除抵押。

共有情况的查询，如果在产权证书标明共有人，查看产权证书就可以了，只要产权证书里标有共有人的，必须经共有人共同同意，才能销售。没有标注的，主要是两种情况，一是夫妻共有，只标注一方姓名，为保险起见，购买二手房，不管是夫妻共有房屋，还是夫妻一方房屋，都应经另一方同意，如果其认为是一方财产，则建议让另一方出具书面证明："该房屋系一方财产，对于出售知情并同意。"二是如果卖方声称系单身，应查验其户口簿、离婚证，同时出具单身书面承诺。尽管这样也难以完全杜绝卖方"隐婚"，背着另一方卖房的风险，但是，一旦出现这种情况，只要有证据证明作为购房者尽到注意义务，就适用善意取得，买卖合同有效。因此，这些查验过程一定要做到，同时，保留好证据，即尽到注意义务。

出租情况的查询。最简单的办法就是去现场察看使用情况，察看时还要留意各种细节，从细节上去发现和判断其是否与卖方、中介口头介绍相一致。如果存在租赁情况，一定要看租赁合同，确定租赁详细情况，最好能与承租人接触沟通，当面了解其租赁情况、房屋使用情况，以及其是否有购买的意愿。如果承租人有购买意愿，还需考虑承租人具有优先购买权的问题，为保险起见，最好让承租人签署放弃优先购买权的书面承诺。

典型案例[①]

2017年4月17日，汪某与刘某签订《房屋转移协议》并进行了公证，协议约定：刘某自愿将案涉房屋出售给汪某，房屋总价180万元；刘某将房产证办理完善后，双方进入房产（固定资产）交易；汪某预付刘某50万元订金，余款待房屋交易完成后付清130万元等。协议签订后，汪某按照刘某要求通过银行转账50万元。

2017年5月12日，刘某向某物业公司出具了《情况说明》，载明："我是案涉房屋业主刘某，此房已出售给汪某。由于政策原因，过户手续正在办理当中在这期间汪某可以装修，但是必须结清某地产公司与某物业公司相关手续和费用。"并向汪某交付了房屋。房屋交付后，汪某对涉案房屋进行了装修并居住。

2017年5月25日，刘某以自己的名义与某房地产公司签订了正式的购房合同。2018年7月3日，刘某取得涉案房屋的产权证，该房屋登记在刘某个人名下，汪某遂请求办理过户登记，但刘某不予配合。

因此，汪某向法院提起诉讼，要求刘某办理过户手续。但刘某提出，该房产不是其个人财产，系夫妻共同财产，现丈夫去世，其丈夫所有的部分由其和女儿周某继承，周某不同意售房。

法院经审理认为，刘某主张案涉房产系其与第三人共有，第三人不同意出售，故案涉房产无法继续履行。根据查明的事实，涉案房产利益系周某在与刘某的婚姻存续期间所得，周某去世后，刘某及第三人周某作为周某的继承人应当共同享有涉案房产利益。虽刘某以自己的名义完善了案涉房产的权属登记手续，并将房产登记在自己名下，但在刘某及第三人未分割案涉房产利益的情况下，不能否认第三人对涉案房产的权利。现第三人明确表示不同意出售涉案房产，且不同意协助办理过户，导致本案涉案房屋买卖合同履行不能。

---

① 案号：陕西省西安市中级人民法院（2020）陕01民终13938号民事判决书。

审理过程中，法院释明可变更诉请后，汪某坚持要求刘某继续履行房屋买卖合同的诉请，故法院对其诉请不予支持。汪某主张其已实际使用房屋，构成善意取得。因房屋产权未发生变更登记，不符合善意取得的构成要件，故不构成善意取得，法院驳回了原告汪某的诉讼请求。

法律分析

这是一个尽管产权证登记在出卖人个人名下，但因其不拥有完整产权，购买人入住多年后，仍然无法取得产权的典型案例。

汪某购买时进行了公证授权，很多购房者都认为，公证后就拥有合法的权利。在法律实践中，经常会被咨询，如果暂时无法取得产权，对方表示可以进行公证，是否就可以继续购买？

公证具有较高的公信力，但是无法替代国家相关机构颁发的产权证书。而且，很多人对于公证有一定的误解，以为公证处能够对没有产权证的不动产进行产权公证，这是不可能的，公证机关不能办理这种公证。如果取得合法有效的产权证，因办理某些事项需要产权公证，如在国外需要证明拥有不动产，按该国要求对国外的不动产产权进行公证。因为国内各部门认可不动产权证书的效力，所以通常不需再办理产权公证。在具有不动产权证书的情况下，经公证机构核实无误，才有可能出具产权公证。

在没有取得产权证书的情况下，公证处只能对委托授权书、房屋买卖合同的签字真实性进行公证，即公证当事人在公证员见证下签了委托授权书，以及房屋买卖合同，系各方当事人的真实意思表示。这只能证明各方签字是真实的，授权书是真实的，合同是真实的，无法证明产权归属，合同是否最终能够履行。

该案中，汪某签订购房合同时，未查清该房屋的完整产权情况，以为出卖人出具了公证书，又将房屋交付给自己，交付后装修、居住就不会出现任何问题。未料到住了多年之后，该房屋的出卖人不配合办理过户的手续，不但不同意过户，还以该房屋不是其个人所有，以其他共有人不同意出售为由，拒不履行合同，造成自己购买了多年、入住多年的房屋还得"拱手让人"。

因此，在购房时，认真核查房屋产权的合法性、完整性，出售人是否拥有完整的合法的产权十分重要，千万不要以为谁实际控制了房屋，谁就是主人，谁就有权出售。

> **特别提示**
>
> 当前后两份合同出现矛盾时，以后一份为准，公示合同效力优先于未公示合同效力；网签合同与实际合同不一致时，以网签合同为准，有特别约定的除外。

2. 网签合同与实际合同发生冲突，法院会如何处理？

答：在"二手房"交易过程中，为了少交税费或银行贷款的需要，往往先签一份双方协商一致的准备实际履行的商品房买卖合同。在网签时，又网签一份与原签订的实际履行合同房价差别较大的合同，双方实际签了两份合同，而且两份合同房价一般相差较大。同时，网签合同也常常会比准备实际履行的合同简单得多。

如果双方都能诚信履行双方约定的合同，自然就没有问题，一旦出现纠纷，两份合同究竟以哪一份合同为准呢？大多数购房者第一反应，认为肯定是双方先签的准备实际履行的那份合同，网签合同只是为了过户、少交税而签的。这种认识其实是错误的，通常网签合同是后于实际房屋买卖合同的，两份合同不一样，在没有特殊原因的情况下，按法律规定以后一份合同为准，视为后一份合同改变了前一份合同的约定。

而且，网签合同是经过公示的，按我国现有法律规定及司法实践，公示的合同优先于没有公示的合同。按照前后合同矛盾以后一份为准、公示合同效力优先于未公示合同效力的规则，当两份合同不一致时，在没有特别约定的情况下，是以网签合同为准的。

因此，应在实际履行的房屋买卖合同上明确约定，该合同与网签合同不一致时，以该合同为准，双方按实际履行的房屋买卖合同为准。购房者必须认真核查是否有"本合同与为在房管部门备案而签订的《存量房买卖合同》（网签合同）不一致时，以本合同为准"的条款。同时，两份合同尽量保持一致，有些中介公司[①]为省事，网签合同一般只想简单签署。应坚持将实际履行合同的内容也尽量在网签合同中约定。对于房价，进行技术性处理，使总价尽量一致，如网签合同如果房价较低，则以补充协议的形式，将差价以装修、家具家电的方式补充。如果为了多贷款，网签合同的房款需较高，也应以补充协议的形式，将差价约定清楚只是为贷款所用，买方无须向卖方支付。

典型案例[②]

2016年5月30日，张某与马某、许某经存房公司居间签订《买卖定金协议书》，约定马某、许某向张某购买涉案房屋，房屋总价款635万元。马某、许某于协议签署同时支付张某购房定金10万元。5月31日，马某、许某与张某又签订了一份用于网签的《买卖合同》，约定张某将涉案房屋出售马某、许某，该房屋成交价格为人民币280万元，该房屋家具、家电、装饰装修及配套设施设备等作价为人民币355万元，上述价款买受人一并另行支付给出卖人。当日，马某、许某与张某同时签订《商业贷款付款方式补充协议》，双方约定房屋成交总价包括房屋成交价格及房屋家具、家电、装饰装修及配套设施设备等作价总计635万，此价格为出卖人净得价，不含税。6月20日，涉案房屋进行了网上签约备案手续，显示许某、马某与张某签订《存量房屋买卖合同》，合同约定成交价635万元。7月11日，某银行给许某、马某发放《某银行个人房屋贷款审批通知书》，给予贷款金额370万元。8月1日前，就涉案房屋于6月20日进行网上签约备案手续被撤销。8月1日，涉案房屋进

---

① 编者注：本书中"中介公司"指代"房屋中介公司""房屋中介机构"等提供房地产评估、经纪、咨询等服务的公司或机构。

② 案号：北京市第三中级人民法院（2018）京03民终14338号民事判决书。

行了第二次网上签约备案手续，显示许某、马某与张某签订《存量房屋买卖合同》，合同约定成交价255万元。后张某不配合办理过户以及交房，双方产生纠纷。

庭审中，马某、许某主张因涉案房屋价格上涨，张某经多次催告后拒绝配合过户，构成违约。张某主张系马某、许某和存房公司人员对涉案房屋采取"高贷低过"行为涉嫌偷税漏税和骗取贷款，行使不安抗辩权。

法院认为，马某、许某与张某签订《买卖合同》《商业贷款付款方式补充协议》及《贷款补充条款批准》，系双方当事人的真实意思表示，且不违反法律法规强制性规定，合法有效，双方均应按约履行。

"高贷低过"确实涉嫌违法，如张某认为存在风险，双方可以通过协商变更网签金额解决，其直接要求解除合同无事实和法律依据。不过张某的行为结果确实维护了金融秩序和国家税收利益，马某、许某与存房公司对于"高贷低过"系违法行为应明知而进行操作，对合同无法履约均有一定的过错和责任，马某、许某亦应承担相应的责任。由于双方都同意解除合同，法院不持异议，各自承担责任，张某退还定金。

📝 法律分析

这是一次"二手房"交易过程中，为了"实际履行""银行贷款""过户交税"三个不同的目的，签订三份《买卖合同》的典型案例。

第一份是双方拟实际履行的《买卖合同》。第二份是为了银行多贷款的《买卖合同》，房款一般较高。由于银行需要网签合同，因此第二份合同需要先进行网签，在银行批贷后，再撤销网签。第三份是为过户签订的《买卖合同》，为了少交税，往往将房价调低，是真正的网签合同。

本案中，由于房价上涨，卖方不再履行合同，之后两份合同违反国家相关规定，应属于无效合同，以交易存在风险为由，拒绝履行，法院并未支持。买方认为可以通过协商变更，改变相关条款，但法院不可能支持这种明显的"高贷低过"规避税务的行为，同时认为卖方确实维护了正常的金融秩序和国家税收益。

由于双方都清楚上述操作存在问题，都愿意解除合同，不违反法律的规定，法院予以认可，解除合同后，各自承担责任，出卖人退还购买人支付的定金。

如果双方未达成解除合同的共识，一方坚持要求履行合同，从各地法院判决来看，法院一般会支持继续履行合同，但会认为"高贷低过"规避税务的条款无效。由于"二手房"买卖的税费一般是由购买人承担的，购买人原想少交税费的想法就无法实现，需要承担更多的税费。因此，购买人应重新计算购房成本，确定是否坚持履行合同。

> **特别提示**
>
> 没有产权，就无法通过物权的保障机制来防范，只能通过债权关系来寻求保障，合同约定是关键。

3. 没有办理产权证的房屋是否可以购买？

答： 在"二手房"买卖过程中，经常会碰到的一个棘手问题，即好不容易看中了一套房屋，对于房价等交易过程也协商一致，但是，卖方还没有取得产权证，这种房屋能不能买，存在哪些风险，又如何尽量降低风险？

没有取得产权证，按照我国关于物权的法律规定，卖方就不具有产权，不具有对该房屋的物权，物权还属于卖方的前手，即开发商或前一个业主。首先，最大的风险是因为开发或其他违法违规的问题无法办理产权证；其次，是因为卖方或卖方的前手的债务问题被查封、拍卖；最后，是卖方即使有产权证，但是不配合办理过户。房屋作为不动产，按我国法律规定，产权所有是以办理产权登记为准的，不是以实际居住为准的。卖方居住的时间越长，越需要调查清楚为什么没有产权证，隐藏的问题可能就会越大。

由此可见，没有办理产权证的房屋要谨慎购买。可是经常要面对现实的是，虽然各地加快了产权证的办理速度，没有办理产权证的房屋在快速减少，但是仍然存在很多没有办理产权证的存量房。

因此，购房者购买没有办理产权证的房屋，必须要注意风险防范。首先，要调查确认，没有产权证的原因及办理产权证的可能时间；其次，调查了解现有产权方、卖方（如开发商）的经济实力和债务情况，该房屋被查封、拍卖的可能性有多大；最后，调查了解现有产权方、卖方的诚信度如何，可以从中国执行信息公开网、国家企业信用信息公示网等官方网站查询产权方、卖方是否有不良记录。

需要特别强调的是，没有产权，就无法通过物权的保障机制来防范，只能通过双方签订的合同关系所构建的债权关系来寻求保障。因此，合同约定就成为权利保障的关键。一定要明确约定办理产权证的时限，以及迟延办理的法律责任，明确约定迟延办理、无法办理产权证的具体处理方式，约定具体的、较高的违约金，最好能暂扣部分房款。只有暂扣房款够多、违约成本够高，对其产生足够的压力，才有可能促使卖方设法尽快办理产权证，并配合办理过户。

典型案例 [1]

2016年9月21日，张某与谈某签订《武汉市存量房居间（买卖）合同》。合同约定，张某将案涉房屋出售给谈某，房屋总价为206万元。

2016年10月24日，张某在某公证处办理委托公证，委托书载明"委托人张某委托受托人谈某代为办理案涉房屋的如下事项：代为办理上述房屋的借款抵押登记及注销抵押的相关事宜；代为办理上述房屋买卖的相关事宜；代为办理房屋产权过户事宜；如买方需要贷款，配合买方办理银行贷款手续并收取银行贷款；代为查询与房屋相关的一切档案；代为到民政部门调取婚姻档案；办理水、电、气、煤气、物业管理等过户事宜。委托期限自2016年10月24日至上述事项办理完毕为止"。后谈某支付给张某房款206万元，张某将案涉房屋交付给谈某，双方未办理产权过户登记。

2018年4月12日，在案外人某房地产咨询公司居间服务下，谈某作为张某的代理人与沈某签订《武汉市存量房屋买卖合同》。合同约定，张某将案涉房屋出售给沈某，房屋成交总价为238万元。同日，沈某分三次向谈某支付238万元购房款，谈某向沈某出具收到238万元购房款的收据。后沈某占有案涉房屋并对房屋进行了装修。

---

[1] 案号：湖北省武汉市中级人民法院（2020）鄂01民终5710号民事判决书。

2018年5月9日，因张某在外债务纠纷，上述房屋被武汉市黄陂区人民法院查封。2019年9月，武汉市黄陂区人民法院将上述房屋拍卖。

法律分析

这是一个购买了持有房屋公证委托书但未办理产权证，因出卖人的前手的债务原因被法院拍卖的典型案例。

沈某购房时，出卖人谈某持有其购买房屋时的出卖人公证委托，其可代出卖人将产权证办至自己名下，但是沈某没有及时办理至自己名下。沈某认为出卖人谈某持有产权人的公证委托代理书，完全有权将房屋出让给自己，因此，购买了房屋并支付了全部房款，进行了装修并入住，但是不够重视产权证，没有及时办理过户。因上手交易的出卖人的债务问题，房屋被法院查封，房屋一旦被查封，就无法再办理过户，最终被法院拍卖。沈某购房失败，只能通过购房合同追究出卖人谈某的法律责任，要求其退房款并承担违约责任。如果出卖人经济能力不行，沈某就很有可能"钱房两空"。

可见，产权证的办理在房屋交易中具有重要的地位，千万不要以为自己安全取得房屋入住，就万事大吉了。特别是入住后一直都正常，就对何时办理产权证无所谓。但是，只要没将产权证办到自己名下之时，从法律角度讲，就不是房屋的所有权人，房屋很有可能因为登记的所有权人的原因被查封、拍卖。

切记，只有取得合法的产权证，房屋才属于你的！否则，随时都有可能因为上家甚至上上家的问题导致你最终会被迫从该房屋中迁出。

> **特别提示**
>
> 登记在一方名下未必是一方个人财产，也可能是共同财产。转让个人财产不需要经过另一方同意，可购买，转让共同财产时需要，应当经过另一方同意。

4. 登记在夫妻一方名下的房产，是否需要另一方同意才可以购买？

答：原《物权法》第十四条及现《民法典》第二百一十四条规定："不动产物权的设立、变更、转让和消灭，依照法律规定应当登记的，自记载于不动产登记簿时发生效力。"

不动产登记具有权威性和公示力，因此，不少购房者认为，只要产权证登记谁的名字，谁就是所有权人，其有权行使占有、使用、收益、处分的权利。只需要与产权证登记所有权人进行交易就可以了，无须征得其他人同意。这种想法是错误的，这种认识只依据了法律关于物权登记的法律规定，却忽略了法律对于婚姻财产的规定。按照原《婚姻法》第十七条以及《民法典》第一千零六十二条夫妻财产的规定，在婚姻存续期间，夫妻财产以共有为原则，即不管是登记在一方，还是双方的财产，原则上系夫妻共同财产，除非系婚前财产、夫妻约定或法律规定为一方的财产。

因此，登记在夫妻一方名下的房产，可能是夫妻一方个人的财产，如一方婚前所购房产、其父母明确赠与一方的房产、夫妻约定系一方的房产。如果确认是夫妻一方的房产，不需要另一方的同意，即可交易。

如何确定产权权属呢？可以查看产权证与结婚证，如果产权证的时间早于结婚证的时间，一般可确定是婚前财产；如果系其父母明确赠与其一方的房产，可以查看父母赠与合同，为防止伪造和后补，应调取不动产权登记中心办理产权过户时的赠与合同，查看赠与合同是否有明确表示赠与一方，如果没有明确赠与一方所有，也属于夫妻共同财产；如果夫妻约定属于一方财产，则可以查看夫妻婚内财产约定。

如果没有明确的证据证明系夫妻一方房产，尽管登记在一方名下，也视为夫妻共同财产，必须经对方同意。否则，由于一方未经对方同意，擅自处分共同财产，一旦发生纠纷，对方不同意，擅自处分共同财产的行为无效。

可见，为了安全起见，即使房产登记在一方名下，也尽量取得另一方书面同意；如果出卖人以各种理由表示无法取得另一方的书面同意，即应谨慎购买，应通过多种方式确认该房产确系出卖人个人所有。同时，在买卖合同中约定如果因为夫妻另一方反对造成买卖合同无法履行的，应承担较高的违约金，一方面可以测试出卖人是否真系其个人财产；另一方面一旦出现纠纷，会促使其协调另一方的压力，即使最终无法协调、合同无法履行，也能通过违约金，弥补损失。

🔍 典型案例[①]

2013年6月29日，赵某、贾某共同至上海甲房地产经纪事务所（以下简称中介公司）处，并经中介公司居间介绍签订《购房定金合同》（以下简称《定金合同》）一份，约定倪某向赵某购买系争房屋，总房价款为人民币130万元。签署《定金合同》当日，倪某向赵某支付定金2万元，并由赵某出具相应的《定金收条》。

2013年6月30日，赵某、贾某至中介公司处由赵某与倪某、范某签署了《上海市房地产买卖合同》（以下简称《买卖合同》），房屋转让总价为90万元。同日，倪某向赵某支付定金3万元及70万元，并由赵某出具相应的收款

[①] 案号：上海市第一中级人民法院（2015）沪一中民二（民）终字第988号民事判决书。

凭证。2013年8月18日，倪某、赵某、贾某及中介公司的工作人员陆某某一起去银行，由倪某从银行中取款54万元交由赵某，再一起至某银行处陪同赵某将54万元存入赵某的银行账户，并由赵某出具相应的《预付房款收据》。

2013年8月19日，赵某等将系争房屋交倪某等使用。2013年9月7日，买卖双方共同至房地产交易中心欲办理系争房屋的产权过户手续，倪某等缴纳了契税，贾某替赵某缴纳了营业税、其他个人所得税等，赵某在办理产权过户手续的有关文件上签字，之后即离开房地产交易中心，不知去向，倪某等与赵某因此未能办理完成系争房屋的产权过户手续。

倪某起诉要求赵某配合办理过户手续，赵某以房产系夫妻共同财产，合同只有夫妻一方签字，未经夫妻另一方签字同意，买卖无效为由抗辩。

法院认为，系争房屋取得于赵某与贾某婚姻关系存续期间，产权虽登记在赵某一人名下，但贾某、赵某并未提供具有公示公信效力的能对抗第三人的关于系争房屋归赵某一人所有的证据，应认定系争房屋于签订《定金合同》《买卖合同》时属赵某、贾某夫妻共同财产，《定金合同》及《买卖合同》虽以赵某名义签订，但贾某全程参与《定金合同》及《买卖合同》的签订，并未提出异议，应视为贾某同意以赵某的名义处分本案系争房屋。

法律分析

这是一个房产登记在夫妻一方名下，只有产权登记人在购买合同中签字，但是购买人有证据证明夫妻双方共同参与，法院认为应视为同意以另一方名义对外销售共同房产的典型案例。

购买登记在夫妻一方的房产买卖纠纷，判断是否为有权处分，司法实践中，法院一般从以下几个方面进行审查：

（1）未登记一方是否参与。例如，是否与中介人员接触过，是否去中介挂牌出售房屋，订立合同时夫妻双方感情状况如何，双方是否处于离婚诉讼期间等。

（2）房屋的实际居住情况。房屋是否为夫妻双方共同居住，买房人看房时是否接触过未登记一方等。

（3）房款的支付情况。即未登记一方是否收取过合同定金或者房款，是否使用过定金或房款。

购房者同样可以从上述三点来判断未登记方是否知情和同意。因此，为保险起见，即使购买的房产是登记在夫妻一方名下的房屋，最好由夫妻共同签订房屋买卖合同，或签署知情且同意对外销售的承诺书。如果其不同意签署，应注意通过各种方式尽可能留下未登记一方参与交易的证据。

> **特别提示**
>
> 《民法典》对于抵押物销售制度作了重大改变，无须再经抵押权人同意，但是又允许当事人进行约定。

5. 抵押给银行的房产，未经银行同意，业主就对外销售，是否有效？

答：原《担保法》和《物权法》规定，抵押期间，抵押人未经抵押权人同意，不得转让抵押财产，但受让人代为清偿债务消灭抵押权的除外。按照这个法律规定，抵押给银行的房产，出让必须经抵押权人即银行同意，否则该出让行为是无效的。这也是长期以来的规定和做法，被大多数人熟知。

但是，2021年1月1日施行的《民法典》改变了上述规定，《民法典》第四百零六条规定："抵押期间，抵押人可以转让抵押财产。当事人另有约定的，按照其约定。抵押财产转让的，抵押权不受影响。抵押人转让抵押财产的，应当及时通知抵押权人。抵押权人能够证明抵押财产转让可能损害抵押权的，可以请求抵押人将转让所得的价款向抵押权人提前清偿债务或者提存。转让的价款超过债权数额的部分归抵押人所有，不足部分由债务人清偿。"按照这个新规定，抵押人出售抵押了的房产，原则上无须抵押权人同意，除非当事人另有约定。这是《民法典》的重大变化之一，房产交易当事人应当关注和注意，只要没有特别约定，抵押给银行的房产无须征得银行的同意即可交易。

由于是新规定，绝大多数在《民法典》出台之前抵押给银行的房产基本没有约定出让需要抵押权人的同意，购买这种房产可以不用银行同意，直接交易，即使抵押没有解除，也可以过户，但必须清楚的是，交易过户后抵押权仍存在，抵押人变了，但债务人如果没有经银行同意变更，债务人还是原业主。

这是在当事人没有约定的情况下，《民法典》规定当事人可以另行约定。因此，在《民法典》出台后抵押给银行的房屋，银行为了加强自我债权的保护，一般都会约定抵押给银行的房产出售需经银行同意。如何才知道有没有这种约定，可以通过查看原业主与银行之间的抵押合同来确定。

当然，购买房产是家庭的重大事项，交易失败将可能给家庭带来重大的影响，为安全起见，购买抵押给银行的房产，最好还是要咨询、征求银行的意见，了解清楚银行的态度和做法，得到银行的认可。只有在极个别特殊的情况下，可以不考虑甚至反对银行的态度，依据法律规定"强行"交易和过户。

典型案例[①]

2016年4月22日，岳某与某置业有限公司（作为出卖人）签订《商品房买卖合同》一份，约定岳某购买住宅房屋，合同约定建筑面积共118.03平方米，总金额828741元。

2016年5月，岳某（作为借款人、抵押人）与某银行（作为贷款人）、某置业有限公司（作为保证人）签订《个人购房借款/担保合同》一份，约定贷款人向岳某发放个人购置住房贷款660000元，岳某以案涉房产为贷款提供抵押担保。案件审理过程中，李某、岳某均陈述该案涉房产是由李某借用岳某的名义购买。

2016年9月16日，代某（作为买方）与李某（作为卖方）签订房屋买卖合同一份，主要内容为：（1）李某自愿将案涉房产出卖给代某。（2）双方议定上述房产总价款为1005550元；现已将首付加维修基金已还贷款共340000元付给李某，剩余贷款代某从9月开始归还银行。（3）李某协助代某办理交

---

① 案号：河南省郑州市中级人民法院（2021）豫01民终3942号民事判决书。

房、房产证过户等手续。岳某作为见证人签字。

自 2016 年 9 月 28 日至 2020 年 5 月 21 日，代某按月向岳某偿还银行按揭贷款，还款金额合计 187200 元。2019 年 6 月 28 日，市自然资源和规划局填发不动产权证书；同日，房地产权抵押，权利人为某银行，抵押金额 660000 元。代某起诉要求李某协助办理过户手续。

法院认为，《最高人民法院关于适用〈中华人民共和国民法典〉时间效力的若干规定》第一条第三款规定，民法典施行前的法律事实持续至民法典施行后，该法律事实引起的民事纠纷案件，适用民法典的规定，但是法律、司法解释另有规定的除外。本案事实持续至《民法典》施行后，故依照前述司法解释的规定，本案应适用《民法典》的规定。

依照《民法典》第四百零六条之规定，抵押期间，抵押人可以转让抵押财产，抵押人转让抵押财产的，应当及时通知抵押权人。因此，判决支持了代某要求李某协助过户的诉讼请求。

法律分析

这是一个在《民法典》施行以后，对于之前抵押给银行的房屋，未经抵押权人银行的同意，在出卖人尚未清偿贷款的情况下，直接判决出卖人协助过户的典型案例。

首先，法院认为，尽管该抵押是在《民法典》施行之前办理的抵押登记，但是，抵押登记的事实延续到《民法典》施行之后，适用《民法典》的规定。其次，按照《民法典》的新规定，抵押期间，抵押人可以转让抵押财产，抵押人转让抵押财产的，应当及时通知抵押权人。

这根本性地改变了《民法典》施行前的法院判决。之前的法院也认可未经抵押银行同意之下，房屋买卖合同的有效性，但是，会依据《物权法》第一百九十一条"抵押期间，抵押人经抵押权人同意转让抵押财产的，应当将转让所得的价款向抵押权人提前清偿债务或者提存。转让的价款超过债权数额的部分归抵押人所有，不足部分由债务人清偿。抵押期间，抵押人未经抵押权人同意，不得转让抵押财产，但受让人代为清偿债务消灭抵押权的除外"的规定，要求购买方代为清偿完银行贷款，在解除银行抵押后才能过户。

　　因为之前法律明确规定的过户需要抵押权的人同意，合同往往不会再约定一次，造成之前的抵押合同大多数都没有这样约定，可以预见的是，法院判决不需抵押的银行同意就直接过户的判例会越来越多。

> **特别提示**
>
> 有效控制支付的房款安全地优先用于归还按揭贷款，是成功交易的关键。

6. 已经按揭贷款的房屋，如何交易会更安全？

答：购买已经按揭贷款的房屋，最大的风险是出卖人违背承诺和合同约定，不将收到的房款用于归还按揭贷款。在现实交易中，出卖人将购房者支付的房款转走，不归还按揭贷款的案例时有发生。因此，如何有效控制支付的房款安全地优先用于归还按揭贷款，成为能够成功交易的关键。

首先，要在购房合同中明确约定，先期支付的购房款应优先用于归还按揭贷款，同时，尽量约定详细的操作流程，约定违约责任、具体的违约金数额，以及违约到何种程度后买方有权解除购房合同，不再继续交易，要求退房、退钱并追究对方的违约责任。合同约定清楚并非万事大吉，最好能够在实际操作中，占据主动权和操控权。

出现购房款被挪走的情况，往往不是没有合同约定，而是在具体操作过程中失控。有部分银行支持第三方代还，如果银行支持第三方代还，最好从购买人自己账户直接汇入代还；而大部分银行不支持第三方代还，必须先汇入贷款合同约定的还款账户，再由银行扣划。在这种情况下，最好掌握还款卡，修改其密码，在银行审批完可以先行还款，以及确认银行扣划时间情况下，在离银行扣划时间最近的时点汇入相应的购房款。如果无法掌握其还款卡，尽量分批次汇入，在确认前一批款项按约定归还了按揭贷款，再汇入后一批，一旦出现前一批发生被转走的状况，立即停止交易，控制损失和风险。

购买按揭贷款的房屋的一般流程是：

（1）买卖双方签订房屋买卖合同，卖方向贷款银行申请提前还款，买方支付卖方剩余还款金额作为首付款。

（2）卖方前往贷款银行办理提前还款，买方向卖方还款账户中存入足额钱款，到贷款银行办理结清手续。

（3）银行贷后管理中心出具解押材料，卖方前往房屋所在不动产登记中心解押。

（4）买卖双方继续办理房屋买卖的剩余程序。

也有个别银行支持转按揭贷款，如果能够转按揭当然是最好的，这就避免了按揭未还的风险。

典型案例[1]

2017年4月9日，卖方周某（甲方）、买方温某（乙方）与中介服务方某房产代理公司（丙方）签订《房地产经纪合同》及《补充协议》。《房地产经纪合同》约定：温某向周某购买讼争房屋，房屋建筑面积为89.97平方米，成交价格为1520000元；合同签订时，双方约定温某支付定金300000元给周某，暂时将部分定金50000元在交易过程中交由中介服务方代管，其余定金直接交与周某。

2017年4月10日，温某向某房产代理公司支付购房定金50000元；2017年5月9日，某房产代理公司向周某发出《履约通知函》，要求周某在收到函件后夫妻双方即行携带身份证、户口本、结婚证原件前往便民行政服务中心办理委托公证手续。上述函件邮寄至周某在《房地产经纪合同》所记载的地址，周某拒不配合。温某起诉要求周某履行合同。周某以其未经抵押银行同意转让房屋为由上诉主张《房地产经纪合同》及补充协议无效。

法院认为，房屋抵押权存续期间，出卖人（抵押人）未经抵押权人同

---

[1] 案号：福建省福州市中级人民法院（2018）闽01民终364号民事判决书。

意转让抵押房屋的，不影响房屋买卖合同的效力。周某以其未经抵押银行同意转让房屋为由上诉主张《房地产经纪合同》及《补充协议》无效，法院不予支持。本案《房地产经纪合同》及《补充协议》等系各方当事人的真实意思表示，不违反法律、行政法规强制性规定，合法有效，各方均应全面遵守履行。

法律分析

这是一个未经抵押银行同意，卖方提出合同无效抗辩，法院认定有效，各方均应全面遵守履行的典型案例。

按照原《物权法》《担保法》的规定，出售已经抵押的房产，应取得抵押权人的同意，"抵押人未经抵押权人同意，不得转让抵押财产"，这是原则性、通用性规定。除原则性外，对于"受让人代为清偿债务消灭抵押权的"进行了特殊规定。

尽管《民法典》对于抵押物的出让作出了新规定，出售抵押物原则上不再需要抵押人同意，除非当事人另有约定，即约定出售抵押物需要抵押人同意。这是对于抵押物转让制度的全新变化，但是，对于多数金融机构来说，都会将"转让抵押物需要其同意"的约定写入抵押合同。

因此，购买已经抵押给银行，按揭贷款还未完全归还的，不管从合同约定，还是在实际操作中，如何确保先期支付的购房款用于归还前期按揭贷款均是极其重要的环节。

> **特别提示**
>
> 尽可能维持合同履行、维护交易安全是法律界普遍共识，当事人可以要求继续履行合同。

7. 签订房屋买卖合同交付定金后，房价上涨，卖房人愿意双倍赔偿定金拒不交房，购房者是否可以要求继续交房？

答：在房价快速上涨或快速下跌的时候，房屋买卖就会经常面临一方愿意承担一定损失而主动违约的情况。遇房价上涨，卖方愿意双倍返还定金，明确表示不再卖房；遇上房价下跌，买房人则希望扔掉定金溜之大吉。

面对这种情况，很多当事人认为，既然对方愿意承担定金罚则，即卖方愿意双倍返还定金，或者买方即使不要定金，也不愿继续进行交易，那么该房产交易也就中断了。其实这种认识是错误的，依据《民法典》第五百七十七条的规定："当事人一方不履行合同义务或者履行合同义务不符合约定的，应当承担继续履行、采取补救措施或者赔偿损失等违约责任。"

法律明确规定，一方不履行合同义务或者履行合同义务不符合约定的，首先承担"应当承担继续履行"的义务，不管根据是法学理论还是原《合同法》实践，尽可能维持合同履行、维护交易安全是法律界普遍共识，除非客观现实无法履行或不适合强制执行，能够履行的合同，只要一方坚持要求履行，应当尽可能继续履行。

因此，如果购房者认准所购买的房屋，想继续履行合同，可以不同意卖房人双倍返还定金，坚持继续履行合同。如果卖房人拒不履行，可以向法院起诉要求继续履行合同，并追究其迟延履行的法律责任。同样，卖房人如果遇上购房者愿意不要定金，拒不履行合同，拒不支付房款，也可以向法院起诉要求继续履行合同，要求对方继续付款，并要求承担逾期付款的违约责任。

如果觉得在一方不同意交易的情况下，通过诉讼交易太麻烦或周期太长，自己需要尽快购房或卖房，可以放弃购房或卖房，接受对方定金或违约金。还有一种减少损失的办法是，房屋不买或不卖了，但是不同意只赔偿定金，可以主张重新买房或卖房之间的损失。当然，要求对方赔偿损失最大的难点是如何确定造成的损失，因此，在新的房屋交易过程中尽量保留好各项证据。为了加强其与原来的房屋交易的关联性，甚至可以在新的房屋交易前，特地发函给原来的交易对方，告知其如果不履行房屋交易，将造成在新的房屋交易中损失房屋差价多少元，限其在多长时间内履行合同，否则，所造成的房屋差价损失将由其承担。

🔍 典型案例[①]

2017年7月3日，李某、魏某通过某中介公司介绍，签订《房屋买卖定金合同》，约定魏某将其所有的案涉房屋出售给李某，总价款55万。合同签订后李某支付了定金2万元。

2017年8月9日，李某、魏某到住房保障管理局办理了网签手续，约定2017年9月30日之前李某将款项一次性打给魏某。网签合同签订后，魏某未及时配合签订资金监管协议，截至2017年12月26日，李某与魏某协商，在多支付2万元的情况下，魏某配合办理了资金监管协议，最终银行于2018年2月5日将剩余房款支付至资金监管账户。

在双方交易的过程中，魏某于2018年6月将房屋的贷款还清，但是当月又将房屋抵押给某公司，抵押价格55万元。庭审时，该借款期限已到期，但魏某未偿还该笔借款，房屋仍处于抵押状态。庭审中，魏某认为李某没有

[①] 案号：陕西省西安市中级人民法院（2019）陕01民终13556号民事判决书。

按合同约定时间给付房屋款项，故认为李某违约，依法应当解除合同。李某认为魏某在签订网签合同后不签订资金监管协议，导致支付义务无法履行，在魏某建立资金监管账户后，及时支付了房屋的首付款，其后银行下发了贷款，已经履行完合同义务。某公司表示同意李某替魏某偿还抵押款后配合解除抵押。

但在合同履行过程中后，魏某恶意将已经签约出售的房屋进行抵押贷款，其行为严重违背了诚实信用的法律原则，已经构成违约，不但应当承担违约的法律责任，而且应承担继续履行合同义务。

李某请求魏某继续履行合同，并按双倍定金数额支付违约金，法院予以支持。同时，对于继续履行合同，实现双方房屋交易目的，李某所采取的相关措施，法院也予以支持。对于魏某认为其承担了双倍定金，不应再履行合同的抗辩不予认可。

法律分析

这是一个出卖人在房屋出售后，又恶意违约将房屋抵押贷款，既要承担"双倍定金"，同时还需"继续履行合同"的典型案例。

法院认为，当事人为完成二手房的买卖行为，分别签订了房屋买卖定金合同、二手房买卖合同、资金监管协议三份合同。其中房屋买卖定金合同、资金监管协议二份合同是围绕二手房屋买卖合同而订立，是二手房屋买卖合同法律关系的延伸，三份合同之间具有法律上的关联性。房屋买卖定金合同是为保证交易的顺利进行，资金监管协议是为了保障交易过程中资金的安全。

依据《民法典》第五百七十七条的规定："当事人一方不履行合同义务或者履行合同义务不符合约定的，应当承担继续履行、采取补救措施或者赔偿损失等违约责任。"

不管是法理学界，还是在司法实践中，一般都会在维护交易安全、维持交易继续方面具有共识，只要能够继续履行的合同，如果一方坚持要求履行，除非合同违反法律法规强制性规定无效或法律、客观上无法履行，法院一般会支持继续履行合同。

> **特别提示**
> 实行登记在先、合法占有次之、综合考虑多重因素原则。

Q8. 一个房屋出现多个购房者，都想要房，法律上是如何规定的？

答：法律和最高人民法院的司法解释都还未对此问题作出明确规定，由于此类案件在司法实践中还是比较常出现的，因此，在各地高级法院关于审理商品房买卖合同指导意见中一般都有比较详细的规定。

实行登记在先、合法占有次之、综合考虑多重因素原则。

由于是不动产，按照法律规定，不动产物权采用登记取得制，所以，首先保护合法取得不动产权登记购买人，必须说明的是，登记应是善意的，如果恶意登记，即明知房屋已经出卖他人，故意购买该房屋，故意抢先登记，或其他以侵害他人合法权益的方式登记，其他合法购买人可以主张撤销登记。

其次是实际合法占有房屋，强调的是"合法"占有，即通过和平地、正常地方式从出卖人处交接而来，得到合法产权人的许可进入和占有。从维护社会财产稳定出发，在各方都没有办理不动产权证登记的情况下，保护合法占有人。但是，如果未经合法产权人许可，擅自进入，甚至强行进入而占有，暴力"抢房"，属于非法进入、非法占有，法律不予保护。

在各方都没有办理产权登记，也都没有合法占有的情况下，综合考虑各买受人实际付款数额的多少及先后、是否办理了网签、合同成立的先后等因素，公平合理地予以确定。

典型案例 ①

2017年1月16日，吴某（买方）、林某（卖方）及甲房地产经纪公司（居间方）签订《中山市二手房买卖及居间服务合同》约定：买方以656000元的价格购买卖方位于中山市东区的房产；定金50000元在签订合同时支付，买方意向贷款606000元，并于2018年1月10日前申请按揭，向银行或公积金管理中心提交按揭贷款申请的相关资料，配合银行办理按揭贷款审批手续，双方均不得借故拖延；签订合同当天，吴某向林某支付定金50000元。2018年1月15日，林某取得涉案房屋的不动产权证书。后经吴某多次联系林某提供不动产权证书和收款银行账号等资料办理按揭，但林某拒绝提供。2018年3月3日，吴某通过某房地产经纪公司发函催促林某履行办理售楼及注销抵押登记手续、办理按揭贷款手续，但林某仍未理会，吴某遂向法院提起诉讼。

庭审中，经法院查明：

2017年11月22日，曾某（买方）与林某（卖方）、乙房地产公司（居间方）签订《房地产买卖合同》及补充协议，约定交易涉案房屋，转让成交价800000元。

2017年12月28日，陈某（买方）与林某（卖方）签订《二手房产买卖合同》约定：买方以800000元的价格购买卖方位于中山市东区的房地产，建筑面积为85.3平方米。2018年1月16日，陈某（买方）与林某（卖方）签订了《交接确认书》，确认林某于买卖合同之日将涉案房屋交付陈某。同年1月30日，陈某（发包方）与案外人某装饰工程公司（承包方）签订了《房屋装修合同》，约定对涉案房屋进行装修。2019年4月11日，陈某以林某为被告向广东省中山市第一人民法院提起诉讼，要求林某继续履行与其签订的房屋买卖合同，并将涉案房屋过户登记在陈某名下。

在确定履行权利保护顺位的争议问题上，法院认为，首先，吴某与林某

---

① 案号：广东省中山市中级人民法院（2020）粤20民终2541号民事判决书。

的合同成立在前，在起诉要求林某继续履行买卖合同时已申请法院对涉案房屋进行了查封，故吴某与林某的合同履行不存在法律上或者事实上不能履行的情形。其次，对于陈某先行占有房屋并装修的主张，法院认为，审理一房数卖纠纷案件时，如果数份合同均有效且买受人均要求履行合同的，一般确实应按照已经办理房屋所有权变更登记、合法占有房屋以及合同履行情况、买卖合同成立先后等顺序确定权利保护顺位。但本案的具体事实反映，陈某在涉案房屋被吴某起诉主张权利及申请查封前，林某、陈某抢先交付房屋的行为，既不符合双方原来的约定，亦不具有合理性，法院不予支持。

法律分析

这是一个典型的"一房三卖"案件。林某先后将房屋卖给了吴某、曾某、陈某，都签订了《房屋买卖合同》，并收取了定金，收取了部分房款，并将房屋交付给了最后一个买主陈某，陈某入住并进行了装修。

法院明确认为，审理一房数卖纠纷案件时，如果数份合同均有效且买受人均要求履行合同的，一般按照已经办理房屋所有权变更登记、合法占有房屋以及合同履行情况、买卖合同成立先后等顺序确定权利保护顺位。

该案中，幸亏吴某发现对方不履行合同后，及时起诉并对房屋申请了查封，使其无法将产权过户到陈某名下。同时，由于房屋处于查封的状态下，以及结合林某与陈某合同履行的其他情况，认定其交房为"恶意"，即使其先行占有房屋，并进行了装修，法院仍然不支持其交易是合法的。

如果吴某没有及时对房产申请查封，产权已经过户到陈某名下，其又已经占有并装修，结果就难以预料了。由于房屋产权仍然未过户，房屋占有被认定为"恶意"，占有无效，吴某凭借其合同在先，最终取得要求林某继续履行购房合同的判决。

> **特别提示**
>
> 根据不同情况及时提出执行异议，执行异议被驳回的，还可以提出执行诉讼，如果得到法院的支持，可以解除查封。

9. 签完合同、付完款，过户前房屋被法院查封怎么办？

答：在购房交易过程中，特别是办理房产过户手续需要一段时间，在这个过程中，由于卖方对外债务的原因，房屋突然被法院查封了。按照法律规定，查封的房屋是限制交易的，是无法办理过户的，而且存在被拍卖的风险。

购房者遇到以上这种不利的突发情况，特别是已经交付大部分乃至全部房款甚至已经入住房屋。

（1）首先，应第一时间到不动产权登记中心了解查封的详细情况，哪个法院查封，因何查封，涉及多大的金额？了解后积极与卖方沟通，希望其积极解决纠纷，解除查封；如果债务确切，希望其尽快归还；如果对于债务有争议，出卖人还有其他资产，或以其他方式提供担保，可以向查封法院提供其他担保，申请解除对房屋的查封，解封后及时履行合同，第一时间办理过户登记手续。

（2）如果出卖人无法解决或拒不解决，应及时向执行法院提出执行异议申请。《最高人民法院关于人民法院民事执行中查封、扣押、冻结财产的规定》第十五条规定："被执行人将其所有的需要办理过户登记的财产出卖给第三人，第三人已经支付部分或者全部价款并实际占有该财产，但尚未办理产权过户登记手续的，人民法院可以查封、扣押、冻结；第三人已经支付全部价款并实际占有，但未办理过户登记手续的，如果第三人对此没有过错，人民法院不得查封、扣押、冻结。"《最高人民法院关于人民法院办理执行异议和复议案件若干问题的规定》第二十八条规定："金钱债权执行中，买受人对登记在被执行人名下的不动产提出异议，符合下列情形且其权利能够排除执行的，人民法院应予支持：（一）在人民法院查封之前已签订合法有效的书面买卖合同；（二）在人民法院查封之前已合法占有该不动产；（三）已支付全部价款，或者已按照合同约定支付部分价款且将剩余价款按照人民法院的要求交付执行；（四）非因买受人自身原因未办理过户登记。"第二十九条规定："金钱债权执行中，买受人对登记在被执行的房地产开发企业名下的商品房提出异议，符合下列情形且其权利能够排除执行的，人民法院应予支持：（一）在人民法院查封之前已签订合法有效的书面买卖合同；（二）所购商品房系用于居住且买受人名下无其他用于居住的房屋；（三）已支付的价款超过合同约定总价款的百分之五十。"第三十条规定："金钱债权执行中，对被查封的办理了受让物权预告登记的不动产，受让人提出停止处分异议的，人民法院应予支持；符合物权登记条件，受让人提出排除执行异议的，应予支持。"

购买人可以根据上述法律规定，针对不同情况，及时提出执行异议，执行异议被驳回的话，还可以提出执行诉讼，如果得到法院的支持，可以解除查封。

（3）解除买卖合同，要求卖房人承担违约责任。如果不符合法律规定的条件，执行异议、执行诉讼难以成功，应及时提出解除合同退房的诉讼，及时查封出卖人的相关财产，及时止损，特别在出卖人经济状况恶化，很有可能除了该房产财产之外难以找到其他资产，或出现资不抵债的情况下，要及时要求卖房人返还购房款，并要求卖房人按合同约定或法律规定承担违约责任。

🔍 典型案例[①]

2020年1月9日，施某（甲方）与赵某（乙方）签订《二手房买卖委

---

① 案号：江苏省镇江市中级人民法院（2021）苏11民终4172号民事判决书。

托合同》一份，载明："甲方同意将某商品房及该房屋占用范围内的土地使用权（案涉房屋）出卖给乙方；甲、乙双方共同确认该房屋交易价格为528000元。"

当日，赵某向中介公司某房地产经纪公司支付定金10000元，同年1月16日和1月20日，赵某代理人赵某1分别向施某的代理人李某转账218000元和300000元。至此，赵某已向施某付清全部购房款528000元。

赵某为证明其已合法占有案涉房屋，向法院提交了其代理人赵某与某物业管理有限公司于2020年3月27日签订的《某物业管理服务合同》、清缴物业费和采暖费收据发票、部分装修费用单据等。案涉房屋先后于2020年6月24日、9月28日被轮候查封。

法院审理后认为，赵某在法院查封案涉房屋之前已与施某签订了合法有效的书面买卖合同，依照该合同约定支付了全部购房款，并实际占有使用案涉房屋，但案涉房屋未办理过户登记，系因赵某自身原因导致，不符合前述司法解释中"非因买受人自身原因未办理过户登记"的规定，故赵某对案涉房屋并不享有排除法院强制执行的民事权益。

法律分析

这是一个具备排除执行异议四个条件中的三个，即签合同、付款、交付房屋，但由于购买人自身原因未及时办理产权证，执行异议未成功的典型案例。

《最高人民法院关于人民法院办理执行异议和复议案件若干问题的规定》第二十八条规定："金钱债权执行中，买受人对登记在被执行人名下的不动产提出异议，符合下列情形且其权利能够排除执行的，人民法院应予支持：（一）在人民法院查封之前已签订合法有效的书面买卖合同；（二）在人民法院查封之前已合法占有该不动产；（三）已支付全部价款，或者已按照合同约定支付部分价款且将剩余价款按照人民法院的要求交付执行；（四）非因买受人自身原因未办理过户登记。"根据上述规定，案外人只有同时具备上述四个法定条件，才能享有排除执行法院执行的民事权益。

因此，在购买二手房期间，如果签订合同、交完钱、办理完入住，在未办理产权过户前，房屋被法院查封，要及时向查封法院提起执行异议，针对上述四个条件，提供有效的证据，特别是对于未及时办理过户登记并非购买人原因的证据。购买人千万不要以为房屋已经交房入住，早一天晚一天办理产权过户登记影响不大，不急于办产权过户登记。对于出卖人拖延办理过户登记的，应采取保留证据的方式催促，以便一旦出现，能有足够证据非自身原因造成。

> **特别提示**
>
> 　　法律法规没有规定购买某房屋就一定可以上某学校，因此，合同约定是关键。

10. 为孩子上学购房，购房后发现"学位"无法使用，孩子无法上对应的学校，是否可退房？是否可以要求卖方赔偿？

答：自国家实行就近入学政策以来，"学区房"就成为热门词语。"学区房"与"非学区房"也存在巨大的房价差异。

购房者为了孩子上某一学校，高额购买了"学区房"，入住后发现无法按预期上某学校，购房目的无法实现，花了冤枉钱，是否可以退房，或者可以要求卖方赔偿？

因为法律没有规定，购买某房屋就一定可以上某学校，所以无法上对应的学校，如果没有具体的合同约定，则难以让出卖人承担相应的责任。因此，具体要看无法正常上某学校的具体原因以及买卖合同的约定。

如果是当地教育政策的调整，与出卖人无关，从司法实践来看，尽管无法达到购买人购买房屋上特定学校的合同目的，并为此支付了较高的购房款，但是也很难以"无法达到合同目的"为由解除合同。

如果有足够的证据证明出卖人声明未使用过"学位"，但是该"学位"实际上已经被使用，或者出卖人户籍拒不迁出，导致购买人无法迁入无法上特定学校，或者出卖人存在其他过错，导致无法达成上特定学校的合同目的，可以"无法达成合同目的"主张解除合同退房、要求出卖人承担赔偿责任。

因此，为"学位"而购买"学区房"的，最好能在买卖合同中明确，购房系为"上某学校"，确定合同目的并约定如果由于出卖人的原因，如学位被使用过、户口不及时迁移等无法正常上某校，造成合同目的无法实现，购买人可以退房并要求对方承担责任。

当然，为了避免出现这种不利状况，要事先详细了解清楚当地的入学政策，最好向当地教育局查询清楚招生政策，留意目标学校近几年的招生情况，绝不可盲目轻信开发商和中介的宣传，特别要查清各个学校对学位的特别规定。

典型案例[1]

2017年2月20日，原告杨某与被告许某签署了《北京市存量房屋买卖合同》及补充协议，约定被告将某市某区房屋出售给原告。

涉案房产是学区房，签约时被告告知原告，其妹妹许某1户籍在该房产内，且由于家庭内部矛盾，许某1不同意将户籍迁出。原告考虑许某1是老年人，其子女已经成年，不会导致学区名额被占用，故同意不追究被告的违约责任。后双方依约履行合同，于2017年12月18日完成所有权转移登记手续及房屋交付。

2020年9月，原告打算出售房产，去派出所查询得知，许某1及其子王某的户籍均登记在涉案房产内，且被告母亲（已故）的户籍信息亦未注销。根据某市二手房买卖交易惯例，学区房内有户口无法迁出，其挂牌价及成交价要低于同类房产50-100万元不等。因学区名额存在被占用的风险，买受人往往并不愿意购买有年轻人户口无法迁出的学区房。据此，原告多次与被告协商要求将王某的户口迁出，被告表示其与许某1已没有往来，无法协助迁出户口。

许某辩称，双方的房屋买卖合同已经履行完毕，其没有违约行为。被

---

[1] 案号：北京市海淀区人民法院（2021）京0108民初10879号民事判决书。

告是通过中介卖房，原告核对了房产证和户口本，签订合同前，其已经告知原告这是其父母的房子，有王某和许某1的户口，因为他们没有其他房产，户口迁不出去，原告对此是知情的，而且原告考虑到许某1是老年人，王某已经成年，不会对原告孩子上学产生影响，因此同意不追究违约责任。现又起诉，没有理由。

法院经审理认为，案涉房屋为学区房，杨某购房时考虑子女入学，在签约前对房屋内户口登记情况进行审查，在知晓有许某1一个人的户口不会影响学位之情形下，同意不追究许某的违约责任，故在《补充协议》中明确约定有"一户口"未迁出。许某虽辩称已经口头告知杨某有许某1和王某两个人的户口但并未就此向法院提交证据，故法院对许某此该项抗辩意见不予采信。现王某的户口亦在涉争房屋未迁出，故法院对杨某要求许某承担王某的户口无法迁出的违约责任的诉讼请求予以支持。

关于违约金数额，杨某主张总房款的10%，许某则认为违约金数额过高，且杨某亦未提交证据证明房屋实际出售损失，故法院认定合同约定的违约金过高，并将以实际损失为基础，兼顾合同的履行情况、当事人的过错程度以及预期利益等综合因素，根据公平原则和诚实信用原则予以酌减。

法律分析

这是一个涉案房屋内存在户籍无法迁出，影响"学位"，从而影响房屋价值要求出卖人承担违约责任的典型案件。

购买人购买房屋时，明确考虑子女入学，在签约前对房屋内户口登记情况时进行审查，在知晓有许某1一个人的户口不会影响学位之情形下，同意不追究许某的违约责任，故在《补充协议》中明确约定有"一户口"未迁出。

本案购房者其实并未用该"学位"进行上学，但在出售房屋时，发现除了许某1之外，其子王某的户口也在该房屋，将影响"学位"，影响其房屋出售以及房屋价格，法院认可了这种观点，只是对于其要求赔偿房价款10%的金额，认为太高，进行了调整。其实，对于大多数学区房，特别是名校的学区房来说，有没有"学位"，影响的房价其实不止10%。

因此，对于"学区房"，由于其对购房者具有重大的影响，对于房屋价值也具有重大的影响，签约前，应事先对此进行详细的调查核实，并在购房合同中进行详细的约定。特别是对于违约金数额进行明确的约定，因为"学位"的价值以及"学位"对于房价的影响价值较难证明。

> **特别提示**
>
> 户口迁移问题属于行政管理问题，不属于民事案件受理范围，因此，要在合同中明确约定卖方迁出时限和违约责任。

11. 购房后，卖方拒不迁出户籍如何处理？

答： 由于出卖人只有一套房，出售后无房产落户，或者因为其他原因拒不迁出户籍的纠纷在大中城市经常发生。而且大多数购房者误以为可以通过法院诉讼的方式强行迁出，但是，户口迁移问题属于行政管理不属于民事案件受理范围，法院也无权作出此类判决。如果购买方坚持要求出卖方迁移户口的主张，法院会裁定不予受理或者驳回起诉。

购买人购买二手房后，由于法院无法判决强制迁出，公安机关也只能帮忙协调，如果出卖人坚持不主动申请迁出，购买人也无法强行将他人户口迁出。

因此，如果拟购买的房屋落有户口的，应在购房合同中约定户口迁出的具体时限及违约责任，如果合同中有相关约定，法院就会按约定进行处理。若是双方就户口迁出问题协商不成，可以到法院起诉，要求卖方承担损害赔偿责任。购房合同中约定户口迁移条款应注意以下三点：

（1）必须明确迁出时间。最好要求出卖人在申请过户登记前的明确期限内将户口迁出，而不要约定在申请过户登记、交付了大部分房款之后再迁出。

（2）预留部分房款作为违约金并在条款中明确约定。最好在交易中预留部分房款，待出卖人将房屋内的户口全部迁移后再支付该部分房款，并在合同条款中约定逾期的违约责任，在逾期多长时间后可以解除合同以及合同解除的赔偿金等事项。

如果出卖人没有按照合同约定期限迁移所有的户口，应当按照合同约定标准支付违约赔偿金，购买人可以直接从预留的房款中扣除违约金，不足部分仍然可以向出卖人进行追偿。

（3）如果出卖人提出在交易完成后的一定期限内将户口迁出，购买人要审慎评估户口对于自己的重要性，是否能够接受这样的交易条件。如果同意这样操作，那也应该在买卖合同中约定出卖人拒不迁移户口的赔偿责任，并预留较多的尾款以及约定较高的违约金。

典型案例[①]

2020年9月12日，唐某、魏某与某公司签订《房屋买卖合同》，约定：唐某自愿将其名下案涉房屋出售给魏某，某公司提供居间服务；该房屋售价为2200000元，魏某应于签订合同之日支付定金200000元，于过户当日支付2000000元。魏某确认已实地看房且对该房屋的所有现状、情况均已知悉，并无任何异议。合同签订当日，魏某向唐某支付了购房定金200000元，唐某出具《收条》。

2020年9月19日，唐某向某物业管理公司结清涉案房屋至2020年10月31日止的物业管理费37280.4元。同年9月21日，唐某向某银行归还按揭贷款250030.4元，涉案房屋贷款结清，并办理完抵押权解除手续。

此后，经过各方多次沟通协商，唐某先后预约了2020年11月2日、11月6日前往市政府政务服务中心办理涉案房产转移登记手续，但魏某以于2020年11月5日通过某公司知晓该房屋还有户口未迁出为由，未按照预约的时间配合前往办理房产转移登记手续。魏某、唐某此后多次就涉案房屋上的户口迁出问题进行协商，但未能协商一致，魏某故诉至法院。

法院经审理认为，从房屋买卖行为的本身来看，因我国现行入学、选举

[①] 案号：湖南省长沙市中级人民法院（2021）湘01民终4795号民事判决书。

等政策与户籍所在地直接关联,故在二手房买卖活动中,即使房屋合同未约定户籍迁出时间,通常的交易习惯为房屋过户手续办理后,卖家在合理期限内应当将户籍迁出,以方便买方迁入户籍。根据诚实信用原则,卖家如在合理期限内无法将户籍迁出,则应当在出售房屋时将该点作为重大不利因素明确告知买家,由买家决定是否购买房屋。从当地目前的户籍政策来看,二手房交易后,原房主将户籍迁出后,新房主才能将户籍迁入。唐某在房屋买卖合同签订前未告知魏某其不符合目前户口迁移政策不能在合理期限内迁出户口,属于隐瞒房屋不利因素。故唐某在房屋买卖合同不能继续履行中存在过错(过错较大),法院支持合同解除及要求唐某承担责任的请求。

法律分析

这是一个因为户籍无法及时迁出,购买人要求解除合同并要求出卖人承担责任的典型案例。

尽管购房合同并未对户籍迁出作出约定,但是法院认为,即使房屋合同未约定户籍迁出时间,通常的交易习惯是在房屋过户手续办理后,卖家在合理期限内应当将户籍迁出,以便买家迁入户籍。那么根据诚实信用的原则,卖家如在合理期限内无法将户籍迁出,则应当在出售房屋时将该点作为重大不利因素明确告知买家,由买家决定是否购买房屋。

由于上学、购车、购房、选举、停车等众多权益都跟户籍相关,而迁户的前提是房屋产权,根据我国户籍政策,在大多数地区,一套房屋只允许落一户,不允许一套房屋落多户户籍。因此,对于本案,法院认为户籍无法迁出或无法及时迁出是房屋的重大不利因素。

同时,由于法院无法判决将户籍迁出,因此,买卖二手房时,合同中要尽量约定户籍迁出的相关条款,如迁出时限、不按时迁出需承担的责任。如果未签订相关条款,又发生出卖人不迁出的情况,只能像本案一样,以出卖人不迁户口造成房屋的重大不利因素,应承担相应的违约责任为由起诉至法院,争取得到法院的支持。

特别提示

如果双方不作约定，按照国家规定，大部分的二手房交易税费是由出卖人承担的；如果约定由买受人承担，这种约定在当事人之间有效，但不能对抗税务机关。

12. "二手房"交易有哪些税费？约定全部由买方承担是否合法有效？买方不承担会有什么法律责任？

答：购买"二手房"，除房款外，另外不可忽视的是交易过程的税费，税费同样是一笔不小的支出。由于各地对房地产调控政策的不同，税费也会有一定的差别，主要是对首套房、二套房的认定不同，对普通住宅和非普通住宅的标准认定不同，对征收个税所需持有的年份不同。税费基本按照以下标准征收，各地有所不同，仅供参考，以房屋交易当地税务部门发布的为准。

（1）契税

《契税法》规定，不动产交易契税税率为3%-5%，契税的具体适用税率，由省、自治区、直辖市人民政府在规定的税率幅度内提出，报同级人民代表大会常务委员会决定。各省、自治区、直辖市一般规定按3%缴纳，如2021年7月30日，北京市第十五届人大常委会第三十二次会议表决通过的《北京市人民代表大会常务委员会关于北京市契税具体适用税率等有关事项的决定》规定，本市契税适用税率确定为3%，保持了现行契税具体适用税率不变。2021年7月29日，河北省第十三届人民代表大会常务委员会第二十四次会议通过的《关于河北省契税适用税率等有关事项的决定》将于

2021年9月1日起与《契税法》同步实施。根据《契税法》授权，河北省契税适用税率为4%。其中，个人购买普通住房适用税率为3%。同时，依据《财政部、国家税务总局、住房城乡建设部关于调整房地产交易环节契税、营业税优惠政策的通知》（财税〔2016〕23号）的规定，符合一定条件的，可享受减征优惠。

按照上述规定，大多数地方实行的政策是：对第一套普通住房，90平方米以下按1%税率征收，90-140平方米按1.5%税率征收，140平方米以上按3%税率征收；对第二套普通住房，无论面积大小，都按3%税率征收。

（2）个税

依据《国家税务总局关于个人住房转让所得征收个人所得税有关问题的通知》（国税发〔2006〕108号）的规定，对个人所得缴纳个人所得税，如果无法提供房屋原值依据的，按核定征收方式，按房屋销售金额1%-3%核定，核定征收方式：应纳个人所得税＝计税价格×1%（或1.5%、3%）。一般情况下，普通住房为1%，非普通住房或非住宅类房产为1.5%。

对于个人转让自用5年以上，并且是家庭唯一住宅，免征个人所得税。

（3）印花税（买卖双方各0.05%）

依据《印花税法》，印花税是针对合同或者具有合同性质的凭证，产权转移书据，营业账簿，权利、许可证照和经财政部确定征税的其他凭证所收的一类税费。

（4）土地增值税

依据《土地增值税暂行条例实施细则》第十二条的规定，个人因工作调动或改善居住条件而转让原自用住房，经向税务机关申报核准，凡居住满五年或五年以上的，免予征收土地增值税；居住满三年未满五年的，减半征收土地增值税。居住未满三年的，按规定计征土地增值税。

缴税标准具体公式如下：

①增值额未超过扣除项目金额50%

土地增值税税额＝增值额×30%

②增值额超过扣除项目金额50%，未超过100%的

土地增值税税额=增值额×40%–扣除项目金额×5%

③增值额超过扣除项目金额100%，未超过200%的

土地增值税税额=增值额×50%–扣除项目金额×15%

④增值额超过扣除项目金额200%

土地增值税税额=增值额×60%–扣除项目金额×35%

（5）登记费

其收费标准分为住房与非住房。个人住房登记收费标准一般为每件80元；非住房房屋登记收费标准一般为每件550元。房屋登记收费标准中包含《不动产所有权证》工本费。

另外，根据交易的付款方式不同，还有评估费（用于银行按揭贷款，现在大部分情况下由贷款银行承担。）、抵押登记费、公证费、担保费、过桥资金利息等。

"二手房"交易过程中，一般都约定所有税费由购买人承担，出卖人只收"净房款"，这种约定法律效力如何？这种约定是合法有效的，在合同的当事人之间是具有法律效力的。但是，对于收费部门是无效的，不能用合同约定抵抗收费部门。例如，合同约定由购买人承担出卖人的个税，如果没有交，税务部门追究的是出卖人的责任，出卖人可再依据双方的约定追究购买人的违约责任。

典型案例[①]

2017年6月29日，原告周某（买方）与被告杜某（卖方）签订《二手房买卖合同》一份，载明卖方所售房屋建筑面积共379.83平方米；经买卖双方协商一致，房屋成交价格为1120万元，本合同签订后3日内，买方向卖方支付首付款30%，即336万元，剩余70%由买方在银行办理按揭后，由银行直接支付给卖方784万元等事项。

2017年8月17日，原被告至不动产登记中心办理过户事宜，并签订《郑

[①] 案号：河南省郑州市中级人民法院（2021）豫01民终11342号民事判决书。

州市存量房买卖合同》一份，该合同系房屋交易和登记中心制作，合同载明案涉房屋成交价款为985万元，原告于2017年8月11日前向被告支付房款985万元；办理以上手续应当缴纳的税、费，由原、被告双方按国家规定各自承担。同日，原告缴纳了案涉房屋过户产生的个人所得税、增值税、城市维护建设费、地方教育附加、教育费附加共计739132.41元，税收缴款书上载明纳税人名称为杜某。2017年8月23日，原告取得案涉房屋不动产权证书。

被告与案外人陈某（双方均认可系原告周某丈夫）的微信聊天记录，内容如下：

2017年7月24日晚上，被告发送文字称："过户时需要缴契税等各种费用。"陈某文字回复："好，我让备着钱。"2017年7月25日上午，被告发送语音称："我刚问过那个中介了，他让你大概准备75万元左右，需要准备这么多钱，就是缴税呀，各种费用大概就是这么多。"

周某认为相关税费其只是为尽快过户垫付而已，因此，要求出卖人归还代垫税费约75万元及资金占用费。出卖人不认可，认为这是作为二手房购买人应承担的税费，自己净得房价款。

法院认为，当事人双方应当按照约定履行各自义务。关于原告要求被告返还垫付税款的诉讼请求，原告为购买案涉房屋支付了个人所得税、增值税等费用739132.41元，虽然该费用在2017年6月29日的《二手房买卖合同》中未明确约定由谁负担，但二手房买卖系大宗交易，需缴纳税费是基本常识，且本案的税费又相对较高，买卖合同双方应当对税费的负担进行沟通协商。结合被告与案外人陈某的微信聊天记录，房屋过户前被告曾告知原告方准备税费等费用大约75万元，且原告方积极寻找各种途径试图减免税费的缴纳，并因此造成了双方网签时间的推迟，同时，被告亦多次催促原告进行网签，微信聊天中双方均未涉及案涉税费由原告先行垫付及由被告承担的陈述等情形；双方签订的《郑州市存量房买卖合同》系双方在房管部门网签时签订的备案合同，虽然其中载明税费由双方按国家规定各自承担，但该合同约定的房屋价款与双方约定的成交价不一致，且签订时间早于案涉税费缴纳时间。故原告的主张缺乏证据及事实证明，法院不予支持。

法律分析

这是购房者已经缴纳完二手房交易的税费，事后以只是替出卖人代垫为由，要求出卖人归还并承担资金占有费的案例。

由于在签订的房屋买卖合同中，对于税费承担没有约定，而在备案网签的合同中约定各自按国家规定承担，由于网签合同是固定的范本，对于税费的承担通常为格式条款，而且绝大多数房屋管理部门是不允许变更的，变更会导致网签失败。同时，二手房交易税费是一笔不小的支出，本案就高达近75万元，按国家规定大部分应由出卖人缴纳。

本案中，出卖人保留了近三年前交易时的微信记录，通过微信记录，证明购买人缴税的过程，以及从未对缴税的承担提出过异议，从而驳回了购买人的诉讼请求。可见，合同中对税费承担约定的重要性。不要以为二手房交易都是购买人承担税费的，不缴纳就过不了户，购买人肯定会缴纳，购买人缴纳了自然由此承担。其实，按照国家规定，如果不进行约定大部分的二手房交易税费是由出卖人承担的。

第三章

"经济适用房"
"房改房""小产权房"
买卖纠纷

"经济适用房",是指具有社会保障性质的商品住宅,具有经济性、适用性的双重特点。经济性是指住宅价格相对于市场价格比较适中,能够适应中低收入家庭的承受能力;适用性是指在住房设计及其建筑标准上强调住房的使用效果,而非建筑标准。"经济适用房"最大的一个特点,就是购买人需要具备购买资格,购买人只有部分产权,并非完整产权,对外交易受到一定的限制。

"房改房",是指城镇职工从单位分配所来的房屋,根据国家政策,按照成本价购买的房屋,职工拥有部分房屋所有权,一般在5年后归职工个人所有。

"小产权房",是指未按照《房地产管理法》正常开发建设,无法取得国家正规产权,即"大产权",只能取得乡镇政府或村委会盖章的"产权证书",即"小产权"。小产权楼盘大多由村、镇自己开发,未缴纳土地出让金、土地征用费、耕地占用税等税费。

> **特别提示**
>
> 除特殊政策规定或原购房合同中有特别约定,"经济适用房"购房五年后或补交了土地出让金变成普通商品房后,可以对外销售。

1. 哪些"经济适用房"可以合法买卖?

答:"经济适用房"和商品房一样,国家管理部门都会颁发《不动产权证书》(原房屋所有权证书)。如果是经济适用房,会在产权证上附注一栏写明是"经济适用房"或加盖"经济适用房"管理专用印章。根据国家经济适用房相关规定,经济适用住房在取得房屋所有权证书五年内不得上市出售。

超过五年出售,除了商品房交易过户费用以外,出售人按原价出售给符合经济适用住房的家庭且能提供由当地住房保障出具同意其出售的证明文件的,免收土地出让金,该住房性质仍为经济适用住房;或者按照当地的相关规定和程序补交土地出让金,一般是市场价与原购房价之间差价的一定比例,补交后房产性质变为普通商品房。

因此,购买"经济适用房"购买人应根据当地"经济适用房"政策,经房管部门审核取得"经济适用房"购房资格,或者经房管部门审核补交土地出让金,将其变为普通商品房。但是,为了加强"经济适用房"的管理,有些地方对后期经济适用房对外销售和补交土地出让金使其性质变为商品房制定了更加严格的规定,甚至严禁对外销售,如果原购房者要对外销售,只能由原销售方回购。

为保险起见,购买人购买"经济适用房"之前最好咨询当地房管部门,了解当地的最新政策，同时，查看原购房协议，检查是否有对外销售的特别约定，特别是查清原销售方是否具有优先回购权。

典型案例[①]

2012年8月27日，吴某与周某、叶某签订《购房协议书》一份，约定周某、叶某将位于杭州市下城区的案涉"经济适用房"优先购买权及房屋转让给吴某。房屋转让总价款500000元，优先购买权出让费50000元。

协议同时约定，因该房屋为周某、叶某有指标的"经济适用房"目前不能以吴某的名义购买，也不能直接过户到吴某名下，周某、叶某承诺待将来此房屋的产权可以过户时，周某、叶某按照吴某要求将房屋产权过户到吴某或吴某指定的第三人名下。该房屋允许转让后，过户到吴某名下时所产生的全部税、费，由周某、叶某承担。

协议签订后，周某、叶某将房屋所有权证等材料交付给吴某，吴某依约向周某、叶某支付50000元优先购买出让费；房屋交付后，吴某依约支付50000元购房款。

限制上市交易期限届满后，因根据杭州市外地户口购买房屋政策的影响，吴某发函给周某、叶某要求将涉案房屋指定过户在黄某名下，周某、叶某拒不配合。2018年4月4日，吴某、黄某诉至法院，请求将周某名下的案涉房屋过户至吴某妻子黄某名下。

法院查明：案涉房屋为经济适用房性质，根据杭州市经济适用房政策，涉案房屋五年内不得上市交易。2011年1月12日，周某、叶某离婚，2011年8月16日周某、叶某将涉案房屋产权全部转入至周某名下，并由周某取得涉案房屋的产权。

法院认为，该房屋系"经济适用房"，根据相关政策规定，卖方购买该房屋五年后才能上市交易，周某已于2011年8月16日取得了该房屋的产权证，现距离周某取得涉案房屋已满五年，房屋的交易条件已经具备，且周某已将

---

① 案号：浙江省杭州市中级人民法院（2019）浙01民终3723号民事判决书。

房屋的产权证交由吴某掌握、房屋交由吴某居住至今。吴某要求将涉案房屋过户在黄某名下的诉讼请求于法有据，予以支持。

法律分析

这是一个在诉讼时已具备过户条件，得到法院支持的经济适用房买卖纠纷典型案例。

双方签订的合同明确约定该房屋为周某、叶某有指标的"经济适用房"。而且约定，因目前不能以吴某的名义购买，也不能直接过户到吴某名下，周某、叶某承诺待将来此房屋的产权可以过户时，周某、叶某按照吴某要求将房屋产权过户到吴某或吴某指定的第三人名下。该房屋允许转让后，过户到吴某名下时所产生的全部税、费，由周某、叶某承担。

法院最终支持购房者要求办理房屋转移登记手续的前提是：该房屋已经具备过户条件，且根据相关政策规定，卖方购买该房屋五年后才能上市交易，周某已于2011年8月16日取得了该房屋的产权证，现距离周某取得涉案房屋已满五年，房屋的交易条件已经具备。

> **特别提示**
>
> 购买"经济适用房"与购买普通商品房最大的不同之处是：对于购买人资格的限定不同，购买"经济适用房"需要申办"经济适用房"购房资格证明。

2. 购买"经济适用房"与购买普通商品房有什么不同？需要额外办理什么手续？

答：购买普通商品房只要符合当地的限购政策，取得普通购房资格就可以，但由于经济适用房是保障性质的商品房，购买"经济适用房"不但要按照当地的限购政策具备普通商品房购房资格，还必须符合当地的经济适用房购房资格。各地对经济适用房购买资格的标准不同，一般来说，应是无房户或现住房低于规定标准，家庭年收入低于规定标准。

购买"经济适用房"需向当地房屋管理部门提交相关材料，申请取得购买经济适用房资格证书。按照《经济适用住房管理办法》第二十六条的规定，经济适用住房资格申请采取街道办事处（镇人民政府）、市（区）、县人民政府逐级审核并公示的方式认定。审核单位应当通过入户调查、邻里访问以及信函索证等方式对申请人的家庭收入和住房状况等情况进行核实。申请人及有关单位、组织或者个人应当予以配合，如实提供有关情况。

如果购买新开发的经济适用房，在取得经济适用房资格证书后，再向经济适用房开发单位申请购买，一般需要排队或摇号。

如果购买二手经济适用房，应先查询该经济适用房是否具备对外销售的条件，原销售方是否保留了优先回购权；如果保留，原销售方是否放弃优先回购权。

典型案例[①]

被告某房地产开发公司开发建设了某经济适用房项目，2007年10月26日，被告制定《内部员工集资购房优惠政策》，将前述经济适用房项目的房屋向被告内部员工出售，并确定了价格、首付款等其他事项。2007年11月9日，第三人童某与被告签订《某房地产开发公司内部员工集资购房申请表》，第三人申请购买某号房屋；同日，第三人向被告交纳了认购金6万元。2009年，原告黄某与第三人童某填写换房申请单，被告在换房申请单上盖章确认。2012年11月14日，原告黄某与被告签订《协议》，约定原告与被告于2007年11月9日签订的内部购房申请表，现转为某栋某号，建筑面积79.3平方米；被告预计2014年5月前房屋达到交房标准。后因原告与第三人童某发生纠纷，被告拒绝配合办理交房和过户手续。

法院经审理认为，经济适用住房是指由政府提供政策优惠，限定套型面积和销售价格，按照合理标准建设，面向城市低收入住房困难家庭供应，具有保障性质的政策性住房。经济适用房由市、县人民政府按限定的价格，统一组织向符合购房条件的低收入家庭出售。经济适用房供应实行申请、审核、公示和轮候制度。

原告是否为被告的正式职工，以及原告是否在签订协议时符合购买经济适用住房的资格，原、被告均应按前述的方式和流程进行买卖经济适用住房。案外人童某与被告签订《某房地产开发公司内部员工集资购房申请表》并交纳了认购金，该申请表系房屋买卖预约合同。后将该资格转让给了原告，且被告同意合同当事人的变更，故原告成了房屋买卖预约合同的一方当事人。

事后，原告与被告签订《协议》买卖经济适用房房屋，扰乱了经济适用

[①] 案号：重庆市江北区人民法院（2019）渝0105民初654号民事判决书。

住房管理秩序，违背了经济适用住房的社会保障功能，侵犯了社会公共利益，该协议无效。被告作为经济适用房项目的开发建设者，应对经济适用房的开发目的、销售方式及相关法律规定等有充分的认识，仍然与原告签订协议，对造成协议无效存在过错。原告签订协议时，明知其购买的为经济适用房，未按经济适用房购买的流程向相关部门申请，仍径直与被告签订协议，对造成该协议无效亦存在过错。判决原告黄某与被告某房地产开发公司于2012年11月14日签订的《协议》无效。

法律分析

这是购买人通过向具有经济适用资格的人购买了经济适用房的"资格权"，而且取得出售该房屋开发商的认可，直接与开发商签订购房协议，但是，由于其本身不具有购买经济适用房的资格，所签协议仍然被认定为无效的典型案例。

购房者购买的是单位内部建房，房屋性质是经济适用房，按照审批要求只能向内部员工出售。内部员工具有资格，但由于没有钱或其他原因，不想购买，又不想浪费资格，通常都会将资格卖给有需要的人，从中牟利。而购房者由于能够通过这种方式购得相较于市场价更便宜的房屋，因此，在社会生活中，通过这种方式购置职工内部房还是比较常见的。

但是，由于这类单位内部购房，往往是为解决特殊类型的单位职工用房，房屋性质是经济适用房，购买对象需要具备一定的资格条件，如果是由不具备资格的人购买，即使取得开发单位的同意，直接与开发单位签订购房协议，一旦发生纠纷，通常也会被法院认定为无效协议。

> **特别提示**
>
> 由于违反《经济适用住房管理办法》，属于以合法形式掩盖非法目的，扰乱国家为中低收入人群提供经济适用房保障的秩序，合同无效。

3. 不具有购买"经济适用房"的资格，借用具有购房资格的人名义购买，签订的买卖合同是否有效？

答：自己没有经济适用房购房资格，但因资金有限无法购买普通商品房或出于其他原因，通过借用他人名义先购买，待可以过户时再过户至自己名下，这种纠纷在经济适用房纠纷中占据很大一部分。

在借名买房案件中，大多数实际出资人和登记的所有权人即登记人间都签有协议。实际出资人由于实际占有、使用房屋，一般不会主动提起诉讼，但随着房价的不断攀升，一些登记人希望通过诉讼拿回以自己名义购买的房子。更多的是，由于各种原因，特别是房价大涨后，登记人不愿意过户，或要求更多利益，因此产生纠纷。

正常的借名买房，只要没有违反法律法规的强制性规定，以及没有无效的情形，是合法有效的。但是，如果借用他人经济适用住房资格购买，在司法判决中，往往会被法院以违反《经济适用住房管理办法》，以合法形式掩盖非法目的，扰乱国家为中低收入人群提供经济适用房保障的秩序为由，认定合同无效。

典型案例[①]

张某系李某的外甥，2009年3月20日，某市经济适用住房建设管理中心向李某发出《某市市区居民准予购买经济适用住房通知单》，告知李某属市区城镇居民低收入、无房户（住房困难户）家庭，符合购买经济适用住房条件，准予其购买经济适用住房。

2009年7月25日，李某、赵某向张某出具《房屋转让》，载明因李某无钱购买经济适用房，现转让给姐姐李某爱。2009年9月17日，某市经济适用住房建设管理中心向李某发出《某市区居民购买经济适用住房选房通知单》，告知李某所选住房为案涉房屋。同日，某市经济适用住房建设管理中心（出卖人）与李某（买受人）签订《经济适用住房买卖合同》，约定由出卖人将上述房屋出卖给李某。2009年12月1日，该房屋及车库的所有权登记在李某、赵某名下。2012年10月5日，李某向张某出具《收条》，载明收到张某购房款290000元。2017年11月27日，李某（出卖人，甲方）与张某（买受人，乙方）签订《房屋买卖合同》，约定由甲方将案涉房屋出卖给乙方，价格290000元。合同另约定："第二条，本合同签订时，因该房屋属于经济适用房甲乙双方暂不具备过户条件。合同签订之日，由乙方出资83680元（从购房款中扣除）将该房产由保障性住房变更为完全产权。第三条，甲方保证上述房产产权清楚，无任何权属纠纷，保证过户条件成熟时全力配合乙方办理上述房产及相关设施的过户手续。甲方在本合同签订的同时将房产证一并交付给乙方。"2017年11月27日，张某将83680元存入某市住房保障中心账户。但是，李某拒绝过户给张某，向法院起诉要求李某配合过户。

法院经审理认为，经济适用住房是政府提供政策优惠，面向城市低收入住房困难家庭供应，具有保障性质的政策性住房。目的是解决城市低收入住房困难群体的实际困难，体现了国家对低收入群体的权益保护，体现了社会

---

① 案号：江苏省连云港市中级人民法院（2019）苏07民终238号民事判决书。

公共利益。购买经济适用住房需符合相关标准,并有严格的公开申购程序,购买经济适用房五年内不得上市交易。购买经济适用房不满五年,经济适用房申购人与他人签订经济适用房买卖合同,交付房屋的,或者约定五年后再行过户的,由于不符合经济适用房解决城市低收入家庭住房困难政策的目的,违反社会公共利益,应当认定买卖合同无效。

本案李某在取得经济适用房的申购资格后,以经济困难为由将该经济适用房转让给张某的母亲,由张某父母实际出资购买该经济适用房,并在2017年购买经济适用房满五年后与张某签订《房屋买卖合同》意图将房屋过户至张某名下,实质上是未取得资格的张某的母亲李某爱借用李某的购房资格购买了涉案房屋,再约定满足交易条件之后过户至张某名下,双方之间实为经济适用房购买资格的转让。该行为不符合经济适用房解决城市低收入家庭住房困难政策的目的,扰乱了社会秩序,损害了其他低收入群体的利益,应认定为违反社会公共利益,张某与李某、赵某签订的《房屋买卖合同》无效,故对张某要求协助其办理涉案房屋及车库产权均转移登记的诉讼请求,法院依法不予支持。

法律分析

这是没有经济适用房购买资格的购房者借用具有经济适用房购买资格的人名义购买经济适用房,经过了系列操作,多年后,后者又拒不配合办理过户,实际购房者起诉要求过户,《房屋买卖合同》被法院确认无效的典型案例。

《经济适用住房管理办法》第四十二条第三项明确规定,未取得资格的家庭购买经济适用住房或参加集资合作建房的,其所购买或集资建设的住房由经济适用住房主管部门限期按原价格并考虑折旧等因素作价收购;不能收购的,由经济适用住房主管部门责成其补缴经济适用住房或单位集资合作建房与同地段同类普通商品住房价格差,并对相关责任单位和责任人依法予以处罚。

没有经济适用房购买资格,借用具有经济适用房购房资格的人名义,违反法律规定，扰乱了政府为低收入住房困难群体提供住房保障的秩序，损害了社会公共利益。同时，是一种以合法形式掩盖非法目的规避法律的民事行为，应属无效。

> **特别提示**
>
> 合同无效，双方都具有过错，应根据交易实际情况，由双方根据过错程度承担合同无效所造成的损失。

4. 签订的"经济适用房"买卖合同无效后，是否就是自担全部损失？如何维护自己的权益？

答：由于房价变动，出卖人或购买人不履行合同，或者因为其他原因，一方不再履行合同，起诉至法院，合同被法院确认为无效。无效的合同自始没有法律效力，再依据合同要求对方履行，即要求出卖方继续卖房或要求买方继续买房都变成不可能。

那么，是否可以依据合同要求违约方承担违约责任？如合同约定违约方承担房款20%的违约金。由于合同无效，其中的违约条款也是无效的。因此，无法要求对方承担违约金。

房屋无法买卖，又无法向对方要求支付违约金，就只能自认倒霉、承担全部损失了吗？

其实并非如此，当事人可以要求对方赔偿损失，按照法律规定，合同无效，当事人具有过错的，应当承担相应的损失。经济适用房在国家规定的限制交易期间不允许交易，交易双方往往都是明知的，即使一方不知，但不知国家法律法规的规定，不能成为免责的理由。对于合同无效，双方都具有过错，应根据交易实际情况，由双方根据过错程度承担因合同无效所造成的损失。

典型案例[1]

2011年8月12日，高某（甲方）与李某（乙方）签订《房地产买卖中介合同》，约定甲方将诉争房屋出售给乙方，房屋转让价格为54万元。合同约定付款方式为李某于2011年8月12日首付25万元，次日付4万元，余款20万元待该房办好财产保全后付清，尾款5万元过户后付清。此后，高某将诉争房屋交付李某，李某依约分三次共支付了49万元，高某对此无异议。

2011年10月9日，高某办理了案涉房屋的房产证，房屋性质为经济适用房。之后，李某要求高某办理诉争房屋的过户登记手续，双方发生纠纷，并引发本案诉讼。经李某申请，一审法院委托某房地产评估造价咨询公司对案涉房屋进行评估，评估公司出具房地产估价报告，确定市场价格为人民币169.31万元。

法院认定，李某与高某之间的《房地产买卖中介合同》无效；高某向李某返还购房款490000元，并赔偿李某807170元［（1693100-540000）×70%］；李某于收到上述全部款项后15日内搬出案涉房屋，将该房屋及相关证件、票据返还给高某。

法律分析

这是一个因购买经济适用房合同无效，但法院判决卖房人向买房人赔偿房价增值部分70%的典型案例。

合同无效后，依据法律规定，因该合同取得的财产，应当予以返还；不能返还或者没有必要返还的，应当折价补偿。有过错的一方应当赔偿对方因此所受到的损失，双方都有过错的，应当各自承担相应的责任。故而李某应向高某返还诉争房屋，并返还高某交房时移交的相关证件及票据，高某则应向李某返还李某已支付的49万元的购房款项，并按房屋现在市场价值与购房款差额部分根据其过错比例进行赔偿。

---

[1] 案号：江苏省南京市中级人民法院（2017）苏01民终8778号民事判决书。

本案中，合同无效的主要原因系高某在获得经济适用房五年内出售该房屋，基于维护民事行为诚实信用的基本原则，并结合造成案涉房屋买卖合同无效的原因及无效的后果，法院酌定差额部分高某承担70%，李某承担30%。

> **特别提示**
>
> 共有产权房的产权是购房者与地方政府按比例共有，购房者只具有部分产权；经济适用房的产权100%归属购房者，但产权的行使受到限制。

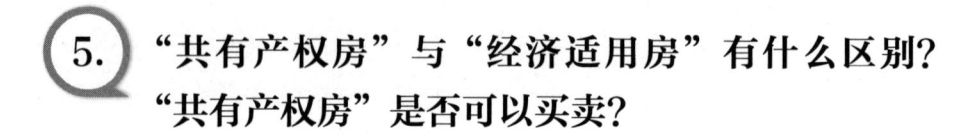

5. "共有产权房"与"经济适用房"有什么区别？"共有产权房"是否可以买卖？

答：共有产权房和经济适用房是现在最主要的两种保障性住房，都是国家为解决中低收入人群住房的一种方式，但是，共有产权房和经济适用房又有显著区别。

二者最大的区别是：共有产权房的产权是购房者与地方政府按比例共有，购房者只具有部分产权，大部分地方是购房者拥有70%产权，地方政府拥有30%产权，各自所占的产权份额是清晰的，属于按份共有。经济适用房的产权100%归购房者所有，但产权的行使受限制，主要是处分权受限制，一般是5年内不得出让。有些地方，特别是最近几年，为了加强管理，对于交易具有更多的限制，甚至禁止对外销售，只能由原销售单位回购。

按照当地的共有产权房的政策要求，经政府相关部门审批，共有产权房是可以对外交易的，交易的收益按产权比例由业主及地方政府分配。

🔍 典型案例[①]

2012年，卞某通过公开摇号方式获得经济适用住房实物安置资格。某市

[①] 案号：江苏省常州市中级人民法院（2014）常民终字第510号民事判决书。

住房保障办公室于2012年7月9日向卞某发放《某市经济适用住房准购证》，载明："凭本准购证于规定时间内到开发公司选购经济适用住房1套。本准购证2012年8月17日前有效，逾期未选房，视为自行放弃。"

同年8月8日，某公司向卞某出具了《某小区经济房选房认购单》，内容为："你已选定我公司开发的某小区65号楼某室，面积79.42平方米，阁楼31.38平方米。请选购我公司房屋的购房户于2013年3月11日至2013年4月11日携此单及我公司开具的收款单和本人身份证到某公司三楼3号、4号窗口签订房屋网上备案合同。"

2013年3月11日，卞某到某公司办理购房手续时，某公司给付卞某某市住房保障办公室《告示》1份，该告示载明经济适用住房采用共有产权形式，按照个人出资份额和政府出资份额的比例确定产权份额。双方为此发生争执，导致讼争。

法院审理查明，2008年10月17日，某市人民政府印发的《某市经济适用住房管理办法》规定，享受经济适用住房保障对象拥有有限产权。享受经济适用住房保障政策后，按规定办理产权登记。房屋、土地产权登记部门在办理权属登记时，应当分别注明经济适用住房和划拨土地性质。经济适用住房在取得房屋所有权证、土地使用权证满5年后，在按规定标准向政府交纳土地收益等相关价款后，取得完全产权，方可进行上市交易……本办法自发布之日起施行，凡过去文件规定与本办法不一致的以本办法为准。

2012年10月24日，某市人民政府又印发了《某市经济适用住房管理办法（修订版）》，其中规定：经济适用住房采用共有产权形式，按照个人出资份额和政府出资份额的比例确定产权份额面积……享受经济适用住房保障对象按规定办理产权登记。房屋、土地产权登记部门在办理权属登记时，注明经济适用住房的性质，并按个人和政府出资比例分别注明共有产权的比例。市住房保障机构代表市政府登记共有产权房政府产权部分……共有产权式经济适用住房在取得房屋所有权证、土地使用权证5年内不得上市。确需转让，由市住房保障机构按照原价格并考虑折旧和物价水平等因素进行回购。5年后，上市交易按个人和政府产权比例分配上市交易金额。对在某小区安置的经济适用住房上市交易参照共有产权式经济适用住房上市交易进行分配。除某小区外未注明共有产权的经济适用住房在取得房屋所有权证、土地使用权证满5年后，按规定标准的一定比例向政府交纳土地收益等相关价款，取得完全产权，方可上市交易……本办法自2012年11月1日起施行。《某市经济适用住房管理办法》同时废止。

法院向某市住房保障办公室工作人员进行调查，其答复称：卞某的情况应适用《某市经济适用住房管理办法（修订版）》的规定。文件出台当年没有领产权证的，都适用这个文件。卞某同批的申请户都是按照这个执行的。某公司是国有开发公司。其单位委托某公司代建、销售，某公司不受益。类似纠纷，均是由其单位出面解释，没有起诉到法院的。

法院认为，双方当事人对房屋买卖的面积、金额等均无争议。目前，双方争议的是讼争房屋之产权究竟归卞某所有，还是由卞某与政府共同共有，其实质是适用《某市经济适用住房管理办法》，还是适用《某市经济适用住房管理办法（修订版）》。某公司与政府间是经济适用房的代建、代销售关系。显然，关于讼争房屋的产权归属问题，非卞某与某公司之间可以协商解决，更非平等民事主体之间的争议，法院未支持卞某的诉讼请求。

法律分析

这是一个对于购买的究竟是普通的经济适用房，还是共有产权房发生争议而起诉的典型案例。

尽管普通的经济适用房和共有产权房都是为解决中低收入人群、交易受限制的保障性住房，但是，共有产权房由于不具有独立产权，所受限制更多，而普通的经济适用房，产权完全属于购房者，只是其处分权受一定限制，除少数经济适用房在处分时也需缴纳一定的土地出让金或部分收益外，房屋占有、使用、收益、处分的权益都属于购买人。

而共有产权房是一种特殊的产权结构的房屋，首先其产权共有不是一个人完全拥有产权,其占有、使用、处分,应遵守《民法典》及相关法律法规关于共有的规定。在行使相关权利时,应取得其他共有人的同意。

同时,除应遵守法律关于共有的规定外,因另一共有人是政府,是政府为了解决中低收入人群住房的一种特殊产权安排,还需要遵守国家以及当地政府关于共有产权证的相关规定。

> **特别提示**
>
> 绝大部分"房改房"是可以买卖的,少部分特殊的"房改房"不能买卖,如教育部直属高校的"房改房"等。

6. "房改房"可以购买吗?

答:《国务院关于深化城镇住房制度改革的决定》[1]第二十一条明确规定,职工以市场价购买的住房,产权归个人所有,可以依法进入市场,按规定交纳有关税费后,收入归个人所有。职工以成本价购买的住房,产权归个人所有,一般住用五年后可以依法进入市场,在补交土地使用权出让金或所含土地收益和按规定交纳有关税费后,收入归个人所有。

尽管只要没有规定或原合同约定不可以对外销售的"房改房",在住房用五年后,都可以对外销售,但是,出售前还需向所在房管部门进行审批,取得"上市证",按成本价购买的还需交纳一定的土地出让金费用后才可以上市交易。

典型案例[2]

苏某与周某于2013年11月10日签订《购房协议书》,苏某于2014年11月12日依约付清了购房款,周某于2015年2月11日将案涉房屋交付给苏某使用。

---

[1] 本文件已失效,仅为说明具体问题,供读者研究和参考,下文不再提示。
[2] 案号:湖北省高级人民法院(2020)鄂民申1917号民事裁定书。

周某于2017年5月与某集团公司签订《职工住宅买卖合同》，并于6月10日取得某集团公司成本价房屋所有权证。后周某一直不配合将房屋过户给苏某，苏某起诉要求办理过户，苏某反诉要求确认合同无效，要求周某腾退归还房屋。

法院审理认为，周某与苏某签订协议，约定将周某所有的案涉"房改房"转让给苏某，并将购房名字改为苏某，该协议系双方当事人的真实意思表示，符合房改政策，且某集团公司与周某签订的《职工住宅买卖合同》中并未作出"不得对外转让"的相关限制性约定，也不违反法律强制性规定，故判决支持苏某的过户请求。

法律分析

这是一个"房改房"交易的典型案例。

国务院根据关于建立社会主义市场经济体制的政策，在深化城镇住房制度改革，促进住房商品化和住房建设的发展过程中出台了《国务院关于深化城镇住房制度改革的决定》及相关政策性文件，就是要将原来单位"实物化解决住房"逐步转变为"货币化解决住房"，全面推进住房商品化，总体上是鼓励交易的，为了保障职工居住权益，稳妥推进，规定了购买五年后上市的限制。

因此，只要没有特殊限制或在原销售合同中特别约定，"房改房"只要购买后满五年都是可以上市交易的。但是，近几年单位出售"房改房"越来越少，为了保障单位的权益，防止职工"分完房就辞职"，往往增加了限制，如大部分新购的"央产房"，购买的职工只能居住，不能再对外销售，如要销售，只能由原销售单位回购。

> **特别提示**
>
> 购买"房改房"一定要核实是否存在优先回购权和当地对"房改房"交易的限制政策。

7. 购买"房改房"一般要核查什么文件确认是否可以交易？需要补交什么费用？

答：首先，核查"房改房"的卖方从单位购房时的《购房合同》，看是否有禁止对外销售或原单位优先回购的约定；其次，核查《购房合同》所依据的"房改房"购买政策性文件，在《购房合同》中往往会标明所依据的政策文件和方案，如《某市人民政府关于加快城镇住房的办法》《某单位住房改革方案》。如果没有相关文件，为防范风险，可以到房屋所在地保障性住房管理部门咨询该房是否可以正常对外销售。

购买"房改房"的职工一般是以成本价计算，再通过夫妻双方工龄折扣优惠后，是老职工的一种福利，往往以很低的价格购买，一般需要补交土地出让金，土地出让金的标准，又以房价的一定比例确定，也有些地方，直接划定了每个土地区域的土地出让金计算标准。

🔍 **典型案例** [1]

1993年12月31日，邝某支付1836.5元从某麻纺厂购买了位于郴州市北湖区的案涉"房改房"（某麻纺厂占54.19%产权），并办理了《房屋所有权

---

[1] 案号：湖南省高级人民法院（2019）湘民申2606号民事裁定书。

证》。1999年2月，彭某向邝某支付了房款1800元，邝某将涉案"房改房"的《房屋所有权证》《房屋契证》《公有住房买卖协议书》等手续交给了彭某，彭某随后搬入该房居住，并办理了水、电开户，缴纳物业管理费及某麻纺厂54.19%产权的租金，一直没有办理产权过户。18年后，邝某以侵犯其房屋所有权为由，要求彭某腾退房屋，彭某反诉要求邝某协助过户。

法院审理认为，双方虽然没有签订买卖合同，但从彭某支付1800元房款、邝某交付房屋以及相关证件，以及彭某居住长达18年之久来看，双方买卖意思明确，符合房屋买卖合同特征，双方房屋买卖合同关系成立。涉案房屋邝某取得45.81%产权并拥有相应房屋产权证，房屋共有人某麻纺厂亦同意其转让，且涉案房屋土地已办理了土地出让手续，该房屋买卖并没有违反法律规定，亦没有违背政策，合法有效，邝某应协助过户。

法律分析

这是一个购买了"房改房"未办理过户手续，一直使用了18年，还被原房主以侵犯其房屋所有权为由要求腾房的典型案例。

彭某从邝某处购房，双方未签房屋购买协议，以为交付房屋、能够正常使用房屋就没事了。彭某也确实一直正常使用房屋，长达18年，同时由于"房改房"过户手续相对复杂，一直未办理过户手续。

彭某何曾想到，18年后邝某以其侵犯房屋所有权为由，要求其腾退房屋。幸亏，法院除从双方对于房屋及相关证件的交付、房屋使用，特别是房款的支付，确认双方存在买卖合同关系，同时确定了"涉案房屋办理了土地出让手续"和"该房屋买卖并没有违反法律规定，亦没有违背政策"，支持了要求出卖人配合办理过户的请求。

由此可见，"房改房"交易一般要先办理土地出让手续，补交土地出让金，同时，不能违反交易当时国家"房改房"交易的法律规定和政策要求。

> **特别提示**
>
> "小产权房"其实并不是法律上的概念,它只是人们在社会实践中形成的一种约定俗成的称谓,种类比较多,比较复杂,存在的风险也各不相同。

8. "小产权房"究竟有哪些？哪些是合法建筑、哪些是非法建筑？

答："小产权房"通常是指在农民集体土地上建设的房屋,未缴纳土地出让金等费用,其产权证不是由国家房管部门、不动产权中心颁发的,而是由乡镇政府或村委会颁发,所以叫作"乡产权""村产权""小产权"。除上述典型的"小产权"外,还包括村民安置楼、棚户区改造安置房以及各种在城乡接合部、乡村建设的无法取得正规房产证的房屋,"小产权房"主要有以下几种：

（1）通常意义上的小产权房：由乡镇政府、村委会主导开发,占用乡镇集体用地或耕地建设,房屋销售后,由乡镇政府、村委会发"房屋产权证"或"产权证明",购买后对外销售,也到乡镇政府、村委会重新办证或开证明。

（2）针对特定群体、限制销售的各类安置房：最为常见的是农村村民安置房、棚户区改造安置房,购买对象只能是安置人员,购买后严格限制销售。

（3）利用国家划拨的单位在自用土地上开发的房屋：在一些地方,在教育、科研等土地上进行的以专家楼、科研公寓等变相的住宅开发,然后以出售使用权的方式对外销售的房屋。

（4）大量没有任何手续的违法建筑：在一些城市的城乡接合部或交通比较便利的农村，存在大量通过各种方式建设的"住宅小区"。可能没有办过任何建设手续，且由于早期土地管理、规划管理不严格，以及各种利益因素，存在不少没有任何建筑手续的"住宅小区"。从法律角度看，其实是违法建筑，但由于历史原因，已经成规模，涉及众多公众利益，难于"一拆了之"，公众也通常把这些房屋叫"小产权房"。

哪些是合法建筑？哪些是非法建筑？主要看建设过程是否取得国家土地、规划、建设部门的建设审批。各类安置房往往是取得建设审批的。只是安置房只能用于村民安置，教育、科研单位的房产只能用于各单位内部使用，不能对外销售。

典型案例[①]

原告黄某系邹平市魏桥镇甲村人。2018年，被告某建筑公司因安置被占地拆迁的村民，决定在其村集体土地上开发建设"小产权房"。2018年8月29日，原告向被告预付"购买乙村某房屋首付款"50000元。同日，原、被告签订《房屋预售合同》，约定黄某购买位于乙村的房屋，总价款为464330.7元；交房日期为2020年5月1日；合同第二条第二款约定"乙方（黄某）于本合同签订之日已向甲方（某建筑公司）首付款100000元……"

2020年5月1日，某建筑公司未能按期交房。现原告以该房屋属于在集体土地上开发的"小产权房"，依法禁止对该村集体之外的人员出售为由，主张双方签订的《房屋预售合同》无效，要求被告退还购房款并赔偿经济损失8000元。

法院认为：涉案房屋系某建筑公司因安置被占地拆迁村民而在村集体土地上建设的小产权性质房屋，属于集体土地宅基地使用权性质，集体土地宅基地使用权是本集体经济组织成员享有的权利，与享有者特定身份相联系，非本集体经济组织成员无权取得或变相取得。《国务院办公厅关于严格执行

[①] 案号：山东省滨州市中级人民法院（2021）鲁16民终2211号民事判决书。

有关农村集体建设用地法律和政策的通知》中规定，农村住宅用地只能分配给本村村民，城镇居民不得到农村购买宅基地、农民住宅或"小产权房"。本案中，原告黄某不属于乙村成员，依法不享有购买该村所建"小产权房"的权利，因此原、被告所签订的《房屋预售合同》违反有关法律、行政法规的强制性规定，应认定为无效。

法律分析

这是购买农村集体土地上建设的"小产权房"纠纷的典型案例。

本案诉争房屋具有双重特征的"小产权房"，首先，它是农村集体土地上建设的房屋，买卖的标的物不仅是房屋，还包括相应的集体土地的使用权，该集体土地使用权的主体是农村特定集体经济组织的农村居民。其次，该诉争房屋是一种拆迁安置房。

这种房屋建设手续往往是合法的，是经过政府土地、规划、建设部门审批建设的，但是因为是特殊的安置房，交易对象受到严格限制，通常也没有政府房屋管理部门颁发的产权证书。

> **特别提示**
>
> 购买"小产权房"最大的风险是因为违反国家法律规定,买卖合同无效,无法正常购买房屋,同时,还可能无法取得相应的违约金。

9. 购买"小产权房",主要承担哪些风险?

答: 由于我国城乡二元土地管理体制,以及历史原因,不管是珠三角、长三江还是京津冀地区,各大城市周边、城中村,都大量存在各种形式的"小产权房",之所以存在大量的"小产权房",最大的优势当然就是"价格优势"。"小产权房"房价常常是周边房价的一半左右。因此,出于多种因素考虑,特别是价格因素,购买"小产权房"的情况还是大量存在。

购买"小产权房"最大的风险是因为违反国家法律规定,买卖合同无效,无法正常购买房屋,同时还无法取得相应的违约金。如果购买的房屋建设没有经过合法的审批,属于"违章建筑",甚至被相关部门依法拆除。房屋拆除后,只能向开发商要求归还房款。但是,这种开发商往往都是小开发商,无钱可还,购房者最终很有可能"钱房两空"。

🔍 典型案例 [①]

2017年5月4日,逯某向西村村委会购买案涉房屋及储藏室。西村村委会为逯某出具村集体经济组织统一收据。2018年5月19日,逯某把该房屋卖给金某,双方签订了房屋买卖合同,约定将上述回迁楼及储藏室卖给金某,

---

① 案号:山东省泰安市中级人民法院(2021)鲁09民终1557号民事判决书。

该楼房属"小产权房",无房权证,逯某将该楼房的所有手续交予金某,逯某出具收条。2019年8月6日,金某又将房屋卖给陈某,签订房屋买卖合同,陈某向金某支付房款,购得涉案房屋,更换了门锁,并进行了装修。2019年9月份,逯某从青岛打工回来,更换了门锁入住,占有房屋,陈某起诉要求逯某腾退房屋。

陈某提供了金某和自己以及与逯某夫妻分别签订的房屋买卖合同、逯某签名的身份证、西村村委会收据、物业费收据、垃圾处理费收据、水电费单据、逯某出具的收条、陈某向金某转房款的转账回单、金某身份证、陈某装修房屋的结算单。

法院经审理认为,涉案房屋系西村村委会在集体土地上建设的小产权回迁楼,该集体土地并未出让,各自的所签房屋买卖合同都是无效合同,驳回了陈某的要求腾房的诉讼请求。

📝 法律分析

这是典型的由于"小产权房"多重买卖合同无效,房屋被占后无法得到法院支持的典型案例。

逯某向村委会购买,金某向逯某购买,陈某向金某购买,经过三次买卖。陈某购买时较为谨慎,向金某索要了逯某向村委会购买的合同、收据及金某向逯某购买的合同、收据、逯某夫妻签名的身份证复印件。陈某与金某签订购房合同、付款,并要求金某签署收据、签署身份证复印件,同时,保留了物业费收据、水电费收据等。

应该说,从这些证据可以充分证明,陈某购买了该房屋。但是,由于这是村民安置房、"小产权房",逯某、金某、陈某都非本村村民,每个环节的购房合同都是无效合同,基于无效合同所得的财产权利,就不是合法的财产权利,无法得到法院的支持。陈某如想挽回损失,只能起诉金某,要求退还房款并要根据各自的过错程度承担相应的损失,金某再同样起诉逯某。

> **特别提示**
>
> 尽量购买建设手续合法、成规模、开发方实力雄厚的房屋，购买后尽快入住占有房屋。

10. 购买"小产权房"如何尽可能地减少风险？

答： 首先，尽量购买建设手续合法的"小产权房"。这种房屋，建设是合法的，只是销售受到限制。建设合法，就避免了被拆的风险。如何知道建设是否合法？购买时，可以通过核查该项目是否取得《建设用地规划许可证》《建设工程规划许可证》《建筑工程施工许可证》，如果未取得上述许可证，该项目属于非法建设，存在被拆除的风险。

其次，尽量购买销售方实力比较强的"小产权房"。如果是新房，就需要查清开发商的实力背景、赔偿能力、开发历史、涉诉情况；如果是购买旧房，需查明卖方的经济实力，如是否只有这一套房屋，还有没有其他房屋，经济收入情况如何？一旦"小产权房"被拆，或购买合同被确认无效，如果对方具有归还房款的能力，不至于"钱房两空"。

基于"小产权房"无法取得合法的产权证书，不管是乡镇政府，还是村委会所颁发的"产权证书"，都不是具有法律意义的产权证书。因此，如购买"小产权房"，应尽快合法地占有该房屋，以便在发生纠纷时占据主动，一旦他人请求法院腾退，由于其也不具有合法的产权证，不具有合法的物权，一般不会得到法院的支持。如果他人非法强行占有，合法占有人还可以通过报警非法侵入，或以侵权为由起诉法院要求腾退。

典型案例[①]

涉案房屋原由乡政府"登记"在张某名下，自2009年以来一直由张某居住使用，张某称该房屋系其在2009年出资30余万元从开发商处购买取得，在发放的乡政府颁发的"房本"时，开发商将原合同收回。

2017年5月22日，张某与赵某签订借款合同，约定由赵某借款30万元给张某，借款期限为2017年5月22日至8月22日。张某为提供抵押物，将诉争房屋"过户"登记至赵某的名下，上述借款已经由案外人王某代为偿还。王某在另案中提交说明，称其同意将涉案房屋"过户"给张某，其与张某的债务纠纷另行解决。因赵某不配合张某办理"过户"，张某将赵某诉至北京市大兴区人民法院要求其办理"过户"，确认房屋的所有权。

2017年12月19日，经另案民事裁定书认定，涉案房屋被认定为"小产权房"，张某要求确认所有权、变更登记的行为不属于民事案件的受案范围，故法院裁定驳回了张某的起诉。裁定书出具当日，赵某以房屋"产权"登记在赵某的名下为由，强行将诉争房屋的门锁撬开，并将张某屋内的物品清出。

法院认为，民事活动应当遵公平原则，不得违背公序良俗。占有的不动产或者动产被侵占的，占有人有权请求返还原物。张某长期以来占有诉争房屋，在该房屋中居住生活，对诉争房屋形成了控制的事实状态，为该房屋的占有人。赵某在未给付对价、仅以该房屋"产权登记"在其名下为由，认为房屋归其所有，法院不予认可。理由如下：1.法院生效民事裁定书认定诉争房屋为"小产权房"，对于"小产权房"的"登记"，在没有新的法律法规规定之前，不属于物权法规范的不动产登记的范畴，故不能依据物权法设定的不动产登记主义主张权利；2.另案民事案件中驳回张某的起诉，系因张某请求法院为"小产权房"确权的诉求不属于人民法院受案范围，并非基于张某无权占有该房屋，并不能表明赵某因此而取得了诉争房屋的所有权；3.对于诉争房屋，赵某并未给付任何相应的对价，违反民事活动的公平原则。此

[①] 案号：北京市第二中级人民法院（2018）京02民终5624号民事判决书。

外，根据《最高人民法院关于适用〈中华人民共和国物权法〉若干问题的解释（一）》[①]第二条之规定，当事人有证据证明不动产登记簿的记载与真实权利状态不符、其为该不动产物权的真实权利人，请求确认其享有物权的，应予支持。换言之，即便赵某占有的并非"小产权房"，房屋登记在其名下，因其未给付任何对价，真实权利人亦可向其主张物权。综上，法院判决赵某于判决生效后10日内将涉案房屋返还给张某。

📝 法律分析

这是一个"小产权房"涉及"登记""过户""占有""强行占有""腾退"的典型案例。

该"小产权房"由当地乡政府颁发了"产权证"，是典型的"小产权房"，而且多次进行过"变更登记"，但是，由于现"登记人"赵某不配合将房屋"过户"给现合法占有人张某，张某起诉要求确认所有，并要求赵某配合"过户"。由于对"小产权房"的"登记"，在没有新的法律法规规定之前，不属于《物权法》规范的不动产登记的范畴，故不能依据《物权法》设定的不动产登记主义主张权利。

赵某在基于房屋"登记"在自己名下，张某要求确认房屋所有权以及要求配合"过户"的请求被法院驳回的情况下，于法院裁定下达的当天，强行侵占了该房屋。

张某又以赵某非法侵占该房屋为由，向法院起诉，要求赵某腾退并归还房屋。法院又以尽管房屋"登记"在赵某名下，但该"登记"不具有合法的物权效力，赵某强行入住的行为侵害了张某的合法权益，张某作为占有人，有权要求赵某返还被侵占的房屋为由，支持了张某的诉讼请求。可见，在产权无法合法"登记"，无法通过合法的物权所有权进行保护的情况下，"合法占有"就是成为极其关键的保护自己财产权益的有效手段。

---

① 编者注：该解释已失效。

第四章

"农村房"买卖纠纷

随着农村基础设施、乡村环境越来越好，去农村购买一个院子，休闲、养老成为许多居住在城镇的人的一个梦想。

特别是近几年，国家加大了美丽乡村、乡村旅游、乡村休闲、民俗民居的投入和建设，在乡村开发建设的房地产越来越多，城里人在乡村购房的案例不再是少数，由此产生的纠纷也逐渐增多。

> **特别提示**
>
> 宅基地是农民的福利和保障,只有本集体经济组织成员才能允许享有,严禁对外销售,买卖合同是无效的。

1. "城里人"到农村购买农村房屋是否合法有效?

答: 农村的房屋除小部分经过土地征收,变成国有土地,再合法开发成商品房外,大部分是农民在其宅基地上建造的房屋。

对于土地已经征收并经合法开发的普通房屋,与在城市开发的商品房是一样的,购买对象没有限制,不管是农村人还是城里人都可以合法正常购买。城里人去购买这种房屋,应当注意核查开发商的"五证",确认是不是土地征收后的普通商品房。

不能只看外观,以为与商品房一样的楼、一样的小区,就是普通商品房。农村当地人口中的"商品房",也可能是"安置房"或"小产权房"。

而对于在宅基地上建设的房屋,按照《土地管理法》以及国家的相关政策,宅基地是农民的福利和保障,只有本村具有集体经济组织成员资格的村民才能允许享有,实行"一户一宅"政策,严禁本集体经济组织成员以外的人购买,购买合同是无效的。

典型案例[①]

2004年9月1日,刘某某将某村一座宅院卖给陈某某。双方签订房屋买

---

① 案号:北京市高级人民法院(2021)京民申 6688 号民事裁定书。

卖合同，约定卖方将其所有的房屋及院、树卖给买方，全部售价26000元，合同生效后一次性付清，并对其他事项进行了约定。协议签订后，陈某某交付给刘某某26000元，刘某某将宅院交付陈某某居住使用，陈某某对宅院房屋进行了装修、改建。

2015年12月30日，陈某某去世，陈某某有一子一女，长子陈某1，长女陈某2。陈某1与龙某某于2014年11月17日登记结婚，双方均系再婚，婚后无共同子女，婚后在案涉房屋居住生活。2021年1月，刘某某以农村房屋买卖合同纠纷为由诉至法院，要求确认与陈某某所签协议无效，龙某某返还房屋。

法院认为，宅基地使用权作为农村集体经济组织成员享有的权利，与特定的身份相联系，非本集体经济组织成员无权取得或变相取得。本案买卖合同的标的物为农村房屋，农村房屋是建筑在宅基地上的附着物，从我国目前房地一体的格局来看，双方房屋买卖的同时必然涉及宅基地使用权的问题。而宅基地属于农民集体所有，由村集体经济组织或村民委员会经营、管理，与特定的身份关系相联系，不允许任意向非集体经济组织成员转让。

刘某某与陈某某签订的农村房屋买卖合同必然涉及相应宅基地使用权的变更。陈某某在购房时不是诉争房屋所在地集体经济组织成员，不享有相应的宅基地使用权。陈某某去世后，龙某某、陈某1均非诉争房屋所在地集体经济组织成员，亦不享有相应的宅基地使用权。刘某某、陈某某签订的合同违反了法律的强制性规定，应为无效。合同无效或者被撤销后，因该合同取得的财产，应当予以返还；不能返还或者没有必要返还的，应当折价补偿。有过错的一方应当赔偿对方因此所受到的损失，双方都有过错的，应当各自承担相应的责任。合同无效后，龙某某应承担腾退宅院及房屋义务。

刘某某将宅院出卖给非集体组织成员的陈某某，故对于合同无效，应承担主要责任（70%），对于龙某某反诉主张的房屋、附属物重置成新价应按评估报告确定价值予以给付。

法律分析

这是一个购买了农村房屋并入住长达近17年之久，购买人已经去世，出卖人主张买卖无效的典型案例。

　　本案经北京市基层法院一审、中院二审、高院再审，三级法院一致认可了关于买卖合同无效的认定。这也是多数法院判决无效的经典理由：宅基地使用权作为农村集体经济组织成员享有的权利，与特定的身份相联系，非本集体经济组织成员无权取得或变相取得。农村房屋是建筑在宅基地上的附着物，从我国目前房地一体的格局来看，双方房屋买卖的同时必然涉及宅基地使用权的问题。而宅基地属于农民集体所有，由村集体经济组织或村民委员会经营、管理，与特定的身份关系相联系，不允许任意向非集体经济组织成员转让。

> **特别提示**
>
> 尽管买卖合同无效，但并不意味着一定要腾房，或者无法取得任何拆迁补偿款。

2. "城里人"购买农村房屋，若干年后，原房东或其继承人要求归还房屋，应该怎么办？

答：尽管大部分人都知道，城里人去农村购房是非法的，但由于各种原因，城里人到农村购房的还是大有人在，特别是在城乡接合部。正是由于这种情况大量存在，大部分人购买后都能正常使用，也进一步促使一些人购买。一方愿买，另一方愿卖，双方签协议、付款、交房屋，解决了一些无法在城里买房的城里人的住房需求，同时，又解决了原房东的资金需求。

由于这些农村原来相对偏僻，房屋价值较长时间内变化不大，以及以前农村维持了一个较为封闭、诚信的社会氛围。很多农村房屋本身也没有产权证，形成了房屋买卖只需双方签合同、付款、交房屋即可的模式，比较正式的也只是请一个在当地比较有声望的人做证人，在大多数情况下也没有出现过问题和纠纷。

但是，随着城市的外扩、基础设施的建设，原来偏僻的地方不再偏僻，房屋价值也大大提高，于是，原房主或其继承人要求返回房屋的纠纷变得越来越多。

面对此情此景，城里人是不是就得被迫腾房交房？在司法实践中，各地的法院判决各有不同，早期基本上判决购买合同无效，购房者应腾退和交还房屋，但是也有以卖方违背诚实信用原则驳回卖方要求腾房的请求的情况，即采取了"维持现状"的方式。

🔍 典型案例[①]

2009年2月17日，吴某与蔡某签订一份《房屋买卖断根契约》，约定房屋产权人蔡某，二间房屋占地面积共计185平方米，卖予吴某，共作价人民币38000元纯收。签订后，双方依约履行了合同。蔡某在交付买卖标的物的同时，把两本《房屋所有证》交付吴某。吴某受让房屋后，连同另一房屋所有权证第某号的房屋改建为钢结构的厂房，一直占有、使用。2020年5月，蔡某提起诉讼，要求确认《房屋买卖断根契约》无效，并要求吴某腾退归还房屋。

法院认为，《房屋买卖断根契约》签订并实际履行已经十多年，现出卖人提出买卖合同无效，其行为与中国人的传统道德、恪守承诺的民事活动原则相悖，也为和谐社会所不容；从交易信赖和公平原则考量，应保护买受人的利益。

但最高人民法院《第八次全国法院民事商事审判工作会议（民事部分）纪要》第五点关于物权纠纷案件的审理第一项关于农村房屋买卖问题19规定，"在国家确定的宅基地制度改革试点地区，可以按照国家政策及相关指导意见处理宅基地使用权因抵押担保、转让而产生的纠纷。在非试点地区，农民将其宅基地上的房屋出售给本集体经济组织以外的个人，该房屋买卖合同认定为无效"。某村不属于"国家确定的宅基地制度改革试点地区"，依照此规定，《房屋买卖断根契约》无效。

《合同法》第五十八条规定："合同无效或者被撤销后，因该合同取得的财产，应当予以返还；不能返还或者没有必要返还的，应当折价补偿。有过错的一方应当赔偿对方因此所受到的损失，双方都有过错的，应当各自承担相应的责任"。本案《房屋买卖断根契约》被认定无效后，首先考虑的是返还房屋，但吴某买受该房屋后已经改建为钢结构的厂房，原物已不存在，返

[①] 案号：福建省高级人民法院（2021）闽民申2973号民事裁定书。

还原物无法实现；双方在签订《房屋买卖断根契约》时，也已经按当时约定的价格全部履行完毕，并不存在折价补偿或赔偿损失问题。

蔡某不属某村村民，《房屋买卖断根契约》违反法律的强制性规定无效，但是，买卖标的物无须返还。至于使用的宅基地，可由当地集体经济组织、行政主管部门按规定管理。因此，法院驳回了吴某要求返还房屋的请求。

法律分析

本案法院从三个方面进行了分析论述，这三个方面理由是东南沿海司法改革创新比较快的地区对于众多农村房屋买卖纠纷案件的典型论述。

首先，从诚实信用进行论述，法院认为买卖合同签订并实际履行已经十多年，现出卖人家属提出买卖合同无效，其行为与中国人的传统道德、恪守承诺的民事活动原则相悖，也为和谐社会所不容；从交易信赖和公平原则考量，应保护买受人的利益。

其次，从法律规定论述，最高人民法院《第八次全国法院民事商事审判工作会议（民事部分）纪要》规定："在国家确定的宅基地制度改革试点地区，可以按照国家政策及相关指导意见处理宅基地使用权因抵押担保、转让而产生的纠纷。在非试点地区，农民将其宅基地上的房屋出售给本集体经济组织以外的个人，该房屋买卖合同认定为无效。"

最后，从买卖标的物，即房屋与宅基地关系进行论述，对于购买十几年的房屋，大多数都经过了翻建，原地上建筑物已经消失，因此，买卖标的物无须返还。至于使用的宅基地，可由当地集体经济组织、行政主管部门按规定管理。通过实行房、地分开的方式"维持现状"。

当然，从最高人民法院的相关规定也可看出，国家已确定了宅基地制度改革试点地区，对于试点地区，可以按照国家的试点方案进行抵押担保、转让。

> **特别提示**
>
> 多数法院对于拆迁款分配往往根据案件实际情况，按原房主和购房者之间分配的办法处理。

3. "城里人"购买农村房屋，若干年后拆迁，原房主主张买卖无效，拆迁款如何分配？

答：在司法实践中，城里人购买农村房屋产生纠纷最多的是，购买的房屋面临拆迁，巨额拆迁款如何分配？

非本集体经济组织成员之间住宅与宅基地买卖合同无效，已成为司法实践中的共识。如果按照买卖合同无效的逻辑，无效后应尽量恢复原状，拆迁款应归原房主所有，原房主退还购房款；由于拆迁款比购房款多得多，这对于在几年甚至十几年前就购买了房屋并支付了购房款并一直使用到拆迁时的购房者来讲不公平，同时，会打消购房者配合拆迁的意愿，严重阻碍拆迁进展，阻碍城市化发展。如果不顾原房主，全部拆迁款归购房者，等于变相鼓励城里人到农村购房，法院"合法"地保护了"非法的利益"。

因此，对于拆迁款分配，多数法规往往根据案件实际情况，按原房主和购房者之间分配的办法处理。在司法实践中，通常按三七开的原则分配，即原房主占30%，购房者占70%，同时根据房屋购买情况、占有使用情况、拆迁安置情况综合确定。

🔍 典型案例 ①

杜某系北京市甲区居民，车某系北京市乙区某村村民。2006年10月，双方签订了农村房屋买卖合同，车某以18万元将其所有的某村宅院卖给杜某。2017年8月，车某诉至法院，要求确认其与杜某签订的农村房屋买卖合同无效。法院经审理，判决认定双方签订的上述农村房屋买卖协议无效。

后因上述宅院在房屋拆迁腾退改造项目范围之内，杜某（乙方）于2018年2月1日与北京市乙区城市管理委员会（甲方）签订《宅基地房屋搬迁腾退补偿安置协议》。该协议内容如下：被腾退宅基地及房屋为某村某号，宅基地面积为306.56平方米，房屋建筑面积为184.12平方米（首层），腾退补偿、补助及奖励合计2199094元。

杜某选择了房屋安置方式，预选的总安置面积为285平方米，其中90平方米三居室一套，75平方米两居室一套，60平方米一居室两套。该四套房屋安置房预留款共计1672720元。甲方应向乙方支付预结算款526374元。因杜某与车某就涉诉房屋及拆迁款分配事宜存在争议，上述预结算款526374元存于乙区城市管理委员会处，尚未发放。

法院认为，合同无效或者被撤销后，因该合同取得的财产，应当予以返还；不能返还或者没有必要返还的，应当折价补偿。有过错的一方应当赔偿对方因此所受到的损失，双方都有过错的，应当各自承担相应的责任。杜某与车某签订的农村房屋买卖合同已经被确认无效，且涉案的某村某号院已经被拆除，故无法返还。对于双方合同被依法认定为无效，出卖人车某作为某村村民，违反我国《土地管理法》关于一户一宅及禁止出售集体土地给外村人员之规定，应对合同无效负主要责任，买受人杜某应承担次要责任。买受人杜某与拆迁方签订了宅基地房屋搬迁腾退补偿安置协议，确定了补偿、补助和奖励费等具体数额。因双方涉诉，现所有拆迁款项均保存在拆迁方北京市乙区城市管理委员会处，双方当事人均未实际领取拆迁利益，故法院仅确

---

① 案号：北京市第一中级人民法院（2019）京01民终10905号民事判决书。

认各当事人可分得的拆迁补偿、补助和奖励费数额。

某村某号院因房屋及附属物而获得的拆迁补偿补助款应归买房人杜某所有；因合同无效，导致买房人杜某失去了某村某号院土地增值部分的利益，故对于某号院因土地价值所获得的拆迁补偿补助款根据买卖双方的责任酌情由杜某分得70%，由车某分得30%。具体而言，房屋重置成新价以及搬迁费、临时安置费，系因房屋及附属物而获得的拆迁补偿补助款，应全部归买房人杜某所有；宅基地区位补偿款、垃圾减量奖、参照经济适用房管理安置房未来交易土地出让金补助费，系依据被拆迁土地的宅基地面积计算的补偿补助款，应由杜某分得70%，由车某分得30%；提前搬家奖、工程配合奖系以每宗宅基地为单位所获得的拆迁奖励费，亦应该由杜某分得70%，由车某分得30%。

法律分析

本案对于拆迁款的分配方式和分配比例，属于同类案件分配的典型，在众多的购买农村房屋的拆迁分配款中，基本按上述比例进行分配。

首先，依法确认买卖合同无效，合同无效或者被撤销后，因该合同取得的财产，应当予以返还；不能返还或者没有必要返还的，应当折价补偿。有过错的一方应当赔偿对方因此所受到的损失，双方都有过错的，应当各自承担相应的责任。对于无效的过错，买卖方双方明知或应知农村房屋不能对本集体经济组织出售，双方都有过错，卖方承担70%的责任，买方承担30%的责任。

其次，对于拆迁款进行分类，对于只与地上物有关的，如重置成新价、临时安置物、附属物补偿价等全部归购买人所有；对于与土地有关的补偿，如土地补偿费、以每宗宅基地为计算依据的工程奖，70%归买方，30%归卖方。

> **特别提示**
>
> 合作建房行为,实质上是土地使用权转让的一种特殊形式,《合作建房协议书》被认为是土地使用权转让合同。

4. "城里人"到农村与具有宅基地的农户合作建房是否合法?

答:城里人到农村购买房屋不行,那是否可以和农村人共建呢?城里人有钱,农村人有宅基地但没有钱,一方出地,另一方出钱,联合建设,建两幢,一人一幢,不就可以了?

合作建房行为,实质上是土地使用权转让的一种特殊形式。因此,《合作建房协议书》被认为是土地使用权转让合同。依照《土地管理法》第六十三条的规定,农民集体所有的土地是农村集体经济组织成员享有的权利,与享有者特定的身份相联系,非本集体经济组织成员无权取得或变相取得。农民集体所有的土地的使用权不得出让、转让或者出租用于非农业建设。《合作建房协议书》违反了法律的禁止性规定,是无效的。

典型案例 [①]

2010年6月6日,王某、杨某(甲方)与谭某、颜某(乙方)签订《建房协议》,双方在《建房协议》中约定:1.甲方主动自愿将自家的宅基地院子让乙方出资建房……所造房屋按建筑面积各得二分之一,各分一半。2.双

[①] 案号:北京市高级人民法院(2020)京民申3993号民事裁定书。

方同意由乙方出资约20万元盖平房……因甲方一再要求加盖二层,并出书面保证违章由甲方负责……乙方同意增资计约15万元左右加盖二层,这样原双方盖一层协议作废,重签此协议,一层、二层总概算约35万元(详见结算单据、凭证)。3.此房及土地因遇国家征用、拆迁,所涉补偿应先归还乙方建房总投资后,剩余部分甲乙双方平均分配……若国家或房地产商补偿的是房屋,按同等价值原则,房屋补偿分配按补偿价扣除乙方总价折合成房屋补偿面积后,剩余房子平均分配,乙方分得的房产甲方要鼎力协助过户到乙方名下,户主改成乙方姓名,分配中甲方不可隐藏……

双方签订《建房协议》后,王某向某村村委会申请翻建房屋,建房审批表上记载的家庭成员分别是:王某(户主)、杨某(配偶)、王某1(女儿)、王某2(女儿)。2010年8月,王某、杨某在《工程结算单》上签字。《工程结算单》上记载的工程总费用为31.86万元,上述费用已由谭某、颜某支付。

2012年7月10日,杨某作为王某的委托代理人在某村《腾退安置协议》上签字。《腾退安置协议》上记载的腾退人(甲方)是某村村委会,被腾退人(乙方)是王某;被腾退宅基地位于北京市丰台区;被安置人口共5人,分别是:王某(产权人)、杨某(之妻)、王某1(之女)、王某2(之女)、吕某(之侄女);甲方给予乙方补偿款共计2608899元。2013年10月30日,杨某作为王某的委托代理人在《安置房认购协议》上签字,《安置房认购协议》上记载的回迁安置房为4套。

合作建房人谭某、颜某起诉要求分配拆迁款和拆迁安置房。

法院认为,违规违法买卖宅基地、违反土地用途管制、工商企业和城市居民下乡利用农村宅基地建设别墅大院和私人会馆的行为,应当依法认定为无效。本案中,因谭某、颜某并非某村村民,故其无权以合作建房的名义与宅基地使用权人签订《建房协议》,该协议应属无效。谭某、颜某也不能据此取得房屋的所有权。合同无效或者被撤销后,因该合同取得的财产,应当予以返还;不能返还或者没有必要返还的,应当折价补偿。案涉房屋为谭某、颜某出资所建,现房屋已经被拆除,相关利益已转化为拆迁款,故王某、杨某应当将地上物所对应的重置成新价补偿给谭某、颜某。谭某、颜某既非被安置人，也实际未支付过回迁房的购房款，故其无权主张分割回迁安置房。

📝 法律分析

这是一个在农村宅基地地上合作建房的典型案例。

合作建房协议中详细约定了合作建房方式和拆迁分配方式。1.合作建房方式：一方出地，另一方出钱，合作建房，建好各方分得二分之一房屋，后需加盖二层，又重新约定分配；2.拆迁分配方式：如果国家拆迁和征收，先归还建房款，剩余款项平均分配；如果国家或房地产商补偿的是房屋，按同等价值原则，房屋补偿分配按补偿价扣除乙方总价折合成房屋补偿面积后，剩余房子平均分配，对乙方分得的房产，甲方要鼎力协助过户到乙方名下，户主改成乙方姓名，分配中甲方不可隐藏。

这是合作建房合同约定的典型模式，农村合作建房基本是这种约定和分配模式，双方的权利、义务也相当明确和具体。但是，合作建房协议违反国家对农村宅基地的法律规定，属于无效合同，详细约定的条款无效。法院不会依据无效的合同条款进行判决，只会依据合同无效后，双方的过错原则，各自承担相应的责任；大多数判决例中，只要没有特殊的情况，农村宅基地的过错责任分配原则，一般是卖方，即出地方占70%；购买方，即出资方占30%，房屋建设补偿款归购买方，土地相关的补偿款70%归购买方，30%归卖方。

> **特别提示**
>
> 对于非宅基地的农村建设用地合作开发建设，只要符合《城乡规划法》，办理相关建设审批手续，就是合法有效的。

5. "城里人"到农村合作建设非住宅房屋是否合法？

答：农村宅基地是农村集体经济组织成员的一项特有权利，是农村农民社会保障的重要基础，是国家农村政策的一项基础性制度，目前除个别试点地区外，严禁城里人去农村购买宅基地和宅基地上的房屋，同时，也打击各种变通形式，通过合作建设的方式也视同宅基地转让，认为是无效行为。

农村除了宅基地，也存在一些其他集体建设用地，但村里往往缺资金，需要招商引资、搞开发，发展当地经济。而一些城里的个人或企业有资金，有经营能力，因此，各地逐渐出现农村出地，投资方出钱，进行建设的房产。建成房屋后，由于是集体建设用地，产权只能办理到村委会或村集体经济组织名下。因此，往往给予投资方全部房屋或一部分房屋一定期限的使用权。

宅基地是农村村民的一项"福利"，具有无偿性和保障性，是保障农村村民居住权的一项国家政策，实行"一户一宅"。因此，严格限制交易，特别是严格禁止城里人购买，但是，农村非宅基地建设用地，是农村经营性质的建设用地。为了加大农村开发力度，特别是解决农村资金紧缺的问题，引进城里的资金，对于非宅基地的农村建设用地合作建设总体上是鼓励和支持的。

因此，对于非宅基地的农村建设用地合作开发建设，只要符合城乡规划法，办理相关建设审批，除非具有其他无效的情况，否则就是合法有效的。

典型案例[①]

某村办公楼系乐某出资兴建，该办公楼土地属某村村民委员会所有。办公楼建成后，由乐某对外经营使用出租，使用权至2037年9月30日。

2017年1月12日，方某（乙方，承让方）与乐某（甲方，转让方）在黄金村村民委员会（丙方）见证下签订《办公楼转让使用协议》，协议内容为：1.甲方同意将办公楼楼下六间商铺和楼上三层办公室和公寓转让给乙方；2.甲方同意乙方承让的商铺自主经营，乙方在使用期限内依法经营不受甲方干预；3.此栋办公楼转让期限为自2017年1月12日起至2037年9月30日止；4.协议签订后，乙方只有使用权及出租权，地租及物业管理费必须服从管理，配合丙方的计生、经济普查等相关工作的登记。到2037年9月30日止，该地块的楼房无条件归丙方所有。

方某取得某村办公楼使用权后，与乐某口头约定，办公楼由乐某代为管理，若有新的承租人必须由方某与承租人签订租赁合同。乐某代管期间，代方某向某市场服务管理公司交纳了2017年1月至3月地租租金各2400元。

2017年4月25日，乐某未经方某同意，且隐瞒其不再是出租人的事实，擅自作为甲方（出租方）与游某（作为乙方，承租方）签订一份《房屋租赁合同》，合同约定甲方自愿将某村办公楼整幢以及该幢房屋内的一切设施和家具、电器出租给乙方使用，用途由乙方自行决定，甲方允许乙方自由转租不得干涉。租赁期限自2017年4月25日至2022年4月24日，共5年，租约期满后，在同等条件下，乙方享有优先续租权。

游某和乐某签订租赁合同后，游某占有使用该大楼，对外进行了招租、转租。同时乐某还与游某约定，租金与押金均用于抵偿乐某欠游某的借款，方某对此提出异议，要求游某将押金及租金交给方某，未果。

方某遂于2017年6月16日提起诉讼。游某认为《某村办公楼转让协议》

[①] 案号：广东省高级人民法院（2018）粤民申11020号民事裁定书。

系无效合同，即便该合同有效，也不发生物权效力，涉案房屋的所有权没有发生变化，方某仅持《某村办公楼转让协议》不能对抗和约束游某。现游某已经合法占有涉案房屋，游某才是涉案房屋的合法使用人，方某要求游某支付租金和押金没有任何的法律依据。

法院认为，该办公楼土地属某村村民委员会所有，经某村村民委员会同意，乐某将该办公楼使用权转让给方某，并于2017年1月2日签订《某村办公楼使用权转让使用协议》，依据该协议，方某享有对该办公楼2017年1月12日至2037年9月30日止的使用权和出租权，该协议未违反法律、行政法规的强制性规定，依法有效；方某从2017年1月12日至2037年9月30日止对办公楼享有占有、使用、收益的权利。

法律分析

这是一个由村委会出村集体建设用地，投资方出钱，经过审批建设办公楼，在使用若干年后，归还村委会的典型案例。

案涉土地系村民委员会所有，性质是村集体建设用地，通过招商引资的方式，由乐某出资建办公楼。一方出地，另一方出资，办公楼建成后，由乐某对外经营使用出租，使用权到期后，无条件归某村村民委员会所有。

乐某又与方某签订《办公楼使用权转让使用协议》，将上述办公楼的使用权转让给了方某，但是，仍由乐某代管，乐某擅自对外出租，并将租金、押金与自己欠承租户的借款相抵。当方某起诉要求乐某支付抵扣的租金及押金时，又以《办公楼使用权转让使用协议》无效为由进行抗辩。

但是，法院认为，双方经某村村委会同意，签订了《某村办公楼使用权转让使用协议》，依据该协议，方某享有对该办公楼按照合同约定期限的使用权和出租权，该协议未违反法律、行政法规的强制性规定，依法有效；方某在合同约定期限内享有办公楼享有占有、使用、收益的权利。

法院认可了合作建设和经所有权人村委会同意之下房屋使用转让的合法性，这与在宅基地上合作建房是完全不同的。

> **特别提示**
>
> 目前，国家对于农村集体建设用地的出让是严格限制的，因此，其地上建筑物的买卖也受到严格限制。

6. "城里人"到农村购买非住宅用房是否合法？

答：在一些农村地区，除农民在宅基地建设的住宅用房外，往往还有很多其他建筑，如乡村文化站、村办企业厂房、空置不用的教学点教室。因此，一些城里人购买后进行改造，改造成"别墅大院"。为了让这些购买能够合法化，许多购买人还要求村委会按照《村民委员会组织法》的相关规定召集村民代表大会表决，认为经过这些程序，购买就是合法的，这种认识不完全正确。

原来较为普遍的观点是，因为这些建筑设施所占用的土地仍为农村集体建设用地，对于不动产的交易，法律实行"房随地走""地随房走"的政策，由于目前国家对于农村集体建设用地的出让是严格限制的，因此，其地上的建筑物的买卖也受到严格限制。只要购买人不是本集体经济组织成员，就应当无效。

但是，按照党中央、国务院部署要求，2015年3月23日至25日，原国土资源部召开试点工作部署暨培训会议，正式启动农村土地征收、集体经营性建设用地入市、宅基地制度改革试点（以下简称农村土地制度改革三项试点）工作。同年6月，原国土资源部会同中央农办、发展改革委、财政部、原农业部等相关部门，逐一研究批复试点地区实施方案。一个试点地区只开展一项试点，其中集体经营性建设用地入市和宅基地制度改革试点各15个，土地征收制度改革试点3个。①

随着国家土地改革发展，总体趋势是逐渐放开对农村建设用地的限制。试点地区，允许农村闲置的建设用地，在农民自愿的基础上，经过严格的程序，可以开始允许本村之外的企业、个人购买和开发。

因此，购买农村非住宅房屋，首先应尽量完善和通过合法的程序，有些地方还需乡镇人民政府审批。其次，应落实所购房屋的性质，是否为公共设施，是否侵害社会公共利益。

在实践中，城里人购买的往往是闲置、荒废的非住宅院落，只要不侵害社会公共利益，经过严格的审批程序，买卖合法性比较容易做到。但是，建设审批可能是购买后的另一个难题，对于农村的非农建设的审批难度极大，如果未经审批就建设，属于非法建筑，容易被拆除。

典型案例②

2003年7月20日，某村刘家巷组（甲方）与某工程机械公司（乙方）签订《某村刘家巷组集体公房产权转让协议》。该协议载明：甲方在位于虎桥路与西环路十字交叉口东南角，修有二层公房一幢，为搞好本辖区的安定团结，经村民议事代表多次召开会议协商，报经村两委会讨论同意，约定由乙方一次性买断产权，转让费折合人民币70万元整。

2003年7月，刘家巷村民组又作为甲方与本案某公司签订《某村刘家巷组集体公房产权转让协议》，该协议除协议第二条将"该建筑用地属集体非耕地"改为"该建筑用地属集体建设用地"外，其他约定内容与2003年7月20日刘家巷村民组与某工程机械公司签订的《某村刘家巷组集体公房产权转让协议》内容一样。

2004年8月3日，某公司向某市国土资源管理局递交《关于按历史遗留

---

① 详见2018年12月23日《国务院关于农村土地征收、集体经营性建设用地入市、宅基地制度改革试点情况的总结报告》。

② 案号：陕西省高级人民法院（2018）陕民终576号民事判决书。

问题办理土地过户手续申请》，该申请载明：某村刘家巷组过去为发展集体经济，在虎桥路南侧占用本组非耕地修建了综合楼，领取了集体建设用地使用证，因其经营不善，连年亏损，资不抵债。因某公司对相关土地法规不熟，当时未及时办理土地过户更名手续，造成产权不清等诸多遗留问题，申请按照历史遗漏问题直接补办转让用地手续。

2005年8月9日，某市国土资源局向省国土资源厅报送文件，拟将符合某市土地利用总体规划和城市规划，对已落实补充耕地及征地补偿方案的包括本案争议地块在内的13个村18.4707公顷农用地转为建设用地予以征收。

2006年4月30日，某市国土资源局与本案某公司签订国有土地使用权出让合同，约定将某村面积为1247平方米的宗地出让给本案某公司，于2006年5月20日前将出让宗地交付给本案某公司。土地用途为综合用地，出让期为50年。

2006年10月10日，某市人民政府向某公司发出《关于某村转让房产申请办理用地手续批复》审批土地文件，同意将涉案宗地块土地使用权出让给本案某公司，同时向本案某公司颁发了国有土地使用权证。刘家巷村民组向法院起诉要求确认双方签订的《某村刘家巷组集体公房产权转让协议》无效，要求收回土地和集体公房。

法院认为，刘家巷村民组与某公司于2003年签订的《某村刘家巷组集体公房产权转让协议》并不存在法定无效情形，应为有效。合同签订后，某公司依约支付了转让款，刘家巷村民组移交了涉案土地，某公司在该土地上修建了房屋，对该事实刘家巷村民组与某公司均予认可。在合同履行完成后，某公司于2004年8月3日才向某市国土资源管理局递交《关于按历史遗留问题办理土地过户手续申请》，故依照规定，双方签订的《某村刘家巷村民组集体公房产权转让协议》所涉土地物权尚未发生转移。在某公司办理登记过户手续过程中，2005年11月24日，经省政府批准，包括本案争议地块在内的18.4707公顷集体土地依法征收为国有，用于城市建设，征收土地对象为刘家巷村民组。此后，2006年4月30日，某公司与某市国土资源局签订国有土地使用权出让合同，约定将国有的位于某村面积为1247平方米的宗地于2006年5月20日前出让、交付给某公司。土地用途为综合用地，出让期为50年。该合同签订后，本案某公司作为受让人，向某市国土资源局缴纳了全部税费，现某公司所取得的涉案土地使用权系从某市国土资源局取得，与刘家巷村民组已无关联。

法律分析

这是一起购买农村非住宅，同时通过解决历史遗留问题办理了土地征收手续及国有土地证书的典型案例。

《土地管理法》第十条规定："国有土地和农民集体所有的土地，可以依法确定给单位或者个人使用。使用土地的单位和个人，有保护、管理和合理利用土地的义务。"《某村刘家巷组集体公房产权转让协议》系某村刘家巷村民组、某村与某公司签订，无证据证明合同签订存在欺诈、胁迫、恶意串通的情形，合同内容约定了合理的出让对价，其并不损害国家、集体或第三人利益，亦不损害社会公共利益。

某公司签订《某村刘家巷组集体公房产权转让协议》是为了取得涉案土地使用权，刘家巷村民组是为了取得出让金。双方签订合同目的明确，合同目的并不违反法律规定。后来正遇上当地政府对该区域进行规划调整及解决产权登记的历史遗留问题，某公司借机积极办理征地和产权登记，最终成功将产权办至某公司名下，刘家巷村民组通过多轮诉讼，试图确认当年的买卖合同无效并收回房屋，未得到法院的支持。

> **特别提示**
>
> 租赁期限不得超过二十年，超过二十年的，超过部分无效。

7. 以"永久租赁"或"租赁二十年后自动续租二十年，一直续租"的方式购买是否合法？

答：由于我国复杂的房地产管理制度，除正常的商品房可以自由转让外，大多数其他房屋，如"经济适用房"、"房改房"、拆迁安置房、农村宅基地房等的转让都有严格的限制。但对于房屋租赁却限制极少，除极少数特殊房屋，如共有产权房，严格限制租赁，对外租赁需要履行审批手续外，绝大多数房屋是可以合法租赁的，包括农村农民的房屋。

购买不成，就采用"永久租赁"或"租赁二十年后自动续租二十年，一直续租"的方式，以达到长期占有、使用该房屋的目的，变相购买了房屋。但是，原《合同法》及《民法典》都规定，租赁期限不得超过二十年。超过二十年的，超过部分无效。租赁期满，当事人可以续订租赁合同；但是，约定的租赁期限自续订之日起不得超过二十年。因此，不存在的"永久租赁"的情况，最长租赁期限只能是二十年，超过二十年的无效。

那么是否可以依据租赁期满后可以续租的规定，直接约定二十年后续租呢？这是典型的规避法律的操作方式，在司法实践中，如果出现纠纷，是无法得到法院支持的，该条款会被认定为无效条款，但不影响其他条款的效力。可见，不管是城里人、外村村民，还是公司、企业，租赁农村宅基地上的房屋都是合法有效的，只是租赁最长不能超过二十年。

还有另外一种风险是，部分法院会穿透合同的真正目的及实际合同关系进行审理和判决,把"永久租赁"认定为房屋买卖,即名为租赁实为买卖,如果认定为买卖,合同就有可能会被认定为无效。

🔍 典型案例[①]

2014年12月17日,甲方宗某与乙方赵某签订一份《永久租赁合同》,约定:1.被租赁的房屋位于北京市某村;2.房屋租赁总价为17万元;3.付款方式:甲乙双方签合同时交甲方定金2万元整,剩余租金在2014年12月23日之前付清;4.乙方付清全部租金后,甲方如果反悔按全部租金的20倍赔偿给乙方,才能解除合同;5.乙方全部租金付清后,不管过多少年,房子拆迁,新农村改造,国家征地或其他一切对这块房产有利益的时候都与甲方无关。甲方必须无偿配合乙方变更一切和房子有关的手续,双方签字后此合同生效。

2018年春节,宗某获知赵某推翻了宗某家的房屋,在原址上新建了房屋。宗某认为宋某的行为侵犯了其合法权益,已经以自己的行为表示不履行返还房屋的合同义务,故诉至法院,请求判令解除合同,并要求被告拆除房屋,恢复原状,赔偿损失。

法院认为,房屋买卖的实质是卖方将房屋所有权永久转让与买方,本案双方在永久租赁合同中明确约定,甲方将房屋永久租赁给乙方,全部租金付清后,不管过多少年,该房产的利益均与甲方无关。从约定内容可以看出,当事人之间的达成的真实合意是转移农村房屋所有权,而并非在租赁期限内单纯转移农村房屋占有、使用权。且上述永久租赁合同约定明显违反了《合同法》第二百一十四条关于租赁合同的规定,属于买卖行为,应按照农村房屋买卖规则认定所谓的租赁合同是否有效。故法院认为,本案当事人是以"租赁之名"行"买卖之实",本案名为房屋租赁合同纠纷,实为农村房屋买卖合同纠纷。

根据有关法律、政策规定,农村的宅基地禁止买卖。因农村宅基地的所有权属于农民集体所有,宅基地使用权是农村集体经济组织成员享有的

[①] 案号:北京市第一中级人民法院(2018)京01民终6123号民事判决书。

权利，与享有者特定的身份相联系，非本集体经济组织成员无权取得或变相取得，故农村宅基地仅限于同一经济组织成员之间交易。买卖的标的物不仅是房屋，还包含相应的宅基地使用权。双方签订的农村房屋买卖合同应为无效。

法律分析

这是把"永久租赁"认定为房屋买卖的典型案例。

经法院查明，本案双方在永久租赁合同中明确约定，甲方将房屋永久租赁给乙方，全部租金付清后，不管过多少年，该房产的利益均与甲方无关。从约定内容可以看出，当事人之间的真实合意是转移农村房屋所有权，而并非在租赁期限内单纯转移农村房屋占有、使用权。且上述永久租赁合同约定明显违反了《合同法》第二百一十四条关于租赁合同的规定，属于买卖行为，应按照农村房屋买卖规则认定所谓的租赁合同是否有效。故法院认为，本案当事人是以"租赁之名"行"买卖之实"，本案名为房屋租赁合同纠纷，实为农村房屋买卖合同纠纷。

> **特别提示**
>
> 在农村建房必须使用建设用地,并按照《城乡规划法》的规定进行规划审批。

8. 先"承包土地",再在"承包土地"上建造房屋是否合法?

答: 购买不行,租赁只有二十年太短,但是,承包土地时间长,按照《土地管理法》第十三条的规定,耕地的承包期为三十年,草地的承包期为三十年至五十年,林地的承包期为三十年至七十年;耕地承包期届满后再延长三十年,草地、林地承包期届满后依法相应延长。

在许多农村地区,是鼓励和支持各种社会力量参与承包的,各地政府也大力支持,只要通过合法的程序,主要是通过村民大会或经过村民代表大会同意,就可以对外承包。很多地方以"生态农业开发""旅游开发"的名义,通过对外承包土地及配套用房的方式销售或代建"乡村别墅",其实都是非法的,因为,所承包土地的性质是耕地、林地、草地,按法律规定只能用于种植,不能用于非农建设,特别是破坏土地用途,建设不动产。

在农村建房必须使用建设用地,并按照《城乡规划法》的规定进行规划审批。但是,在符合《城乡规划法》的基础上通过审批,只可以建设适量的配套用房。一些城郊"开发"的"蔬菜大棚房"就是通过这种方式。承包一大片地,划分成块,建设成一个个自用生态大棚,号称"自家菜园",再在每个大棚旁边以配套房的方式建一个院子。如果购买这种院子及承包这种大棚,还是要核查其是否取得规划审批。实际上大多数是未经审批的。

典型案例[①]

2011年10月5日,某村经济合作社、某村民委员会(甲方、发包方)与贾某(乙方、承租方)签订《土地承包合同书》,约定贾某承包后某村西北土地308亩,土地类型是基本农田。

2011年6月,贾某提出建设草莓、蔬菜日光温室的申请,填写《昌平区50栋以上草莓、蔬菜日光温室建设申报审批表》,申请在其承包土地上建设大棚,后某村民委员会、镇人民政府、区农业局、区农业工作委员会均盖章,同意建设,审批通过后贾某开始建设大棚。

2011年10月5日,某公司(甲方)与郎某(乙方)签订《租赁合同》,约定某公司将某村某号地块大棚(以下简称涉案大棚)出租给郎某,该土地配套用房使用面积为15平方米,大棚使用面积为200平方米,总占地面积435平方米(含配套用房、庭院、大棚面积),租赁年限为26年,自合同生效之日起至2038年5月30日止,双方同意上述土地及地上物金额为175000元,乙方于2011年10月5日之前将上述约定金额全部汇入甲方指定收款单位,甲方在2012年5月30日前向乙方交付大棚土地及附属设施。甲方将大棚交付给乙方使用后,大棚及其附属设施的日常维护、修缮由乙方负责,费用由乙方负担。未经甲方书面同意,乙方不得随意变更房屋主体结构、使用用途等,否则由此导致甲方或原土地方被相关机构处罚或给甲方带来其他损失,由乙方负责赔偿,甲方有按合同约定有偿为乙方提供服务的义务,合同有某村委会作为监管方盖章。

合同附件一写明地上物交付标准、设备标准,管理用房标准为:地面,水泥垫层屋顶,彩钢顶;门窗,品牌塑钢门窗;内墙,水泥抹光;外墙,青砖勾缝;院门,铁艺;通讯系统,开通费自理;电视系统,有线电视,开通费自理。

2013年8月12日,镇政府出具《强制拆除决定书》,写明:某公司法定

[①] 案号:北京市昌平区人民法院(2019)京0114民初1938号民事判决书。

代表人贾某擅自改、扩建位于某村的日光温室大棚及附属设施应当取得而未取得乡村建设规划许可证（临时乡村建设规划许可证），违反了法律及行政法规的规定，镇政府已经送达限期拆除催告通知书，要求自行拆除违法建设，但贾某未在规定期限内自行拆除，决定于2013年8月15日对违法建设予以强制拆除。涉案大棚于2018年7月7日被拆除。

法院认为，郎某与某公司签订《租赁合同》，虽然从表象上看，双方是租赁关系，仅涉及大棚租赁，但究其本质，实乃双方通过租赁形式进行法律规避，郎某的本质目的并不是进行农业用途，而是进行装修居住。且双方签订的《租赁合同》以及《免责声明》中，均强调不得随意变更房屋主体结构、使用用途，也强调某公司责任的免除，这些更是表明双方的合同目的并不是对大棚的农业使用。《租赁合同》的标的是大棚，土地性质是基本农田，双方擅自改变土地用途，违反法律规定。综上，《租赁合同》应为无效。

法律分析

这是一个先承包土地，在承包地上申请审批建设大棚及配套用房，建成农村大棚院落，再以出租的方式"出售"农村大院的典型案例。

承包土地是合法的，同时，建设日光大棚也经过某村民委员会、镇人民政府、区农业局、区农业工作委员会盖章同意建设。由于只能按照正常农业种植的方式进行规划和审批，但建设日光大棚并不是类似项目的，真正的目的是建"农村大院"变相对外"出售"给城里人，既有租赁的方式，也有转包的方式。

因此，在建设的时候往往是弱化其"种植"的主要功能，主要考虑的是增强"居住"的功能。通常加大配套用房的面积、硬化大棚内的地面、硬化院落，只留部分种植土地。

这就很可能像本案一样，被认定为擅自更改、扩建日光温室大棚及附属设施，应当取得而未取得乡村建设规划许可证（临时乡村建设规划许可证），违反了法律及行政法规的规定，被强制拆除。可见，"购买"或"租赁"类似农村院落时，不能只看其是否取得建设大棚及配套设施用房的审批，不要以为已经取得审批了，购买或租赁就是合法的，还得认真查看，其建设是否按照审批的规划设计方案。如果建设未按照审批的方案，由于擅自改、扩建，未经审批，特别是改变土地用途，违反了法律及行政法规的规定，也会被认定为违章建筑，会被强制拆除。

> **特别提示**
>
> 不具备本集体经济组织成员身份的村内村民，不能享受集体经济组织成员权利。

9. 把户口迁到农村，再购买该村农民房屋是否合法？

答：一般人都会认为，只要把户口迁到某村，就是某村村民，就可以享受某村的全部权益。这混淆了村民和村集体经济组织成员的概念。村民一般情况下是村集体经济组织成员，这二者在一般情况下是重叠的，但这二者是有本质区别的，其成员也未必一致。

村民是一个与地域相连的社会学的概念，一般是指长期居住在农村里的农民，只要长期居住在某村，一般可以认定为某村村民。在实践中，也常常以户籍登记为准，只要户籍在某村，就可以认定为某村村民。

但是，集体经济组织成员是一个与产权相连的经济学的概念。根据现行法律、法规和政策规定，只有具备某村农村集体经济组织成员身份，才能在某村享有土地承包经营权（含集体林地、草地承包经营权）、宅基地使用权、集体收益分配权，以及对集体经济组织经营活动的民主管理权。

不具备本集体经济组织成员身份的村内其他村民，不能享受集体经济组织成员权利，但可以作为村民自治组织成员享有对本村公共事务和公益事业的民主选举、民主决策、民主管理、民主监督等权利。村民，特别是户籍在某村的村民，一般享有"政治权利"，但要在某村享有"经济权利"，必须是某村集体经济组织成员。有些集体经济组织成员，如一些村民已经进城，户籍已迁入城里，也长期住城里，但根据当地政策，仍然属于某村集体经济组织成员,其拥有某村"经济权利",但不享有某村"政治权利"。

因此,即使将户籍迁入某村,只要未经相关程序成为某村集体经济组织成员,依据法律和国家政策规定,也不能在某村购买宅基地上的房屋。

典型案例[①]

被告刘某于1995年3月20日向某村申请翻建房屋一处,并取得了集体土地使用证。2000年3月,在某村土地证换证过程中,涉案房屋集体土地使用权证登记到安某名下,证号为(2000)字第×号。2003年10月20日,涉案房屋房权证换证,登记在刘某名下。2004年4月15日,某村向某市国土资源局出具关于注销土地证的申请,内容为:2000年土地证书年检换证时,由于我们的工作疏忽,在原宅基地使用者刘某未知晓,房产证未变更的情况下,误将刘某的集体土地使用证换成了安某,属于工作失误。本宗土地面积240平方米,此宗地的房产还是刘某的,没有变更,现申请注销误发的土地使用证。某市国土资源局于2004年5月10日在《某某日报》刊登公告,公告内容为:"位于某区宅基地的集体土地使用证,证号(2000)字第×号,土地使用者安某,因2000年土地证年检换证时属误报误办,根据国家有关法律规定,并请示某市国土资源局同意,予以注销,有关权利人如有异议,请自公告之日起60日内到我局书面申报,逾期不再受理。"后安某在异议期内向某市国土局提出异议。

2016年6月7日,某市国土资源局出具证明一份,载明:"因安某提出书面申请,经我局调查,2004年5月8日在《某某日报》发布的关于证号为(2000)字第×号土地证的注销公告,因安某在60日内书面提出了异议,该注销公告被终止,不发生法律效力,安某名下的(2000)字第×号土地证真实合法有效。"

安某原户籍在甲村,于1994年4月将户口迁入某村,刘某系某村村民。2016年5月6日,因某村旧村改造,刘某就诉争房屋与某村签订了拆迁安置

---

① 案号:山东省日照市中级人民法院(2020)鲁11民终2622号民事判决书。

补偿协议，协议内容主要为：村集体规划正房五间及附属设施，应置换楼房面积170平方米，选择的户型100平方米和90平方米，各项奖励及补助共计157500元。

法院经审理认为，原告安某提供的证据已经达到高度盖然性标准，足以证实被告刘某已经将诉争房屋出售给原告安某的事实，被告提交的证据不足以反驳该事实，故对于被告将房屋出卖给原告的事实法院予以认定。

原告安某与被告刘某之间存在农村房屋买卖合同关系，双方之间的农村房屋买卖合同是否有效的关键在于原告安某是不是某村集体经济组织成员。《山东省实施〈中华人民共和国农村土地承包法〉办法》（2004年）第六条规定："符合下列条件之一的本村常住人员，为本集体经济组织成员：（一）本村出生且户口未迁出的；（二）与本村村民结婚且户口迁入本村的；（三）本村村民依法办理领养手续且户口已迁入本村的子女；（四）其他将户口依法迁入本村，并经本集体经济组织成员的村民会议三分之二以上成员或者三分之二以上村民代表的同意，接纳为本集体经济组织成员的。"

安某于1994年4月将户口从甲村迁入某村，不符合上述第一项、第二项、第三项规定。某村村委于2019年7月3日出具的调查令回执中，不认可安某的集体经济组织成员资格，原因是依据《某村集体产权制度改革集体组织成员资格认定办法》的规定，1983年第一轮家庭联产承包责任制后迁入该村落户的非原籍村民不具有集体组织成员资格，而安某系1994年将户口迁入该村，故不具有村集体组织成员资格。该办法已经某村党员、村民代表大会表决通过，且集体组织成员名单已经在该村村务公开栏公开公示。可见，安某虽将户口迁入某村，但并未被该村接纳为集体经济组织成员。原告提交的孕情服务协议书、医疗费单据等证据，均系某村依据户籍而行使的管理、服务职能，而迁入户口并不等同于获得集体经济组织成员资格，原告提交的上述证据不能证实其集体经济组织成员资格。

被告刘某将涉案宅基地上的房屋出售给本集体经济组织成员以外的原告安某，双方之间的房屋买卖合同违反相关法律、行政法规的强制性规定，应认定为无效。

法律分析

这是户籍已经迁入所购买房屋的农村，同时，享受了孕情服务、医疗服务等该村村民管理、服务待遇，但因不符合该村村集体经济组织成员认定办法规定，未被认为该村村集体经济组织成员，从而认定购买该村房屋无效的典型案例。

安某于1994年4月就将户口迁入该村，直到发生纠纷，长达25年，但是，由于不符合该村认定村集体经济组织成员的规定，仍然未被认定为该村村集体经济组织成员。

安某于1994年4月将户口从乙村迁入某村，不符合《山东省实施〈中华人民共和国农村土地承包法〉办法》（2004年）第六条第一项、第二项、第三项的规定。某村村委于2019年7月3日出具的调查令回执中，不认可安某的集体经济组织成员资格，依据的是《某村集体产权制度改革集体组织成员资格认定办法》的规定，1983年第一轮家庭联产承包责任制后迁入该村落户的非原籍村民不具有集体组织成员资格，而安某系1994年将户口迁入该村，故不具有村集体组织成员资格。认定办法已经某村党员、村民代表大会表决通过，且集体组织成员名单已经在该村村务公开栏公开公示。可见，安某虽将户口迁入某村，但并未被该村接纳为集体经济组织成员。

安某提交的孕情服务协议书、医疗费单据等证据，均系某村依据户籍而行使的管理、服务职能，而迁入户口并不等同于获得集体经济组织成员资格，安某提交的上述证据不能证实其集体经济组织成员资格。

> **特别提示**
> 同村村民,未必一定是同村村集体经济组织成员。

10. 同村村民购买宅基地或宅基地上的房屋是否一定合法有效?

答: 不一定,还得看是否为同村村集体经济组织成员。因为,同村村民,未必一定是同村村集体经济组织成员。村民与村集体经济组织成员是两个不同的法律概念,所依据的标准和认定程序不同。

对于同是本村经济组织成员之间的房屋买卖,如果没有其他无效的情况,是合法有效的。因为,我国法律法规并不禁止同一集体经济组织内宅基地流转。宅基地使用权是农村集体经济组织成员享有的权利,与享有者特定的身份相联系,非本集体经济组织成员无权取得。

在保证农民集体土地不得用于非农业建设的框架下,限制农民转让宅基地或地上房屋,势必会影响农村财产效益的发挥和农村经济的发展。根据《土地管理法》(2019年修正)第六十二条第五款"农村村民出卖、出租、赠与住宅后,再申请宅基地的,不予批准"的规定,可以看出《土地管理法》并不禁止农民的宅基地流转,只是流转后不得再申请宅基地。《民法典》确立宅基地使用权的用益物权地位,如果宅基地使用权人为取得其他财产权利而自愿放弃宅基地使用权,当然应被法律允许。

典型案例[①]

许某、杨某系同村村民。许某于2003年7月申请获批宅基地一处，具体批准宅基地面积为166.25平方米，宅基地上批建北房4间。申请获批后，许某在该宅基地上建有北房4间的地基，之后并未继续建房。

2010年3月9日，许某、杨某签订一份《协议书》，许某将上述宅基地上的4间房屋地基转让给杨某，杨某给付转让款（该村村委会在合同尾部加盖了印章）。协议签订后，杨某向许某支付了9万元转让款，后杨某在该宅基地上建造了房屋。2017年6月6日，许某向法院起诉要求确认双方于2010年3月9日签订的《协议书》无效。

法院认为，我国法律法规并不禁止同一集体经济组织内宅基地流转。宅基地使用权系权利人基于其农村集体经济组织成员身份，依法对集体所有的土地享有占有、使用、建造住宅及其附属设施的权利。宅基地使用权是农村集体经济组织成员享有的权利，与享有者特定的身份相联系，非本集体经济组织成员无权取得。

随着城市户口制度的逐步放开，大量农村劳动力步入城市，农民对土地的依赖程度不断下降，宅基地的生活保障意义已经逐渐淡化。在保证农民集体土地不得用于非农业建设的框架下，限制农民转让宅基地或地上房屋，势必会影响农村财产效益的发挥和农村经济的发展。

农民对宅基地依法享有用益物权，该权利具有排他性。如果宅基地使用权人为取得其他财产权利而自愿放弃宅基地使用权，当然应被法律允许。《物权法》第一百五十五条规定，已经登记的宅基地使用权转让或者消灭的，应当及时办理变更登记或者注销登记。这一规定实际上明示农村宅基地使用权是可以转让的。

---

① 案号：北京市高级人民法院（2018）京民申164号民事裁定书。

法律分析

这是同村集体经济组织成员之间购买宅基地是否合法有效的典型案例。

一审时，北京市怀柔区人民法院认为，根据我国相关法律规定，宅基地不得买卖，宅基地使用权的村内流转应经有关行政机关的审批方为有效。由此，法院认为案涉宅基地的流转未经有关行政机关的审批，转让行为无效。

但是，二审法院北京市第三中级人民法院认为，我国法律法规并不禁止同一集体经济组织内宅基地流转。随着城市户口制度的逐步放开，大量农村劳动力步入城市，农民对土地的依赖程度不断下降，宅基地的生活保障意义已经逐渐淡化。在保证农民集体土地不得用于非农业建设的框架下，限制农民转让宅基地或地上房屋，势必会影响农村财产效益的发挥和农村经济的发展。根据我国《土地管理法》第六十二条"农村村民出卖、出租、赠与住宅后，再申请宅基地的，不予批准"的规定，可以看出《土地管理法》并不禁止农民的宅基地流转，只是流转后不得再申请宅基地。值得注意的是，《物权法》确立宅基地使用权的用益物权地位，目的是保障权利人的利益。农民对宅基地依法享有用益物权，该权利具有排他性。如果宅基地使用权人为取得其他财产权利而自愿放弃宅基地使用权，当然应被法律允许。原《物权法》第一百五十五条和《民法典》第三百六十五条均规定，已经登记的宅基地使用权转让或者消灭的，应当及时办理变更登记或者注销登记，这一规定实际上明示农村宅基地使用权是可以转让的。

北京市高级人民法院支持了北京市第三中级人民法院的观点。

从各地的法院判决来看，非本村集体经济组织成员的农村宅基地及宅基地上房屋的买卖基本上会被认定为无效，但是，只要是同一村集体经济组织成员之间买卖一般会得到支持。

第五章

夫妻房产纠纷

离婚纠纷，其实就是情感纠纷、孩子抚养纠纷和财产纠纷。

　　情感纠纷是根据夫妻婚前、婚后情况分析判断感情是否破裂，是否达到离婚的程度；孩子抚养纠纷就是根据夫妻双方以及孩子的成长过程，确定孩子由谁抚养更有利于孩子的成长；财产纠纷就是夫妻共有财产的认定以及分割，而夫妻财产中，房产纠纷基本上是夫妻财产纠纷中占据的份额最大、争议最大的部分。在夫妻离婚财产纠纷中，房产纠纷成为双方唯一纠纷的比例不低。

> **特别提示**
>
> 　　产权证和结婚证取得时间的先后，在判断是夫妻个人财产还是共同财产中具有决定性作用，但并非唯一判断标准。

1. 婚前一方签订购房合同、交完全部购房款，在婚后才办完产权证，属于夫妻一方个人财产，还是夫妻共同财产？

答： 由于我国从购房到办理产权证往往有一个很长的过程，一般都需要两三年。尽管最近几年，各地各部门采取措施，加快办理速度，但是，至少也要一年以上，这样，就会出现购房在婚前，产权证办理在婚后的情况。根据物权登记原则，以及原《物权法》和《民法典》的规定，物权的取得都是以登记为准，即在取得产权证时，才取得房屋的所有权。那么，按照原《婚姻法》和《民法典》关于在夫妻关系存续期间取得的财产应为夫妻共同财产的规定，该房产就应为夫妻共同财产。

　　以该种形式购房的，并在婚后办理完产权证的，登记在一方名下的，属于个人财产。在司法实践中，法院判定房屋是夫妻共同财产还是个人财产，主要审查用于购房的财产权属。婚前一方签订购房合同且全款出资购房的，出资一方已经完成了购房合同中的出资义务，不动产权证的发放是合同相对方履行不动产登记的行为，是不动产权公示的行为。故在上述情况下，房产归出资方一人所有。以婚前个人财产购房的，属于婚前个人财产的转化，婚前财产性质不变。

典型案例[1]

1998年3月，张某与李某建立同居关系，1999年，张某生育一子。2002年3月，李某与前妻离婚。2004年5月前，李某购买了北京某四处住宅，并于2004年5月付清了全部房款。2005年2月，张某与李某登记结婚。2005年5月，李某取得了北京某四处住宅的房屋产权证书。

2009年9月，张某起诉李某离婚，孩子归张某抚养，并要求进行财产分割。张某要求以事实婚姻来界定婚姻关系存续期间，即从1998年3月起开始计算，后一审法院认定了事实婚姻，从2002年3月，李某与前妻离婚后开始计算与张某的婚姻存续期间，以此认定，案涉北京某四处住宅属于夫妻共同财产。李某不服提出上诉，认为应当以结婚登记时间为准，并要求重新进行财产分割。二审法院仍认定了事实婚姻的起算时间。李某不服提出再审，同时检察院提出抗诉，针对张某的婚姻关系存续期间认定及财产分配，经再审法院审理后认定如下：

依据最高人民法院答复黑龙江省高级人民法院《最高人民法院关于符合结婚条件的男女在登记结婚之前曾公开同居生活能否连续计算婚姻关系存续期间并依此分割财产问题的复函》（〔2002〕民监他字第4号）规定：根据民政部1994年2月1日实施的《婚姻登记管理条例》、1989年11月21日我院《关于人民法院审理未办理结婚登记而以夫妻名义同居生活案件的若干意见》以及1994年4月4日我院《关于适用新的〈婚姻登记管理条例〉的通知》的有关规定，在民政部婚姻登记管理条例施行之前，对于符合结婚条件的男女在登记结婚之前，以夫妻名义同居生活，群众也认为是夫妻关系的，可认定为事实婚姻关系，与登记婚姻关系合并计算婚姻关系存续期间。根据该答复意见，婚姻关系存续期间应当以行政机关登记为准。故李某主张的补办结婚登记但并未提供补办登记的特殊手续，不予认定为补办婚姻，对登记结婚予以认定。故再审法院就婚姻关系存续期间认定后，重新分割了夫妻共同财产。

---

[1] 案号：内蒙古自治区高级人民法院（2015）内民抗一字第00025号民事判决书。

再审法院认定了李某购买北京某四处房屋属于婚前购买且支付了全部房款，婚后取得房屋产权证书，故属于李某婚前个人财产，该四处房屋归李某所有不进行分割。

法律分析

这是一个在长期同居期间，但在婚姻登记之前购买房产并支付完房款，经一审、二审、检察院抗诉、再审，最终被法院否定事实婚姻，认定房屋为婚前财产的典型案例。

法院首先确认的是婚姻缔结时间，以此作为夫妻共同财产与个人财产的分界点。再依据婚姻缔结时间，确认了李某属于婚前全款购房，婚后取得房屋产权证书，并据此判决该房屋属李某个人财产。随着一审、二审及再审法院认定其婚姻关系存续起始时间的改变，房屋权属也从夫妻共同财产，变更为婚前个人财产。

在房屋买卖合同中，购房者履行了全部出资义务，即已经履行了购房者应尽的大部分义务。不动产产权证书的办理与核发，属于行政机关对于房屋权属的登记制度，是一种物权的公示方法，具有公示、公信力。判定房屋权属应当结合购房款出资人、出资时间及不动产权登记几个方面综合予以认定。

> **特别提示**
>
> 婚前一方购房，婚后用个人财产还款及办理产权证书的，按照房屋产权证登记人的具体情况确定，产权登记人具有关键性作用。

2. 婚前一方签订购房合同、交完首付款，婚后办完产权证，并以个人财产归还银行按揭款，属于夫妻一方个人财产，还是夫妻共同财产？

答：婚后房屋产权证书登记在出资人一方名下的，认定为出资人婚前个人财产；婚后房屋产权证书登记在夫妻两人名下的，视为婚后对配偶的赠与，双方共同共有该房屋，属于夫妻共同财产。

判定房屋权属是否为夫妻共同财产，简单来说，先看房产登记情况，后看结婚登记时间，再看双方约定、资金来源以及其他证据：如果登记在夫妻双方名下，首先推定为夫妻共同财产，一方要主张系个人财产，必须提供充分的证据证明，如双方的明确约定；如果登记在夫或妻一方名下，就得看产权登记的时间，如果登记在婚前，推定为婚前个人财产；如果登记在婚姻存续期间，推定为夫妻共同财产，如果不认可上述推定，需提供是否有双方对于婚姻财产约定、购买房屋的资金来源以及其他充分的证据进行证明，才有可能推翻上述推定。

典型案例[①]

宋某与余某婚后生育一女，现宋某提出离婚并要求抚养女儿。余某同意

---

① 案号：湖北省武汉经济技术开发区人民法院（2019）鄂 0191 民初 2668 号民事判决书。

离婚，并对抚养女儿提出相应请求，并要求分割宋某名下的三套房屋。

经查：原告宋某婚前与其所在公司签订双限房的购买意向协议并交纳了意向金3000元、预付款68000元。2016年7月28日，原告宋某之母，案外人喻某支付了该房屋尾款261468元。原告宋某签订补充协议，购买了案涉房屋，建筑面积为114.25平方米，合同价格33.2468万元，合同成交时间为2016年7月29日。

经查，其中一套房屋为婚前宋某以个人的名义与其所在公司签署了双限房购买意向合同，并支付了意向金及房屋预付款。婚后由其母亲一次性支付房屋尾款，并由宋某与其所在公司签订房屋买卖合同补充协议。应认定为宋某婚前个人财产购买，尾款由宋某母亲支付且房屋登记在宋某名下，视为对宋某个人的赠与，故该房屋属于宋某个人财产。

法院经审理认为：案涉房屋虽于婚后签订正式合同并取得，但房屋意向金、首付款均由原告宋某婚前以其个人财产支付，尾款由原告宋某父母支付，房屋登记在一方子女名下，视为只对自己子女一方的赠与，该房屋为原告宋某个人财产，被告余某认为该房屋系婚后取得，即使原告宋某父母有出资也应认定为对双方的赠与的意见不符合法律规定，法院不予采纳。关于双限房装修费用部分，原告宋某已提供初步证据拟证明装修款系原告宋某父母直接向装修方支付，且未申报该房屋装修有原告宋某出资情况，被告余某主张该装修部分属于夫妻共同财产应予以分割没有事实依据，法院不予支持。

法律分析

这是一方婚前交纳首付款，婚后以个人财产支付尾款并取得房屋产权证书的，该房屋归出资方的典型案例。

本案争议的房屋在婚后才签订正式的购房合同，也是在夫妻关系存续期间办理的产权证，从取得财产权的形式上看，属于婚姻存续期间获得的财产，应当属于夫妻共同财产。但是，这不是绝对的，如果一方能够提出足够的理由和证据来证明系夫妻一方财产，仍有可能被法院认定为夫妻一方财产。主要的证据是夫妻对于财产的约定，如双方明确约定为夫或妻一方财产；

夫或妻一方父母对其一方的赠与；购房资金全部来源于一方财产。

在本案中，宋某的双限房虽然是婚后签订正式合同并取得，但购房意向金、首付款及尾款均是由宋某及其父母完成出资，即购房资金全部来源于宋某一方，也没有约定转化为夫妻共同财产，故法院认定该房产属于宋某的个人房产。

> **特别提示**
>
> 婚前一方签订合同，交完首付款，共同归还银行按揭款，婚后办理产权证，不管是登记在一方，还是双方名下，都推定为共同财产。

3. 婚前一方签订购房合同、交完首付款，共同归还银行按揭款，并在婚后办完产权证，离婚时，双方都要房，法院会如何判决？

答：离婚时，对于房屋有争议的，法院首先需要认定房屋属于个人财产还是夫妻共同财产。认定的第一要素是看房屋登记在谁名下，如果登记在双方名下，不管是婚前还是婚后登记，都先推定为夫妻共同财产，另一方如果不认同，应提出充分的理由和证据进行推翻；如果登记在一方名下，就需要看是在婚前登记还是婚后登记，婚前登记，推定为夫妻一方个人财产；婚后登记，推定为夫妻共同财产，另一方如果不认同，应提出充分的理由和证据进行推翻。

婚前一方签订合同并交完首付款，双方共同归还银行按揭款的，并在婚后办理完产权证，不管是登记在一方名下，还是夫妻双方名下，都应推定为夫妻共同财产。

对于作为夫妻共同财产，双方都要房的，一般都由夫妻双方先协商解决。协商不成的，才由法院判决。法院判决的原则是一人一半，但是，也并非绝对的，要根据房屋的情况、离婚原因以及保护妇女、儿童利益等情况进行处理。

婚后办理完产权证书，登记在一方名下的，法院一般会判决归登记一方人所有，未归还的银行按揭贷款为房屋所有人一方债务，再根据房屋价值以及婚前支付款项、婚后共同归还贷款情况由取得房屋所有权的一方给对方相应补偿。如果登记双方名下，协商不成，法院会根据夫妻双方的经济来源、居住情况、房屋使用情况等确定房屋归一方所有，取得房屋的一方向另一方支付相应的补偿。如果任何一方取得房屋后都没有能力给另一方经济补偿，一般会采取拍卖房屋，分配房款的方式处理。

典型案例①

原告朴某与被告冯某1于某年登记结婚，婚后生育一子冯某2。原告朴某曾于2019年11月起诉至法院要求离婚，法院判决驳回原告朴某的离婚请求，后原告朴某再次起诉要求离婚。

被告冯某1于2014年购买位于沈阳市和平区房屋一处，登记在被告名下。该房屋总房款798143元，契税、印花税11972.14元，房屋贷款55万元，贷款期限为自2014年12月3日至2044年12月3日，被告在2014年12月3日至2015年3月26日还贷10052.25元，至2020年12月16日共还款283236.69元，其中本金146276.75元，利息136959.94元，最后一次偿还贷款的时间为2020年12月16日，此后尚欠贷款本息402119.05元。原、被告共同确认该房屋现价值为250万元。

原、被告于2017年9月22日购买位于沈阳市东陵区房屋一处，尚未办理房产登记。该房屋有贷款，金额128万元，原、被告为共同借款人，由原告按月进行还款，原告最后一次偿还贷款的时间为2020年12月20日，此后尚欠贷款本息1156976.01元，原、被告共同确认该房屋现价值为16000元/平方米，即总价款为2221600元，并同意由原告取得房屋、给付被告折价款。

法院认为，就房产分割问题，关于沈阳市和平区房屋，虽为被告婚前购买，但原告参与共同还款，被告应给予原告房屋补偿。该房屋现有增值，关于房屋增值部分，房屋增值率＝房屋现价值250万元÷（购房成本798143元＋

---

① 案号：辽宁省沈阳市中级人民法院（2021）辽01民终4680号民事判决书。

11972.14元＋共同偿还利息136959.94元）=264%。故被告应给付原告的共同还贷及增值部分的补偿应为双方共同还款金额283236.69元×房屋增值率264%÷2=373872.43元。关于沈阳市东陵区房屋，该房产系在原、被告婚后购买，属于夫妻共同财产，应予平均分割。原、被告共同确认该房屋现价值为2221600元，原告按照该价格给付被告折价款。故该房产归原告所有，由原告给付被告房屋折价款=（2221600元－1156976.01元）÷2=532312元，剩余贷款由原告自行偿还。

法律分析

这是一个婚前购房、婚后共同归还按揭贷款的典型案例。

《最高人民法院关于适用〈中华人民共和国民法典〉婚姻家庭编的解释（一）》第七十六条规定："双方对夫妻共同财产中的房屋价值及归属无法达成协议时，人民法院按以下情形分别处理：（一）双方均主张房屋所有权并且同意竞价取得的，应当准许；（二）一方主张房屋所有权的，由评估机构按市场价格对房屋作出评估，取得房屋所有权的一方应当给予另一方相应的补偿；（三）双方均不主张房屋所有权的，根据当事人的申请拍卖、变卖房屋，就所得价款进行分割。"婚前一方签订合同并交付首付款，婚后共同归还银行按揭贷款，房屋产权证登记在交付首付款的人名下的，离婚时双方都要房。离婚时该不动产由双方协议处理；依前款规定不能达成协议的，人民法院可以判决该不动产归登记一方，尚未归还的贷款为不动产登记一方的个人债务。双方婚后共同还贷支付的款项及其相对应财产增值部分，离婚时应根据《民法典》第一千零八十七条第一款规定的原则，由不动产登记一方对另一方进行补偿。

> **特别提示**
>
> 对于在婚前一方出资购买并登记在另一方名下的房屋，通常会被法院认定为系以结婚为目的购置的房屋，属夫妻共同财产。

4. 婚前一方出资购买房屋，登记在另一方名下，离婚时，该房屋属于出资人一方财产、登记人一方财产还是夫妻财产？

答：按照中国传统，结婚往往要准备婚房，在准备婚房时，双方乃至双方家庭都处于欢乐之中，因此，很少会考虑可能离婚的事情。对于购房登记在谁名下，有时会觉得无所谓，反正都是夫妻。另外，为了取得对方的信任，一方有时也会大方地将自己全款购买的房屋登记在另一方名下。

但是，面对婚后的生活，双方也有可能最终走向离婚。那么，就面临对于婚前一方出资购买，登记在另一方名下的房屋属于什么性质的问题了。按照不动产登记的原则，登记在谁名下就属于谁，那么，房屋属于登记人一方，而且是在婚前登记，属于婚前个人财产。同时，还可主张系对方的赠与，并已完成登记，完成赠与。按照谁出资归谁所有的原则，房屋属于出资人所有，由于购房资金系婚前一方个人财产出资，只是借对方名义购买，按照公平原则，也应当归出资一方个人所有。

法律是平衡和调整各种矛盾和解决社会问题的，在处理纠纷时，应遵循公平和诚信原则，在司法实践中，对于在婚前一方出资购买并登记在另一方名下的房屋，通常会被法院认定为系以结婚为目的购置的房屋，属夫妻共同财产。

典型案例[①]

杨某、邱某婚后因感情破裂，于2016年6月2日办理离婚登记。

2012年8月14日，杨某与案外人签订《房产交易后期代办合同》，约定杨某购买案涉房产，成交价为260万元。

庭审中，双方确认剩余购房款100万元以及税费等17万元均由邱某支付，银行贷款亦由邱某实际偿还。2012年10月22日，杨某取得上述房产所有权证，房产登记为杨某单独所有。

2015年8月20日，杨某与案外人陈某签订《房产买卖合同》，约定杨某将上述房产出售给陈某，成交价为310万元。庭审中，双方确认该售房款扣除银行贷款等费用1479546.63元后，剩余售房1620453.37元已转入邱某银行账户。离婚后，杨某起诉要求邱某返还婚前财产1620453.37元。

一审法院认为，关于案涉房产的售房款是否应当返还给杨某，应当首先确认该房产是夫妻共同财产还是婚前个人财产。确定房产性质，不能仅以产权登记为标准，应当综合考虑购房目的、出资情况、房屋的占有、使用等情况。本案中，邱某用其婚前个人财产支付购房款并由其实际偿还银行贷款，该行为系以结婚及共同居住为目的，双方亦确认婚后在该房产中共同生活两年左右。虽然该房产的产权是婚前登记在杨某个人名下，但房屋产权的办理是基于邱某的出资行为以及杨某的合同行为，现无证据证明邱某在出资时有明确表示该房产归杨某个人所有，故认定该房产为夫妻共同财产。因该房产现已出售给他人，出售价款在扣除银行贷款等费用后应由双方平均分割，故邱某应当支付杨某售房款810226.69元。

邱某不服一审判决，提起上诉。

二审法院认为，本案系离婚后财产纠纷。对于购买讼争房的目的，邱某称系借名买房，但无证据证实，杨某称系为结婚购买。因此，原判以邱某用其婚前个人财产支付购房款并由其实际偿还银行贷款，该行为系以结婚及共同居住

[①] 案号：福建省高级人民法院（2018）闽民再6号民事判决书。

为目的为由，认定该房产为夫妻共同财产并无不当，二审法院予以确认。

杨某及邱某对二审均不服，提起再审申请。

杨某称：（1）涉案房产系邱某对杨某的婚前赠与，婚后共同偿还部分贷款。一审法院判决平均分割售房款已是照顾邱某，二审判决则明显有违公平正义。双方于2010年开始同居，感情很好，杨某当时名下无房产，同意接受邱某的赠与，该赠与行为在支付完购房款且杨某未拒绝的情况下已发生法律效力，涉案房屋应认定为杨某的婚前财产。（2）杨某为家庭付出较多的义务，且邱某在经济地位、生活能力上也比杨某强，理应得到照顾的应是杨某，离婚析产应该遵循平等原则。（3）邱某在婚姻中存在过错，且杨某离婚后生活困难，分割财产时应适当给予照顾，即使认定售房款为夫妻共同财产，杨某也应多分。

邱某称：（1）邱某借用杨某名义购买涉案房屋，杨某也认可购房款及房贷均是由邱某承担，杨某将售房款转还给邱某，故应认定为邱某的婚前财产，原审判决将该房产认定为夫妻共同财产适用法律错误。（2）本案为离婚后财产纠纷，离婚时涉案房产已出售他人，已不属于邱某的个人财产，更不属于离婚后财产。离婚时财产分割应是离婚时双方共同财产，售房款作为种类物已不复存在，杨某也未举证证明该款项在离婚时尚存在。《离婚协议书》对双方财产进行了分割，杨某一审起诉时也未要求分割售房款，说明双方对该款项早已不存在及早已使用是知情的，还应再返还杨某房款。

福建省高级人民法院再审认为，杨某、邱某对涉案房产系婚前由邱某出资购买、偿还银行贷款且2015年8月20日出售房屋后杨某将剩余售房款全部汇给邱某的事实均不持异议，故杨某对该售房款是知悉的。本案系离婚后财产纠纷，杨某未举证证明离婚时该售房款还存在且属于可分割的财产。双方签订的《离婚协议书》亦未对该售房款的处理作出约定，原审判决对涉案售房款按夫妻共同财产予以分割缺乏依据。

法律分析

这是一方婚前个人出资购买的房屋登记在另一方名下，离婚时对该房产的归属问题产生纠纷，经过一审、二审、再审的典型案件。

案件当事人杨某、邱某，对于在婚前由邱某出资，以杨某名义购房并登记在杨某一方名下的事实没有争议。杨某认为，邱某把房子赠与她，她同意接受赠与，该赠与行为已完成，应认定为她的婚前财产。

但邱某认为是借用杨某名义购买房屋，杨某也认可购房款及房贷均是由邱某承担，杨某将售房款转还给他，故应认定为他的婚前财产。

一审、二审法院并没有简单依据登记原则，认为房屋归还登记一方所有，也没有认可系一方对另一方的赠与；没有根据房屋出资情况，认定归出资人一方所有，而是认定夫妻共同财产然后进行平均分割。

但是，由于该房屋在双方离婚前杨某已经出售，并将房款转给了邱某，离婚协议没有提及该房款，也未提及还有夫妻共同财产没有分割。再审法院以杨某没有举证证明离婚时房款还存在，《离婚协议书》也没有对此作约定，支持了邱某的再审请求，驳回了杨某的再审请求，撤销了一审、二审的判决，邱某无须将杨某已转给他的售房款分给杨某。

> **特别提示**
>
> 如果没有任何约定，一方父母出资购房并登记在子女夫妻名下的，属于子女夫妻共同财产。

5. 一方父母为子女结婚，出资以夫妻名义购买了婚房，离婚时，该房屋属于父母、子女，还是夫妻共同财产？

答： 男娶女嫁，是中国几千年的传统文化，在中国普通大众中根深蒂固。在一些地方，男方要准备婚房。在准备婚房时，女方有时会提出婚房应加女方姓名，如果男方不同意，就会出现比较尴尬的局面，影响双方结婚的喜庆气氛，严重的还会影响能否结婚。

在现实中，会有一方父母出资购买婚房，登记在子女夫妻名下的房屋的情况。这种房屋，一旦夫妻离婚，就出现该房屋是属于父母、出资父母一方子女，还是夫妻共同财产的问题。

由于房屋登记在夫妻名下，首先推定属于夫妻共同财产，如果夫妻一方或出资的父母要证明系其一方财产，应提供其他证据证明，如各方在购房时约定：尽管登记在夫妻双方名下，如果离婚，按照婚姻存续时间进行房屋分配。甚至可以约定只是登记在夫妻双方名下，但所有权仍归出资的父母所有，待父母逝世后，房屋才归夫妻所有，夫妻才有处分权。这些约定只要不违反法律强制性规定，都是合法有效的，对各方都具有法律约束力。

当然，要各方进行协议约定有一定难度，多数情况下，是没有任何约定的。如果没有任何约定，一方父母出资购房并登记在子女夫妻名下的，应属于夫妻共同财产。父母出资以子女缔结婚姻为目的购房，并登记在子女夫妻名下的，视同对子女夫妻附条件的赠与，登记结婚视为已经完成了赠与条件，房屋属于夫妻共同财产。父母为购房的出资，有约定的从约定，无约定的视为赠与。

典型案例[①]

王某、舒某系夫妻关系，王某某系二人之子。代某与王某某原系夫妻关系，婚后生育有一女，现随代某共同生活。

2013年，王某某、代某相识，并于2014年年底筹备结婚事宜。2014年12月9日，王某某以其本人名义与案外人金某签订购房协议，约定向金某购买二手商品房一套，房屋价款200万元，购房定金5万元及中介费4.6万元，由王某于当日支付。2014年12月20日，王某某与代某登记结婚。

2015年2月2日，就案涉房屋，王某某、代某共同以买受人的名义与金某签订《存量房买卖合同（经纪成交版）》，用于正式网签。当日，王某某、代某签订《房屋共同协议》，约定案涉房屋为二人共同财产，用于申请房产登记。当日，案涉房屋登记在王某某、代某名下，共有情况为共同共有。当日，王某支付剩余房款195万元及相关税费。2018年6月28日，王某某、代某经法院调解离婚，王某某向代某支付补偿款10万元，婚生一女随代某共同生活。

2019年5月5日，王某某、代某就案涉房屋起诉至法院，经法院判决，认定案涉房屋系夫妻共同财产，并在考虑王某某婚内过错等情况下，判决代某分得房屋价值60%的折价款300万元。

一审法院认为，夫妻一方在婚姻关系存续期间以个人名义为家庭日常生活需要所负的债务，属于夫妻共同债务。本案中，王某、舒某在王某某、代某夫妻关系存续期间，支付款项用于购买属于王某某、代某夫妻共同财产的

[①] 案号：北京市第三中级人民法院（2022）京03民终263号民事判决书。

房屋，王某某认可该款项系借款性质，代某亦实际使用该借款购房，故应认定王某、舒某与王某某之间存在借款关系，王某、舒某有权要求王某某向其还款，亦有权要求代某基于夫妻共同债务与王某某承担共同还款责任。

现王某某、代某已经法院调解离婚，且婚后共同购买的房屋已经法院判决分割，王某、舒某有权要求王某某、代某按照各自分得的财产比例向其返还借款。代某认为王某、舒某系基于赠与关系向王某某、代某给付款项，但未举证证明双方之间系赠与关系，故对该答辩意见，法院不予采信。

代某主张如不是王某、舒某同意向其赠与购房款，其不会同意与王某某结婚，该理由违背公序良俗和社会主义核心价值观，法院难以采信，无法将其认定为代某不向王某、舒某返还出资的合理理由。

综上，王某、舒某要求王某某、代某各自偿还借款的诉讼请求，理由正当，证据充分，对其合理部分，法院予以支持，对其过高部分，法院不予支持；要求给付利息的诉讼请求，于法无据，法院不予支持。

二审中，代某向法院提交录音光盘作为新证据，证明房屋是王某、舒某为王某某和代某准备的婚房，其性质应当认定为赠与，2016年双方感情不和闹离婚的过程中，王某、舒某从来没有说过购房款是借款，也从来没有提起什么时候借的什么时候还等有关民间借贷的任何事实。王某在录音中明确表示，"我当时要不是为了你们俩好，当时就不写你的名字"，可以看出，出资款就是对于双方购买婚房的赠与款项而非借款。王某、舒某、王某某未提交新证据。

法院认为，本案的争议焦点为王某某与代某夫妻关系存续期间，王某、舒某为王某某、代某购买案涉房屋出资的法律性质。《最高人民法院关于适用〈中华人民共和国婚姻法〉若干问题的解释（二）》第二十二条第二款规定，当事人结婚后，父母为双方购置房屋出资的，该出资应当认定为对夫妻双方的赠与，但父母明确表示赠与一方的除外。《最高人民法院关于适用〈中华人民共和国婚姻法〉若干问题的解释（三）》第七条第一款规定，婚后由一方父母出资为子女购买的不动产，产权登记在出资人子女名下的，可按照婚姻法第十八条第（三）项的规定，视为只对自己子女一方的赠与，该不动产应认定为夫妻一方的个人财产。《最高人民法院关于适用〈中华人民共和国国民法典〉婚姻家庭编的解释（一）》第二十九条规定，当事人结婚前，父母为双方购置房屋出资的，该出资应当认定为对自己子女个人的赠与，但父母明确表示赠与双方的除外。当事人结婚后，父母为双方购置房屋出资的，依照约定处理；没有约定或者约定不明确的，按照民法典第一千零六十二条第一款第四项（继承或者受赠的财产）规定的原则处理。上述司法解释相互之间是延续的、统一的，旨在解决出资父母碍于情面，没有约定或者约定不明的情况下，推定父母在子女婚后出资购房时的真实意思表示，避免随子女婚姻状况的变化而变化。

本案中，在子女与配偶的婚姻存续期间，父母为子女购房出资，涉案房屋登记在子女及配偶名下，王某、舒某应当举证证明其出资款的性质为借款，否则应承担不利后果。王某、舒某于本案一审诉讼中并未提交借条，且仅王某某认可涉案出资款为借款。此外，王某曾向代某表示，"我当时要不是为了你们俩好，当时就不写你的名字"，表明王某为二人婚姻幸福考虑，知晓且赞同将案涉房屋登记在王某某、代某名下，一方面印证该房屋出资款为赠与的事实；另一方面也可表明受赠人为王某某、代某二人。王某某与代某离婚诉讼中，王某与王某某均未表示存在夫妻共同债务。王某某认可存在借贷关系的时间是在其与代某离婚之后，结合子女与父母的特殊身份关系，难以认定王某某、代某具有共同的借款合意。据此，王某、舒某提交的现有证据不足以证明其事实主张，应承担不利后果，故涉案出资款的性质难以认定为借贷。王某、舒某要求代某偿还案涉房屋出资款的请求，法院不予支持。

法律分析

这是父母一方出资购房，登记在子女夫妻名下，被法院认定为夫妻共同财产后，以借款理由起诉要求归还购房的资金的典型案例。

父母出资为子女购买房屋行为的法律性质，应着重把握以下几个方面：

第一，应尊重双方意思自治。对父母出资行为的认定原则上应以父母的明确表示为标准。如果父母与子女之间约定为赠与或者父母明确表示赠与，就是赠与关系。这里要注意，父母出资赠与的真实意思表示，一般应发生在出资的当时或出资前。父母日后再主张借贷关系则一般不能得到支持。这是为了防止当子女婚姻有变或父母子女之间关系恶化，父母违反诚信原则以所谓借贷关系为由要求返还出资。

第二，对借贷关系是否成立应严格遵循"谁主张，谁举证"原则。在现实生活中，基于彼此间密切的人身财产关系，父母的借贷往往没有借条，父母的赠与也往往没有明确地表示，此时应严格执行"谁主张，谁举证"原则。如果父母有关借贷的举证不充分，则应认定该出资为赠与行为。

第三，借贷关系中一般都立字为据，以借贷人出具借条形式作为出借人请求返还的依据。故正常情况下，出借人都会妥善保管借条。而赠与关系中，赠与人是通过赠与方式放弃了赠与物的所有权，不存在事后受赠物的返还问题，故赠与人没有必要保留相关证据证明赠与关系的存在。因此，主张借贷关系的父母应比主张赠与关系的子女更应当保留证据。

第四，父母子女间的亲缘关系决定了父母出资为赠与的可能性高于借贷。子女刚参加工作缺乏经济能力，无力独自负担买房费用。而父母基于对子女的亲情，往往自愿出资为子女购置房屋。大多数父母出资的目的是要解决或改善子女的居住条件，希望让子女生活得更加幸福，而不是日后要回这笔出资，因此，父母出资借贷给子女买房的概率远低于父母将出资赠与子女买房。进而，由主张借贷关系这一低概率事件存在的父母一方来承担证明责任也与一般人日常生活经验感知保持一致。

综上，在父母一方不能就出资借贷提供充分证据的情形下，一般应认定该出资为对子女的赠与。

> **特别提示**
>
> 夫妻房屋归属如何认定，婚前还是婚后购买、房屋是否登记成为两个最为重要的认定依据。

6. 一方父母支付首付款，以夫妻一方名义购买，夫妻共同归还银行按揭贷款，房屋属于谁？利益如何分配？

答： 由于年轻人结婚时，一般工作时间不会太长，经济基础有限，因此一方父母支付首付款，夫妻再共同按揭还款成为众多年轻人解决婚房的一种形式。这种房屋，一旦离婚，房屋归属如何认定？婚前还是婚后购买、房屋是否登记成为两个最为重要的认定依据。

一方父母支付首付款，以其子女一方名义购房，夫妻共同偿还贷款的，如果婚前购买并登记在出资方子女名下的，则离婚时一般会将房子判定登记方所有，由其继续支付剩余贷款。对于婚内共同还贷部分（包括本金和利息）及其产生的增值，则由得房屋的一方对另一方给予补偿。如果婚后购买并登记，尽管登记在一方名下，但一般会认定为夫妻共同财产，父母支付的首付款，除非有明确约定为借款或对子女一方的赠与，会被视为对子女夫妻双方的赠与。

一方父母支付首付款，以夫妻一方名义购房，夫妻共同偿还贷款，登记在夫妻另一方名下的，不管是婚前登记还是婚后登记，一般情况下会被认定为夫妻共同财产，而非登记方的个人财产，非登记方有权要求分割房屋。一方父母支付的首付款会被认为对子女夫妻的赠与。

典型案例[①]

张某与李某于2010年1月8日登记结婚，2010年8月5日，李某（买受人）与北京某置业有限公司（出卖人）签订《职工住宅买卖合同》，由李某购买诉争房屋，总价款为593029元。

李某于2010年8月5日支付首付款183029元，李某称首付款为自己父母出资并赠与自己个人所有。李某向法院提交其父亲李某1银行账户转账记录，显示2010年8月5日，李某1向北京某置业有限公司转账183389元，李某称其中包含首付款及有线电视初装费。李某另向法院提交2017年3月9日，父亲李某1、母亲李某2在某公证处办理证人证言公证，内容为：2010年8月5日，李某1为李某向北京某置业有限公司支付了房屋首付款、有线电视初装费183389元，该笔款项为李某1与李某2夫妻共同财产，赠与李某，归其个人所有用于支付房屋首付款及电视初装费。剩余房款41万元以公积金贷款形式支付，贷款20年，年利率3.87%，月利率3.225%，期限自2010年11月16日起至2030年11月16日止。

2014年2月25日，诉争房屋取得房屋所有权证书，登记在李某名下。李某于2017年3月10日一次性偿还剩余贷款317481.46元，现诉争房屋贷款已结清。

法院认为，诉争房屋系双方婚姻存续期间出资购买并偿还贷款，属于夫妻共同财产。对于房款出资情况，根据现有证据及双方庭审陈述，购房首付款系李某父母所出，现李某虽向法院提交父母证人证言公证书一份，证明首付款系对李某单方赠与，但该公证书系在张某、李某离婚后单方作出，无法证明在购房之时父母的出资系对己方子女的赠与，故李某父母虽出资首付款，但在无充分证据证明该出资系赠与李某一方的情况下，应视为对夫妻双方的赠与。

现诉争房屋登记在李某名下，考虑到房屋来源、双方对房屋出资的贡

[①] 案号：北京市第一中级人民法院（2018）京01民终7126号民事判决书。

献，履行给付折价款能力，认定诉争房屋归李某所有为宜，由李某给付张某房屋折价款。具体数额将结合评估报告认定的该房屋现值、首付款出资、双方共同还贷的情况，酌定李某给付张某房屋折价款。

法律分析

这是一方父母出资支付首付款，以其子女一方按揭贷款，并登记在其子女一方名下，夫妻双方共同归还按揭贷款，被认定为夫妻共同财产的典型案例。

《最高人民法院关于适用〈中华人民共和国民法典〉婚姻家庭编的解释（一）》第二十九条规定："当事人结婚前，父母为双方购置房屋出资的，该出资应当认定为对自己子女个人的赠与，但父母明确表示赠与双方的除外。当事人结婚后，父母为双方购置房屋出资的，依照约定处理；没有约定或不明确的，按照民法典一千零六十二条第一款第四项规定的原则处理。"而《民法典》第一千零六十二条第一款第四项规定的处理原则是，除明确由夫妻一方继承或者受赠的财产属于个人财产外，夫妻关系存续期间继承或受赠的财产属于夫妻共同财产。

因此，父母为子女出资购房，婚前和婚后，性质是完全不同的，婚前推定赠与子女一方，婚后推定赠与夫妻双方，除非有证据推翻。

本案李某有证据证明，购房首付款是父母支付，得到了法院的认可，但是，系婚后购买，尽管李某也提供了只赠与其一方所有的公证证明，但是，这份公证证明是在离婚后单方作出，并非购房时作出，并没有得到法院的认可，法院仍然认为李某父母支付的首付款是对李某夫妻的赠与，并非对李某个人的赠与。

> **特别提示**
>
> 结婚后，一方父母出资以子女名义购房，并登记在子女名下的房屋，除非明确约定赠与其子女一方，否则，视同为向夫妻双方赠与，是夫妻共同财产。

7. Q 结婚后，一方父母为解决子女结婚的住房问题，出资以自己孩子一方名义购买房屋，如果出现纠纷，该房屋属于父母、自己孩子一方，还是夫妻共同财产？

答：可怜天下父母心，中国父母为儿女结婚操心，劳心劳力地为其准备婚房，即使结婚时无法准备，婚后一旦有能力，也会设法为其解决住房问题。有些父母尽管有条件为其儿女婚前解决，也认为应等其结婚安定后再来解决其住房问题。

殊不知，在婚前购买与婚后购买，一旦儿女离婚，房屋性质的认定是完全不同的。婚前购买，一般认定为婚前个人财产；婚后购买，一般认定为夫妻共同财产。

可能很多人会以为，只为子女一方购买，只登记在子女一方名下，房屋自然就是子女一方所有。按照物权登记原则，不动产登记在谁名下，谁就是不动产所有人，这是没有问题的，但是，在夫妻财产认定上，这种认识是错误的。按照原《婚姻法》以及《民法典》关于夫妻财产认定的规定，不管是登记在夫妻双方名下，还是登记在夫妻一方名下，只要是婚姻存续期间获得的财产，就应推定为夫妻共同财产，除非有其他合法的证据证明并非夫妻共同财产。

因此，一方父母出资以子女一方名义购房，并登记在一方名下的房屋，按照法律规定，除非有明确的约定只赠与其子女一方，否则，视同为向夫妻双方赠与，是子女夫妻共同财产。

典型案例[①]

2008年8月，张某与王某某登记结婚，2008年10月16日某房地产开发公司为张某出具收据：房款389372元（此款由某建设公司工程款抵账）。2008年12月30日，某房地产开发公司将争议房屋交付给张某，双方当事人共同在此居住。

2014年3月，某建设公司及某电线电缆公司出具证明：2008年10月，张某某（张某父亲）曾用与某电线电缆公司往来账目材料款抵付争议房屋房款389372元，实际出资人为张某某，办理相关手续之初为张某某之子张某，要求改为实际出资人张某某名下。

在法院再审查期间，2016年1月25日，张某取得争议房屋的产权证，王某某已就相关问题向某市住房保障和房地产管理局提出异议。王某某主张：购买争议房屋时其父母亦出资20万元，因婚姻关系，对方未出具收据，现无证据证明当时房款交付情况。张某一审自认，房屋开发商为某房地产开发公司，建筑商为某建设公司，某电线电缆公司为建筑商提供电缆。2008年10月，其父张某某用某电线电缆公司的往来账目抵付购房款。房屋为其父张某某出全资购买，张某现未能提供其父自行支付全款的凭证。张某主张其父购买房屋时明确表示单独将房屋赠与他本人，但未提供证据证明。

法院认为，依照《最高人民法院关于适用〈中华人民共和国婚姻法〉若干问题的解释（二）》第二十二条第二款"当事人结婚后，父母为双方购置房屋出资的，该出资应当认定为对夫妻双方的赠与，但父母明确表示赠与一方的除外"之规定，本案争议房屋在张某未提供证据证实购买时其父亲明确表示是对张某个人赠与的情况下，应认定为是对张某及王某某夫妻二人的赠

[①] 案号：吉林省长春市中级人民法院（2016）吉01民申13号民事裁定书。

与，故二审认定争议房屋为夫妻共同财产并无不当。

法律分析

这是用一方父亲的材料款抵房款，房屋登记在其子名下，但是系在其子婚姻承续期间，同时，没有证据证明系对其子个人赠与，被认定为夫妻共同财产的典型案例。

本案中，房屋登记在张某名下，离婚时，其妻王某某主张该房屋系夫妻共同财产，张某提供相关证据证明，房屋款项系其父亲用销售电缆形成的往来款抵扣；王某某也主张其父亲也出资了20万元，可是没有证据。这样，由张某父亲出资购房的事实基本可以确认，房屋也登记在张某一人名下。

但是，法院认为，购房系在双方婚姻关系存续期间，没有证据证明，张某父亲系向其个人赠与，应视同为向其夫妻双方赠与，应作为夫妻共同财产，按照法律规定进行分配。

> **特别提示**
>
> 从物权登记的法律规定看，不动产权登记在谁名下，谁就是所有人，但是，有其他法律规定或约定的除外。

8. 结婚后，一方父母出资，以子女夫妻名义购买房屋，一定就属于子女夫妻共同财产吗？

答：房屋的权属认定，应该是夫妻财产认定中最为复杂的。一方父母出资，因以子女夫妻名义购买房屋，且登记依据房屋买卖合同，因此，房产会被登记在子女夫妻名下，按照物权登记及法律关于婚姻财产的约定，应当属于子女夫妻共同财产。但是，在很多家庭，特别是农村家庭，父母、子女并未分家，属于大家庭，在这种情况下，就不一定会被认定为只是子女夫妻的共同财产，很有可能会被认定为家庭共有财产。如果子女离婚时对房屋财产进行分割，应根据房屋购买情况、使用情况等，先行作为家庭财产进行分割，再对夫妻可分割的部分作为夫妻共同财产进行分割。

另外，父母也可约定，尽管用儿女夫妻名义购买，但所有权仍归父母所有，只有具备一定的条件之后，才归夫妻共有，甚至可以约定在一定时期，只归其子女所有，具备一定条件后归子女夫妻所有。只要父母、子女对于房屋有明确的约定，并不违反法律的规定，就是合法有效的，对于签署各方都具有约束力，但是不能对抗善意第三人。如果上述房屋被产权登记人子女夫妻违背合同对外销售，购买人尽到了善意的注意义务，并不知道还有其他约定，基于对登记公示的信任，通过市场价格购买了房屋，并进行了产权转移登记，购买人就善意取得了房屋。父母无权要求购买人归还房屋，但是，可以要求子女承担违约责任或赔偿损失。

典型案例[①]

2016年1月19日,原告任某与被告容某经法院判决解除婚姻关系。诉争房产位于石家庄市裕华区,原、被告均称买房时是由被告父亲容某贵签订协议,总房款22万元。经依法查询,2003年7月5日,由被告父亲容某贵账户转账给叶某某22万元。房屋原登记在叶某某名下,2006年9月4日登记房屋所有权人为被告容某,现由原告任某居住使用。

一审法院认为,原告依据已生效的民事判决书,主张诉争房产属于原、被告夫妻共同财产,但该判决书并未认定本案诉争房产属于夫妻共同财产,表述为家庭共有房屋。

原、被告离婚案件的庭审笔录中显示,询问是否有夫妻共同财产,均称没有,庭审笔录与生效的民事判决书均未显示诉争房屋出资及购买的情况。

原告称系原、被告出资,以现金形式给予被告父亲,未提交任何证据予以证实。原告对购买房屋具体过程表示不清楚,对资金来源无法证实以原、被告夫妻共同财产购买,诉争房屋虽购买于原、被告婚后,但系从被告父亲账户转账支付全款,依据现有证据,无法认定属于原、被告夫妻共同财产,对原告要求予以分割的主张,法院不予支持。故依照《最高人民法院关于适用〈中华人民共和国民事诉讼法〉的解释》第九十条的规定,判决驳回原告任某的诉讼请求。

任某提起上诉,法院二审期间,当事人没有提交新证据。对当事人二审争议的事实,法院查明事实与一审相一致。法院认为,任某与容某婚姻存续期间名下各有住房一套,诉争房产虽然登记在容某名下,但经原审法院查明该房屋总价款22万元由容某之父容某贵支付。任某亦不能证实购买该房产的款项来源于夫妻共同财产,故原审法院未将该房产认定为夫妻共同财产并无不当。任某主张该争议房产系夫妻共同财产但未提交证据予以证实,其上诉

[①] 案号:河北省石家庄市中级人民法院(2019)冀01民终724号民事判决书。

理由不能成立，原审法院驳回其诉讼请求符合法律规定。

📝 法律分析

这是一个父母出资购房、登记在夫妻一方名下，未被认定为夫妻共同财产的典型案例。

诉争房产买房时是由一方父亲签订协议，后改由其子女签订房屋购买合同，同时经依法查询，由其父亲账户转账给其子女房屋全款，房屋原登记在夫妻一方名下，后又转为其父亲名下，因此，法院依据房屋款项的支付，以及产权登记的情况，没有认定为子女夫妻共同财产。

> **特别提示**
>
> 同样的出资，在婚前和婚后是不同的。婚前出资，视为父母向各自子女的赠与，按照各自父母的出资比例分配。婚后出资，视为父母向子女夫妻的赠与，原则按照一人一半的比例分配。

9. 双方父母共同出资，但出资额不同，以夫妻名义购房，付完全款，夫妻离婚时，是按各方父母出资比例分配吗？

答： 尽管按照中国传统，男娶女嫁，在一些地方，男方应准备婚房，但是，随着社会的发展，结婚不再是原来意义上的男娶女嫁。准备子女的婚房，不再是男方一方的责任，特别在一、二线城市房价高涨，一方难以承受的情况下，男女双方父母共同出资购房越来越普遍。

双方父母共同出资，由于经济条件不太可能完全一样，或者考虑其他因素，极少数情况下，出资会完全一样，绝大多数情况下，出资都会有所差别。由于出资不同，一旦夫妻离婚，房屋如何分配就成为一大问题，也往往是双方家庭争议的焦点。是作为夫妻共同财产，按一人一半分配？还是按照各自父母的出资比例分配？

同样的出资，在婚前和婚后的分配原则是不同的。如果双方父母在子女婚前出资，以子女夫妻名义购房，视为父母向各自子女的赠与，按照各自父母的出资比例分配。如果双方父母在子女婚后出资，以子女夫妻名义购房，视为父母向子女夫妻的赠与，作为夫妻财产，原则上按照一人一半的比例分配。

典型案例[①]

朱某某与杨某某系夫妻关系，2010年4月6日，杨某某向某房地产公司交纳某小区4号楼1111室购房款100000元；2012年4月19日，杨某某交纳房款110419元；2012年5月17日，杨某某交纳房款200000元；2012年5月21日，杨某某交纳房款100000元，以上杨某某共计交纳房款510419元。2014年4月2日，双方领取某小区4号楼1单元1111室房屋所有权证。2012年5月17日，朱某某与杨某某登记结婚。经查明，以上购房款中160419元系朱某某父母以杨某某名义交纳。

法院经审理认为，杨某某父母出资购买房屋首次交款时间为2010年4月6日，双方登记结婚后诉争房屋最后一笔交款时间为2012年5月21日，双方父母在婚前均有出资且无证据证实系赠与夫妻双方，应认定父母赠与的出资为连续的行为，故认定诉争房屋父母出资部分为对自己子女的个人赠与，法院从保护妇女合法权益的角度出发，对房屋增值部分杨某某和朱某某平均分割，判决杨某某返还朱某某房屋补偿款284809.5元，即〔（759200－510419）元÷2+160419=284809.5〕。

法律分析

这是一个对于父母双方出资购房，离婚时应如何分配的典型案例。

《最高人民法院关于适用〈中华人民共和国民法典〉婚姻家庭编的解释（一）》第二十九条规定，当事人结婚前，父母为双方购置房屋出资的，该出资应当认定为对自己子女个人的赠与，但父母明确表示赠与双方的除外。当事人结婚后，父母为双方购置房屋出资的，依照约定处理；没有约定或者约定不明确的，按照《民法典》第一千零六十二条第一款第四项规定的原则处理。

本案中，杨某某父母出资购买房屋首次交款时间为2010年4月6日，双

[①] 案号：青海省高级人民法院（2016）青民申255号民事裁定书。

方登记结婚后诉争房屋最后一笔交款时间为2012年5月21日，双方父母在婚前均有出资且无证据证实系赠与夫妻双方，应认定父母赠与的出资为连续的行为，应认定为向其子女一方的赠与。

> **特别提示**
>
> 婚前与婚后共同出资付首付，是不一样的。婚前双方父母出资付首付，首付款部分按照出资比例分配；婚后共同出资付首付，视为对夫妻双方的赠与。

10. 双方父母共同出资，但出资额不同，以夫妻名义购房，付首付款，夫妻共同还按揭款，离婚时，如何分配？

答：婚前，双方父母共同出资，以夫妻名义购房付首付款，婚后夫妻共同还贷的，离婚时，属于夫妻共同财产，分配时，首付款部分按照夫妻父母的出资比例分配，婚后还贷视为共同还贷。

婚后，双方父母共同出资，以夫妻名义购房付首付款，若无其他约定，视为对夫妻双方的赠与，属于夫妻共同财产。父母出资买房，如未明确表示借款，一般会视为赠与。

具体分配房屋时，由双方协商房屋归属，双方可通过竞价形式对房屋确认价值，一方要房并向另一方支付房屋价款，债务归要房一方。若始终无法协商一致，可以通过竞价、拍卖、评估等方式确认分割方式，无法分割的，法院在离婚过程中将不再处置，待具备分割条件后另行起诉处理。

典型案例[①]

2014年，被告以夫妻感情破裂为由诉至原审法院，请求判令双方离婚，后于同年6月11日撤回起诉，同日，原告亦诉至原审法院，请求判令原、被告离婚。2015年1月12日，原审法院作出民事判决，准予原、被告离婚。

2015年5月20日，原告诉至原审法院称，双方婚姻关系存续期间购买案涉房屋，离婚时夫妻共同财产及共同债权债务未分割，故请求依法分割上述房产并分担共同债务1.2万元。

原审过程中，原、被告均认可婚后2012年9月共同购买涉案房屋并进行装修，房屋登记为共同共有，购买时价格为42万元，其中首付20万元、贷款22万元。对于首付款20万元，原告主张双方父母各出资10万元，被告主张原告父母出资9万元，其父母出资11万元。涉案房屋以原告公积金贷款，每月20日还款，截至2014年12月20日，剩余贷款本金为164999.92元。双方就该房屋现价值未达成一致，原审法院依法委托某土地房地产评估咨询有限公司对房屋及室内装修的现价值进行评估。后该评估公司出具评估报告，房屋评估价值为41.9万元。

法院认为，涉案房产系婚后由双方父母共同出资购买，双方虽就出资的金额说法不一，但该房产购买后登记在原、被告二人名下，且明确为共同共有，应视为双方父母对双方的赠与，即原、被告对涉案房屋各享有50%的权益。被告未提供证据证明评估过程存在实体和程序上的瑕疵，故对该评估报告的效力依法予以认定，该房屋的现价值为41.9万元。截至原、被告离婚判决宣判时间2015年1月12日，双方尚欠银行贷款本金数额为164999.92元，该款项系离婚时双方的夫妻共同债务，应当予以分割，故涉案房产归原告所有，房屋贷款由原告负责偿还，原告应当给付被告财产差价款127000.04元（419000元÷2-164999.92元÷2）。

[①] 案号：山东威海市中级人民法院（2016）鲁10民终1048号民事判决书。

法律分析

这是婚后双方父母不同出资额，支付首付款，子女还贷的典型案例。

婚后父母对子女购房均出资，且登记在子女双方名下的，没有其他约定的，应认定为对子女双方的赠与。故离婚时，父母出资部分双方各占一半，不按出资比例分割。因为婚后父母对子女购房的出资，多是基于改善子女婚后居住环境，双方父母共同对子女作出的奉献，且未作约定的，其本意是对子女双方的赠与，故对此部分款项，不应分割比例。

涉案房产系婚后由双方父母共同出资购买，双方虽就出资的金额说法不一，但该房产购买后登记在原、被告二人名下，且明确为共同共有，应视为双方父母对双方的赠与，即原、被告对涉案房屋各享有50%的权益。

第六章

房产抵押纠纷

房产是重资产，一般情况下占有家庭资产的重大比例，将如此巨额的资产"闲置"，也是一种浪费。房产除物权功能外，也是具有公认的金融属性。因此，利用房产抵押融资在日常生活中成为常态，如何利用房产进行借款？如何抵押才有效，才能取得优先权？如何处置抵押房产等法律问题就随之而来。

> **特别提示**
> 不动产的抵押权自登记时生效,未登记的不产生抵押效力。

1. 把房产证原件押给借款人,欠款人未还款,借款人是否可以行使抵押权,要求拍卖房屋,优先归还借款?

答:在日常民间借贷中,借款人往往会说,"我把房本押给你,作为归还借款的保障"。很多人也会认为,"房本押给我了,房子就抵押给我了,只要不按时还款,我就可以卖房子还款",甚至认为房子就归自己,这是完全错误的。

只是"押"房本原件,从法律角度上来说,只会给房主出售房屋增加一定的障碍。但是,由于各地加大了办证便民措施,房主也极其容易以"房本丢失"为由补办房本,所以,扣押房本起不了多大作用。我国实行的物权登记主义,按照《民法典》及其他相关法律规定,不动产的抵押权自登记时生效,即到政府的不动产登记中心办理抵押登记后才能生效。

因此,不能只"押"房本原件,也应当签订房产抵押合同,并到当地的不动产权登记中心办理抵押登记,领取与不动产权证书相类似的不动产他项权证书。

典型案例 [①]

杜某与马某是好朋友,马某因经商需要资金,通过杜某介绍到蒋某处借

[①] 案号:四川省高级人民法院(2019)川民再103号民事判决书。

款。2014年12月23日马某向蒋某借款20万元，当日马某立借条一张："今借到蒋某现金人民币20万元，借款期限自2014年12月23日至2015年6月23日止。以杜某房产证、土地使用证抵押担保。"借款人马某、担保人杜某签字，杜某将用于抵押的房产证和土地使用证交与蒋某保管。2015年6月28日，马某又借款5万元，并书立借条一张："今借到蒋某现金人民币5万元。"2016年3月17日，马某再次给蒋某书立借条一张："今借到蒋某现金人民币2万元，定于2016年4月30日还清。"事后，经蒋某多次催收借款无果，遂起诉要求还款，并要求拍卖杜某用于抵押的房产优先还款。

法院认为，马某立的借条上注明"以杜某房产、土地证抵押担保"，杜某签字确认，视为简易的抵押合同，该合同是三方当事人的真实意思表示，未违反法律规定，该抵押合同成立并生效。根据《物权法》第一百八十七条的规定，不动产抵押应当办理抵押登记，抵押权自登记时设立。本案抵押的房产未到房地产主管部门办理抵押登记，抵押权未设立。杜某将用于抵押的房产证和土地使用证交与蒋某保管，蒋某未主动要求杜某协助办理抵押登记，也未提供杜某拒绝履行协助义务的证据，故蒋某在履行抵押登记的行为中存在过错，应当承担抵押财产不能优先受偿的责任，杜某在担保期间内在抵押房产的价值范围内承担连带清偿责任。

法律分析

这是在借条上注明以房产抵押，将房产证和土地证交由抵押权人保管，但未办理抵押登记的民间借贷典型案件。

一方向另一方借款，并写借条："今借到蒋某现金人民币20万元，借款期限自2014年12月23日至2015年6月23日止。以杜某房产证、土地使用证抵押担保。"然后借款人马某、担保人杜某签字。随后，杜某将用于抵押的房产证和土地使用证交与蒋某保管。

这是最为常见的借款、书写借条以及担保方式，这种借款方式和担保方式是符合法律的，借款合同和担保合同是有效的，但是，应当进行抵押登记，如果不进行抵押登记，只是将房产证和土地证交给抵押权人保管，通常所说的"押"给借款人，并未完成法律规定的抵押程序，无法取得抵押权，发生纠纷后，无法取得变卖、拍卖款的优先偿还权。只能根据未办理抵押登记当事人各自的过错，在不超过房屋抵押价值范围内要求抵押人承担连带清偿责任。

> **特别提示**
>
> 双方约定如借款人不还款，抵押物归出借人，在法律上是无效的。

2. 签订借款合同并用房屋抵押，约定如不按时还款，房屋归借款人所有，房屋是否真的就归借款人？

答：在民间借贷中，借款人经常会说，"把房子抵押给你，如果不还款，房子就归你，要是不相信，可以写在合同里，白纸黑字，绝对没问题，绝对有保障"。出借人也往往会认为，有明白无误的书面合同约定，房本原件也"押"给自己了，如果对方不还款，房子自然就归自己了。这种认识是完全错误的。

双方约定如借款人不还款，抵押物归出借人，通常叫作"死当"，这在法律上是不允许的。不允许的主要目的是避免借款人"乘人之危"以低价"死当"物品。在借钱时，借款人往往处于急用钱状态，为了借到钱急用，处于一种"危险不理性"状态，经常会不顾抵押物的实际价值。出借人也容易利用对方的这种状态，故意压低抵押物的价格，获取不当收益。

在正常的抵押中，为了有效地保障借款的安全性，抵押物价值会比市场价值低，经常是打八折，或更低。如果允许"死当"，出借人也会获得高于抵押价值的收益。因此，《民法典》第四百零一条规定："抵押权人在债务履行期限届满前，与抵押人约定债务人不履行到期债务时抵押财产归债权人所有的，只能就抵押财产优先受偿。"同时，《民法典》第四百一十三条规定："抵押财产折价或者拍卖、变卖后，其价款超过债权数额的部分归抵押人所有，不足部分由债务人清偿。"

按照上述法律规定，尽管有书面约定，债务到期不归还，房屋归抵押权人，但是，法律不允许，只能对外出售变现优先归还抵押债权，多出的部分仍然归抵押人所有，抵押权人不能获取高出债权的收益；相应的，不足的部分仍然可以要求债务人归还。

典型案例[①]

被告王某与田某签订协议书一份。该协议书约定："一、因王某急需资金150000元，王某将案涉房屋以150000元出当于田某，当期为5年。二、王某在本协议签订之日将案涉房屋的土地使用证及房产证一并交给田某，田某将150000元交付给王某。三、在当期内王某可随时回当该房产，田某不得以任何理由阻拦。若当期期满后王某无力回当，该房产为'死当'，该房产及使用权一并归田某所有，田某可到有关部门依法进行户主变更手续。"田某与原告任某系夫妻关系，夫妻关系存续期间共育有两个子女，一子田某宾，一女田某玲。田某于2013年病故，其户口注销。原、被告因房屋问题达不成一致意见，原告遂诉至法院。

法院认为，典当应当为当户将其动产、财产权利作为当物质押或者将其房地产作为当物抵押给典当行，交付一定比例费用，取得当金，并在约定期限内支付当金利息、偿还当金、赎回当物的行为。除依法设立的典当行外，其他任何经营性组织和机构不得经营或者变相经营典当业务。本案中，田某系自然人而非依法成立的典当行，因此，王某与田某之间签订的协议书所建立的法律关系应为民间借贷法律关系而非典当法律关系。被告王某将其所有的房产"出当"于田某的行为应属被告王某为保证借贷债务履行而提供的以房产作为抵押的担保行为。

依据相关法律规定，抵押权人在债务履行期限届满前不得与抵押人约定债务人不履行到期债务时抵押财产归债权人所有。故王某与田某之间签订的协议书中关于"若当期期满后王某无力回当，该房产为'死当'，该

[①] 案号：河南省洛阳市洛龙区人民法院（2015）洛龙民初字第2754号民事判决书。

房产及使用权一并归田某所有"的约定因违反相关法律规定，应属无效的约定。

法律分析

这是民间借贷"死当"无效的典型案例。

本案中，双方签订的合同中明确约定："在当期内王某可随时回当该房产，田某不得以任何理由阻拦。若当期期满后王某无力回当，该房产为'死当'，该房产及使用权一并归田某所有，田某可到有关部门依法进行户主变更手续。"但是，《民法典》第四百零一条规定："抵押权人在债务履行期限届满前，与抵押人约定债务人不履行到期债务时抵押财产归债权人所有的，只能就抵押财产优先受偿"。同时，《民法典》第四百一十三条规定："抵押财产折价或者拍卖、变卖后，其价款超过债权数额的部分归抵押人所有，不足部分由债务人清偿。"

上述《民法典》的规定与原来《担保法》《物权法》的规定相一致，依据这些法律规定，判断双方签订的是商品房买卖合同还是以签订商品房买卖合同的形式为借款提供担保（让与担保），应从以下两个方面确定其真实意思：一是审查买受人有无购房意愿，可从有无购房款的交付、购房款的交付对象等方面进行考察；二是从双方的交易行为是否符合买卖合同履行的基本规则等方面进行考察。

经考察系以签订商品房买卖合同的方式为借款提供担保，债务人或第三人与债权人签订不动产买卖合同，约定将不动产买卖合同的标的物作为担保标的物，但并未实际让渡不动产所有权，而是让渡物权期待权，且在债务人不能履行还款义务之时，也不能转移所有权，而是进行清算，即对担保标的物进行拍卖折价后从价款中受偿，亦应认定双方构成让与担保[1]。

在债务履行期限届满前，债权人不得与债务人约定债务人不履行到期债务时抵押财产归债权人所有，这在法律上属于"死当"，是无效的。但是，

---

[1] 参见最高人民法院（2017）最高法民申 513 号民事裁定书。

债务到期后，债权人与债务人约定将抵押物进行抵债，是"以物抵债"，是合法有效的，因此，签订以物抵债的时间点极其关键。简单来说，债务到期前签以物抵债协议无效，到期后签以物抵债协议有效。

> **特别提示**
>
> 不动产抵押权确实是一种物权，获得了对世的物权效力，保护力度大于普通的债权，但是，不动产抵押权是"他项权"，而不是"所有权"。

3. 抵押的房屋被其他法院查封，抵押权人如何维护自己的权益？

答：自己把钱借给他人，他人把房屋抵押给自己，并办理了抵押登记，取得政府产权登记中心颁发的不动产他项权证书。而他项权证书外观与不动产权证书相类似，有些人以为自己就是房屋的"主人"了。

不动产抵押权确实是一种物权，经政府不动权登记中心登记公示后，获得了对世的物权效力，其保护力度大于普通的债权，但是，毕竟是"他项权"，而不是"所有权"，是建立在别人的所有权基础之上的物权。房屋的所有权人仍然是抵押人，如果抵押人有其他对外债务，法院仍然可以查封已经抵押给他人的房屋。抵押权人不能以已经抵押给自己了对抗法院查封，即不能以此为由提出查封异议，要求法院解除查封。

法院查封了房屋，房屋交易就受限制，抵押权人行使抵押权就受限。在此情况下，抵押权人如何维护自己的权益呢？首先，如果查封法院要对外拍卖已经抵押登记的房屋，可以要求法院预留抵押价值额度内的拍卖款，优先归还抵押权人。抵押权人也可以抵押物存在重大风险为由，不管抵押的债务是否到期，未到期的可以要求提前到期，及时向法院提起诉讼，同时，也可以申请法院对抵押房屋进行查封。查封的顺序决定了法院处置权的顺序，如果抵押权人申请的查封之前有若干查封，不管哪家法院处置拍卖，抵押权人在抵押价值额度内都有优先受偿权；如果查封在前的法院不处置拍卖，优先受偿权就无法落实，无法真正收回借款。

如果查封在前的法院一直不予处置，抵押权人可以催促首封法院尽快处置，如果其没有合法理由，超过六个月不处置，抵押权人可以申请移送到其申请执行的法院进行处置。

典型案例①

2018年3月9日，刘某（借款方、甲方）与徐某（出借方、乙方）签订《借款合同（含担保条款）》，约定："借款金额为45万元；借款利率为2%；借款期限6个月，从2018年3月9日起至9月9日止。还款方式：甲方在借款期限内每月还款日之前归还利息9千元（按月支付利息），本金在借款期限届满时一次性向乙方归还；甲方以金堂县的房屋为本合同项下的主债权本息、逾期利息、违约金、损害赔偿金及实现债权的费用提供30万元价值的抵押担保。"

同日，刘某（甲方）与徐某（乙方）签订了《借款抵押合同》，约定甲方向乙方借款75万元，借款期限为2018年3月9日至9月9日，刘某以金堂县的房屋作为抵押物提供担保，担保的主债权额为75万元，债务履行期限为2018年3月9日至9月9日。2018年3月15日，刘某以其位于金堂县的房屋做了不动产抵押登记，不动产登记证明上载明，抵押方式为一般抵押；被担保主债权数额75万元，债务履行期限为自2018年3月9日起至2019年9月9日。在不动产抵押登记后，抵押的房屋被法院两次查封，查封期限分别为自2019年8月26日起至2022年8月25日止、自2019年8月14日起至2022年8月13日止。

法院认为，2018年3月15日，徐某、刘某办理了不动产抵押登记，双方当事人之间的抵押权成立并生效。徐某和刘某办理抵押在前，法院查封房屋在后，先抵押后查封的，不影响抵押权人的优先受偿权。故法院认定，

---

① 案号：四川自由贸易试验区人民法院（2020）川0193民初2908号民事判决书。

徐某对刘某所有的位于金堂县的房屋的拍卖、变卖所得价款在75万元范围内享有优先受偿权。

法律分析

这是在办理抵押登记后，抵押房屋被多次查封，法院仍然认定抵押权人对于查封前已经办理抵押登记的房屋享有优先受偿权的典型案例。

2018年3月15日，徐某、刘某办理了不动产抵押登记；2019年8月14日、8月26日先后两次被法院查封，查封期限均为两年，在诉讼过程中，上述查封仍然有效。

由于抵押登记在先，查封在后，抵押权在登记后生效，之后，即使被法院查封，也不影响其抵押优先受偿权。在取得优先受偿的法院判决后，即可向抵押财产的处置法院申请对拍卖款优先受偿，如果查封的法院在六个月内无合法理由不予处置，可以申请将抵押财产转移至抵押权人申请执行的法院进行处置。

> **特别提示**
>
> 2021年1月1日施行的《民法典》改变了转让抵押财产需要抵押权人同意的法律规定,这是一个重要的新规则。

4. 抵押的房屋被房主私下卖了,买卖有效吗?借款人权益如何保障?

答:抵押的房屋应当经过抵押权人的同意,未同意的买卖无效,这是1995年10月1日实施的《担保法》的规定。正是近三十年的规定以及法律实践,这一观念已深入人心。

2007年10月1日施行的《物权法》第一百九十一条第二款规定:"抵押期间,抵押人未经抵押权人同意,不得转让抵押财产,但受让人代为清偿债务消灭抵押权的除外。"未经抵押权人同意转让抵押财产原则上属于无效,但受让人代为清偿债务消灭抵押权的除外。

特别需要注意的是,2021年1月1日施行的《民法典》改变了转让抵押财产需要抵押权人同意的法律规定,这是《民法典》一个重要的新规则。《民法典》第四百零六条第一款规定:"抵押期间,抵押人可以转让抵押财产。当事人另有约定的,按照其约定。抵押财产转让的,抵押权不受影响。"按其规定,转让的通用原则是:抵押期间,抵押人可以转让抵押财产,并不要求需要征得抵押权人的同意,这与之前的规定以及普通大众的认知是完全不同的。

当然,抵押权是民事权利,允许当事人在不违反法律强制性规定的情况下通过自由意志进行约定。同时,规定抵押财产转让的,抵押权不受影响;

抵押物所有权的变更不会导致抵押权的消灭，抵押权继续存在于转让后的抵押物上，依然能够保证债权的实现。新的规定更符合抵押权作担保物权的性质，抵押担保的目的是保障债务的安全，只要抵押权仍然存续，不影响保障债务的履行，没有必要限制抵押物的转让。

因此，如果没有特别的约定，抵押物的转让无须再经过抵押权人的同意。抵押权人如果需要保留此项权利，以更有效地保障自己的权利，就应当注意在抵押合同中，特别在不动产登记中心备案的抵押合同中约定，抵押物的转让必须经抵押权人同意，否则无效。

典型案例[①]

被告某酒店公司由于资金周转困难，不能偿还案外人杨某华等人的借款共计420.6万元，故被告某酒店公司（甲方）与原告陈某、张某（乙方）于2019年1月20日签订《房屋转让协议》，约定如下："一、由于甲方某酒店公司在银行贷款9300万元，故将某酒店公司所办理的6-7楼框架建筑面积为2059.2平方米的共有房产证在银行抵押，甲方保证在一年半，即2019年1月20日至2020年7月20日按乙方名字分别办理房产证过户给乙方，所需过户的一切税费均由甲方承担。二、合同签订后乙方将该楼层服务项目返租给甲方经营十年，除2019年1月20日至2020年1月20日按每平方米60元租金抵扣转让款外，今后按年/每平方米10%的递增在每年4月1日前支付当年的租金给乙方，七楼转让实际面积和返租面积按1100平方米计算……八、本协议结算方式：乙方除帮助甲方支付以上借款共计：肆佰贰拾万零陆仟元整（4206000元）后再减除2019年1月20日至2020年1月20日的返租费79.2万元后乙方直接支付另外的尾款壹佰伍拾万零贰仟元整（1502000元），双方共同办理好相关结转手续……"同日，双方签订《某酒店公司第七楼服务项目返租协议》，对《房屋转让协议》中达成的第二条协议内容进行确认，并扣除第一年即2019年1月20日至2020年1月20日的返租费79.2

---

① 案号：贵州省毕节市中级人民法院（2020）黔05民终8612号民事判决书。

万元。协议签订后,原告陈某、张某按协议约定陆续向杨某华、杨某梅、陈某红、赵某银、赵某泽还款共计420.6万元,通过第三人尚某支付某酒店公司150.2万元房屋转让尾款,至此,二原告的合同义务已全部履行完毕。因被告某酒店公司未按约定将转让给二原告的房屋抵押权清除并办理过户,二原告诉至法院。

法院认为,关于二原告与被告某酒店公司签订的《房屋转让协议》的效力问题。被告某酒店公司未经抵押权人同意将涉案房产转让给二原告,虽然违反了《物权法》第一百九十一条第二款的规定,但根据《物权法》第十五条"当事人之间订立有关设立、变更、转让和消灭不动产物权的合同,除法律另有规定或者合同另有约定外,自合同成立时生效;未办理物权登记的,不影响合同效力"的规定,双方未经抵押权人同意转让涉案房产的法律后果是转让房产不发生物权变动,而非导致双方签订的《房屋转让协议》无效。相反,双方在合同中约定了解除抵押权的时间和不能解除时的补救措施,充分保障抵押权人的权益不受侵害,该合同并未违反法律强制性规定,应属合法有效。

法律分析

这是抵押人未经抵押权人同意,擅自将抵押给银行的房屋对外转让,法院依据《物权法》的相关规定认定为有效的典型案例。

某酒店公司作为抵押人,因为无法归还他人借款,将抵押给银行的房屋转让给他人,由他人代为归还借款,在转让协议中约定了解除抵押及办理过户,但是,到期后未解除抵押和办理过户,购买人提起诉讼的,某酒店公司也以转让未经抵押权人同意无效进行抗辩。某酒店公司提出该合同无效的理由是该协议违反《担保法》第四十九条及《物权法》第一百九十一条未经抵押权人同意的规定。

法律规定不一致的,应遵循新法优于旧法的原则,《担保法》与《物权法》规定不一致,应当适用新的《物权法》的规定。《物权法》第十五条规定"当事人之间订立、变更、转让和消灭不动产物权的合同,除法律另有规定或者合同另有约定外，自合同成立时生效；未办理物权登记的，不影响合同效力"，根据上述规定，当事人签订的《房屋转让协议》自合同成立时生效。

未经抵押权人同意是否影响合同效力？《物权法》第一百九十一条第二款规定属管理性强制性规范，不属效力性强制性规范，双方签订的《房屋转让协议》在未解除抵押权的情况下，也不能发生物权变动，不会损害抵押权人的利益。因此，双方签订的《房屋转让协议》合法有效。

> **特别提示**
>
> 按照《民法典》的新规定，除非当事人另有约定对外销售需要抵押权人同意，否则，抵押人可以转让抵押财产。

5. 按揭款未还完，抵押给银行的房屋可以对外销售吗？

答：在《民法典》实施之前，未经贷款银行，即抵押权人的同意，是不能对外销售的。在实际操作中，绝大多数二手房交易又都能正常交易。其实，原来的二手房交易方式是，在办理过户之前，卖方要先筹钱将剩余的贷款还清，等银行解除抵押后才能过户。通常是买方帮忙先还清贷款，然后再交易过户。若买卖双方都无力偿还贷款的，则可以支付一定比例的担保费，由第三方担保公司还清贷款，再交易过户。

这种二手房交易操作方式，严格来讲，不能说是未还完按揭款对外销售，而是已经还完了才对外销售。贷款银行只要能正常收回贷款，一般也不会干预抵押房屋对外销售。当然，因为需要提前偿还贷款，大多数银行需要提前进行审批，如果提前时间较多，有些还需要承担一定的违约金。

按照原《担保法》规定，抵押的房屋对外销售，必须取得抵押权人的同意，否则无效；这是长达近三十年的法律规定和大众的认知。

但是，2021年1月1日起实施的《民法典》改变了这一规定，《民法典》第四百零六条规定："抵押期间，抵押人可以转让抵押财产。当事人另有约定的，按照其约定。抵押财产转让的，抵押权不受影响。抵押人转让抵押财产的，应当及时通知抵押权人。抵押权人能够证明抵押财产转让可能损害抵押权的，可以请求抵押人将转让所得的价款向抵押权人提前清偿债务或者提存。转让的价款超过债权数额的部分归抵押人所有，不足部分由债务人清偿。"

也就是说，除非当事人另有约定对外销售需要抵押权人同意，否则，抵押人可以转让抵押财产。同时，除非抵押权人能够证明抵押财产转让可能损害抵押权的，才可以要求对转让款提前清偿债务或者提存，否则，不能进行干预。

典型案例①

原告刘某、唐某与被告某公司于2007年7月15日签订《重庆市商品房买卖合同》，约定被告（甲方）将位于经济开发区房屋出售给原告（乙方），现房屋地址变更为：南岸区。合同约定该商品房成交总价368000元；乙方于签合同之日支付房款111000元，余款257000元向银行按揭贷款。合同签订后，原告支付了购房款111000元、代收费6421元。自2008年起，原告对涉案房屋进行装修并入住。

另查明，2001年7月18日，案外人唐某与被告某公司签订《重庆市商品房买卖合同》，合同约定：由唐某购买某公司开发修建的房屋。合同签订后，某公司与唐某就该合同到房屋管理部门办理了备案登记。唐某于2001年8月23日签订《重庆市预购商品房抵押贷款合同》，将该房屋向第三人某银行办理了抵押按揭贷款，贷款金额为242000元，鑫某某公司作为担保方。后因唐某未按时偿还贷款，2014年2月25日，第三人某银行因金融借款合同纠纷向法院提起诉讼。由于借款抵押合同约定，未经贷款银行同意，唐某不得转让抵押房屋等，唐某退房无效，仍应归还银行贷款本息，法院判令唐某向第三人某银行支付偿还贷款本金及利息等，某公司对在案涉抵押房屋处置后的价款仍不能清偿的范围内承担连带清偿责任。

截至2020年3月24日，唐某尚欠第三人某银行该行贷款本金、利息及其他费用共272839.76元。第三人某银行已向一审法院明确了唐某所拖欠的贷款利息、罚息、复利，原告明确表示愿意代为偿还，并主动向法院提存了该笔

---

① 案号：重庆市第五中级人民法院（2021）渝05民终1159号民事判决书。

款项。

  法院认为，根据《物权法》第一百九十一条的规定："抵押期间，抵押人经抵押权人同意转让抵押财产的，应当将转让所得的价款向抵押权人提前清偿债务或者提存。转让的价款超过债权数额的部分归抵押人所有，不足部分由债务人清偿。抵押期间，抵押人未经抵押人同意，不得转让抵押财产，但受让人代为清偿债务消灭抵押权的除外。"依此原理，原告也可以代唐某清偿债务消灭抵押权，第三人的利益并不会因此受到损害。查明的事实，从审判的正当性、公平性出发，在原告代为偿还第三人案涉房屋的贷款本金、利息、罚息、复利后，第三人应当涤除该房屋抵押权。

法律分析

  这是抵押给银行的房屋两次"转让"，一次被确认无效、一次被确认有效的典型案例。

  第一次唐某退房，实质上也是对抵押房屋的"转让"，由于抵押合同明确约定，由于借款抵押合同约定，未经贷款银行同意，唐某不得转让抵押房，被法院确认转让即退房无效。

  第二次某公司将抵押房屋售于刘某、唐某，由于刘某、唐某愿意代为归还银行欠款，被法院确认有效。

  这是为实现物尽其用的价值目标，允许受让人在代抵押人向抵押权人清偿债务、让抵押权人享有的抵押物之追及效力变为转让价金的物上代位权，既不损害抵押权人的利益，又兼顾了受让人的交易安全，亦能够实现抵押权人、抵押人及受让人三方的利益平衡。

  在某银行自愿选择获取价金物上代位的方式来实现抵押权，刘某代唐某与某公司向某银行清偿欠款的情况下，某银行能够通过物上代位的方式将其享有支配权的客体从案涉房屋转移到提存价金，在履行上并无法律障碍，其抵押权能够得到实现，故刘某在清偿所有欠款的情况下有权请求某银行办理抵押登记注销手续。

> **特别提示**
>
> 实行的是登记优先原则，登记的优先于未登记的，登记在前优先于登记在后的，同时登记、未登记的按照债权比例分配。

6. 按揭款未还完，抵押给银行的房屋，房主又想以该房对外借款，是否可以再次抵押？如果多次抵押，拍卖款如何分配？

答： 按揭贷款的房屋，由于按揭贷款额少，或者由于按揭较早，所剩不多，或者房价上涨等原因，房屋价值远远大于按揭贷款额，但是，由于按揭贷款时间长、贷款利率低，借款人又不愿意提前归还。是否可以在未还完按揭贷款的情况下，再次对外抵押进行贷款或借款？是否需要经过抵押银行同意？

除非在原按揭贷款时签订的《抵押合同》中有特别约定再次抵押需要抵押权人的同意，否则，按照我国法律规定，抵押的房产是可以多次对外抵押的。如果原抵押合同有特别约定需取得抵押权人的同意，没有取得抵押权人的同意，不动产权登记中心才不会再次给予办理抵押登记。

这样一来，就会出现一个房屋多次抵押的情况，那么，在这种情况下，一旦房屋被拍卖，是如何分配的呢？

我国《民法典》第四百一十四条第一款规定："同一财产向两个以上债权人抵押的，拍卖、变卖抵押财产所得的价款依照下列规定清偿：（一）抵押权已经登记的，按照登记的时间先后确定清偿顺序；（二）抵押权已经登记的先于未登记的受偿；（三）抵押权未登记的，按照债权比例清偿。"实现的是登记优先原则,登记的优先于未登记的,登记在前优先于登记在后的,同时登记、未登记的按照债权比例分配。

典型案例 [1]

2019年10月21日,被告王某与原告某银行签订了《个人借款合同》,该个人借款合同中约定"1.1借款种类:短期贷款。1.2借款用途:借旧还新。1.3金额(人民币大写):肆佰伍拾万元整。1.4期限:期限为自2019年10月21日至2020年10月20日。1.5借款方式。采用非循环方式借款,借款人在前款规定的金额、期限内一次性发放。1.6借款年利率6.525%,在合同有效期内利率不变"。

同日,被告某汽车运输公司与原告某银行签订《最高额抵押合同》,将其名下的房产提供抵押。合同约定"1.1抵押人所担保的主债权为自2019年10月21日至2022年10月20日(包括该期间的起始日和届满日,该期间为最高额担保债权的确定期间),在人民币(大写)陆仟壹佰叁拾壹万元整的最高额余额内,抵押权人依据与王某(以下简称债务人)签订的借款合同、银行承兑协议以及其他融资文件(以下简称主合同)而享有的对债务人的债权……3.1抵押财产详见编号为2019年××的不动产抵押清单"。

王某未按期归还借款,某银行起诉要求归还借款,并要求对抵押的房屋变卖、拍卖优先受偿。

法院认为,2019年10月21日,被告某汽车运输公司与原告某银行签订《最高额抵押合同》,将其名下的不动产提供抵押,并办理了不动产抵押登记,抵押权依法设立,但经审查,该不动产上已办理多次抵押登记,原告可按照抵押顺序依次受偿。因此,法院判决原告某银行对本判决第一项确定的债权范围内案涉不动产享有抵押权,并依照抵押顺序依次受偿。

---

[1] 案号:山东省齐河县人民法院(2021)鲁1425民初97号民事判决书。

法律分析

这是房屋存在多次抵押，法院明确判决依照抵押顺序依次受偿的典型案件。

按照《城市房地产抵押管理办法》第九条的规定，房地产抵押后，该抵押房地产的价值大于所担保债权的余额部分，可以再次抵押，但不得超出余额部分。因此，房屋是可以多次反复抵押的，尽管规定不得超过余额部分，但是，由于房屋价值在抵押时，作为房屋管理部门难以简单地凭空认定，所以，只要所有抵押的价值未明显超出房屋价值，不动产权登记中心都会予以登记。只要进行登记，就设立了抵押物权，具有公示效力。这样，就会出现在同一房屋产权上存在多个经登记的抵押权，本案诉争房屋就存在多个抵押登记，在这种情况下，如果没有其他无效情况，都是有效的，都对该抵押房屋拥有优先受偿权，但优先受偿的顺序是按登记的顺序。先行登记的抵押权人在抵押债权范围内优先受偿后，再由下一登记顺序的抵押权人在其抵押债权范围内优先受偿，以此类推。同一登记顺序的，按债权比例分配。

同时，在实际生活中，除了登记的抵押，还可能只签了抵押合同，由于各种原因，未进行抵押登记的抵押。根据登记优先于未登记的原则，只能在登记的抵押债权优先受偿完成后，如果还有剩余，再偿还未登记的抵押债权。而且未登记的，不再分先后顺序，直接按债权比例分配。

> **特别提示**
>
> 抵押权与租赁权冲突，保护的原则是谁在先保护谁。抵押人未经抵押权人同意将抵押物出租的，执行法院有权以裁定形式直接予以处理。

7. 抵押的房屋又被出租了，并被房东一次性收取了长年的租金，房东无钱还款，贷款人是否可以清走租户，对外拍卖房屋？

答：抵押的房屋由于不转移占有，仍然由原房主占有和使用，在正常情况下，并不影响抵押权物的价值，不影响抵押权人的利益。但是，如果房屋抵押后被长期租赁，或在处置拍卖时，存在租赁的情况，特别是租金已经被原房主收取或租金较低，自然会影响房屋的处置价值，侵害抵押权人的利益。

一些抵押人为了阻止房屋被法院拍卖，也会利用这种方式故意设置租赁。由于存在长期租赁，购买人购买了房屋，只是名义上的所有人，长期无法使用，难以拍卖成功；即使拍卖成功，抵押人也可以通过租赁仍然长期"占有"抵押房屋。面对这种状况，如何处理？是不是先要进行解除租赁合同的诉讼，解除租赁合同，清走租户？还是可以直接起诉要求直接对外拍卖房屋？拍卖房屋后直接清走租户？

抵押权人可以不理会租赁，直接起诉要求法院拍卖抵押的房屋，以拍卖款优先归还债务。拍卖后，要求法院在执行过程中裁定解除占有，直接清退租赁户。

典型案例[①]

2010年12月24日，天某大酒店、灏某公司、远某电器公司三方签订《房屋租赁协议》一份，主要内容是2010年2月灏某公司受让天某大酒店96.3%的股份，上海瀚某酒店经营管理有限公司受让天某大酒店3.7%的股份；灏某公司向远某电器公司借款人民币1.03亿元用于支付股权转让款，经三方协商确认，该笔款项用于远某电器公司支付租用天某大酒店租期为20年的租赁款；租赁期间2010年12月24日至2030年12月23日，租赁费为人民币1.03亿元。2014年8月10日，远某电器公司与天某大酒店签订的补充协议一份，主要内容是天某大酒店同意远某电器公司对租赁房屋进行转租，转租合同可以使用天某大酒店名义，转租条款需经得天某大酒店认可，收取的转租收入根据远某电器公司指令支付。

2011年5月20日，海某酒店（集团）有限公司的法定代表人的委托代理人王某兮、灏某公司的法定代表人倪某与远某电器公司的法定代表人卞某美当着公证员在《关于上海天某大酒店股权转让款的委托付款补充协议》上签名盖章。该公证书所附《关于上海天某大酒店股权转让款的委托付款补充协议》的主要内容为：1.远某电器公司分别于2010年4月8日、4月12日、12月24日和2011年1月20日、2月11日、2月21日、3月4日划付海某酒店（集团）有限公司3000万元人民币、900万元人民币、2000万元人民币、500万元人民币、300万元人民币、200万元人民币、3400万元人民币，共计10300万元人民币是依据《股权转让协议》代灏某公司支付给海某酒店（集团）有限公司的天某大酒店股权转让款；2.海某酒店（集团）有限公司同意接受灏某公司的委托付款，并与灏某公司、远某电器公司签订本委托付款协议。3.三方确认，签署本协议不会免除海某酒店（集团）有限公司与灏某公司于2010年2月签订的《股权转让协议》中灏某公司的支付义务。若远某电器公司对本协议第一条约定中支付的款项有异议，则灏某公司需依据本协议第一条约定

[①] 案号：最高人民法院（2021）最高法民申6584号民事裁定书。

支付上述款项。

最高人民法院经审查认为，本案的焦点问题在于执行案件案外人远某电器公司依据《房屋租赁协议》主张的租赁权在强制执行程序中是否足以对抗申请执行人某银行的抵押权。

远某电器公司在原审程序中举证证明，2010年12月24日，天某大酒店、灏某公司、远某电器公司三方签订《房屋租赁协议》一份，主要内容是灏某公司为受让天某大酒店96.3%的股份，向远某电器公司借款人民币1.03亿元用于支付股权转让款，经三方协商确认，该笔款项用于远某电器公司支付租用天某大酒店租期为20年的租赁款。现远某电器公司以此为据，主张其享有天某大酒店部分房产为期20年的租赁权。判断远某电器公司所主张的租赁权是否足以对抗某银行的抵押权，应当结合双方针对租赁物（抵押物）所主张的租赁权与抵押权设立的时间先后，以及承租人是否在该不动产被查封之前已经合法占有使用等因素。

在社会经济活动中，同一标的物上可能同时存在租赁权和抵押权。《民法典》施行前，针对抵押权与租赁权产生权利冲突该如何协调处理，法律没有作出明确规定。《合同法》第二百二十九条规定，租赁物在租赁期间发生所有权变动的，不影响租赁合同的效力。即"买卖不破租赁"原则，表明租赁权在一定意义上具有物权化的特性。抵押权属于担保物权，体现标的物的交换价值属性，抵押权人行使权利实现抵押权，在实践中以发生标的物的所有权变动为一般样态。综合以上分析，最高人民法院认为判断和处理同一标的物上并存的租赁权和抵押权冲突，应以上述两种权利设立的时间先后为标准和遵循。也就是说，同一标的物上抵押权设立前，抵押财产已经出租并交付给承租人占有使用，因抵押权人实现抵押权导致标的物所有权变动的，原租赁关系不受影响，承租人有权继续占有并使用该标的物。反之，如果租赁关系于抵押权设立后形成，或者承租人未能举证证明在抵押权设立时其已合法占有使用标的物，抵押权人行使权利导致标的物权属变动的，承租人的租赁权则不能对抗该权利变动。从本案以及与诉争租赁物（抵押物）相关案件查明的事实看，某银行与天某大酒店就案涉租赁物（抵押物）于2010年12

月24日签订《最高额抵押合同》，于2010年12月28日办理抵押登记，设定了抵押权。2010年12月24日，天某大酒店、灏某公司、远某电器公司三方签订《房屋租赁协议》。但远某电器公司未能举证证明案涉租赁物（抵押物）于何时交付其实际占有，其于何时开始实际行使租赁权。因此，远某电器公司所主张的租赁权在实体法上不足以对抗交某银行的抵押权。

在某银行与天某大酒店之间金融借款合同纠纷案件进入诉讼程序后，南通市中级人民法院于2018年6月22日第四顺位轮候查封了案涉不动产。该案件判决生效进入执行程序后，执行法院裁定拍卖、变卖诉争不动产，远某电器公司提出案外人执行异议被驳回后，提起了本案诉讼。《最高人民法院关于人民法院办理执行异议和复议案件若干问题的规定》第三十一条第一款规定，承租人请求在租赁期内阻止向受让人移交占有被执行的不动产，在人民法院查封之前已签订合法有效的租赁合同并占有使用该不动产的，人民法院应予支持。本案诉讼程序中，远某电器公司一直未能举证证明其是否于人民法院查封前已经合法占有使用该诉争不动产。

📝 法律分析

这是最高人民法院对于租赁权与抵押权发生冲突时，如何审理和处理进行详细论述的典型案例。

最高人民法院认为，判断和处理同一标的物上并存的租赁权和抵押权冲突，应以上述两种权利设立的时间先后为标准和遵循。也就是说，同一标的物上抵押权设立前，抵押财产已经出租并交付给承租人占有使用，因抵押权人实现抵押权导致标的物所有权变动的，原租赁关系不受影响，承租人有权继续占有并使用该标的物。反之，如果租赁关系于抵押权设立后形成，或者承租人未能举证证明在抵押权设立时其已合法占有使用标的物，抵押权人行使权利导致标的物权属变动的，承租人的租赁权则不能对抗该权利变动。

本案中，2010年12月24日，天某大酒店、灏某公司、远某电器公司三方签订《房屋租赁协议》，2010年12月28日，办理抵押登记，设定了抵押权。租赁合同早于抵押权设定，但远某电器公司未能举证证明案涉租赁物（抵押物）于何时交付其实际占有，其于何时开始实际行使租赁权。因此，远某电器公司所主张的租赁权在实体法上不足以对抗某银行的抵押权。

尽管法院认可租赁合同的有效性，以及抵押权早已设立，但是，只要在执行程序中，作出这样的裁定，某银行就可以申请折价、变卖或拍卖优先受偿，法院有权直接清空现场，无须先解除租赁合同。

> **特别提示**
>
> 抵押权设立前,抵押财产已经出租并转移占有的,原租赁关系不受该抵押权的影响。

8. 租赁的房屋又被抵押了,房东未还钱,房屋要被拍卖,租户是否可以要求继续租赁房屋?

答:在正常情况下,房屋抵押登记之前、之后,抵押人均可将抵押的房屋出租给第三人使用。租赁关系直接针对的是房屋的占有、使用和收益,而抵押权针对的是房屋的交换价值,两者在正常情况下并没有本质的冲突,这也是抵押制度的价值所在。不影响房屋的正常使用收益,又能通过交换价值的抵押,取得融资。

但是,在房屋真的需要拍卖时,租赁的存在又往往会影响房屋的交换价值,出现抵押权与租赁权的冲突。在抵押权与租赁权出现冲突时,如何处理?优先保护哪个权利?遵循的是谁在先的原则。抵押权在先,即抵押后再租赁,优先保护抵押权;租赁权在先,即租赁后再抵押,优先保护租赁权。《民法典》第四百零五条规定:"抵押权设立前,抵押财产已经出租并转移占有的,原租赁关系不受该抵押权的影响。"《民法典》第七百二十五条规定:"租赁物在承租人按照租赁合同占有期限内发生所有权变动的,不影响租赁合同的效力。"也即通常大家说的"买卖不破租赁原则"。同时,《最高人民法院关于审理城镇房屋租赁合同纠纷案件具体应用法律若干问题的解释》(2020年修正)第十四条规定,租赁房屋在租赁期间发生所有权变动,承租人请求房屋受让人继续履行租赁合同的,人民法院应予以支持。但是租赁房屋具有下列情形或者另有约定除外：（1）房屋在出租前已经设立抵押权，因抵押权人实现抵押权发生所有权变动的；（2）房屋在出租前已被人民法院依法查封的。

因此，如果涉及法院拍卖执行的房屋在订立租赁合同时未设立抵押和查封的，可以继续依照原合同继续承租；如果因出租人违反约定，隐瞒了有关事实，导致承租人无法继续承租的，出租人应当承担违约责任。

典型案例[①]

2013年3月9日，玉某宾馆与苏某签订《租赁合同》，租赁期限为十五年，自2013年4月18日起至2028年4月17日止。2015年6月16日，玉某宾馆与苏某共同向某银行出具《承租人出租人承诺书》，承诺在房屋租赁期间，如某银行行使抵押权处置承租房产，则房屋租赁合同于该行通知之日提前终止，因租赁合同履行或解除发生的争议由租赁双方自行协商解决。

2016年9月9日、10月14日、12月15日，甘某矿业公司分别与某银行签订三份《流动资金借款合同》（以下简称《借款合同》），约定甘某矿业公司向某银行分别借款300万元、2000万元和700万元。2016年9月1日、10月12日、12月12日，玉某宾馆出具三份《抵押承诺书》，承诺以某国有土地使用权及某商业用房为甘某矿业公司前述贷款提供抵押担保。

法院认为，关于某银行主张的抵押权与苏某的租赁权是否存在冲突的问题，《物权法》第一百九十条规定："订立抵押合同前抵押财产已出租的，原租赁关系不受该抵押权的影响。抵押权设立后抵押财产出租的，该租赁关系不得对抗已登记的抵押权。"本案中，苏某与玉某宾馆订立的《租赁合同》签订于2013年3月9日，租期十五年，早于某银行与甘某矿业公司所签的《借款合同》和《最高额抵押合同》。2015年6月16日，玉某宾馆与苏某共同出具《承租人出租人承诺书》载明：房屋租赁期间，如某银行行使抵押权处置承租房产，则房屋租赁合同于该行通知之日提前终止。因租赁合同履行或解

[①] 案号：最高人民法院（2019）最高法民终1206号民事判决书。

除而发生的争议,由租赁双方自行协商解决。苏某虽辩称该承诺书系某银行与甘某矿业公司恶意串通,向其隐瞒案涉借款已发放并办理抵押的事实,诱骗其签字形成,但并未提交相应证据予以证实。根据该承诺书,苏某与玉某宾馆签订的《租赁合同》应在某银行行使抵押权时即行终止,苏某自此不再享有玉某宾馆租赁权,其在承诺书上的签字行为可视为其对法律赋予的"抵押不破租赁"的权利予以放弃。

综上,某银行可对玉某宾馆的相关抵押财产行使抵押权,苏某可在证据充分时对其与玉某宾馆之间因《租赁合同》发生的争议另行提起诉讼。但因某银行尚未实际处置案涉抵押财产,即承诺书所附条件尚未成就,故一审法院对某银行主张案涉抵押权行使时玉某宾馆与苏某所签《租赁合同》自行终止的诉讼请求不予处理。

法律分析

这是房屋租赁后,又抵押贷款的典型案例。

本案房屋租赁十五年后,又用于抵押贷款。在抵押贷款时,贷款银行要求租赁户出具承诺书承诺,在实现抵押权处置抵押物时,租赁自动终止,这是存在租赁房屋向银行抵押贷款,抵押贷款银行通常的做法,这种承诺对于承租户存在重大的风险。本案的承租户苏某就出现这个问题,虽然租赁合同先于抵押权设立,但是,由于其配合出具了承诺书,致使其租赁合同在与抵押权冲突时失去了原有的法律地位。

法院认为,《物权法》第一百九十条规定:"订立抵押合同前抵押财产已出租的,原租赁关系不受该抵押权的影响。抵押权设立后抵押财产出租的,该租赁关系不得对抗已登记的抵押权。"从此条规定可以看出,法律未限制在已出租的标的物上设定抵押。抵押权系担保物权,所追求的是标的物的交换价值;租赁权系债权,所追求的是标的物的使用价值,二者在同一标的物上同时设立并不冲突。虽然在抵押权人实现抵押权时,租赁在先的承租人可以"抵押不破租赁"对抗抵押权人或者标的物受让人,在租赁期限内继续承租标的物,但承租人不享有以在先租赁权阻却抵押权人以折价、拍卖或变卖等方式处置抵押物并就价款优先受偿的权利。无论租赁在先还是租赁在后,均不影响抵押权人请求人民法院对依法设立的抵押权进行确认。

虽然该案中由于不同于同一诉讼法律关系未对其《租赁合同》进行处理,但是,苏某与玉某宾馆出具了"行使抵押权处置承租房产,则房屋租赁合同于该行通知之日提前终止"的承诺函,在抵押物进行拍卖时,将无法对抗抵押物的处置,以及处置后无法按原租赁合同继续承租标的房屋。

> **特别提示**
>
> 政府不动产权登记中心不会主动注销抵押登记，需要抵押当事人提出相应的注销申请，才能真正解除抵押登记。

9. 按揭贷款抵押给银行的房屋，还清贷款后，是否要去产权登记中心办理解押手续？如何办理？

答：从法律权利上看，房屋抵押权是担保物权，属于从权利，是为了保障债务的归还这一主债权而存在的；按照法律规定，主债权消灭，从债权也消灭。贷款还清后，抵押权这一从债权自然也消灭。因此，从法律角度来说，贷款还清后，抵押权就已经自然失效，不再具有抵押担保的法律效力了。

尽管抵押权已经失效，但是，按照实际的操作程序，政府不动产权登记中心是不会主动去审查并注销抵押登记，需要抵押当事人提出相应的注销申请，经其审核无误后办理注销手续，才能真正解除抵押。

那么如何办理解除抵押的手续呢？一般需要通过以下几步（每个银行的解押程序有所不同，仅供参考）：

（1）办理贷款结清。借款人贷款扣划还清后，需到贷款银行的贷款服务中心办理贷款结清手续，领取贷款结清通知单。

（2）领取《关于解除房屋产权抵押的通知》。持银行开具的贷款结清通知单到银行保全部开具《关于解除房屋产权抵押的通知》。

（3）领取《房屋他项权证》。借款人持本人身份证及解押手续到银行保管部门领取《房屋他项权证》。

（4）办理解押。借款人持以上手续前往政府部门的不动产权交易中心办理抵押房产的解押手续。

🔍 典型案例[①]

2005年5月12日，刘某因购车需要资金向某银行借款3万元，借款期限为1年，自2005年5月12日起至2006年5月11日止。刘某以自有案涉房屋为上述借款进行抵押担保，并办理了抵押登记。某银行当天将贷款3万元发放给刘某，刘某向某银行出具《信用合作社贷款借据》一份。刘某按约定支付利息至2007年2月3日，之后未再付息，某银行于2019年10月28日通过电话向刘某催收贷款本金及利息。刘某诉至法院请求解除抵押登记手续，某银行以要求刘某偿还借款本金及利息为由，向原审法院提出反诉。

法院经审理认为，当事人签订的《抵押担保借款合同》约定"抵押期限自本合同生效起至乙方履行完毕本合同止"，他项权证中登记的抵押期间为1年，即2005年5月2日至2006年5月11日。根据《物权法》第二百零二条"抵押权人应当在主债权诉讼时效期间行使抵押权；未行使的，人民法院不予保护"的规定，该案诉讼时效已过，抵押权亦应解除。

✏️ 法律分析

这是一个抵押权依法已经失效，抵押人起诉要求消除抵押登记手续的典型案例。

借款合同、抵押合同都超过了诉讼时效，某银行无法再通过诉讼要求刘某要求归还借款及要求行使抵押权。但是，只要抵押登记仍然存续，从形式上看房屋仍然存在抵押。尽管依据法律规定抵押权已经失效，但是，还得消除房屋上的抵押登记。

《物权法》第二百零二条规定，抵押权人应当在主债权诉讼时效期间行使抵押权，未行使的，人民法院不予保护。本案中，某银行作为抵押权人，在本案主债权诉讼时效期间内，未向抵押人刘某主张行使抵押权，

[①] 案号：湖南省湘潭市中级人民法院（2020）湘03民终821号民事判决书。

故某银行享有的抵押权因抵押权的存续期间届满而不受司法保护和救济。

法院认为，为了充分发挥抵押物的财产效能，保护抵押人的合法权益，某银行应协助刘某办理注销案涉抵押物的抵押登记手续。某银行认为抵押权人未及时行使抵押权，只是丧失对抵押物拍卖变卖价款享有优先受偿权，抵押不应当解除。对此，法院认为，《物权法》第二百零二条规定的抵押权的存续期间届满，抵押权人的债权已丧失司法保护，抵押权已经无法实现，就实际结果来看，抵押权等同于消灭。

> **特别提示**
>
> 除非在债务到期后达成以房抵债的协议，否则，抵押权人无权依据原抵押合同、《他项权证书》要求直接"收房"。

10. 抵押给他人的房屋，到期后未还款，贷款人是否可以直接要求"收房"？

答："房子已经抵押给你，不还钱，房子就归你了""房子已经抵给银行了，房子已经不是我的了，是银行的了，不还钱，到时候银行就会来'收房'"。日常生活中以及电视剧中，经常能听到这样的台词。

不少人也会认为，房屋抵押给谁，该房屋就已经是谁的了，只要不还钱，抵押权人就有权直接来"收房"。其实，这是一种错误的认识。抵押权尽管是一项物权，但是，它不是所有物权，是一项他项物权。顾名思义，他项物权是在他人物权上建立的物权。所有权仍然是抵押人，抵押权人是抵押人的所有权的基础之上的设立的担保物权，是用于担保债务的履行，抵押权本身并不具有占有、使用、收益的权利，只是拥有附条件的处置权，即担保的债务未归还时，可以对其进行处置。

除非在债务到期后未归还，抵押权人与抵押人达成以房抵债的协议，否则，抵押权人也无权依据原抵押合同、《他项权证书》要求直接"收房"。哪怕是在抵押合同中，已经约定如果债务人不还钱，房屋直接归抵押权人所有，抵押权人有权直接"收房"。因为，这种条款属于"死当"条款，按照法律规定，属于无效条款。抵押权人可以与抵押人协议以抵押财产折价或者以拍卖、变卖该抵押财产所得的价款优先受偿。抵押权人与抵押人未就抵权实现方式达成协议的，抵押权人可以请求人民法院拍卖、变卖抵押财产。

对于已经办理抵押登记的房屋抵押权，如果没有其他纠纷，只是想通过法院拍卖、变卖抵押财产，优先受偿，按照《民事诉讼法》第二百零四条的规定，可以直接向法院申请拍卖、变卖抵押财产，无须事先进行诉讼。法院审查符合法律规定的，可以直接裁定拍卖、变卖抵押财产，变卖、拍卖款优先用于归还抵押债务。

典型案例[①]

2018年1月6日，以丁某为甲方（出借人）、陈某1为乙方（借款人）、周某某为丙方（担保方）三方分别签订了两份《借款合同》。

第一份借款合同约定：1.乙方向甲方借款850万元，由甲方直接通过银行转账的方式转入乙方指定账户；2.借款期限至2018年6月30日；3.借款利息按日结息，实际收费标准以乙方向甲方开始定资金的时间为准；4.丙方为乙方向甲方借款提供连带保证担保，保证范围包括借款本金和利息。第二份借款合同除约定的借款金额为200万元外，其余内容与第一份借款合同一致。

2019年1月13日，以丁某为甲方、陈某1与陈某2为乙方、周某某为丙方、张某某为丁方，签订了一份《抵债协议书》，主要内容为：1.截至2019年1月13日，乙方欠甲方借款本金1050万元。甲方自愿放弃100万元，乙方仅欠甲方借款本金950万元；2.因乙方无法偿还甲方前述债务，丙方自愿将自有位于凯里市面积757 ㎡的四层房屋及房屋所及土地、屋内装修、屋内全部家电抵偿乙方所欠甲方的前述全部债务；3.鉴于抵债房屋已被划入拆迁范围，若在2021年12月30日之前房屋被拆迁，根据当地政策确定用"拆迁补偿款"的方式补偿，补偿款项归甲方所有。不足部分乙方继续承担还款责任，超出部分归丙方所有。甲方承诺不论以现金还是以房屋方式获得拆迁补偿时，补偿金额或补偿房屋价值高于800万元整的，甲方自愿将高出

---

① 案号：贵州省黔东南苗族侗族自治州中级人民法院（2021）黔26民终188号民事裁定书。

800万元中的50万元给予丙方作为生活保障。4.因丙方现居住在上述抵债房产内，且抵债房产已被划入拆迁范围，甲方同意乙方在2021年12月30日之前分期偿还本协议项下全部欠款。若乙方不能按照约定偿还任何一期借款，应当自逾期之日起，以未偿还借款金额为基数，按照每月2%的标准计算违约金。同时甲方有权立即收房，有权要求丙方立即搬出抵债房屋，并依法处置房屋。

事后，因被告陈某1、陈某2既未能履行还款义务，周某某也不搬离涉案抵债房屋，原告丁某在多次催收未果的情况下于2020年9月2日向法院提起诉讼。

法院认为：本案原告丁某与四被告（陈某1、陈某2、周某某、张某某）于2019年1月13日签订一份《抵债协议书》是事实，但《物权法》第一百八十六条规定："抵押权人在债务履行期届满前，不得与抵押人约定债务人不履行到期债务时抵押财产归债权人所有。"《担保法》第四十条规定："订立抵押合同时，抵押权人和抵押人在合同中不得约定在债务履行期届满抵押权人未受清偿时，抵押物的所有权转移为债权人所有。"故原告丁某主张确认《抵债协议书》合法有效有违法律规定。

法律分析

这是在抵债合同中明确约定"只要借款人违反还款义务，出借人有权立即收房，有权要求对方立即搬出抵债房屋，并依法处置房屋"却未获法院支持的典型案例。

本案的《抵债协议书》明确约定借款方不能按照约定方式偿还任何一期借款，出借方有权立即收房和要求对方立即搬出抵债房屋。由于双方在《抵债协议书》中约定最后三笔还款期限尚未届满，《抵债协议书》约定债务人到期不履行债务时，抵债物归债权人所有违背了原《物权法》第一百八十六条和《担保法》第四十条关于流质的规定。即便抵债协议对当事人具有约束力，债权人也不能直接实现抵债物的物权，必须经人民法院查封、评估、拍卖或者变卖抵债物所得价款来清偿债务，债权人无权直接"收房"，无权要求腾退移交房屋。

《民法典》第四百零一条也规定："抵押权人在债务履行期限届满前，与抵押人约定债务人不履行到期债务时抵押财产归债权人所有的，只能依法就抵押财产优先受偿。"这条规定具有两层法律含义，第一，在债务履行期限到期前，就约定抵押财产归债权人所有的，无法达到所有权归债权人的法律效果，是无效的；第二，只能达到抵押财产优先受偿的法律效果，但是，也只能通过法院变卖、拍卖后优先受偿，不能直接"收房"后处置。除非双方在债务到期后，通过平等、友好协商达成抵债协议或折价、变卖协商，再用折价、变卖款项归还到期债务。

第七章

房产租赁纠纷

基于中国人对房产的特殊情结，谁都想拥有属于自己的房产，但是，并非每个人都有能力买房，特别是在一、二线城市，面对高昂的房价，不少人只能望房兴叹，不得不租赁房屋。

　　在北京、上海、广州、深圳等一线城市，租房居住的人口仍然占据很大的比例，因此房产租赁纠纷也是常见的房产纠纷的类型。

> **特别提示**
>
> 应特别注意出租人与产权人是否一致,并详细约定地点、面积、结构、附属设施和设备、租赁起止时点、租金支付方式。

1. 房产租赁合同包括哪些主要条款?需要注意哪些问题?

答:房屋租赁合同主要应当包括以下条款和注意以下问题:

(1)租赁当事人的姓名或者名称、住所:出租人要与产权证上的产权人一致;如果系转租,应与原承租人一致,最好也写明原出租人的姓名或名称。出租人是个人的,应与身份证一致;出租人是单位的应与营业执照、社团登记证、事业单位登记证书的名称一致。同时,需特别注意的是应与租赁合同上的所盖公章单位名称一致。在实践中,经常发生合同当事人名称与合同盖章名称不一致的情况,发生纠纷后,谁是真正的当事人,甚至租赁合同是否真正签署将成为问题。

(2)房屋坐落地点、面积、结构、附属设施和设备状况:坐落地点一定要尽量详细,具备产权证的,应与产权证上的地址一致,产权证的地址经常与通用地址不同,通用地址往往是"某小区某号楼某单元某号房",但是,产权证的地址往往是"某街某巷某号楼某单元某号房",应使用产权证上的地址。租赁范围和租赁面积纠纷是租赁纠纷中最为常见的纠纷之一,因此,一定要详细标明面积和结构,特别是租赁的不是界限非常明确的单元套房。例如,半层、多套租赁,最好附租赁房屋结构图,标清楚四至及面积、长宽;同时,要用附件清单的形式详细列明所附的附属设施设备情况,以防承租人在使用某一设施设备时,就是否另行收费产生纠纷。

(3)租赁用途和租赁期限:明确租赁房屋的用途,特别是在租赁之后用于办公、经营等其他用途的。约定具体的租赁期限,除约定期限外,应约定具体的租赁起止时间、交房时间、免租时间、租金起算时间。

(4)租金和支付方式:约定租金数额及具体的租金计算方式,除约定按照年或月的以时间计算租金外,最好还应约定以面积计算租金的方式,即每平方米/月的租金,以防租赁面积发生争议时具体租金的调整。如果每期的租金不同,不要只是简单地约定增长比例,最好具体约定每期的金额,以及每期的具体支付时间。

(5)房屋使用和修缮责任:如果没有具体约定,按照法律规定房屋正常修缮是出租人的责任,因承租人使用不当而造成损坏的,由承租人负责维修或赔偿。出租人无力对住房进行修缮的,承租人可与其共同出资维修,承租人负担的维修费用可以抵偿应交的租金或由出租人分期偿还。但是,当事人可以对使用和修缮进行具体约定,双方可以具体约定哪些设备设施、哪些情况下修缮由出租人负责,其他由承租人负责。

(6)转租的约定:按照法律规定,如果没有约定可以转租,是不允许承租人转租的,如果不允许转租,而承租人擅自转租,出租人则有权终止租赁合同。有的承租人租房的目的并不是自用,而是想通过转租取得租金收入,故应该在合同中对转租情况加以约定,如对是否允许转租、转租的面积比例、租金收入分配、次承租人的管理等进行具体约定。

(7)租赁合同变更和解除的条件:租赁合同什么情况下可以变更,变更应当履行什么手续;出现什么情况一方可以解除租赁合同,解除后,双方应当如何履行结算和退房手续,如何承担责任。特别需要注意的是,解除合同的条件与标准应当具体、可操作,同时,由于解除合同的原因应当是一方违约比较严重的情况,不应有轻微违约就可解除合同的条款或笼统的解除条款,以免一方以此为由随意解除租赁合同。

(8)违约责任和争议解决的方式:应约定具体的违约条款,而且不要只笼统地约定"违约一方应承担违约责任或赔偿责任"。租赁合同中主要应约定逾期交房、逾期支付租金、逾期修缮房屋、擅自转租、擅自改变房屋用途结构、逾期归还房屋等违约责任。争议解决的方式是选择仲裁还是诉讼解决，如果选择仲裁，应具体约定详细的仲裁机构。只是选择仲裁，未明确约定具体的仲裁机构的，仲裁条款无效。

典型案例[①]

2008年10月15日，泰某公司作为甲方与乙方友某集团签订《租赁合同》，约定甲方将其拥有产权的位于乌鲁木齐市某步行街41056.06平方米营业场所租赁给乙方，供乙方下属美美分公司使用。合同约定租赁期限为10年+5年，自2009年1月1日起计算，10年期满后，如双方无特别异议，本合同自动顺延5年。15年期限届满，乙方如决定继续租赁，应在租赁期限届满三个月前通知甲方，甲乙双方在租赁期限届满前协商签订续租合同，乙方有优先租赁权。

2018年4月23日，泰某公司向友某集团发出《关于租赁合同期满终止的函》，主要内容为："根据合同约定，首10年租期从2009年1月1日开始，至2018年12月31日结束；第二个5年租期为附条件租期，即只有在'双方无特别异议'的前提下方可开始第二个5年租期。鉴于泰某公司对《租赁合同》10年期满后继续履行持有特别异议，故决定不再执行第二个5年租期，现正式通知贵司，双方《租赁合同》履行至2018年12月31日正式终止。"

2018年6月1日，泰某公司再次向友某集团发出《关于尽快确定美美商场移交事宜的函》，要求双方尽快协商确定商场移交具体事宜。2018年11月29日，泰某公司向美美商场全体商户及员工发出一封公开信，称泰某公司与友某集团原《租赁合同》将于2018年12月31日终止，商场原商户在2019年1月1日后想留在商场继续经营的，泰某公司同意接收，员工和管理人员可续签劳动合同。

泰某公司发出上述函件后，友某集团于2018年发出《关于美美购物中

---

① 案号：最高人民法院（2020）最高法民终838号民事判决书。

心相关事宜的回函》，认为对合同顺延5年无任何异议，合同应履行至2023年12月31日，友某集团拒绝终止合同并移交商场。2019年1月、4月、7月友某集团分别向泰某公司支付季度租金，泰某公司收款后开具了发票。目前美美商场仍由友某集团经营管理。友某集团认为，根据合同目的、合同有关条款、交易习惯、合同履行情况、诚实信用原则以及合同格式条款的解释规则，《租赁合同》约定10年+5年租期本意均应当认定为15年而非10年。根据某国有资产监督管理委员会出具的"情况说明"，合同约定的"特别异议"仅指出现泰某公司不能提交租赁物或友某集团无能力交租金等导致双方租赁关系客观上无法存续的极端事由，而非一方提出异议、不同意继续顺延即可。

但是法院认为，《租赁合同》的租期分为10年和5年两个阶段，第一个租期期满后合同是否顺延取决于双方是否提出"特别异议"。对"双方无特别异议"没有作出约定，应结合上述条款的字面含义、行业交易习惯等综合判断，认为从条款的字面意思分析，"双方无特别异议"系双方对继续第二个租期均无拒绝的意思表示，若一方拒绝顺延，则合同在第一个租期期满后即应终止。

法律分析

这是对于《租赁合同》的关键条款租赁期限"10年+5年"以及"特别异议"约定不明导致纠纷的典型案例。

对于《租赁合同》，租赁物范围、租期、租金是最为关键的三个方面，必须明确无异议，表述的文字尽可能清晰无歧义。本案就因为"10年+5年"租期是15年，还是两个租期，即第一个10年租期和第二个5年租期；以及"特别异议"究竟指什么？导致承租人辛苦培育起来的市场经营，希望再经营5年的梦想破灭。从经济角度计算，可以说将给承租人带来巨额损失。

《租赁合同》约定："租赁期限为10年+5年，自2009年1月1日起计算，10年期满后，如双方无特别异议，本合同自动顺延5年……"

这一条租赁期限约定，存在两个争议：一是"10年+5年"是15年租期，还是租期分为10年和5年两个阶段？法院最终认可了第二种解释。二是对于什么是"特别异议"，因《租赁合同》并未对"双方无特别异议"作出约定，只能结合上述条款的字面含义、行业交易习惯等综合判断。法院最终认为"双方无特别异议"是指双方对继续第二个租期均无拒绝的意思表示，若一方拒绝顺延则合同在第一个租期期满后即应终止。

> **特别提示**
>
> 租赁期超过六个月的，应当签订书面合同，未签订书面合同的视为无固定期限租赁，是否备案登记不影响合同的效力。

2. 房产租赁是否一定要签订书面合同？是否要向房管部门登记备案？不登记备案要承担什么责任？

答：《民法典》第七百零六条规定："当事人未依照法律、行政法规规定办理租赁合同备案登记手续的，不影响合同的效力。"《民法典》第七百零七条规定："租赁期限六个月以上的，应当采用书面形式。当事人未采用书面形式，无法确定租赁期限的，视为不定期租赁。"从以上法律规定，可以非常明确地看到，六个月以上的租赁是需要签订书面合同的。未签订书面租赁合同，形成事实租赁关系的，也并非无效，但是，如果无法确定租赁期限，对租赁期限有争议的，视为不定期租赁，任何一方都有权随时要求终止租赁合同，当然应当给予对方合理的退房时间。

按照《城市房屋租赁管理办法》[①]的规定，房屋租赁实行登记备案制度。签订、变更、终止租赁合同的，当事人应当向房屋所在地市、县人民政府房屋管理部门登记备案。房屋租赁当事人应当在租赁合同签订后30日内，持管理办法规定的文件到市、县人民政府房地产管理部门办理登记备案手续。由于《民法典》以及原《合同法》都规定，租赁合同未备案登记不影响合同的

---

① 该规章已失效，仅为说明具体问题，供读者研究和参考，下文不再提示。

效力，因此，在实践中，大多数的租赁合同都没有进行备案，房屋管理部门也未对没有备案的房屋租赁进行处罚。

但是，应当注意的是，如果租赁合同约定备案后生效或有部分特殊房产按照相关规定备案后才生效的，应当进行备案。另外，以房屋租赁合同为基础向其他政府部门办理相关手续的，房屋租赁合同通常需要备案。例如，办理入学、居住证、暂住证等，各地相关部门通常需要提交备案后的房屋租赁合同，备案后，房屋管理部门会在租赁合同上盖备案专用章或出具备案证明。

典型案例[①]

2004年3月28日，双方当事人口头约定，祝某租用郑某的门面房，用于经营销售摩托车及维修。2014年10月至2016年5月，祝某与郑某的妻子曹某按照马桥租房市场逐年交付租金后，继续租用郑某靠河堤左边的两间门面房及右边一间门面房。2014年年初，郑某因资金周转困难，祝某遂将50000元交付郑某使用，经祝某催要，郑某向其立50000元借据，约定年息1分。郑某以祝某拖欠其房租费为由，拒绝偿还祝某借款本息。2018年12月10日，祝某起诉至法院，要求郑某偿还借款本息，2018年12月21日，保康县人民法院判决郑某偿还祝某借款本息。

郑某以祝某拖欠其房租费为由，诉至法院。法院认为，双方口头协商，约定由郑某将其门面房屋租赁给祝某使用，收取租金，双方形成合法有效的房屋租赁合同关系。按照祝某自认的每年均向郑某的妻子曹某先交款后租房，均是按照口头约定，未签书面合同及依据，每年房租费均不同程度地增加。依照原《合同法》第二百一十五条规定，租赁期限六个月以上的，应当采用书面形式，当事人未采用书面形式的，视为不定期租赁合同，不定期租赁合同可以随时通知解除。

[①] 案号：湖北省襄阳市中级人民法院（2019）鄂06民终2113号民事判决书。

法律分析

这是一个双方只是口头协商，未签书面合同，视为不定期租赁合同，可以随时通知解除的典型案例。

尽管本案双方当事人存在租赁关系多年，但是一直没有签订书面的租赁合同，先交租金，后使用房屋，每年的租金也有所不同，一直租赁和使用也没有问题。这在熟人之间的租赁关系中并不少见，由于双方信任度较高，法律意识也较弱，认为双方约定好就行。但是，往往因为双方发生其他纠纷，影响双方的租赁关系。本案就是因为双方的借贷纠纷引起租赁纠纷。由于出租人未按照双方约定归还承租人的借款本息，导致双方发生纠纷，承租人拒交租金。

承租人起诉出租人要求归还借贷本息，最终导致出租人起诉承租人解除租赁合同，由于未签书面租赁合同，被视为不定期租赁，任何一方都有权随时通知解除租赁合同。

> **特别提示**
>
> 通过产权证核查房产性质，再根据不同的产权性质核查对外租赁是否需要审批。

3. 哪些房产的租赁需要审批？出租或承租时如何最简单有效地核查是否需要审批？

答：房产的租赁作为房产使用、收益的一种常用方式，在多数情况下是不需要审批的，只要拥有房产的所有权或经所有权人同意，即可对外出租，无须再行审批。但是，由于我国房产种类繁多、管理多样，一些房产出租还是需要相关部门审批的。那么究竟哪些房产出租需要审批呢？出租或承租时如何最为简单有效地进行核查呢？

通过产权证核查房产的性质，产权证上会标明房产性质。目前我国房产性质主要有：普通商品房、经济适用房、共有产权房、"房改房"、拆迁安置房、农村宅基地房、单位产权房、承租公房、廉租房，根据房产性质核查是否需要审批。

（1）普通商品房租赁：普通商品房是最为常见的房屋，除极个别特殊情况，出租是无须审批的，只要房产所有权人同意和授权即可出租。

（2）经济适用房租赁：经济适用房的出租相对复杂，大多数经济适用房在使用一定年限，基本上是使用满五年，是允许出售或出租的，但是，也有一些是禁止出售或出租的，或者出售、出租需要审批同意的，或者出售房款、租金需要与原出售单位或当地政府房管部门按比例分配的，该如何核查？最简单有效的办法是核查该房产的购买合同，核查购买合同中对出售、出租是否有限制约定。

（3）共有产权房租赁：共有产权房是一种特殊的经济适用房，大多数共有产权房在使用一定年限，基本上是使用满五年，也是允许出售或出租的。与普通的经济适用房不同的是，共有产权房的共有人只拥有部分产权，房屋是与另一产权人共有的。对外出售、出租都是需要另一共有人同意的，出售房款、租金都是需要与共有产权的另一方，通常是由当地房管部门按比例分配。

（4）"房改房"租赁：绝大多数的"房改房"，购买人按照房改政策以成本价购买后，尽管政府限制其出售，大多数也是满五年后才允许其出售，但并不限制其出租，特别是早期的"房改房"，是极少有出租限制的。但是，由于"房改房"数量较大，存在地区差异以及单位差异性，也有部分"房改房"出租是受到限制的，如部分学校、部队、厂矿、企业家属院内的"房改房"的出售、出租是受到限制的。因此，最简单有效的办法是核查该房产的购买合同，核查购买合同中对出售、出租是否有限制约定。

（5）拆迁安置房租赁：拆迁安置房对于购买对象往往具有严格的限制，即对于出售具有严格的限制，但是，对于对外租赁，很少有限制；如果租赁拆迁安置房，也可以通过核查其购房协议的方式，核查对外出售、出租是否存在限制。

（6）农村宅基地房租赁：对于农村宅基地房屋的出售，国家对其严格限制，严禁具有城镇户口的居民到农村购房，对于非本村集体经济组织成员之间的买卖也持否定态度。但是，对于租赁却没有限制，不管是城市居民，还是其他地区的农民，都可以租赁农村宅基地房屋。

（7）单位公房租赁：租赁单位公房时要特别注意，大多数单位公房系在划拨土地上建设的房屋。按照国家法律的规定，划拨土地上建设的房屋出租需要批准划拨土地的机关审批。因此，除非按国家规定办理过土地出让，交纳了土地出让金的房屋出租，按照该单位的要求审批即可，划拨土地上建设的房屋出租，还需土地管理部门审批。未经土地管理部门审批，租赁合同无效。当事人可以通过核查产权证或国有土地使用证，核查土地是"出让"还是"划拨"、"出让"的无须审批,"划拨"的需要审批。

（8）公房的租赁：从厂矿企业等单位或当地公房管理部门承租的具有长期使用权的房屋，这是历史遗留的解决职工住房和当地居民住房的一种形式，除极少数可以对外出租外，按照国家政策是不可以出租的。如果确实要出租或承租此类房屋，应咨询房屋所有人，即出租单位或当地房屋管理部门。

（9）廉租房租赁：廉租房是政府为解决城市低收入人群住房而建设并低于市场价出租给当地低收入人群的房屋，是严禁承租人对外出租的。如果确实具有特殊的事由需要出租，应经当地政府相关部门审批同意。

典型案例[1]

2012年11月26日，创某公司（甲方、出租方）与东某公司（乙方、承租方）签订租赁合同及安全协议书各一份，双方在租赁合同中约定：创某公司将原某钢铁集团有限公司厂区按现状整体租赁给东某公司使用，经双方认可，该区域占地面积约75905.12平方米，建筑物面积约31627.99平方米；仅限于从事综合运动中心，除双方另有约定，东某公司不得任意改变租赁物用途；租赁期限为2013年3月1日至2018年2月28日；该合同签订后，创某公司将厂区房屋交付东某公司使用。

2013年12月24日，创某公司向东某公司发出《解除合同通知书》，该通知书载明："贵公司应于2013年2月28日前支付第一笔租金195万元，于2013年9月1日前支付第二笔租金195万元，截至目前仅支付租金80万元，尚欠租金310万元，因多次派人上门催要租金无果，现依据《合同法》及双方签订的租赁合同第十五条，决定解除合同，请贵公司在30日内将租赁物交还给我公司，并结清全部租赁费用。"

2014年1月24日，某城市管理行政执法局向创某公司发出《责令停止违法行为通知书》，该通知书载明："经查，你单位将生产车间改为健身中

---

[1] 案号：安徽省高级人民法院（2017）皖民再24号民事判决书。

心的行为，违反了《城乡规划法》第四十三条、《合肥市城乡规划条例》第三十八条的规定，依据《城乡规划法》第六十四条、《合肥市城乡规划条例》第五十九条的规定，现责令你单位停止建设行为。"

另查明：创某公司与东某公司签订的租赁合同所涉房屋所有权人为原某钢铁集团有限公司，用途为工业用房。涉75905.12平方米土地使用权人亦为原某钢铁集团有限公司，用途为工业，使用权类型为划拨。

法院认为：创某公司将原某钢铁集团有限公司厂房租赁给东某公司从事综合运动中心，因租赁合同所涉土地系国有划拨性质的工业用地，租赁用途却非工业用途，创某公司的租赁行为亦未按照法律规定向相关行政机关报告批准、履行相应程序，故该租赁合同自始无效，因该合同取得的财产，应当予以返还。东某公司抗辩创某公司在签订租赁合同时隐瞒了土地类型与性质，创某公司应负合同无效的全部过错责任，因创某公司于租赁时向东某公司提供了案涉土地与房屋的权利证明书，东某公司理应知晓合同无效的事由。

法律分析

这是因租赁房屋的土地系划拨土地，出租未经合法审批，租赁多年后，被法院认定租赁合同无效的典型案例。

《中华人民共和国城镇国有土地使用权出让和转让暂行条例》第四十四条规定："划拨土地使用权，除本条例第四十五条规定的情况外，不得转让、出租、抵押。"第四十五条规定："符合下列条件的，经市、县人民政府土地管理部门和房产管理部门批准，其划拨土地使用权和地上建筑物、其他附着物所有权可以转让、出租、抵押：（一）土地使用者为公司、企业、其他经济组织和个人；（二）领有国有土地使用证；（三）具有地上建筑物、其他附着物合法的产权证明；（四）依照本条例第二章的规定签订土地使用权出让合同，向当地市、县人民政府补交土地使用权出让金或者以转让、出租、抵押所获效益抵交土地使用权出让金……"本案租赁合同所涉土地是划拨方式取得，依据上述行政法规的规定，出租国有划拨土地使用权和地上建筑物的，需得到市、县人民政府土地管理部门和房产管理部门的批准，并以出租所获收益抵交土地使用权出让金，划拨土地使用权未经相关主管部门批准，不得出租。

因此，当事人双方签订的《租赁合同》属于《合同法》第五十二条第五项规定的违反法律、行政法规强制性规定的合同，应属无效。

> **特别提示**
>
> 未取得产权证的房产是可以租赁的，但是，并非所有未取得产权证的房产租赁都是合法有效的。

4. 未取得产权证的房产是否可以租赁？哪些情况下是有效的？哪些情况下是无效的？

答： 由于我国办理产权证的周期较长，因此，存在大量没有办理产权证的房屋。原建设部制定的《城市房屋租赁管理办法》规定"未取得产权证的房屋"是不得出租的房屋之一，后来，由于未办理产权证的房屋租赁的情况极为普遍，法规禁止出租，导致租赁无效，出现较多问题，删除了这条规定。

因此，未取得产权证的房产是可以租赁的。但是，也并不是所有未取得产权证的房产租赁都是合法有效的。首先，房屋建设是合法的，违法建筑的租赁是非法无效的；其次，房屋已经取得相关验收合格，取得消防验收、规划验收，符合国家关于消防、安全强制性规范规定。

简单来说，房屋建设是合法合规的，并建设完成，经消防、建设工程验收合格，只是还未取得产权证而已。只有满足上述两个方面的未取得产权证的房屋租赁才是合法有效的。违章建筑以及未取得消防及建设工程验收、规划验收合格的房屋租赁是非法无效的。

典型案例[①]

2013年10月9日,黄某与春某公司签订《某商场商铺租赁合同》及补充协议(以下简称《商铺租赁合同》),春某公司将其开发的某商场××栋2楼231、232、233、235、236、237、239、240、241、242、243、245号商铺租赁给黄某经营儿童游乐场,商铺计租面积为511.25平方米,租赁期限为五个租约年,自交铺之日开始计算。

合同签订后,春某公司于2013年12月6日向黄某交付了商铺,黄某向春城公司支付了第一年度租金552150元,并支付了保证金46013元。同日,黄某向春某公司申请对商铺进行装修并经春某公司审批同意,之后黄某依约对商铺进行装修完毕并营业至今。

2015年7月,黄某等7人得知某商场工程未经规划验收,遂委托律师致函春某公司,要求春某公司在收到律师函之日起七日内补充和完善相关手续,否则将解除合同并要求春某公司承担违约责任。因某商场至今未整体开业,黄某以此为由拒付租金。双方就上述争议多次协商不成,黄某遂诉至法院,请求判令:解除《商铺租赁合同》及返还租金、支付违约金、赔偿装修损失等。

经法院查明,2011年12月20日,某县规划局向春某公司核发了《建设工程规划许可证》副本。2013年10月21日,某县公安消防大队建设工程消防验收意见书综合评定某商场2#–4#栋、6#栋工程消防验收合格。2013年11月4日,某商场4#栋经勘查、设计、施工、监理及建设单位竣工验收合格。2015年11月6日,春某公司取得某县规划局核发《建设工程规划许可证》正本。

法院认为,本案涉案房屋在2013年10月9日双方签订《商铺租赁合同》时虽尚未通过规划验收,然而某县城乡规划局在2015年11月6日(一审法庭辩论终结前)已经颁发《建设工程规划许可证》,完成规划验收,故《商铺

[①] 案号:湖南省长沙市中级人民法院(2016)湘01民终1571号民事判决书。

租赁合同》合法有效。

法律分析

这是在签订房屋租赁合同时未取得规划许可证，按法律规定应为无效合同，但是在一审辩论终结前取得规划许可证，并完成规划验收，被法院认定为有效的典型案例。

《最高人民法院关于审理城镇房屋租赁合同纠纷案件具体应用法律若干问题的解释》（2020年修正）第二条规定，出租人就未取得建设工程规划许可证或者未按照建设工程规划许可证的规定建设的房屋，与承租人订立的租赁合同无效。但在一审法庭辩论终结前取得建设工程规划许可证或者经主管部门批准建设的，人民法院应当认定有效。本案涉案房屋在2013年10月9日双方签订《商铺租赁合同》时虽尚未通过规划验收，然而某县城乡规划局在2015年11月6日（一审法庭辩论终结前）已经颁发《建设工程规划许可证》，完成规划验收。

另外，双方签订《商铺租赁合同》时涉案房屋虽尚未进行竣工验收，且《建筑法》第六十一条确实规定竣工验收是建筑工程交付使用的前提条件。但法院认为，从调整对象和立法目的的角度分析，该规定是关于工程质量验收程序的管理性规定，主要目的是从建筑物安全性的角度，要求建设方在施工结束后对建筑质量进行全面检查，以确保新建工程在具备合格质量标准和可靠安全性能的前提下投入使用，建设方违反该规定，擅自将未经验收的工程投入使用，应该自行承担房屋质量瑕疵的风险。行政管理性规范并不影响相关租赁合同的效力，不能以此作为认定民事行为违法的依据。另本案涉案房屋属于程序性违法建筑，本身并不存在实质性瑕疵，未竣工验收即投入使用，但程序性义务补足后，转化为了合法建筑。

> **特别提示**
>
> 合同没有明确约定可以转租,依据法律规定是不可以转租的,只有明确约定或经出租人同意,承租人才可以转租。

5. 什么情况下可以转租?如果承租人在无权转租的情况下转租了,出租人如何保护自己的权利和利益?

答:《民法典》第七百一十六条第一款规定:"承租人经出租人同意,可以将租赁物转租给第三人。承租人转租的,承租人与出租人之间的租赁合同继续有效;第三人造成租赁物损失的,承租人应当赔偿损失。"从上述规定可以明确看出,只要在出租人同意的情况下,承租人是可以转租的。一种情况是在原租赁合同中直接约定可以转租;另一种情况是在租赁期间,出租人同意承租人对外转租。

除了出租人明确表示同意出租的情况,还有视为同意的出租的情况。对此,《民法典》第七百一十八条规定:"出租人知道或应当知道承租人转租,但是在六个月内未提出异议的,视为出租人同意转租。"因此,出租人发现承租人转租后,如果不同意其转租,应当及时提出异议,不能超过六个月。

如果出租人不同意出租,可以解除租赁合同,要求承租人承担擅自出租的违约责任或要求其赔偿损失。如果出租人同意转租,租赁合同继续有效,承租人应承担原租赁合同的各项义务,并享有租赁合同的权利。同时,应当注意的是,承租人只允许在剩余租期内转租,超出剩余期限的,对出租人不具有法律约束力。

典型案例①

2016年1月1日，某大学后勤服务集团（甲方）与刘某（乙方）签订《承包经营合同书》，约定：经营地点为某大学校内工学部房屋，建筑面积200平方米，用途：校内餐饮服务，其范围由甲方确定，未经甲方允许，不得擅自改变，租赁期限为2016年1月1日起至2016年12月31日止。合同的解除：有下列情形之一，任何一方有权解除合同：1.乙方擅自转租、转让、转包，甲方有权解除合同……

2017年3月22日，刘某（甲方）与郭某（乙方）签订《租赁合同》，约定：甲方将位于武汉市武昌区某号房屋出租给乙方用于餐饮经营。该房屋面积约为300平方米。租赁期为5年，自2017年4月1日起至2022年3月31日止。

2017年8月17日，某大学发出关于收回某沿街商业门面的公告，内容为：某沿街商业门面在合同到期后一律不再续租，依据《合同法》，学校将按照合同约定无条件收回所出租的门面房。2017年9月15日，某大学发出公告，内容为：学校在2017年8月17日发出的《关于收回某沿街商业门面的公告》通知，请合同已经到期的承租户在2017年8月25日前腾空所承租门面并将房屋交回学校。请各承租户依法收阅，执行合同约定。2017年10月31日，某律师事务所接受某大学的委托，向刘某发出《律师函》，内容为：位于工学部某沿街的商业门面用房（面积200平方米）为某大学所有，某大学将该门面用房授权给下属后勤服务集团管理。自2005年以来，该门面用房由某大学后勤服务集团出租给贵方，用于餐饮经营，双方先以《租赁合同》方式确定各自权利义务，后以《承包经营合同书》方式确定各自权利义务。2016年12月31日，《承包经营合同书》到期终止，双方未再续签合同。2017年8月，某大学以书面方式向贵方发出《关于收回某沿街商业门面的公告》，通知合同到期终止不再续签，要求贵方腾退商业门面用房；2017年9月15日，某大学向贵方发出公告，再次要求贵方腾退房屋，但贵方至今未将商业门面用房

---

① 案号：湖北省武汉市中级人民（2020）鄂01民终5133号民事判决书。

交还。要求刘某在收到律师函后七日内将商业用房腾退给某大学。

2017年11月1日，刘某（甲方）与郭某（乙方）签订《协议书》，内容为：甲方承租某大学后勤服务集团位于工学部200平方米的房屋，并将该房屋转租给乙方。

法院认为，刘某与某大学后勤服务集团就案涉房屋签订《承包经营合同书》（实为房屋租赁合同），约定租赁期限为2016年1月1日至2016年12月31日，并约定不得擅自转租。合同履行完毕后，双方并未续签。2017年1月1日至2017年8月，双方构成不定期租赁关系。2017年3月22日，刘某未经某大学后勤服务集团同意将案涉房屋转租给郭某，转租期限为2017年4月1日至2022年3月31日，超出了其租赁期间，因此转租合同无效。

法律分析

这是违反"未经允许不得转租"和"超出租赁期"转租导致转租合同无效的典型案例。

刘某与某大学后勤服务集团就案涉房屋签订《承包经营合同书》（实为房屋租赁合同），明确约定了"不得擅自转租"，并约定租赁期限为2016年1月1日至2016年12月31日。但是，刘某未经某大学后勤服务集团同意，擅自于2017年3月22日与他人签订租赁协议，又于2017年11月1日签订转租协议。

《民法典》第七百一十六条第一款规定，承租人经出租人同意，可以将租赁物转租给第三人。第七百一十七条规定，承租人经出租人同意将租赁物转租给第三人，转租期限超过承租人剩余租赁期限的，超过部分的约定对出租人不具有法律约束力，但是出租人与承租人另有约定的除外。某大学不认可刘某与郭某之间的转租关系，且转租期限全部超过《承包经营合同书》约定的租赁期限，该《租赁合同》无效。

> **特别提示**
>
> 次承租人可以代承租人履行租赁合同，以维持租赁合同继续履行。

6. 承租人有权转租，次承租人从承租人处租房，承租人失踪或不履行租赁合同，出租人和次承租人如何处理才是合法的？

答： 房屋转租后，由于各种原因，承租人无法联络、失踪的情况时常发生，在这种情况下，作为出租人和次承租人如何合法维护自己的权利呢？

如果出租人愿意出租，次承租人也同意继续承租，对于租赁条件也能达成一致。出租人和次承租人就各自可以依据与承租人签订的租赁合同为依据，以承租人严重违约为由解除各自与承租人的租赁协议。次承租人再与出租人重新签订租赁协议。要先依法解除原租赁合同，再签订新的租赁合同，以免产生系列纠纷。

但是，在实践中，往往由于各种原因，出租人与次承租人难以重新达成租赁合同。对此，租赁合同也并非一定无法继续履行。《民法典》第七百一十九条规定，承租人拖欠租金的，次承租人可以代承租人支付其欠付的租金和违约金，但是转租合同对出租人不具有法律约束力的除外。次承租人代为支付的租金和违约金，可以充抵次承租人应当向承租人支付的租金；超过其应付的租金数额的，可以向承租人追偿。

同时，《最高人民法院关于审理城镇房屋租赁合同纠纷案件具体应用法律若干问题的解释》（2020年修正）第十三条规定："房屋租赁合同无效、履行期限届满或者解除，出租人请求负有腾房义务的次承租人支付逾期腾房占有使用费的，人民法院应予支持。"

典型案例[①]

金某公司与华某公司于 2016 年 11 月 1 日签订房产租赁合同，约定金某公司将其名下的金某商厦一层至三层租赁给华某公司，租赁期限为 10 年，自 2016 年 11 月 1 日起至 2026 年 10 月 31 日止。第一年度、第二年度租金共计 50 万元，华某公司于 2016 年 11 月 2 日前支付 40 万元，余款 10 万元于 2017 年 1 月 1 日前支付。合同期内，出租方同意承租方有权将租赁房产转租，合法使用。合同签订后，华某公司按约定向金某公司支付第一笔租金 40 万元，之后未再付款。

华某公司于 2016 年 11 月与多某公司签订房屋租赁合同，约定华某公司将上述承租金某公司的金某商厦一层至三层房产转租给多某公司，租赁期为 10 年，自 2017 年 5 月 1 日起至 2027 年 4 月 30 日止。租金每年 30 万元，多某公司于第二个租赁年度的五月一日支付两年租金 60 万元，以后每两个租赁年度一次性支付租金（一次付两年租金）。合同签订后，多某公司于 2016 年 11 月 11 日支付华某公司 2017 年 5 月 1 日至 2019 年 4 月 30 日期间的租金 60 万元；于 2019 年 5 月 10 日支付 2019 年 5 月 1 日至 2021 年 4 月 30 日期间的租金 60 万元。

金某公司于 2018 年 6 月 12 日向华某公司发出解除合同通知，理由为华某公司未履行支付 10 万元租金的义务，依据合同约定，金某公司有权解除合同。多某公司则称其已实际履行付款义务，不存在违约行为，故不同意腾退房产。庭审后，多某公司为了能继续履行其与华某公司的房屋租赁合同向法院出具书面承诺：华某公司欠金某公司租金共计 60 万元，多某公司承诺在 2 个月内代为支付；自 2021 年 5 月 2 日至合同期限届满之日的租金，按照每年 30 万元，由多某公司直接向金某公司支付。

金某公司则不同意续签合同，理由为金某公司于 2018 年 6 月 12 日已

[①] 案号：山东省烟台市中级人民法院（2020）鲁 06 民终 6725 号民事判决书。

发出解除通知，按合同约定双方签订的房产租赁合同已解除，华某公司自金某公司发出解除通知之日起从未提出异议，且多某公司在庭审答辩中亦未提出代为履行的抗辩意见，多某公司要求继续履行合同没有事实和法律依据。

法院认为，华某公司未按房产租赁合同约定支付租金，已构成违约，金某公司依合同约定向华某公司发出解除合同，解除通知到达华某公司时房产租赁合同解除。金某公司于2018年6月12日发出解除通知，华某公司在法律规定期限内未对金某公司解除合同的行为提出异议，而多某公司在金某公司发出解除通知后亦未代华某公司向金某公司履行支付租金的义务，可以认定金某公司与华某公司签订的房产租赁合同于2018年6月已解除，金某公司自此有权收回金某商厦一层至三层房产。合同解除后，多某公司再以其代为履行支付租金为由要求继续履行合同，于法无据，不应予以支持。

法律分析

这是次承租人愿意代承租人履行并要求继续履行合同，但是由于提出代为履行时间太迟而未得到法院支持的典型案例。

2016年11月1日签订的房产租赁合同，约定第一年度、第二年度租金共计50万元，合同签订后，华某公司向金某公司仅支付租金40万元，之后未再支付，合同约定的解除条件成就，金某公司依法享有解除租赁合同的权利。金某公司于2018年6月12日发出解除通知，华某公司收到解除通知后，在法律规定期限内既未缴纳房租也未依法提出异议，该解除合同通知依法已发生法律效力。

金某公司主张其可依据该合同约定的租金代为履行，但是金某公司发出解除合同通知后，直至金某公司诉至一审法院，已近2年的时间，多某公司未及时行使次承租人代履行权利，且多某公司与金某公司在本案诉讼中经多次协商仍不能对支付租金及违约金达成一致意见，法院没有认可多某公司以代付租金和违约金来对金某公司租赁合同解除权进行抗辩的理由。

因此，次承租人如果愿意代为履行承租人的义务，应及时向出租人提出，最好能够在出租人向承租人发出解除合同通知异议期满前，如果未获知出租人向承租人发出了解除合同的通知，应当在知道出租人向承租人发出解除合同通知后的合理期间内向出租人书面明确提出，或者在知道承租人拖欠租金或不履行租赁合同的其他义务后就直接向出租人提出愿意代为履行。

> **特别提示**
>
> 主要从装修是否经出租人同意、装修物是否形成附合[①]以及合同解除的原因这三个角度考虑。

7. 租赁合同无效、租赁合同解除以及租赁期满后，租赁房屋的装修问题如何处理？

答： 房屋装修的处理纠纷是房屋租赁纠纷中最为常见的，也往往是最难达成一致的纠纷。是否拖欠租金，拖欠了多少，是否延期交房退房，延期了多长时间，都相对容易判断和进行妥协让步。但是，对于装修如何处理，该不该补偿，如何补偿，补偿多少，出租人与承租人往往难以达成一致。特别是租赁期满前，因为租赁合同无效、租赁解除等原因提前退租时。

首先要看装修是否经出租人同意以及是否形成附合。未经出租人同意或未形成附合的，原则上由承租人自行承担和自行拆除，出租人不予补偿。即（1）承租人未经出租人同意装饰装修或者扩建发生的费用，由承租人负担。而且，出租人有权请求承租人恢复原状或者赔偿损失。（2）未形成附合的装饰装修物，除当事人另有约定外，即使承租人经出租人同意装饰装修，租赁期间届满或者合同解除时，出租人同意利用的，可折价归出租人所有；不同意利用的，由承租人拆除。因拆除造成房屋毁损的，承租人应当恢复原状。

[①] 《民法典》第三百二十二条规定了加工、附合、混合三种添附形式，如物件加工、材料生产、房屋增建、房屋装修等。

出租人同意装修又形成附合的，处理会相对复杂，主要依据以下几个原则处理：

1. 承租人经出租人同意装饰装修，租赁合同无效时，已形成附合的装饰装修物，出租人同意利用的，可折价归出租人所有；不同意利用的，由双方各自按照导致合同无效的过错分担现值损失。

2. 承租人经出租人同意装饰装修，合同解除时，双方对已形成附合的装饰装修物的处理没有约定的，主要通过造成合同解除的原因按照下列情形分别处理：

（1）因出租人违约导致合同解除，承租人有权请求出租人赔偿剩余租赁期内装饰装修残值损失；

（2）因承租人违约导致合同解除，承租人无权请求出租人赔偿剩余租赁期内装饰装修残值损失，但出租人同意利用的，应在利用价值范围内予以适当补偿；

（3）因双方违约导致合同解除，剩余租赁期内的装饰装修残值损失，由双方根据各自的过错承担相应的责任；

（4）因不可归责于双方的事由导致合同解除的，剩余租赁期内的装饰装修残值损失，由双方按照公平原则分担。

3. 承租人经出租人同意装饰装修，租赁期届满时，承租人无权请求出租人补偿附合装饰装修费用，除非当事人另有约定。

典型案例[1]

2017年6月17日，南某（承租人，乙方）与运某（出租人，甲方）签订了《北京市房屋租赁合同》，由南某承租位于朝阳区某村东口地块中的A、B、C、D、F栋的全部、G栋二层房屋场地。建筑面积共4090平方米。租赁期限为5年加5年制，自2017年6月25日至2022年6月24日。租金标准为260万元/年，前三年租金不递增，三年后每两年递增5%，即租金于2020年租期开始递增

---

[1] 案号：北京市第三中级人民法院（2021）京03民终16801号民事判决书。

5%，租金于 2022 年租期开始再递增 5%。上述合同签订后，运某将房屋交付给南某使用，南某向运某支付了押金 20 万元，并支付了 2017 年 6 月 25 日至 2020 年 6 月 24 日的租金。

2020 年 7 月 12 日，运某向南某发出解除《北京市房屋租赁合同》及腾房通知书；2020 年 7 月 25 日，南某搬离涉案房屋但剩余部分物品在涉案房屋内。庭审中，运某认可目前在 F 栋中目前还留有家具，G 栋已经自己使用了。

法院认为，对于租赁合同效力，《最高人民法院关于审理城镇房屋租赁合同纠纷案件具体应用法律若干问题的解释》第二条规定，"出租人就未取得建设工程规划许可证或者未按照建设工程规划许可证的规定建设的房屋，与承租人订立的租赁合同无效"。本案中，运某虽提交了某村经济合作社证明，以证明涉案房屋所在的土地系集体土地，但根据本案查明的事实，涉案房屋用于办公及住宿，系用于非农建设，应当经过区、县级以上行政主管部门审批。现涉案房屋未取得相应规划手续，故南某和运某就涉案房屋签订的《北京市房屋租赁合同》无效。

南某作为承租人，在承租涉案房屋时应当主动核查产权情况，其未尽到充分的审查义务，对合同的无效亦有过错，故关于南某主张的装修损失，法院根据南某提交的证据、装修的使用时间及双方的过错程度等情况酌情予以确定。

法律分析

这是一个租赁合同无效后，对于装修、房屋以各项费用如何处置的典型案例。

合同无效后，因该合同取得的财产，应当予以返还，不能返还或者没有必要返还的，应当折价补偿。有过错的一方应当赔偿对方因此所受到的损失，双方都有过错的，应当各自承担相应的责任。双方之间的《北京市房屋租赁合同》无效，运某应当返还南某押金，南某亦应当将涉案房屋腾空并交还给运某。法院判决南某腾空、恢复原状并返还 F 栋房屋。

运某对涉案房屋的产权情况向南某出租时即已经知晓，并应当在南某承租时予以告知，现有证据不足以证明运某履行了充分的告知义务，就合同无效存在过错。同时，南某作为承租人，在承租涉案房屋时应当主动核查产权情况，其未尽到充分的审查义务，对合同的无效亦有过错，故关于南某主张的装修损失，法院根据南某提交的证据、装修的使用时间及双方的过错程度等情况酌情予以确定。南某与运某的合同虽无效，但南某实际使用了涉案房屋，应当向运某支付房屋使用费。因合同无效，法院将租金调整为使用费。

综上，由于租赁合同无效后，承租方退房、退钱，但房屋使用费该支付还得支付，对于装修以及其他合理的损失依据各自过错责任，由法院酌情分担。

> **特别提示**
>
> 只要没有明确约定由承租人维修，依法应当由出租人维修。

8. 对于租赁房屋的维修，法律是如何规定的？租赁合同应如何约定？

　　答：《民法典》第七百一十二条规定："出租人应当履行租赁物的维修义务，但是当事人另有约定的除外。"《民法典》第七百一十三条规定："承租人在租赁物需要维修时可以请求出租人在合理期限内维修。出租人未履行维修义务的，承租人可以自行维修，维修费用由出租人负担。因维修租赁物影响承租人使用的，应当相应减少租金或者延长租期。因承租人的过错致使租赁物需要维修的，出租人不承担前款规定的维修义务。"

　　关于租赁房屋的维修，以上法律规定非常明确，首先，确定是何原因造成的，如果是因承租人过错造成的，由承租人负责维修。其次，确定有没有对于维修的约定，如果没有约定，租赁房屋的维修费用由出租人负责。

　　因此，最好对房屋可能出现的维修状况先行预判，对可能的维修进行明确的约定。当出现维修状况时，如何维修，如果不按合同约定时限和标准维修，应承担什么责任。如果维修项目和要求标准较多，可以附维修设施设备清单。

典型案例[①]

　　2019年2月16日，赵某（甲方）通过赵某1（作为赵某代理人）与刘某

---

① 案号：北京市第一中级人民法院（2020）京01民终8759号民事判决书。

（乙方），签订了《北京市房屋租赁合同》，约定刘某租赁赵某位于北京市海淀区涉案房屋，租赁用途为居住。关于租赁期限、租金及押金，合同约定租赁期为自2019年2月23日至2021年2月22日；租金标准为每月21000元，租金为年付，租金总计504000元；关于房屋维护及维修，合同第七条约定：租赁期内，甲乙双方应共同保障该房屋及其附属物品、设备设施处于适用和安全的状态……1.对于房屋及其附属物品、设备设施因自然属性或合理使用而导致的损耗，乙方应及时通知甲方修复。甲方应在接到乙方通知后的七日内进行维修，逾期不维修的，乙方可代为维修，费用由甲方承担，因维修房屋影响乙方使用的，应相应减少租金或延长租赁期限。2.因乙方保管不当或不合理使用，致使该房屋及其附属物品、设备设施发生损坏或故障的，乙方应负责维修或承担赔偿责任。

在刘某使用涉案房屋过程中，房屋出现漏水的情况，刘某与赵某就漏水赔偿事宜未达成一致，刘某于2019年7月27日搬出涉案房屋，双方未进行房屋交接。关于漏水的原因，刘某主张涉案房屋漏水系因洗手池水管老化破裂导致，赵某认可水管存在老化现象，但另表示刘某使用不当亦是漏水的原因之一。庭审中，刘某表示因赵某未履行合同约定的维修义务，所以其拒绝承担赔偿责任，因此，于2019年7月24日向涉案租赁合同赵某代理人赵1发送了解除合同通知，主张双方租赁合同于2019年7月24日解除，并要求赵某退还剩余租金、押金，承担赔偿责任。赵某提出反诉请求，要求确认双方租赁合同于开庭之日即2019年11月5日解除，以及要求刘某支付直至合同解除之日的租金。

赵某表示在发生漏水一事后，已积极履行维修义务。庭审中，赵某称漏水当日已更换了漏水的软管，并且通知物业人员进行了维修。刘某认可赵某在漏水当日更换了老化的水管，称物业公司人员于7月24日上门进行检查发现墙体内部电路存在问题，但因为灯还在滴水，因此未修理。赵某拒绝承担赔偿责任，且电路问题严重威胁了居住安全，故于7月24日通过微信向赵某发出解除合同通知。

法院认为，双方对于在涉案房屋发生漏水后，刘某是否享有单方解除权存在争议。出租人应当在租赁期间保持租赁物符合约定的用途，现双方均认可涉案房屋发生漏水系因水管老化造成，赵某另主张刘某使用不当亦是漏水原因之一，但就此未能向法院充分举证，法院对此不予采信。

根据刘某提交的微信沟通记录、房屋现场照片，以及证人证言，在房屋发生漏水后，赵某虽然更换了老化的水管，但房屋内部出现了地板受潮、电路短路等诸多问题，仍然无法正常使用。赵某此时已知晓漏水原因系水管老化，在此情况下，赵某应尽快履行维修义务，即使短时间内不具备维修电路的条件，亦应积极解决租户的居住问题。而事实上，在双方后续沟通中，赵某明确表明仅负责更换老化水管，其他问题应由刘某解决，并要求刘某对漏水承担赔偿责任。在此情况下，已能够证明达到了合同约定的"不承担约定的维修义务，致使乙方无法正常使用房屋"的单方解除合同的条件，刘某有权单方解除合同。

法律分析

这是一个最为常见的在租赁居住房屋后，出现漏水等状况，对于房屋维修争议导致诉讼的典型案例。

作为涉案房屋的出租人一方，应保证该房屋在租赁期间保持租赁物符合约定的用途。双方对涉案房屋发生漏水系因水管老化造成并无异议。

涉案房屋发生漏水情况后，出租人虽更换了老化的水管，但因房屋内部出现电路短路、地板受潮等诸多问题，导致承租人无法正常使用，作为房屋的出租人，应尽快履行维修义务，以保障承租人的正常居住使用，或协助承租人积极解决居住问题，但在后续沟通中，出租人明确表示仅负责更换老化水管，其他问题应由承租人自行解决，同时要求承租人承担赔偿责任，该行为已达到了租赁合同约定的"不承担约定的维修义务，致使乙方无法正常使用房屋"的单方解除合同的条件，故承租人有权据此单方解除合同。

> **特别提示**
>
> 有法定解除和约定解除，即法律直接规定可以解除的条件，同时，也可以通过租赁合同约定解除的条件。

9. 在哪些情况下，出租人或承租人可以解除租赁合同？

答：法定解除，是指出现法律规定的解除条件时，具有解除权的一方可以提出解除租赁合同；约定解除，是指除法律规定的解除条件外，当事人还可以根据租赁的实际情况，自行约定解除的条件。法定解除主要有：

1.出租人具有解除权的情形：（1）承租人未按照约定的方法或未根据租赁物的性质使用租赁物，致使租赁物受到损失的；（2）承租人未经出租人同意转租的；（3）承租人无正当理由未支付租金或迟延支付租金，在出租人要求的合理期限内仍不支付的；（4）不可抗力，致使不能达到合同目的。

2.承租人具有解除权的情况：（1）租赁物被司法机关或者行政机关依法查封、扣押，致使承租人无法使用租赁物；（2）租赁物权属有争议，致使承租人无法使用租赁物；（3）租赁物具有违反法律、行政法规关于使用条件的强制性规定情形，致使承租人无法使用租赁物；（4）租赁物部分或者全部毁损、灭失，致使不能实现合同目的的；（5）租赁物危及承租人的安全或健康的，即使承租人在订立合同时明知租赁物质量不合格的，承租人仍然可以随时解除合同；（6）不可抗力，致使不能达到合同目的。

典型案例[①]

2019年5月17日,某快递公司某营业部(乙方)与简某(甲方)签订了《房屋租赁合同》,承租深圳市某小区101B8(以下简称涉案房屋),合同约定:甲方将涉案房屋出租给乙方使用,出租面积为350平方米;月租金为55000元。双方另在附页中约定"……9.甲方须向租赁房屋所在地物业申请四个可用停放的固定车位,停车费由乙方自付(车位大小及停车费用按管理处标准收取)。甲方承诺于2019年6月1日前可交付至乙方使用。如因车位申请不到位,乙方有权单方面解除合同,甲方无权扣除乙方所交定金,且乙方无须赔偿甲方的一切损失。同时,因车位申请不到位影响乙方正常经营的,乙方有权要求甲方免除不可使用期间的租金费用……"

合同签订当日,某快递公司某营业部向简某支付了定金10000元、押金165000元及2019年6月1日至2019年6月30日的租金55000元,简某出具了收款收据予以确认。此后,简某向某快递公司某营业部交付了房屋,某快递公司某营业部于2019年5月底对案涉房屋进行了装修。

某快递公司某营业部主张简某并未按约定向其提供四个固定车位,导致其无法进行正常的经营活动。为此,某快递公司某营业部于2019年6月18日向简某发送了《通知函》,载明在使用租赁房屋时受到物业管理处的阻挠,影响某快递公司某营业部的运营,且简某未依约向某快递公司某营业部提供四个固定车位,请简某于2019年6月20日之前交付车位并免收2019年6月1日至2019年6月19日期间的租金费用。2019年7月9日,某快递公司某营业部向简某寄送了《解除通知函》,载明因简某未交付四个固定车位,某快递公司某营业部要求解除合同,并要求简某于2019年7月10日与某快递公司某营业部办理交接手续,该函件于2019年7月10日签收。

一审法院认为,某快递公司某营业部与简某签订的《房屋租赁合同》,系双方当事人的真实意思表示,合法有效,双方应依约履行合同义务。关于

[①] 案号:广东省深圳市中级人民法院(2021)粤03民终13639号民事判决书。

违约方的认定及合同解除的时间。案涉双方对简某是否已向某快递公司某营业部提供了固定车位各执一词。一审法院认为，根据简某自行提交的物业管理公司于2019年5月29日出具的《关于使用小区车位的通知及有关情况说明》中显示"某快递配套车位编号暂时不能确定，车位具体位置以现场确定为准。车位由某快递专属使用问题，管理处仅系原则上同意和配合，不对此作任何承诺及保障服务。上述车位日常专用事宜需要租户自行维护解决"等内容可知，管理处同意四个车位为某快递公司某营业部配套使用，日常专用事宜需要某快递公司某营业部自行维护解决，这并不符合通常理解的固定车位所具有的专属使用的特性；简某提交的六辆车辆的停车场出入证亦不能证明其向某快递公司某营业部提供了四个固定车位。结合案涉双方的微信聊天记录，某快递公司某营业部就固定车位问题多次要求简某协调解决，以及某快递公司某营业部提交简某予以认可的《某快递中转站需解决的问题》中载明"……某快递货车不能同时在××小区停车场内，超过3辆。超过的货车，需在小区范围外等候，不得堵车场出入口……"等内容，一审法院认为，简某并未提交充分有效的证据证明其依约向某快递公司某营业部提供了四个固定车位，应自行承担举证不能的不利后果，一审法院对其主张不予采信。根据案涉《房屋租赁合同》附页第9条的约定，甲方须向租赁房屋所在地物业申请四个可用停放的固定车位，停车费由乙方自付（车位大小及停车费用按管理处标准收取）。甲方承诺于2019年6月1日前可交付至乙方使用。如因车位申请不到位，乙方有权单方面解除合同，甲方无权扣除乙方所交定金，且乙方无须赔偿甲方的一切损失。同时，因车位申请不到位影响乙方正常经营的，乙方有权要求甲方免除不可使用期间的租金费用。简某未依约履行提供固定车位的义务，已构成违约，某快递公司某营业部于2019年7月9日向简某寄送《解除通知函》，系合法行使合同解除权。该解除通知函于2019年7月10日送达简某，故一审法院认定案涉《房屋租赁合同》已于2019年7月10日解除。

简某不服一审判决，提起上诉，二审法院维持了一审法院关于合同解除的认定。

法律分析

这是一个依据房屋租赁合同约定的解除条件，只是因"未提供四个车位"就导致整个房屋租赁合同解除的典型案例。

除了法律规定的合同解除条件，法律允许房屋租赁合同的当事人双方根据自身的关注点，约定合同解除的条件。本案中，对于某快递公司某营业部来说，固定的停车位具有重要作用，因此，在《房屋租赁合同》附页中特别约定："9.甲方须向租赁房屋所在地物业申请四个可用停放的固定车位，停车费由乙方自付（车位大小及停车费用按管理处标准收取）。甲方承诺于2019年6月1日前可交付至乙方使用。如因车位申请不到位，乙方有权单方面解除合同，甲方无权扣除乙方所交定金，且乙方无须赔偿甲方的一切损失。同时，因车位申请不到位影响乙方正常经营的，乙方有权要求甲方免除不可使用期间的租金费用。"

由于简某未能提供足够的证据证明其提供了四个固定停车位，某快递公司某营业部主张解除整个房屋租赁合同，得到法院的支持。

> **特别提示**
>
> 最好在租赁合同中明确约定，如果承租人拒不迁出房屋，出租人可以采取一些自救措施，所造成的一切责任由承租人承担。

10. 租赁合同期限届满，承租人逾期不迁出时，出租人应该如何处理？

答： 房屋租赁期限届满，房屋租赁合同即告终止，租赁期限届满，承租人应按合同届满日期迁出承租的房屋。但是，在实践中却常常碰到期满后拒不迁出承租房屋的承租人。

面对拒不迁出的承租人，当然最为正规的维权方式是向法院起诉，要求承租人腾退房屋及承担拒不迁出的违约责任。因此，租赁合同约定的违约责任就极其重要了。如果租赁合同只是笼统地约定承担违约责任或赔偿损失，由于赔偿损失难以提供证据证明，违约责任又没有具体金额，对承租人难以起到迫使其腾房迁出的作用。因此，建议提高租金50%以上收取房屋占用费，用高额的违约金给承租人施加压力使其迁出，即使其仍不迁出，出租人也能取得较高的经济赔偿。

通过向法院诉讼，周期较长，通常需要两三年时间，如果出租人希望尽快收回房屋，在实际操作中常常也可以通过以下方式：

（1）报警，请求警察协调、调解

可以报警，并配合警察做好相应的出警记录，但是，如果只是存在经济纠纷，公安机关只能帮助协调、调解，无权强制要求承租人迁出。

（2）自己动手搬离收回

最好在租赁合同中约定，如果期满拒不迁出，出租人可以自行处置承租人的物品，所造成的一切责任由承租人承担。在这种情况下，出租人可以将承租人的物品打包搬离存放，为保险起见，在搬离打包时，尽量通过拍照、摄像的方式保存证据。

如合同中没有上述约定的，房主可以在租期到期后通过短信、电话、纸质通知书等形式，通知承租人搬离并明确："如不搬离，出租人有权将房屋内物品做搬出处理。"到期后仍然不搬离的，出租人最好能够邀请物业、社区居委会以及警察等第三方见证的情况下将房内物品进行处理。如果上述单位不愿出面，可以聘请公证处公证员进行现场公证。

🔍 典型案例[①]

2014年1月12日，被告穆某与原告王某签订房屋租赁合同一份，约定原告王某自愿将案涉三层商铺整体租予被告穆某使用，租期从2014年1月12日起至2019年1月12日止，年租金40万元，一年一交，合同期满后，如被告穆某继续租用，可按当时、当地租价调整租金，优先租给穆某使用，并对双方的其他权利义务进行了约定。

2017年2月12日，原告王某、戴某作为甲方与作为乙方的被告穆某重新签订了房屋租赁合同，合同约定，甲方王某、戴某自愿将案涉三层商铺中的二层、三层出租给乙方穆某使用，租期为2017年2月12日起至2019年2月12日止，到期后如乙方穆某不提出终止合同，经甲方王某、戴某同意后则可以继续延租一年，双方需另行签订合同，租金每年22.5万元，两年共计45万元，原告王某、戴某将一楼商铺收回自己经营，如有维修、维护，则由甲方王某、戴某出资，乙方穆某帮忙出工（房顶、地沟归甲方全权负责），合同同时对租金支付方式、相关责任进行了约定，在合同第九条单列条款，约定原来签订的五年合同作废。

[①] 案号：内蒙古自治区鄂尔多斯市中级人民法院（2020）内06民终354号民事判决书。

2019年2月12日，租赁期限届满后，被告穆某未腾房，原告戴某、王某于2019年4月2日通过快递向被告穆某发出了律师函，要求被告穆某立即腾退租赁的房屋，该律师函于发出次日由穆某本人签收。

法院认为，本案系租赁合同纠纷，租赁合同是出租人将租赁物交付承租人使用、收益，承租人支付租金的合同。本案涉案租赁合同是否应当解除及被告穆某是否应当腾退房屋。《合同法》第九十三条规定："当事人协商一致，可以解除合同。当事人可以约定一方解除合同的条件。解除合同的条件成就时，解除权人可以解除合同。"本案中，原、被告签订的《房屋租赁合同》第一条明确约定租赁期限为自2017年2月12日起至2019年2月12日止，因此，到2019年2月12日，租赁期限届满，原、被告之间的租赁合同已出现了约定解除的事由，而此后被告穆某未搬离房屋，原、被告之间也未签订书面租赁协议，已形成了事实上的不定期租赁关系。在不定期租赁合同中，出租人可以在合理期限内通知承租人后随时解除合同，本案中，原告已于2019年4月向被告穆某发出律师函要求被告穆某搬离涉案房屋，法院认为原告已履行了合理期限内通知承租人的义务，原、被告之间的不定期租赁关系应当解除。但被告穆某至今仍然未腾退房屋，已侵害原告的合法权益。

因穆某至今仍未搬离涉案房屋，也未支付2019年2月13日以后的房租，因此，原告请求被告穆某按照年租金225000元支付2019年2月13日起至实际之日的使用费的诉讼请求可以成立，法院依法予以支持。

《最高人民法院关于审理城镇房屋租赁合同纠纷案件具体应用法律若干问题的解释》（2009年）第十二条规定，承租人经出租人同意装饰装修，租赁期间届满时，承租人请求出租人补偿附合装饰装修费用的，不予支持。但当事人另有约定的除外。本案中，双方当事人对装饰装修未作约定，故穆某无权要求被出租人支付装饰装修费用。

法律分析

这是一个租赁合同期满后，承租人拒不支付租金，又以需补偿其装修费为由拒不腾房的典型案例。

本案当事人签订的《房屋租赁合同》对租期约定为自2017年2月12日起至2019年2月12日止，该合同到期后，承租人继续占有、使用租赁房屋，拒不支付租金，又以应给予其装修补偿为由拒不腾退房屋。试图以占有、拒不腾退房屋的方式迫使出租人作出让步，给予其恰当的装修补偿，这种情况在租赁实践中是经常发生的。

《最高人民法院关于审理城镇房屋租赁合同纠纷案件具体应用法律若干问题的解释》（2020年修正）第十条规定，承租人经出租人同意装饰装修，租赁期间届满时，承租人请求出租人补偿附合装饰装修费用的，不予支持。但当事人另有约定的除外。本案中，双方当事人对装饰装修未作约定，故承租人无权要求出租人支付装饰装修费用，无权以此为由无偿使用房屋，承租人为此还需承担房屋占用费和违约金。

因此，只要租赁合同没有约定，租赁期满后，出租人是无须补偿承租人装修装饰费用的，如果承租人以此为由拒不腾退房屋，会得不偿失，不但无法得到补偿，还需支付占用房屋的费用，同时，还要承担违约责任。

第八章

房产继承纠纷

由于在中国人的个人或家庭财产中，房产占绝对的份额，因此，在继承纠纷中，绝大部分其实就是房产继承纠纷。对于大多数中国人来说，遗产就是部分存款和房产。存款的继承分配往往比较简单，而且相对于房产的价值，常常不足为道，继承人之间最大的纷争基本上是房产纠纷。

因此，不管是老人，还是年轻子女，为避免纷争，对于如何依法按照自己的意愿对自己的房产做好安排，或者，一旦出现房产继承纠纷，如何依法保护好自己的合法权益，都显得极其重要。

> **特别提示**
>
> 通过立遗嘱，在遗嘱中明确由自己的子女个人继承，只能归自己的子女个人所有。

1. 如何确保父母离世后，将房产归自己的子女所有？

答：有人认为，按照中国的继承法律规定，具有继承权的只有自己的子女，儿媳和女婿没有继承权，不存在房子会被儿媳和女婿继承的问题。从继承的法律规定上来看，这种看法是正确的。儿媳只有在儿子先于父母去世、对公婆尽了扶养义务的情况下；女婿在女儿先于父母去世，对岳父、岳母尽了扶养义务的情况下，儿媳和女婿才有继承权。因此，只要自己的子女后于自己死亡，就不存在儿媳、女婿继承自己财产的问题。但是，按照原《婚姻法》以及现《民法典》关于婚姻财产的规定，在婚姻存续期间，夫或妻取得的财产，除非具有合法的属于个人财产依据，否则，为夫妻共同财产，包括夫或妻正常继承的财产。

那么，如何来解决这个问题呢，按现有法律规定，只能通过立遗嘱，在遗嘱中明确由自己的子女个人继承，只归自己的子女个人所有。需要特别提醒的是，首先，要保证所立遗嘱的合法有效性，如果遗嘱因为各种原因无效，仍将按法律规定继承，所继承的财产是夫妻共同财产；其次，一定明确由子女个人继承，归自己的子女个人所有，如果不明确由个人继承和个人所有，由自己子女继承，只是解决了继承的问题，没有解决继承后财产权属问题，还会被认定为夫妻共同财产。

典型案例[①]

据《房地产权共有（用）证》显示，案涉房屋原共有（用）权人为刘某某及黄某，登记日期为2007年11月8日。刘某某有两个女儿，黄某1和黄某2。

2008年1月8日，经甲公证处公证的第125号公证书，刘某某出具《遗嘱》，决定在其去世后，将其所共有的案涉房屋及其个人所有的一切财产全部遗留给女儿黄某2个人继承，与其配偶无关，任何人不得有异议。

2019年2月19日，经乙公证处公证第007248号公证书，刘某某出具遗嘱，决定在其去世后，将其个人拥有的财产［不管是动产（包括但不限于有价证券、基金、存款、债券、股票等动产）、不动产］全部由女儿黄某1继承，黄某1取得上述财产不纳入她的夫妻共同财产，与黄某1的配偶无关，他人不得有异议，不得干涉。

2019年8月21日，经甲公证处公证第13206号公证书，刘某某出具了《撤销遗嘱声明书》，内容为：刘某某曾于2008年1月8日在甲公证处办理了公证第125号《遗嘱》，现因情况变化，刘某某决定撤销编号为第125号的公证《遗嘱》，并声明自撤销之日起上述《遗嘱》无效。刘某某已知悉声明的法律意义和法律后果，对其所作声明的内容真实性负责并愿意承担相应法律责任。

法院经审查认为，首先，黄某2虽对刘某某于2019年作出的将其财产由黄某1继承、撤销由黄某2继承的两份公证文书的真实性、合法性、关联性不予确认，但根据《公证法》第三十六条的规定，经公证的民事法律行为、有法律意义的事实和文书，应当作为认定事实的根据，但有相反证据足以推翻该项公证的除外。如当事人、公证事项的利害关系人认为公证书有错误、公证的内容违法或与事实不符，对公证书的内容有争议的，《公证法》第三十九条、第四十条提供了明确的救济途径。在黄某2未能提供相反证据足

[①] 案号：广东省广州市中级人民法院（2021）粤01民终30830号民事裁定书；广东省广州市中级人民法院（2022）粤01民终33号民事判决书。

以推翻上述两份公证文件的情况下，一审法院对公证文件的事实予以采信。其次，刘某某生前已立下遗嘱，明确将其个人财产由黄某1一人继承。

法律分析

这是一个先后两次通过公证遗嘱将自己的财产归其中一个女儿个人所有的典型案例。

作为母亲的刘某某，于2008年1月8日，作出公证遗嘱，决定在其去世后，将其所共有的案涉房屋及其个人所有的一切财产全部遗留给女儿黄某2个人继承，明确与其配偶无关。

又于2019年2月19日，作出公证遗嘱，决定在其去世后，将其个人拥有的财产全部由另一个女儿黄某1个人继承，并明确黄某1取得上述财产不纳入她的夫妻共同财产，与黄某1的配偶无关。

这个案件本身是由于母亲先后两次公证遗嘱将自己的财产归不同的女儿所有引起诉讼的案件，却是典型的先后两次都通过公证遗嘱将财产归自己的女儿归个人所有的案例，第一次明确"与其配偶无关"，第二次更进一步，明确"不纳入她的夫妻共同财产，与其配偶无关"。

> **特别提示**
>
> 将房屋生前过户给子女,可以通过赠与或买卖方式。赠与的好处是,在一定条件下可以撤销,要回房屋;买卖的好处是子女获得房屋具有原值,再次出售少缴纳所得税。

2. 是生前将房屋过户给子女,还是去世后由子女继承?各有什么利弊?

答:将自己的房屋在自己去世之前就过户给自己的儿女,还是在去世之后让其继承,是许多父母非常纠结、难以决策的问题,特别是对于一些年老体弱父母,如果不及时过户,就可能产生不必要的纠纷,但是,过户吧,又有各种担心。担心将房屋过户给子女后,子女不孝,不再管自己,或者由于有多个子女,会提前引起子女之间的矛盾,导致家庭冲突。

每个家庭有每个家庭的情况,每对父母与子女的情况也有所不同,清官难断家务事,因此,对于每个家庭以及父母、子女的情况来说,是在生前过户,还是留待去世后继承,只能根据各自的情况自行判断了。

从法律角度分析,在生前过户和去世后继承有什么不同,有哪些方式?生前过户给子女,可以有两种方式:一是赠与;二是买卖。买卖的价格以及买卖价款如何支付、是否实际支付由双方自行协商处理。

赠与的好处是一旦出现以下情况可以撤销赠与,撤销后要回房屋:(1)严重侵害赠与人或者赠与人近亲属的合法权益;(2)对赠与人有扶养义务而不履行;(3)不履行赠与合同约定的义务。赠与的不利之处在于赠与在绝大多数地方,仍然需要缴纳过户的相关税费,但是受赠人,即子女取得房屋的原值，除税费外为零，一旦要对外销售，需缴纳巨额的所得税。

买卖的好处是子女获得房屋具有原值，一旦再次出售，可以抵扣、少缴纳所得税；不利之处在于一旦按买卖交易完毕，父母难以撤销，即使子女没有实际支付房款，最多只能要求其支付房款，而且具有三年诉讼时效的限制。按买卖方式将房屋过户给子女后，如果三年后才发生矛盾，父母将很难再要回房屋和房款。

去世后再由子女继承的好处是父母不操心，但是，不利之处在于父母去世后，子女可能为房屋继承产生矛盾冲突。为继承父母房产，兄弟姐妹间由此亲情不再，视为敌人的大有人在。此外，子女所继承的房屋原值为零，在其再次出售时，需缴纳巨额的所得税。

典型案例[1]

林某1系林某、张某夫妇之子。林某1与朱某登记结婚，随林某、张某居住。因涉案房屋所在地段拆迁，林某作为被拆迁房屋的承租人与拆迁单位及某厂签订了房屋拆迁补偿协议，获得拆迁补偿款，并获得安置于某小区两套经济适用房的选购权。林某1与朱某家庭因随林某、张某共同居住，亦具有申购被拆迁住房困难户购（租）经济适用住房资格。

林某、张某与林某1签订一份"房屋赠与协议"，约定：林某、张某将两套经济适用房中的505室房屋出全资购买后以林某1名义办理房屋产权证，无偿赠与儿子林某1本人所有，但要求林某1平时必须善待、照应、精神赡养和抚慰父母；林某1对父母承诺：平时一定尽到孝敬父母、不损害父母任何利益；林某1如自始至终履行以上承诺，则在父母百年之后，独享该房产的继承权，否则父母有权随时要求林某1无条件返还该房屋。

协议签订后，林某、张某随即按协议要求出全资购买了该房屋，并将此房产权证办至林某1名下，同时交付与林某1。

2006年7月，林某1因与朱某感情不和诉至法院要求离婚，法院判决不

---

[1] 案号：江苏省高级人民法院（2013）苏民再提字第0097号民事判决书。

准离婚后,双方关系未能改善。2009年,林某1再次诉请离婚,一审法院审理后依法判决准予离婚,并查明双方无共同财产。

2005年冬,双方分别入住以上两套安置房。开始的时候,林某1在外打工期间常回来看望和照料林某、张某,但自2007年夏天起,林某1便以工作忙为由很少探望、照看林某、张某,自2007年9月后,林某1即不再看望林某、张某。

林某与张某起诉林某1要求撤销赠与协议并要求返还房屋。一审法院认为是附义务的赠与,故支持了林某与张某的请求。上述判决生效后,案外人林某1的配偶朱某认为原审判决侵犯其财产权,向上一级人民法院申请再审。上一级法院提审并以一审判决漏列必要共同诉讼主体,违反法定程序,可能影响案件正确判决为由,裁定将该案发回一审法院重审。一审人民法院在重审中依职权追加朱某为本案被告。

重审过程中,法院认为505室系林某、张某承租的单位公房被拆迁后用于安置的经济适用房,应属林某、张某所有的房产,林某1既非原公房单位的职工,亦未出资购买安置房,其获得505室的申购权和产权是基于林某、张某的赠与行为,林某、张某在赠与房产时言明是赠与林某1本人,该赠与房产应属林某1个人财产,且林某1与朱某离婚时亦明确无共同财产,故本案讼争房产不属林某1与朱某的共同财产。故重审法院判决撤销林某、张某与林某签订的房屋赠与协议及房屋更名等。

📝 法律分析

本案是父母生前将房屋分给子女,后子女不孝,要回房屋的典型案例。

父母在生前赠与过户时,明确约定要求子女平时必须善待、照应、精神赡养和抚慰父母;子女也对父母承诺平时一定尽到孝敬父母、不损害父母任何利益;子女如自始至终履行以上承诺,则在父母百年之后,可独享该房产的继承权,否则父母有权随时要求无条件返还该房屋。这在法律上属于附条件赠与,在产生争议后,就涉及撤销赠与的条件是否成就,案件的审查焦点为案涉房屋是属于父母附条件赠与还是子女另行申购的。法院经四次审查,均对房屋的由来、权属逐步深入调查，经过反复审理，最终撤销了房屋赠与协议。

不管最终判决如何，为了生前过户给子女的一套房，父母与子女之间反复诉讼，亲情都难以恢复了。因此，是在生前过户，还是死后再继承，如何处理将可能避免父母、子女以及子女间的纠纷，是一个难解的课题，没有统一的标准答案。

> **特别提示**
>
> 《民法典》施行后，想改变原公证遗嘱无须再进行公证，只需重新立遗嘱。

3. 父母立遗嘱，死后将房屋归一个子女所有，并经过公证，若该子女不孝，如何废除或改变遗嘱？是否一定还要公证？

答：公证在大多数中国人心中的地位还是比较高的，因此，越来越多的人在办理一些事情时，都想到去公证。

立遗嘱，有多种形式，包括口头遗嘱、亲笔遗嘱、代书遗嘱、录音遗嘱、律师见证遗嘱、公证遗嘱等。其实，立遗嘱是财产所有人附条件处分自己的财产，所附的条件是在自己去世时生效。由于是财产所有人处分自己的财产，其各种形式只是一种证据形式而已，不管是什么形式，只要能够合法有效的证明属财产所有人作出的处分行为，都是合法有效的。正因为立遗嘱只是财产所有人附条件处分自己的财产，在条件成就前，即自己去世前，虽然成立，但未生效，因此，立遗嘱人，也是财产所有人，自然就有权撤销或变更自己的遗嘱，撤销或变更自己成立、未生效的财产处分行为。

因此，立遗嘱人做出多次遗嘱的，以最后一份为准，即新的遗嘱与旧的遗嘱不一样时，视同新的改变了旧的，即新的财产处分意思改变了旧的财产处分意思。但是，在遵循新的改变旧的大原则之下，在《民法典》施行前，还有一条原则必须遵循，即公证遗嘱优先原则。只要在多份遗嘱中，有公证的遗嘱，以公证的遗嘱为准，要改变公证的遗嘱，也必须进行公证。

实施了几十年的公证遗嘱优先的法律规定，被《民法典》打破。自2021年1月1日《民法典》施行以后，则规定"立有数份遗嘱，内容相抵触的，以最后的遗嘱为准"。《民法典》施行后，想改变公证遗嘱无须再进行公证，只要重新立遗嘱。公证遗嘱的优势从原来的效力优先，到现在仅是形式更为规范。

典型案例[①]

刘某7与赵某系夫妻关系，生育子女为刘某1、刘某2、刘某3、刘某4、刘某5、刘某6。刘某7于1995年7月3日因死亡注销户口，赵某于2020年10月4日去世。

涉案房屋原登记在刘某7名下。1998年7月30日，甲公证处出具第1479号公证书，因刘某7子女均放弃继承，刘某7在涉案房屋的房产份额均由赵某继承，后涉案房屋变更登记至赵某名下。1998年9月24日，赵某在甲公证处立下遗嘱，将涉案房屋遗留给刘某2。

本案一审诉讼中，刘某1提交署名赵某的手写文件复印件一份，内容为"今天是11月6日，2018年我和刘某1做一件对家庭有好处的好事是对全家幸福团结的。只要妈妈健在大家永远团结不分离而且是高兴快乐地生活着。我做到不写遗嘱。赵某于2018年11月6日"。刘某1以此主张赵某撤销了公证遗嘱，刘某1、刘某2、刘某3、刘某4、刘某5、刘某6对刘某1的该项意见不予认可，认为该字条不涉及实体财产处理，且不能对抗公证遗嘱。

一审法院认为，继承从被继承人死亡时开始。继承开始后，按照法定继承办理，有遗嘱的，按照遗嘱继承或者遗赠办理。本案中，刘某7去世后其房产份额均由赵某继承，后涉案房屋变更登记至赵某名下，故此时该房屋为赵某个人财产。赵某通过公证遗嘱形式将涉案房屋留给刘某2，该公证遗嘱具有法律效力。继承从被继承人死亡时即开始，赵某于《民法典》施行前即已去世，本案继承应适用《继承法》的有关规定。而《继承法》规定，自

[①] 案号：北京市第二中级人民法院（2022）京02民终1205号民事判决书。

书、代书、录音、口头遗嘱，不得撤销、变更公证遗嘱。故刘某1关于赵某通过书写亲笔函的方式撤销公证遗嘱的意见，法院不予采纳。

二审法院认为，《民法典》施行前的法律事实引起的民事纠纷案件，适用当时的法律、司法解释的规定。赵某于《民法典》施行前已去世，本案应适用《继承法》的相关规定。刘某1关于本案应适用《民法典》的上诉主张与法律规定相悖，法院不予采纳。公证遗嘱由遗嘱人经公证机关办理。自书、代书、录音、口头遗嘱，不得撤销、变更公证遗嘱。

法律分析

这是一个在《民法典》施行后提起诉讼，但继承发生在《民法典》施行前，仍适用《继承法》的典型案例。

在《民法典》施行前，按照《继承法》的规定，公证遗嘱具有优先性，自书、代书、录音、口头遗嘱，不得撤销、变更公证遗嘱，撤销、变更遗嘱只能通过公证的方式，而且，只要具有公证遗嘱，以公证遗嘱为准。但是，《民法典》改变了《继承法》几十年来的规定，取消了公证遗嘱优先的规定，公证遗嘱与其他遗嘱法律地位相同，遗嘱人可以通过合法的形式撤回、变更自己之前所立的任何形式的遗嘱。立有数份遗嘱，内容相抵触的，以最后的遗嘱为准。遗嘱是被继承人的真实意思表示，被继承人在立遗嘱过程中可能有过不同的表示，但随着时间的推移，其最终所立遗嘱应当认定为其最为真实的意愿。只要所立遗嘱符合《民法典》的规定，不管是口头、自书、代书、录音录像，还是公证。

需要注意的是，法律对于各种形式的遗嘱还是有一定的要求的，除自书遗嘱外，可以个人自行完成，只要亲自书写表达清楚，并签名及日期即可；口头、代书、录音录像都需要两个无利害关系的见证人见证，而且口头遗嘱必须在危急情况之下才可以；公证遗嘱需两个公证员在场公证，并出具公证书。

> **特别提示**
>
> 《民法典》施行以后，立多份遗嘱的，不管通过何种形式，只要合法有效，以最后一份为准。

4. 立有多份遗嘱，有公证的、有律师代书的、有只是自己写的，将房屋给不同的人，哪一份有效，房屋应该归谁？

答：现在七八十岁老一代中，大多数都是多个子女，而这一代人的住房却往往只有一套。在司法实践中，经常会出现多份不同形式的遗嘱，有些是由于立遗嘱时间较长，在这个过程中，老人不同时期的不同意思表示；也有些是老人被不同的子女通过各种形式的"威逼利诱"，在不同时空环境之下被迫出具的遗嘱。

由于遗嘱是单方作出的行为，无须他人同意，因此，只要立遗嘱人作出遗嘱，给予受遗嘱人即可。因此，在实践中，会发生在老人去世之前，各子女都有老人的遗嘱的情况，但各自都不知道，都以为只有自己的一份，精心保存、严加保密。老人去世后，当一方拿出老人的遗嘱要求继承房产，未曾想到，各子女都有遗嘱。甚至出现各种不同的形式，有亲笔书写，有代书的，有见证人的，有律师见证的，有公证的，有录音录像的。

那么，如果出现这样的情况，以哪份为准呢？在《民法典》实施之前，可以两个原则来判断，新的优于旧的，即时间在后的优先时间在前的；公证遗嘱优先于其他遗嘱，即只要有公证遗嘱，执行公证遗嘱，如果有多份公证遗嘱，以最后一份公证遗嘱为准。如果没有公证遗嘱，以最后一份遗嘱为准。当然，须以确认各份遗嘱都合法有效为前提。

需要特别注意的是，《民法典》改变了公证遗嘱优先的规定，自2021年1月1日《民法典》施行以后，规定"立多份遗嘱的，内容相抵触的，以最后一份为准"。即不再管是否已经公证，公证不再具有优先权。立有多份遗嘱的，且均形式合法的，将以最后一份遗嘱为准，即便存在公证遗嘱，之后有其他合法的遗嘱，也以最后一份的为准，这意味着改变公证遗嘱，也无须通过公证的形式，只要通过合法的形式即可，如亲自书写、代书、录音录像等形式。

典型案例[1]

2014年2月11日，王某订立代书遗嘱，确认由谷某3继承涉案房屋。同日，谷某1、谷某2、谷某3签订了《协议书》，就谷某3继承涉案房屋达成一致书面意见，且该协议涉及经济补偿等其他权利义务的安排。

2017年3月17日，王某又订立自书遗嘱，确认由谷某1、谷某2继承涉案房屋。谷某1、谷某2以王某2017年3月17日订立的自书遗嘱要求继承涉案房屋起诉到法院。

法院经一审、二审、再审认为，虽然自书遗嘱订立时间在后，但在订立代书遗嘱同日，谷某1、谷某2、谷某3签订了涉案《协议书》，就谷某3继承涉案房屋达成一致书面意见，且该协议涉及经济补偿等其他权利义务的安排。谷某3已按照该协议支付了相应的经济补偿，谷某1、谷某2出具收条，应视为明确放弃了涉案房屋且该《协议书》已实际履行完毕。王某在谷某3支付给谷某1的收条上签字确认的行为，应视为同意谷某1、谷某2、谷某3订立的析产协议。

认定王某后订立的自书遗嘱不能当然变更各继承人之间就涉案房屋继承分配所作的安排，且谷某1、谷某2在《协议书》中承诺将对涉案房屋的继承权让渡给谷某3所有，该认定正确。

---

[1] 案号：北京市高级人民法院（2021）京民申2591号民事裁定书。

法律分析

这是一个被继承人先后立有代书遗嘱、自书遗嘱，同时，又与继承人签订了《协议书》的典型案例。

被继承人所立遗嘱、协议书从形式上看都是有效的，本应以最后所立遗嘱为准，但是，本案由于其中各方当事人签有《协议书》，有证据证明各当事人都参与履行了《协议书》。履行后，该财产不再是被继承人个人所有的财产，其再立的遗嘱无权再改变《协议书》的内容。

从法律规定来说，公民可以立遗嘱将个人财产指定由法定继承人一人或者数人继承，也可以立遗嘱将个人财产赠给国家、集体或者法定继承人以外的人。遗嘱人可以撤销、变更自己所立的遗嘱。立有数份遗嘱，内容相抵触的，以最后的遗嘱为准。但是，还需具体分析各份遗嘱之间是否有牵连关系，以及各份遗嘱是否有已经履行的情况来分析判断。

> **特别提示**
>
> 去世一方所有的份额在其去世时，已发生继承；健在一方只能变更或撤销属于自己份额的部分。

5. 父母共同立遗嘱将一套房在死后归其中一子女所有，一方去世后，另一方反悔了，是否可废除或改变该遗嘱？

答：多数人对于死亡还是比较敏感的，尽管立遗嘱的人越来越多，但总体来说还是占少数。立遗嘱时，夫妻双方也大都健在。但是，夫妻同时死亡，或在短期内都死亡的却并不是多数。父母一方先死亡，由另一方继续居住房屋，子女们也一般不会在一方去世后就立即要求继承分配房屋。这就会出现夫妻共同立遗嘱将房屋在双方去世后归某一子女所有，但在一方去世后，仍由另一方拥有并居住的情况。

在这种情况下，如果经过多年，健在的一方发现当时双方将房屋留给某一子女是错误的，想撤销或变更遗嘱，是否可以？如何撤销或变更？由于原遗嘱系夫妻双方所立，一方已经死亡，夫或妻一方无权单方撤销遗嘱，而且，夫或妻一方所有的财产，在其死亡时已经发生继承的法律效力，没有具体进行分配，只是未办理遗产分割而已。遗产继承和遗产分割是两个法律概念和法律行为，遗产继承在自然人死亡的一刻即发生，遗产分割是对遗产具体的分配和分割。

但是，对于未去世的夫或妻一方财产部分，健在的一方可以通过重新立遗嘱的方式改变原来所立的遗嘱。因父母所立遗嘱，处置的是夫妻共同财产，其中一方去世后，其所有的份额在其去世时，已经归原所立遗嘱所定的一方子女所有，健在的一方如果要改变，只能改变自己的份额，原则上是房屋的一半份额，所以，想撤销或改变为完全不归原遗嘱所定的子女所有是不可能的，只能撤销或改变属于自己份额的部分。

典型案例[①]

单某和温某系夫妻关系，婚后生育五个子女，分别是温某1、温某2、温某3、温某4、温某5，五人均已成家。单某和温某在北京市延庆区建有北房三间、西房两间，宅基地登记卡上的户主为温某。之后二人又购买了位于北京市延庆区楼房一套，房屋产权证登记在温某名下。

2017年11月9日，由温某执笔，单某和温某共同立遗嘱一份，载明"我叫温某、单某，我们名下有一处北房三间、西房两间。上述房产是我们两个人拥有的合法财产，我们夫妻二人自愿立本遗嘱，在我们过世后将上述房产留给我们的女儿温某1、温某2、温某3、温某4四人，作为她们的个人财产"，单某和温某在落款处有签名。

2018年3月5日，温某因病去世。2018年5月29日，因对上述房屋产生纠纷，原告温某1、温某2、温某3、温某4诉至法院，请求确认位于北京市延庆区房屋的继承份额。

庭审过程中，被告单某表示，现在就同意把自己的份额赠与四原告，但要保证自己生前有居住的权利。法院认为，遗产是公民死亡时遗留的个人合法财产，继承开始后，按照法定继承办理；有遗嘱的，按照遗嘱继承或者遗赠办理。本案中，温某生前留有遗嘱，故应当首先判断遗嘱是否有效。判断遗嘱是否有效，其一，要看遗嘱的形式要件是否符合法律规定；其二，要看遗嘱内容是否为被继承人的真实意思表示。温某所写遗嘱为自书遗嘱，为温某亲笔书写，有温某的签名并注明了日期，符合自书遗嘱的形式要件；内容上，该遗嘱是温某自己的真实意思表示。被告认为该遗嘱是由原告伪造的，

[①] 案号：北京延庆区人民法院（2018）京0119民初5947号民事判决书。

但未提供相应证据加以证明，应承担举证不利的后果，因此法院认定该遗嘱有效。

值得注意的是，本案中遗嘱所涉财产为单某和温某的夫妻共同财产，遗嘱于被继承人去世时生效，故当前遗嘱中温某的部分发生效力，单某的部分尚未发生效力。但被告单某当庭表示，同意现在把自己的份额赠与四原告，但保证自己生前有居住的权利，原告同意接受该赠与，赠与人意思表示真实，法院确认该赠与合法有效。

法律分析

这是一个夫妻双方在生前共同立遗嘱将夫妻共有的两处房屋在双方去世后归其中四个子女所有，一方去世后，子女们就立即发生纠纷的典型案例。

案涉房屋系温某和单某夫妻共同所有，夫妻于2017年11月9日共同立下遗嘱，确定将两处的房屋在他们去世后归其中四个子继承。

2018年3月5日，温某因病去世。2018年5月29日，也就是夫妻一方去世两个月后，子女们就为房屋继承发生纠纷并诉讼至法院。按大众通常的认识，夫妻另一方单某仍健在，她完全可以另立遗嘱，甚至撤销之前遗嘱，重新分配。但是，依据法律规定，遗产是公民死亡时遗留的个人合法财产，继承开始后，按照法定继承办理；有遗嘱的，按照遗嘱继承或者遗赠办理，而继承开始的时间是遗嘱方去世的那一刻。

因此，温某的遗产部分在其2018年3月5日去世时即已经发生继承。单某只能改变其自己的部分，在本案中，可能考虑一并解决，不留后患，也可以一次性将她拥有的部分，按照她与其夫所立遗嘱的内容"赠与"其子女，但不是"继承"给其子女，同时，附有居住到死亡的条件。

> **特别提示**
>
> 房屋在一方去世后，部分已发生继承；健在一方将该套房屋归其中一个子女所有的遗嘱，部分有效、部分无效。

6. 父母只有一套房，一方已去世多年，另一方立遗嘱归其中一个子女，父母都去世后，该房如何继承？

答：父母都健在时，没有立遗嘱，一方去世后，另一方立遗嘱将其夫妻共同奋斗拥有的一套房屋归其中一个子女所有，该套房屋是否在父母都去世后，按照后去世的父或母的遗嘱只归其中一个子女所有？

按照国家的法律规定，该套房屋不完全归其中一个子女所有。遗产继承和遗产分割是两个法律概念和两个法律行为，在父母一方去世时，即发生继承，由于当时未立遗嘱，按照法定继承。即先去世一方的财产已发生法定继承，该套房屋属于去世一方的部分，原则上是房屋价值的一半，已经由未去世一方、子女以及其他具有继承权的人继承。

尽管在一方去世后，仍由未去世的一方居住，房屋登记也未发生变更，仍然登记在两方或一方名下，甚至就登记在健在一方名下，但是，这无法改变在一方去世前夫妻共有财产的法律事实，也无法改变在一方去世后，该套房屋部分已经发生继承的法律事实，该套房已经属于健在一方父或母和去世一方的继承人共有，只是没有进行遗产分割而已，健在一方只能通过遗嘱的方式处分属于自己的财产份额，无权处分属于他人的财产份额。

因此，健在一方所立的将该套房屋归其中一个子女所有的遗嘱，部分有效、部分无效。最终，这套案涉房产按照法定继承和遗嘱继承。首先，按照法定继承，将先去世一方财产部分按照去世时的继承人员情况进行法定继承；其次，按照后去世一方去世时的继承情况，将其所有的该套房屋的财产份额，按照遗嘱进行继承；最后，再根据各继承人所拥有的份额进行财产分割。

典型案例①

被继承人郭某某、冯某某于双方婚姻存续期间共育有三名子女，郭某1、郭某2、郭某3。被继承人郭某某于2010年去世，被继承人冯某某于2018年9月16日去世。冯某某名下有两处房产，双方当事人均认可上述两套房产系郭某某、冯某某夫妻共同财产。

庭审中，郭某3提交了由南某恩代笔书写，由朱某民、刘某喜、党某利见证，记载时间为2018年5月26日的遗嘱一份，该遗嘱约定："案涉两房产权全部交由郭某3继承。"

2020年12月26日，房地产估价报告载明，住宅的市场价值为428900元，商业用房的市场价值为308800元，合计737700元。

法院认为，因双方当事人对于冯某某名下的两套房产系郭某某、冯某某的共同财产无异议。郭某某去世后，郭某某名下财产按照法定继承由冯某某、郭某1、郭某2、郭某3四人继承，一审认定涉案两套房产由冯某某享有62.5%的份额，郭某1、郭某2、郭某3三人分别享有12.5%的份额正确。冯某某去世后，按照遗嘱的约定，涉案两套房产由郭某3享有75%的份额，郭某1、郭某2各享有12.5%的份额。

法律分析

这是一个夫妻双方一方去世后，健在的一方将夫妻共同所有的两套房屋以立遗嘱的方式归一个子女所有，但是，法院认为对于先去世一方的房产份额仍按法定继承的典型案例。

---

① 案号：陕西省西安市中级人民法院（2021）陕01民终15046号民事判决书。

冯某某立遗嘱非常明确地将登记在自己名下，但属于夫妻共同财产的两套房屋在其去世后归其中一个子女郭某3所有。冯某某去世，子女们为这两套房屋继承发生纠纷，法院并未按冯某某所立的遗嘱将其名下的两套房屋完全归郭某3所有。

由于争议的两套房屋系冯某某、郭某某夫妻共同所有，在郭某某去世后，郭某某所占的一半发生继承。由于郭某某没有立遗嘱，按法定继承办理，郭某某名下财产由冯某某、郭某1、郭某2、郭某3四人继承，涉案两套房产由冯某某享有62.5%的份额，郭某1、郭某2、郭某3三人分别享有12.5%的份额。冯某某去世后，再按照其遗嘱的约定，涉案两套房产由郭某3享有75%的份额，郭某1、郭某2各享有12.5%的份额。

> **特别提示**
>
> 尽管房屋在一方去世后，仍登记在健在一方名下，但是，在一方去世时，已发生继承，不是登记人一方的个人财产。

7. 父母一方先去世，未去世的一方将登记在自己名下的房屋过户给其中一个子女，其他子女是否还可以继续继承？

答：我国实行不动产物权登记原则，父母一方先去世，未去世的一方完全可以将登记在自己名下的房屋过户给他人，当然更可以过户给其中一个子女。

不少人认为，作为房屋登记人，也就是房屋所有人，他或她完全可以将房屋进行处置，完全可以将房屋过户给其中一个子女，由于房屋已经过户给其中一个子女，房屋已经归其所有，其他子女就无权再继承该套房屋了。其实这是错误的认识。

尽管该套房屋登记在父母一方名下，但是，该房产属于父母夫妻共同财产。尽管该套房屋在其中一方去世后，仍登记在健在一方名下，但是，在一方去世时，已发生继承，该套房屋属于健在一方以及去世一方继承人共有，不是登记人一方的个人财产。如果健在的父或母，未经去世的父或母的继承人同意，即该套房屋的其他共有人同意，将房屋过户给其中一个子女，属于擅自处分共有财产，其他共有人，也就是去世一方在去世时的继承人，可以要求撤销过户登记。

在撤销登记后，对于先去世一方的财产份额进行法定继承和分割，如果健在一方仍健在，健在一方的份额，其有自主处分权，可以只赠与其中一个子女。如果父母都过世后，其他子女才发现已经过户给其中一个子女，其他子女只能继承先去世一方的财产份额，后去世一方的在其健在时已经赠与一方，赠与行为已经完成。当然，也可不主张撤销或由于各种原因无法撤销时，以财产价值向受益子女主张应当继承的财产损失。

需要注意的是，如果健在一方将登记在自己名下的房屋以正常价格对外出售，尽管也是未经其他共有人同意，擅自处分共有财产，法律上属于效力待定行为，只要其他共有人不认可，买卖合同即无效。但是，法律也规定了"善意取得"制度，只要购买人购买时出于"善意"，支付正常价款，并办理了过户手续，共有人将无权再要求其退还房屋，只能要求出售方赔偿损失。

典型案例[①]

被告刘某与管某系夫妻关系，婚后生育子女管某1、管某2、被告管某3。诉争房屋由拆迁安置所得，登记于被告刘某名下。被告刘某作为卖方与被告管某3作为买方在市房产管理中心签订买卖协议一份，约定刘某将位于胶州市某小区及附房以86000元的价格卖予管某3。庭审中被告刘某与管某3均认可未实际履行交付价款，诉争房产变更登记于被告管某3名下。

法院认为，该房屋虽登记于被告刘某名下，但房屋加盖的时间均在被告刘某与管某婚姻存续期间，故诉争房产系被告刘某与管某二人夫妻共同财产。管某去世后，刘某与管某3签订买卖协议，将诉争房产卖予管某3并变更登记于管某3名下。

现诉争房产已经变更登记于被告管某3名下，其引发物权变动的基础法律行为为刘某与管某3签订房屋买卖合同并办理过户手续取得，该物权行为是否发生物权变动的效力？通过上述分析，诉争房产系刘某与管某的夫妻共同财产，现刘某单独对诉争房产进行处分转让给管某3，管某3能否善意取得诉争房产的物权？

[①] 案号：山东省青岛市中级人民法院（2017）鲁02民终10385号民事判决书。

法院认为，根据《物权法》之规定，判断管某3是否构成善意取得，需要看转让行为是否满足以下条件：（1）受让人受让该不动产或者动产时是善意的；（2）以合理的价格转让；（3）转让的不动产或者动产依照法律规定应当登记的已经登记，不需要登记的已经交付给受让人。

具体到本案中，首先，管某3作为刘某与管某的儿子，应明知诉争房产系父母二人的夫妻共同财产，在管某去世后，在其享有的关于诉争房产份额未发生继承分割的情况下，径行与刘某达成房屋买卖协议，其行为非善意；其次，刘某与管某3均认可房屋买卖协议达成后未实际支付协议中载明的购房款，故管某3在受让诉争房产时未支付合理对价。综上，被告管某3受让行为不构成善意取得，诉争房产的物权未发生变动。

管某去世后，因未留有遗嘱，其遗产由四名法定继承人即刘某、管某1、管某2、管某3依法各继承四分之一。现刘某对诉争房产进行了处分，诉争房产系刘某与管某的夫妻共同财产，根据《继承法》第二十六条之规定，夫妻在婚姻关系存续期间所得的共同所有的财产，除有约定外，如果分割遗产，应当将共同所有的财产的一半分出为配偶所有，其余的为被继承人的遗产，故在继承分割诉争房屋时，应当先将共同所有的财产的一半分出为配偶刘某所有，其余的为被继承人管某的遗产。故诉争房产中的二分之一的份额应当归管某所有，管某死亡后，属于管某的遗产份额，应当按照法定继承办理，系由管某的法定继承人即刘某、管某1、管某2、管某3依照法定继承办理。

法律分析

这是一个夫妻健在一方将房屋以"买卖合同"形式过户给其中一个子女，最终被法院认定过户无效的典型案例。

刘某与管某通过拆迁置换了一套房，登记在刘某名下，在管某去世后，刘某以"买卖合同"的形式过户给其中一个子女管某3。管某3主张刘某以"买卖合同"的形式将诉争房屋赠与其，并完成房屋产权变更登记。但从"买卖合同"内容分析，其中虽约定了房屋价格，但对交付时间、违约责任、付款方式和期限等重要条款均未明确，不符合一般房屋买卖合同的内容。从"买卖合同"的履行情况分析，各方均认可仅完成房屋过户登记，但未实际支付房屋价款，也没有证据证明刘某向管某3主张过房屋价款。

涉案房屋系置换而来，原房屋系在刘某、管某夫妻关系存续期间取得，诉争房屋系刘某、管某的夫妻共同财产。管某去世后，该房屋虽登记于刘某名下，但这并不当然改变房屋的产权情况。管某去世后，根据原《继承法》的相关规定，按照法定继承的法律规定在各继承人中继承。

> **特别提示**
>
> 有关翻建的具体情况,首先,要看翻建范围,旧的有多少,翻建的有多少;其次,要看翻建房屋具体行为,翻建时出资情况。

8. 父母与其中一个子女长期居住在父母的老房子里,居住过程中,该子女对老房子进行了翻建,父母去世后,其他子女是否可要求继承?

答:在我国大部分农村或城乡接合部,存在数量巨大的自建房,因此,在房屋继承纠纷中,自建房的继承纠纷占据很大份额。这种自建"祖宅",由于年代久远,延续过程复杂,是房屋继承中最为复杂的纠纷。

最为常见的一种纠纷是:其中一个子女,往往是儿子一家与父母长期居住,在长年居住过程中,由于房屋老旧,需要不断维修,甚至拆了重建。一旦父母去世后,其他子女可能就要求继承父母留下的"祖宅",与父母居住的子女绝大多数情况下就会提出反对,认为父母留下的旧房已经翻建,原来的房子已经基本不存在了,甚至已经没有了。现存的是自己翻建的,是自己的财产。

这就要具体看翻建的情况了,首先,看翻建范围,旧的有多少,翻建的有多少。其次,要看翻建房屋具体行为,主要看翻建时出资情况,通过当时出资证据确定出资情况。例如,给翻建承包人的付款凭证,是父母出资还是共同居住人出资,以及出资比例等情况;如果没有证据,可以从父母与其共同居住子女当时的经济收入情况进行推断分析。

如果翻建完全是父母出资,属于父母的财产,则该房屋属于父母的遗产，其他继承人具有继承权；如果完全是与其共同居住子女出资翻建，旧的房屋已经灭失，新的房屋属于出资建设人所有，其他子女无权继承；如果父母、子女共同翻建，属于家庭共有财产，应先进行家庭财产分割，属于父母的部分，可以作为遗产进行继承，其他子女可以按照法律的规定参与继承。

典型案例[①]

翟某与李某系夫妻关系，二人生育子女三人，分别为翟某3、翟某4、翟某6。翟某于1981年去世，李某于2000年年底去世，翟某6于2008年11月20日去世。马某与翟某6系夫妻关系，二人生育子女三人，分别为翟某1、翟某2、翟某5。

诉争的房屋位于北京市某村，翟某1、翟某2、马某向法庭提交《建房申请批示表》，其上显示申请人为翟某3，申请间数为院内翻建北房四间、南房四间，得到了某区村民委员会的同意，并加盖了公章。

翟某1、翟某2、马某称，房屋原为翟某、李某所有，由翟某、李某出资建造，在北房三间南侧建造六间房屋，其中北房三间，西房两间，东房一间。翻建前李某夫妇早已经准备好翻建房屋的材料，所以实际翻建出资人是李某夫妇。翟某3不同意，称翻建房屋时，李某夫妇早已去世，而且李某去世时已经80岁，根本没有能力准备材料，是其自行出资进行的翻建。

诉讼过程中，经申请，法院调取了涉诉房屋的拆迁安置协议，该协议为北京市某区村民委员会与翟某3签订，腾退范围为某村某号，宅基地面积73平方米。

法院认为，本案的争议焦点为诉争房屋的权属，是否为翟某、李某的合法遗产。通观整个诉讼过程，对于诉争房屋的明确权属问题，翟某1、翟某2、马某均未能向法院提交充分的证据证明诉争的房屋为翟某、李某的合法财产，且根据宅基地翻建申请批示表中载明的申请人和拆迁协议中确定的被腾退人，均为翟某3，而非翟某、李某，故对翟某1、翟某2、马某的诉讼请

[①] 案号：北京市第二中级人民法院（2017）京02民终4530号民事判决书。

求，不予支持。

翟某1、翟某2、马某称，房屋翻建前翟某、李某已经出资备好所有建房材料，故翻建房屋的实际出资人应为翟某、李某，但其未提交任何证据予以证明，且翟某早已去世，与翻建房屋时隔二十年，客观上也不可能进行备料和出资，李某虽于建房前年年底去世，但去世时已是80岁高龄，客观上也没有能力进行备料和出资，翟某1、翟某2、马某未能就李某出资、备料金额或李某具备出资能力的情况提交证据予以证明，故对其主张，法院不予支持。

法律分析

这是一方子女与父母长期居住，并对老房进行翻建，在父母去世多年后，由于拆迁安置，导致其他子女及其后辈对老房要求继承的典型案例。

本案中，由于房屋已经翻建多年，父母也已去世多年，法院只能对遗产和个人财产进行审查，分别从翻盖房屋的出资能力、身体条件、客观条件等综合予以确认。对于子女出资建房的，应认定为子女个人财产，并非遗产。因案涉农村宅基地属于集体所有，故父母原有的房屋财产由于翻建的行为已经不复存在，新建的房屋是翻建人金钱财产的转化。

由于本案中，翻建时老人已80多岁，年事已高，现又已去世多年，其他子女尽管提出在老人去世前备好了建房材料，但未提供有效的证据证明，法院推定由共同居住的一方子女出资翻建，应归其所有。

> **特别提示**
>
> 受遗赠人应当在知道受遗赠后六十日内,作出放弃或接受的意思表示,到期未表示的,视为放弃遗赠。

9. 子女长年在国外,父母先后去世,待准备卖房时,侄子拿出一份老人写的字条,说已经将该房屋赠与他了,这种赠与是否有效?这套房应该归谁?

答:大多数人都比较清楚,继承有遗嘱继承和法定继承;有遗嘱的按遗嘱继承,没有遗嘱的按法定继承。从继承人范围来说,不管是遗嘱继承还是法定继承,其继承人都是法律规定可以继承的近亲属。第一顺序继承人是:配偶、子女、父母;第二顺序继承人是:兄弟姐妹、祖父母、外祖父母。

继承开始后,由第一顺序继承人继承,第二顺序继承人不继承;没有第一顺序继承人继承的,由第二顺序继承人继承。同一顺序继承人地位平等,不再区分顺序,原则上平均分配,但是,根据具体的继承情况,主要是对被继承人所尽的扶养情况,每个人所继承的财产可能有所差异。子女包括婚生子女、非婚生子女、养子女和有扶养关系的继子女。父母包括生父母、养父母和有扶养关系的继父母。

但是,普通大众往往会忽视另外一种遗产继承方式,即遗赠,也就是将财产在死亡后赠给法定继承人之外的人或组织。《民法典》第一千一百二十三条规定:"继承开始后,按照法定继承办理;有遗嘱的,按照遗嘱继承或者遗赠办理;有遗赠扶养协议的,按照协议办理。"同时,法律还规定，自然人可以立遗嘱将个人财产赠与国家、集体或者法定继承人以外的组织、个人。因此，法定继承人之外的侄子是完全可以依据老人的书面遗嘱继承其房产的。

需要特别注意的是，受遗赠人应当在知道受遗赠后作出放弃或接受的意思表示，到期未表示的视为放弃遗赠。这与法定继承和遗嘱继承完全不同，法定继承和遗嘱继承人只要没有明确表示放弃，是视同接受的。对此，《民法典》第一千一百二十四条明确规定，受遗赠人应当在知道受遗赠后六十日内作出放弃或接受的意思表示，到期未表示的视为放弃遗赠。

本案例中，若老人的侄子在老人去世后超过六十日才提出，则应视为放弃遗赠，房屋归子女法定继承。若在六十日内向继承人告知接受遗赠，则房产属于侄子所有。

典型案例[①]

本案讼争房屋，系韩某某生前由平房拆迁安置所得。张某某与韩某某系夫妻关系，双方共育有四个子女，即长子韩某1、次子韩某2（已故）、三子韩某3（已故），女儿韩某4，谈某系韩某4之子。2019年8月15日，韩某某去世。2021年2月24日，张某某去世。

张某某生前在谈某和韩某4的陪同下，于2019年9月10日前往某公证处办理了遗嘱公证。公证书载明"合同号384《某市国有土地上房屋征收补偿协议》项下财产权益，即坐落于某处住宅房（建筑面积：86.92平方米，该房屋的准确坐落位置及建筑面积以不动产权证书登记为准）系拆迁还原所得，属本人与已故配偶韩某某共有，无其他共有人。因本人年事已高，为避免今后发生遗产继承纠纷，故决定：在本人去世后，上述财产权益及房屋中属本人所有的份额及本人应继承韩某某的遗产份额均归外孙谈某所有。谈某依照本遗嘱取得的上述财产均属其个人单独所有，不属夫妻共有财产。"2021年3月5日，谈某向公证处申请办理接受遗赠公证。

---

① 案号：安徽省蚌埠市中级人民法院（2022）皖03民终996号民事判决书。

法院认为，本案讼争房屋在张某某生前属于张某某与韩某某的继承人共同所有，张某某对其个人享有的份额采取公证遗嘱的方式赠与谈某，该公证遗嘱合法有效。依据法律规定，受遗赠人应当在知道受遗赠后六十日内，作出接受或者放弃接受遗赠的表示；到期没有表示的，视为放弃接受遗赠。谈某于2019年9月10日陪同张某某前往某公证处办理遗嘱公证，之后该公证遗嘱一直由谈某持有，在2021年2月24日张某某去世后，谈某及其母亲韩某4向韩某1、韩某2、韩某3主张处分讼争房屋，并于2021年3月5日向公证处申请办理接受遗赠公证，谈某的行为表明其已在法定期限内作出了接受遗赠的意思表示。现韩某某、张某某均已去世，讼争房屋作为遗产尚未分割，故法院对谈某要求接受遗赠并对房屋进行处分的诉讼请求予以支持。

法律分析

这是一个将房屋通过遗嘱的方式赠与继承人之外的外孙的典型案例。

外孙在除了自己的母亲先于其父母过世，即先于其外公、外婆死亡的情况下，可以代位继承外公、外婆的遗产之外，在正常的法定继承情况下，外孙无权继承外公、外婆的遗产。外公、外婆将自己的财产通过遗嘱的方式给自己的外孙，就是属于遗赠，与前案中遗赠给侄子的情况是一样的。张某某通过公证遗嘱的方式将自己的房产赠与女儿的儿子，即外孙，就是遗赠。

根据《民法典》第一千一百二十四条的规定，继承开始后，继承人放弃继承的，应当在遗产处理前，以书面形式作出放弃继承的表示；没有表示的，视为接受继承。受遗赠人应当在知道受遗赠后六十日内，作出接受或者放弃接受遗赠的表示；到期没有表示的，视为放弃接受遗赠。

本案中，谈某在张某某生前持有公证遗嘱及在张某某去世后第9天至公证处办理接受遗赠的行为，能够达到谈某系在法定期限内确认接受遗赠的程度。故法院认定谈某在法定期限内接受张某某的遗赠，并据此判定的遗产分割比例和方式具有事实和法律依据。只是，由于该房屋属于张某某夫妻共同财产，其配偶韩某某先于其去世，韩某某所拥有的部分已发生继承，属于各继承人所有，即张某某与四个子女共有，张某某无权再遗赠，因此，张某某的遗赠只对其拥有财产份额部分有效。

> **特别提示**
>
> 只要遗嘱有效，保姆在法定期间表示接受遗赠，保姆就可以依据遗嘱取得受遗赠的房屋居住权乃至所有权。

10. 为感谢保姆长年尽心照顾，老人是否可以立遗嘱，约定其去世后，房屋归保姆居住，直到保姆去世，再由子孙继承？

答：现代社会快节奏的生活，工作、生活不易，子女常常由于工作繁忙或工作、生活在外地，无暇照顾年迈的父母，只能请保姆照顾。由于保姆长年与年迈的父母一起共同生活、照顾，特别在只有一个老人健在的情况下，容易产生老年人或其家人与保姆之间因房屋产生的纠纷。

如果保姆合法持有遗嘱，保姆属于受遗赠人。只要没有充分的证据证明老人在立遗嘱时受胁迫、欺诈等非法行为干扰，违背了老人的真实意思表示，从而撤销遗嘱，保姆在法定期间内表示接受遗赠，保姆是可以按遗嘱取得受遗赠的房屋的。如果老人与保姆签有遗赠扶养协议，保姆又按协议尽了扶养义务，保姆也是有权取得该房屋的。

现在，随着房价的上涨，房屋价值不菲，如果房屋给保姆，不给子女留，老人往往又过意不去。但是，保姆多年来又精心照顾，希望给予感谢，但是，现金不多，又不足以表达心意。是不是可以立遗嘱？在其去世后，为感谢保姆长年照顾以及解决其无处居住问题，同意其长期居住，直至其去世，再继承过户给自己的子女。这在具有一定亲戚关系的保姆，如姨、姑、外甥女等长年视"父母"般照顾，双方产生深厚的感情，但又还未达到不顾子女把房屋赠送给"外人"程度的情况下，是一种非常好的处理方式。

可以将房屋所有权赠送给保姆，当然也可以将房屋使用权在一定期间内赠送给保姆，对此，《民法典》专门新设立了"居住权"。居住权人有权按照合同约定，对他人的住宅享有占有、使用的用益物权，以满足生活居住的需要。设立居住权的，应当向登记机构申请居住权登记。居住权自登记时设立。因此，应当去不动产权中心对居住权进行登记，登记后取得物权公示效力的使用物权。

典型案例[①]

陈某1与苏某系夫妻，两人生育陈某2、陈某3两子女。陈某1于2015年7月9日死亡，苏某于2011年1月20日死亡，两人的父母均已先于该两人死亡。

秦某与陈某1系朋友关系，陈某1名下原有1105室房屋及301室房屋，陈某1、陈某2经上海市虹口区人民法院调解，1105室房屋产权归陈某2所有；301室房屋产权归陈某3所有。1105室房屋产权已于2017年2月28日变更登记于陈某2名下。秦某提供无落款无日期的遗嘱一份，主要内容为：秦某对1105室房屋享有长期居住权，除非秦某另嫁，陈某2不得收回。经秦某申请笔迹鉴定，司法鉴定科学研究院于2018年2月26日出具司法鉴定意见书，上述遗嘱中的字迹为陈某1本人所写。

秦某又提供落款人为陈某1、落款日期为2015年6月24日的遗嘱复印件一份，主要内容为：秦某对1105室房屋享有长期居住权，除非秦某另嫁，陈某2不得收回。秦某表示，该份遗嘱的原件于陈某2处。陈某2表示，陈某2、陈某3处并无该份遗嘱原件。审理过程中，陈某2、陈某3表示，陈某1住院后，双方当事人均对其进行了照顾并陪夜，但陈某2、陈某3陪夜次数多于秦某。秦某表示，陈某1住院后，均是由其照顾陈某1。

法院认为，自书遗嘱应由遗嘱人亲笔书写，签名并注明年月日。虽经鉴

---

① 案号：上海市第一中级人民法院（2019）沪01民终1544号民事判决书。

定，该遗嘱上的字迹确为陈某1本人书写，但该自书遗嘱既无签名又无日期，不符合自书遗嘱的形式要件，故法院确认该份遗嘱无效。至于秦某提供的落款人为陈某1、落款日期为2015年6月24日的遗嘱复印件的效力，因秦某无法提供该遗嘱的原件，导致法院无法对该遗嘱的真实性进行审查，故法院对该遗嘱的效力不予采信。

法律分析

这是一个朋友、"保姆"、同居人以遗嘱要求房屋长期居住权的典型案例。

秦某作为陈某1的朋友，在陈某1年老体弱时，与其同居，照顾陈某1长达3年之久。陈某1也给其出具遗嘱：秦某对1105室房屋享有长期居住权，除非秦某另嫁，陈某2不得收回。经秦某申请笔迹鉴定，司法鉴定科学研究院于2018年2月26日出具司法鉴定意见书，上述遗嘱中的字迹为陈某1本人所写。但是，法律规定，自书遗嘱应由遗嘱人亲笔书写，签名并注明年月日。本案中，秦某所持的一份遗嘱，虽然是陈某1本人书写，但无其签名和签署日期，所以该份遗嘱不符合法律规定的要件，当属无效。秦某所持的另一份遗嘱，有签名并注明日期，但是无原件，且陈某1、陈某2对此也不予认可，所以对于该份遗嘱也不应予以认定。由于秦某所持的具有长期居住权的遗嘱不符合法律的规定，并未得到法院的支持。法院考虑秦某对陈某1进行了照顾，酌情确认其所得。

本案虽然法院没有支持秦某的长期居住权，是因为其证据上的问题，并非从法律上不予支持。

第九章

房产中介纠纷

随着信息化的建设，特别是自媒体的发展，去中介化成为趋势。但是，在现实生活中，不管是买房还是卖房，特别是二手房，通过中介成交仍然占据大多数。而中介公司特别是中介经纪人员的门槛相对较低，服务层次和质量参差不齐，从而引发的纠纷自然不在少数。

> **特别提示**
> 在没有特别约定的情况下,房屋买卖合同签订后,买卖双方的权利义务由买卖房屋合同约束,中介服务完成。

1. 通过中介购房,并支付了中介费,卖房人却在签订购房合同后违约,导致未成功购房,中介费是否可以退回?

答:正常的买卖房屋中介服务合同,中介公司提供的是媒介服务,即介绍房源信息、协助沟通、协助签订房屋买卖合同。房屋买卖合同签订后,买卖双方的权利义务由买卖房屋合同约束,中介服务完成。因此,正常情况下,签购房合同后卖房人违约,买房人只能向卖房人主张违约责任,无法要求退还中介费。

但是,随着服务业服务层次的深入,一些中介公司提供房源信息服务外,还提供协助办理房屋尽职调查、房屋交接、房产证办理、按揭贷款等服务,如果未购房成功,中介未提供相应的服务,购房者可以要求退还相应的中介费。当中介公司完成全部合同约定的服务内容后,收取全额佣金才符合公平、合理的原则。因此,如果因为卖房人违约导致中介公司未能提供后续所需的中介服务,则买房人可以此为由要求中介公司调低佣金或退还部分佣金。

典型案例[①]

2015年3月21日,在瑞某公司(丙方)的居间服务下,出卖人赵某某(甲

---

① 案号:北京市第二中级人民法院(2015)二中民(商)终字第10153号民事判决书。

方)与买受人周某某(乙方)签订《买卖合同》及补充协议。

《买卖合同》及补充协议约定：出卖人房屋坐落于北京市丰台区光彩路，双方自行交割。乙方于2015年3月21日向甲方支付购房定金1万元，2015年3月23日支付第二笔购房定金4万元，2015年4月23日支付购房款100万元，过户当日支付购房款231万元，乙方留存1万元作为物业交割保证金，应于双方办理物业交割当日，支付给甲方。甲方应于2015年4月30日办理该房屋的抵押注销手续，自房屋办理注销抵押登记之日起5个工作日内申请办理房屋的权属转移登记手续。双方应当在2015年8月30日自行办理物业交割手续，由丙方陪同。该房屋产权证或契税发票填发日期至今不满5年，是甲方家庭唯一住宅。甲方不承担任何税费，由乙方承担本次交易所产生的涉及双方的所有税费。

2015年3月21日，甲方(出售方)赵某某、乙方(买受方)周某某、丙方瑞某公司签订《服务合同》，瑞某公司为周某某提供居间服务，具体内容：1.提供物业买卖/租赁信息；2.提供与买卖/租赁物业相关的政策、市场行情资讯；3.协助周某某对物业进行实地查验；4.协助并撮合周某某签订买卖合同或租赁合同。

2015年5月5日，赵某某向周某某发出解约函，解约函中表明因周某某已经超过2015年5月3日最后付款期，属于根本违约，致使《买卖合同》无法继续履行，故解除合同。

法院认为，瑞某公司与周某某签订了《服务合同》，该《服务合同》中明确约定由周某某支付瑞某公司居间服务费72792元。周某某与瑞某公司签订的服务确认书系双方当事人的真实意思表示，且未违反国家有关法律、法规的强制性规定，应认定为有效，签约各方均应依约履行各自义务；瑞某公司居间服务促成赵某某与周某某签订了《买卖合同》，涉案房屋的《买卖合同》也已成立；现有证据证实因周某某致使《买卖合同》不能履行。现瑞某公司要求周某某支付合理的居间服务费，法院予以支持。

法律分析

本案是卖房人违约解除房屋买卖合同，但买房人还要支付中介费的典型案例。

是否应当继续支付中介费，首先要看买房人与中介公司之间的《居间服务合同》是否已经成立，是否存在违法情形。如果已经成立且没有违反法律强制性规定的情形，则不能以买房人违约拒不执行《居间服务合同》而拒绝支付中介费。

至于中介费是否应当全额支付，则应该查看《居间服务合同》中对中介公司义务的具体约定，如果其中有些义务因卖房人的违约导致中介公司没有或不能履行，则买房人可以请求按相应比例扣减此部分的中介费。本案中，瑞某公司提供的物业买卖/租赁信息、与买卖/租赁物业相关的政策、市场行情咨询、协助周某某对物业进行实地查验、协助并撮合周某某签订买卖合同或租赁合同均没有受到《房屋买卖合同》终止的影响，所以法院支持了中介公司的中介费的请求。但如果《居间服务合同》约定如办理房产证、交接物业等服务，此部分对应的中介费则买房人无须支付。

> **特别提示**
>
> 联系中介公司挑选合适房源，但在选定后绕过中介公司购买房屋，中介是可以要求"跳单"的购房者支付中介费的。

2. 通过中介接洽卖房人后，未签中介协议，绕过中介直接与卖房人购房，中介是否可以要求支付中介费？

答：《民法典》第九百六十五条规定，委托人在接受中介人的服务后，利用中介人提供的交易机会或者媒介服务，绕开中介人直接订立合同的，应当向中介人支付报酬。也就是说《民法典》已经明确规定了，如果接受了中介的服务后"跳单"，仍然需要照常向中介支付中介费，这是法律对中介公司利益作出的重要保护。

判断买房人的行为是否构成"跳单"，主要考虑的内容包括以下几点：（1）居间合同是否成立；（2）委托人是否利用了居间人提供的信息或媒介服务；（3）委托人是否有绕过居间人的主观恶意；（4）居间人提供信息或媒介服务行为与委托人最终完成交易之间有因果关系。

需要注意的是，中介市场的竞争也是非常的激烈，买房人和卖房人都有权选择服务更好、中介费更低的中介来促成交易。在现实中，卖房人通常会把自己的房子委托给多家中介挂牌出售，而买房人也可能通过多家中介来寻找合适的房子。如果通过多家中介看了同一套房，买卖双方都有权选择对自己更有利的中介来服务。如果涉案的房屋并非某一家中介公司独家代理，虽然该中介公司员工带看了该房屋，但买家仍有机会通过其他正当渠道获得同一房源信息,并有权利选择与报价更低、服务更好的中介来达成交易,此种情况下就不构成"跳单"违约。

🔍 典型案例[①]

2020年,刘某欲购买房屋,通过福某公司网站浏览房源并咨询相关信息,经福某公司人员刘某带看房屋后,刘某看中了张某某所有的涉案房屋。2020年8月19日,张某某(出卖人、甲方)、刘某(买受人、乙方)、福某公司(居间方、丙方)签订了《买卖定金协议书》,约定:"交易房屋坐落于北京市昌平区,建筑面积为91.01平方米;乙方经现场勘验甲方上述房屋后,对甲方出售的该套房产的权属状况、设备、装修等情况进行了解,确认以2900000元的成交总价款购买房屋;乙方应于本协议签署时向甲方自行支付定金50000元;甲乙双方同意,由丙方为甲乙双方买卖房屋等事宜提供居间服务,且应在甲乙双方签署《北京市存量房屋买卖合同》时由甲方/乙方按照房屋成交总价款的2.2%向丙方支付居间服务费,本协议签署后,甲乙双方私自或者另行通过其他居间方签署房屋买卖合同的,丙方有权要求甲方和乙方支付本条约定的全部居间服务费;丙方促成甲乙双方签署此定金协议后,如买卖双方任何一方违反定金协议的,需要按本协议第二条约定按照成交总价款的2.2%为标准向丙方赔付服务费……"

协议书签订当日,刘某向福某公司支付10000元定金,但福某公司尚未支付张某某。后刘某反悔,告知张某某不再购买涉案房屋,三方经商议均同意解除《买卖定金协议》,在原协议书最后手写添加"经双方友好协商此定金合同作废",后附刘某的签字。福某公司工作人员于2020年8月23日通过微信转账的方式向刘某返还10000元。庭审中,福某公司工作人员称,其同意《买卖定金协议》解除的条件是刘某彻底不买涉案房屋。

福某公司与刘某均认可双方在协议中虽约定按房屋成交总价款的2.2%支付中介费,但实际约定中介费是46500元,三方约定中介费由买方刘某

[①] 案号:北京市第一中级人民法院(2021)京01民终8419号民事判决书。

承担。2020年8月29日，刘某、张某某通过兴某公司签订了《北京市存量房屋买卖合同》。2020年8月31日，刘某向兴某公司转账支付了中介费46813元。

法院经审理认为，福某公司主张通过其提供居间服务促成张某某、刘某签订了《买卖定金协议书》，张某某、刘某利用其提供的交易机会后，通过其他中介公司进行最终的房屋买卖，违反了《买卖定金协议书》的约定，应支付居间服务费，刘某辩称，张某某、刘某通过兴某公司成交的原因是福某公司对于涉案房屋户口迁移、学位占用无法给其明确答案，而兴某公司对于该问题能给其明确回复。法院认为涉案房屋的户口迁移、学位占用情况属于刘某可以向房主张某某了解的涉案房屋信息，或张某某可以配合刘某查询的房屋信息，在刘某与张某某已经通过福某公司签订定金协议的情况下，刘某以福某公司不能就该问题给其明确答案为由通过其他中介公司与张某某成交，明显与常理不符，对其该项辩解意见不予采信。福某公司已为张某某和刘某提供了房屋信息、促成双方签订《买卖定金协议书》等中介服务，刘某在2020年8月23日收到10000元返还的定金后，在仅七日后的2020年8月29日就与张某某签署了房屋买卖协议，说明福某公司在张某某、刘某房屋买卖合同的签署过程中起了重大作用，刘某和张某某签署房屋买卖合同利用了福某公司所提供的中介服务，刘某和张某某绕过福某公司而通过其他中介公司签订房屋买卖合同的行为，属于"跳单"不诚信履约行为，应支付福某公司中介服务费。因福某公司的中介服务只进行到三方签订《买卖定金协议书》后便终止，后续服务未继续进行，故其主张支付全部中介费用不合理，法院根据本案实际情况在三方约定的中介费用基础上酌减为10000元。

法律分析

本案是购房者恶意"跳单"的典型案例。

从本案可以看出，是否构成恶意"跳单"，不仅要从客观上看买房人是否利用了中介公司提供的房源信息，还要从主观上考察其是否具有逃避支付佣金的故意。例如，本案中的中介公司虽然未能提供证据证明涉案房屋的房源属于其独家掌握，不能排除多家中介公司或者第三方掌握涉案房屋房源信息的情况，但结合买房人在收到中介公司返还的定金仅七日后就与房主签订了买卖合同的事实，合理地推定买房人利用了中介公司提供的信息和服务的结论。

禁止"跳单"条款本意在防止委托人违反诚实信用原则，利用中介公司提供的房源信息却跳过中介公司而购买房屋，从而使其无法获得应得的佣金。但中介公司不能据此限制正常的市场交易行为，剥夺交易双方的选择权。本案中，如果中介公司无法继续提供涉案房屋居间服务，买房人通过其他合法途径获得同一房源信息，选择其认可的第三方为其提供服务，从而达成交易，则买房人就不用再向中介公司支付中介费。

房屋买卖双方基于诚实信用原则必须严格遵循合同约定，在居间合同中，中介公司促成了房屋买卖合同的签订，履行了其义务，买卖双方必须按照合同约定支付中介费，无故"跳单"行为，必须承担违约责任。诚实信用是市场交易的基本原则，为促进房地产交易规范，无论是买卖双方还是中介公司，都应当按照合同约定履行义务，违反约定均要承担违约责任。

> **特别提示**
>
> 对于这种隐瞒价格"吃差价"的不诚信行为,购房者可以要求其赔偿差价。

3. 中介公司隐瞒价格"吃差价",购房者发现后是否可以要求其赔偿差价?

答:"吃差价",是指中介压低房屋出售人的评估价和登记出售的价格,抬高买受人的买房价格,以赚取中间差价。简单来讲可以理解为中介低价买入高价卖出,中间的利润就神不知鬼不觉地进入了中介的腰包。

"吃差价"是房地产交易中的普遍现象。作为购房者,通常不了解中介公司的市场和经营。为了避免买卖双方私下交易,中介公司通常不让买卖双方见面,这就导致了信息的不对称、不透明。尽管可以避免买卖双方之间的私人交易,但这种不透明的交易方法也为非法中介提供了机会。

中介作为居间人应当就有关订立合同的事项向委托人如实报告,"吃差价"的行为严重违背了诚实信用原则,损害委托人利益,扰乱市场交易秩序,违反公序良俗,与中介公司作为居间方应如实报告交易信息的法定义务相悖。而且根据相关法律规定,房地产经纪机构和经纪人员不得对交易双方隐瞒真实的房屋成交价格等交易信息,不得以低价购入或租赁、高价售出或转租等方式赚取差价,不得牟取非法收益。因此,这种"吃差价"的行为是法律明令禁止的。

若中介已收佣金,但又损害了委托人的利益,委托人可以主张中介赔偿其损失。《民法典》第九百六十二条第二款明文规定,中介人故意隐瞒与订立合同有关的重要事实或者提供虚假情况，损害委托人利益的，不得请求支付报酬并应当承担损害赔偿责任。因此，若有证据证明中介存在"吃差价"的行为，是可以主张其承担赔偿责任的。

🔍 典型案例[①]

周某将其名下的涉案房屋委托给世某地产对外出售。2016年9月7日，在封某、田某的居间服务下，李某（买方）与周某（卖方）签订《二手房买卖合同》，合同载明周某将涉案房屋以300万元的价格转让给李某，李某应向周某支付定金5万元，并应于2016年10月20日前将除定金、交楼押金外的剩余首期款85万元支付至双方约定的银行监管账号或其他第三方监管账号，周某作为卖方实收房款300万元，其余交易过程中产生的一切费用均由李某支付。

合同签订后，李某于2016年9月10日向封某的银行账户支付购房定金5万元，于2016年9月14日向封某的银行账户支付19万元，于2016年9月27日向某银行的银行监管账户支付购房首期款72万元。2016年10月9日，李某与某银行签订《个人购房担保借款合同》，由李某向该银行借款210万元。李某主张其在整个购房过程中实际支付的款项共计306万元，其中包含其支付给封某的佣金2万元。因周某实际收到的款项为285万元，涉案房产的税费、按揭费、担保费和公证费等费用均由李某另外支付，说明封某、田某在居间服务过程中欺诈李某，隐瞒真实房地产价格信息，赚取了房屋差价款。

封某、田某在向李某提供涉案房屋居间服务期间属于世某地产的员工，在此期间曾向李某和周某出示其属于世某地产员工的名片。

法院经审理认为，在封某、田某居间服务下，李某与被告签订《二手房买卖合同》，李某向封某支付的款项共计306万元，而周某作为涉案房屋的卖方只收到285万元，除去李某认可的佣金2万元外，封某、田某未提交有效证据证明其余款项的用途，应当承担举证不能的法律后果，对李某主张的

[①] 案号：广东省深圳市中级人民法院（2019）粤03民终12913号民事判决书。

相关事实予以采纳，认定封某、田某在居间服务过程中赚取房屋差价款，应当向李某承担民事责任。李某要求封某、田某向其返还房屋差价款17万元及利息的诉讼请求，符合法律规定，予以支持。封某、田某在居间服务过程中隐瞒真实房地产价格信息，赚取房屋差价款，对李某构成欺诈。李某要求封某、田某向其返还佣金2万元并支付相当于佣金三倍的惩罚性赔偿款6万元的诉讼请求，符合法律规定，予以支持。

法律分析

本案是中介公司"吃差价"，被法院判定"假一赔三"的典型案例。

居间合同是居间人向委托人报告订立合同的机会或者提供订立合同的媒介服务，委托人支付报酬的合同。居间人应当就有关订立合同的事项向委托人如实报告。居间人故意隐瞒与订立合同有关的重要事实或者提供虚假情况，损害委托人利益的，不得要求支付报酬并应当承担损害赔偿责任。

本案中，居间人故意隐瞒与订立合同有关的重要事实或者提供虚假情况，损害委托人利益，李某为了生活需要购买房产，接受世某地产提供的居间服务，属于《消费者权益保护法》的保护范围，故法院以消费者权益保护法保护购房者。封某、田某故意隐瞒涉案房产的真实交易信息，自己从中赚取差价，缺乏基本的诚信和房屋中介人员应有的自律，违反职业道德，欺诈事实明显，所以法院判令其退还收取的佣金并支付三倍惩罚性赔偿款。

> **特别提示**
>
> 若中介公司违反主管部门的处罚决定，买房人不能以此拒绝支付中介费。

4. 中介公司因违规，被主管部门处罚，处于暂停业务时期，当事人通过该中介接洽购买了房屋，是否可以拒绝支付中介费？

答：房地产中介服务公司在被主管部门处罚停止营业，依照法律规定不具有对外提供中介服务的资质期间。如果中介公司与买房人、卖房人接洽，并签订中介合同，则该合同并没有因违反法律、行政法规强制性规定而无效，所以中介公司依然可以要求买房人支付中介费。

在有些情况下，根据法律、行政法规的规定，当事人之间就某项民事行为达成的合意，还必须加入国家意志，才能得到履行，国家意志的实现通过审批程序来完成，此时，合同本身成为批准直接调整的对象，审批程序直接调整法律行为或当事人之间的具体权利义务本身。而在房屋买卖的过程中，并没有此类法律直接调整居间服务合同的情形，所以中介公司存在违反行政法律规定被停业的情形，并不会影响居间服务合同的效力，房产中介已依约提供居间服务的，有权向买房人收取佣金，买房人、卖房人通过该中介接洽购买了房屋，自然也不可以拒绝支付中介费。

典型案例[①]

2015年11月29日,经云某中介公司居间介绍,沈某忠、郁某某、沈某凤与案外人签订《居间协议》及《房地产买卖合同》,约定沈某忠、郁某某、沈某凤以1495000元出售案涉房屋。

《居间协议》第八条约定,买卖双方应当于房地产买卖合同成立之日分别按照总房价的1%支付佣金,该条款中有关于佣金支付的特别约定可供勾选:全部由甲方承担2%或全部由乙方承担2%,这两项未被选择。

2015年12月4日,沈某忠、郁某某、沈某凤与案外人签署备案的房地产买卖合同。2016年1月15日,沈某忠、郁某某、沈某凤向云某公司支付佣金14950元。沈某忠等人认为云某中介公司缺乏相关资质,属违法经营的问题,要求云某中介公司退还中介费并赔偿损失。

法院经审理认为,从云某中介公司营业执照载明的经营范围来看,云某中介公司的经营范围包括房地产经纪,其虽然没有在房管局备案,违反了相关行政管理规定,应当受到相应行政处罚,但这并不影响云某中介公司与卖房人签订的居间协议的效力,遂驳回了沈某忠、郁某某、沈某凤的诉讼请求。

法律分析

本案是中介公司违反主管单位管理规定,但是卖房人仍需支付中介费的典型案例。

中介公司按照约定提供了满足合同约定的居间服务合同,并不能因其违反了有关行政法律规定而得到直接证明,所以作为服务的对价,卖房人不能拒绝支付中介费。

《民法典》第一百五十三条第一款规定,违反法律、行政法规的强制性规定的民事法律行为无效。但是,该强制性规定不导致该民事法律行为

[①] 案号:上海市高级人民法院(2017)沪民申765号民事裁定书。

无效的除外。也就是说，违反法律、行政法规的强制性规定的民事法律行为不见得都无效。本案中，云某中介公司的经营范围包括房地产经纪，虽未经备案有违相关行政管理规定，应当受到相应行政处罚，但并不影响涉案居间协议的效力。

> **特别提示**
>
> 中介公司作为专业的房屋中介机构，理应严格按照相关政策经营，不得违反政策规定从事房地产经纪业务。

5. 中介公司业务人员为购房者"出谋划策"，如虚开收入贷款、离婚解决购房资格等，但是最终相关"招数"未成功，造成损失的，购房者是否可向中介公司要求赔偿？

答：如果在购房过程中，中介公司确实存在故意引导顾客办理虚假证明的行为，违反了其作为房屋居间方应当承担的法定义务，在居间服务中存在重大瑕疵，理应返还中介费并对购房者的损失承担相应的赔偿责任。购房者故意按照中介公司提出的方式进行"包装造假"，存在过错的，也应承担责任。

中介公司作为专业的房屋中介机构，理应严格按照相关政策经营，不得违反政策规定从事房地产经纪业务。《民法典》第七条及第九百六十二条分别对诚信原则及中介人如实报告义务进行了规定。当事人行使权利、履行义务应当遵循诚实信用原则。当事人订立、履行合同，应当遵守法律、行政法规，尊重社会公德，不得扰乱社会经济秩序，损害社会公共利益。

中介公司作为提供居间服务，接受买卖双方委托的专业机构，不能违背诚实信用原则，对于相关政策的把握应当建立在职业道德基础之上，如购房者咨询有关限购、交易费用、交易流程、交易进度，应当如实说明并给予合理建议。

在购房过程中购房者也不能轻信房产中介公司的口头承诺，最为保险的就是要求书面回复，以便发生纠纷的时候保护自己的合法利益。另外，即使有中介公司的书面回复，也要本着基本的价值判断，不可轻信规避法律法规以及政策的行为。

典型案例[①]

第三人唐某某系千某房地产经纪有限公司长沙分公司（以下简称千某房地产长沙分公司）负责人，原告杨某某系唐某某的妻子。第三人张某与案外人周某某系夫妻关系，是案涉住宅共有人。

2020年10月，张某、周某某想出售共有房屋，因该房屋2018年才取得不动产权属证书，根据长沙市住宅商品房限售政策，取得不动产权属证书未满4年的商品房尚不能出售。张某、周某某找到唐某某咨询，唐某某告知两人可以通过夫妻更名等操作方式实现售房目的。2020年10月8日，由张某、周某某作为甲方、千某房地产长沙分公司作为乙方，签订了一份《房屋独家销售合作协议》，约定：甲方自愿将案涉住宅授权乙方独家销售，甲乙双方协商后的约定价格为85万元，如实际成交价高于约定价格，高出部分差价作为乙方市场营销佣金分成，差价部分全归乙方所有。

同时期，被告彭某某想在长沙购买房屋，但根据长沙市住宅商品房限购政策，其尚未取得购房资格。彭某某找到了唐某某咨询，唐某某告知彭某某可以通过夫妻更名等操作方式实现购房目的，并将张某、周某某委托其销售的房屋推荐给彭某某。2020年11月24日，由张某作为甲方（出售方）、唐某某作为张某的代理人、彭某某作为乙方（买受方），签订了一份《房屋买卖合同》，合同约定：甲方将案涉住宅出售给乙方，房屋建筑面积97.31平方米，房屋售价为106万元，此房价包含中介费、贷款费、高评费、个税、契税等。乙方支付定金5万元，于产权过户手续办理时支付购房首付款44万元（含定金），银行贷款62万元。唐某某代张某在合同上签名，彭某某在合

[①] 案号：湖南省长沙市望城区人民法院（2021）湘0112民初1300号民事判决书。

同上签名。在签订《房屋买卖合同》并仅支付3万元定金后，彭某某向唐某某提出因首付款不够，且担心夫妻更名的方式存在较大风险，想等到自己有购房资格后再买房，要求退还定金。唐某某表示如果悔约则所交定金不予退还，彭某某即扬言要报警。双方进一步协商后，唐某某提出，由自己的妻子杨某某向彭某某出借19万元用于支付首付款，《房屋买卖合同》继续履行，彭某某予以同意。

2020年12月28日，彭某某向杨某某出具《借条》一份，载明："为购买房屋资金周转需要，向杨某某借款19万元，还款期限至2021年1月31日。逾期未还，则按当期一年期贷款市场报价利率（LPR）的四倍计付逾期利息。如借款人违约，出借人为维护权益向违约方追偿的一切费用包含律师费等均由违约方承担。"当日，杨某某向彭某某转账19万元，彭某某随后将该19万元作为房款支付给了张某。

此后，在唐某某的策划下，张某与周某某办理了离婚手续，案涉房屋由张某、周某某共同所有变更登记为张某单独所有。随后，张某又与彭某某登记结婚，案涉房屋以夫妻更名的方式变更登记至彭某某名下，办完不动产登记后张某与彭某某即办理离婚登记。通过上述操作，案涉房屋登记到彭某某名下，彭某某已收房入住。

在上述操作过程中，彭某某共计支付房款106万元，唐某某、杨某某收到彭某某所付的70万元后，由杨某某将其中的49万元支付给了张某。至此，张某获得房款85万元，唐某某、杨某某获得售房差价21万元。办理上述房屋不动产变更登记中，根据各方合同约定，产生的下列费用由唐某某、杨某某承担，包括：契税13075元、个人所得税17434元、公证费800元、贷款服务费19900元。

同时，为了避税，唐某某指导张某与彭某某签订了一份用于备案的《望城区二手房买卖合同》，该合同约定的房屋售价为73万元。办理不动产变更登记后，彭某某得知张某的实际出售价格只有85万元，向杨某某提出少还借款，杨某某不同意，因而成诉。

法院经审理认为：杨某某与彭某某之间的民间借贷合同无效，彭某某因此取得的借款应当返还，但同时杨某某不得要求彭某某按借条约定支付借款利息及逾期利息。《房屋买卖合同》《房屋独家销售合作协议》及《望城区二手房买卖合同》无效，唐某某、杨某某不能据此取得房屋差价款，彭某某取得的商品房及张某取得的房款均应当返还。

法律分析

本案是中介人员多重"出招"的典型案例，从中获取的不只是佣金，还获得了高额的房产差价。

政府出具的有关加强房地产市场调控工作的文件通常都是为保障刚性购房需求，遏制投机炒房，维护房地产市场秩序，促进房地产市场平稳健康发展而作出的规定。限购政策是对国家关于"房子是用来住的，不是用来炒的"宏观政策精神和要求的具体体现。

本案中，唐某某、杨某某作为房产中介从业人员，没有严格遵守上述规定。反而是引导彭某某、张某、周某某通过夫妻更名的方式规避长沙市住宅商品房限售限购政策，与张某、周某某签订《房屋独家销售合作协议》，与彭某某签订《房屋买卖合同》。为了案涉房屋办理不动产变更登记，唐某某还指使张某与周某某离婚，张某再与彭某某结婚，房屋办理变更登记后，张某与彭某某离婚。为了少交税，唐某某又引导张某与彭某某签订价格明显低于实际成交价格的《望城区二手房买卖合同》用于备案。唐某某及房屋买卖双方的上述行为，都是通过规避国家政策红线获取不当利益，与社会主义核心价值观相违背，如法律对此不加限制而任其泛滥，势必会导致国家房地产宏观调控政策落空，影响婚姻家庭关系稳定，增加交易风险，损害社会公共利益。所以法院对唐某某及房屋买卖双方的上述行为给予了否定评价。另外，对于本案中彭某某明知自己不具备购房资格，仍然接受杨某某、唐某某的"指导"，所以法院没有支持其赔偿损失的诉讼请求。

> **特别提示**
>
> 如果确实因限购政策导致的购房未成功，中介公司应当参照公平原则，收取相应的必要费用支出，退还其余居间费。

6. 签订中介协议并支付了中介费，也签订了购房合同并支付了首付款，由于国家政策调整，购房者不再具有购房资格，购房未成功，是否可以要求退还中介费？

答：房屋买卖双方签订房屋买卖合同之后、网签之前这段时间政府出台新的房产政策导致原本有购房资格的房屋买受人不具备购房资格了，买房人是否能要求中介公司退还中介费，应当区分情况予以对待，然后再进行讨论。

如果确实因限购政策导致的购房未成功，且中介不存在任何拖延办理网签等过错情形，则中介公司不应当仅以"促成买卖合同已签署，居间服务完成"为由不予退还居间费用，应当参照公平原则，收取相应的必要费用支出，其余费用应当退还。

如果因中介存在拖延办理网签等过错情形，导致购房者遇到国家政策调整不再具有购房资格购房不成功的，合同无法履行，则中介构成违约，不仅需要退还居间费用，还应赔偿相应损失。

如果只因买卖一方当事人原因导致合同处于迟延履行状态或无法继续履行，居间费用不应退还，守约方存在居间费用损失的，应向违约方主张赔偿。

典型案例[1]

2017年3月13日，原告李某（买方）与崔某某（卖方）经被告某中介公司的居间服务就案涉房屋（房屋价款1060万元）签订房屋买卖合同后，原告及被告签订《居间服务合同》，约定被告提供的居间服务包括提供资讯、寻找、提供房源及客源信息、看房、协助交易双方洽谈、促成签署买卖合同；买卖双方授权居间方协助办理房屋交易相关手续。

上述合同签订后，原告依合同约定向被告交付服务费106000元及代办按揭评估费3000元，后原告向出卖人支付了首付款。同年3月26日，某市出台相关购房政策，原告不再具备购买上述房屋资格，双方均认可买卖双方已经解除了房屋买卖合同，诉讼中原告撤回了要求解除居间合同的诉讼请求。

原告李某诉称，2017年3月13日，原告经被告居间签订居间服务合同，原告支付被告居间服务费109000元。现因同年3月26日某市出台限购政策，致使原告李某不具备购房资格，无法购买该房屋，被告未履行完毕居间服务，因此应退还中介费，遂起诉要求被告返还109000元，诉讼费由被告承担。

法院经审理认为，因被告提供居间服务，原告与案外人签订房屋买卖合同及居间合同，原告应当向被告支付相应的居间报酬。因相关房屋买卖政策变化，导致原告失去购房资格，房屋买卖合同无法继续履行，不能归责于各方当事人。因涉案买卖合同目的不能实现，网签、贷款、过户等需要被告协助买卖双方履行的相关事宜均不再履行，故被告按合同约定的居间报酬数额收取原告的居间费用，不再具有合理根据，亦有违公平原则，扣除合理费用外，其余款项应退还给原告。根据公平原则并结合本案实际情况，酌定判令被告退还原告居间服务费8万元。

法律分析

本案是因政策变更导致买房人丧失购房资格无法完成购房、要求中介公

---

[1] 案号：北京市房山区人民法院（2017）京0111民初18452号民事判决书。

司退还中介费的典型案例。

在本案中，中介公司并没有存在任何拖延办理网签等过错情形，而且其已经积极地履行了提供资讯、寻找、提供房源及客源信息、看房、协助交易双方洽谈、促成签署买卖合同的合同义务，所以，尽管因相关房屋买卖政策变化，导致原告失去购房资格，房屋买卖合同无法继续履行，最终买卖行为没有完成，不能归责于各方当事人，但是买房人仍然要为中介公司的居间服务买单，承担相应的居间费用。中介公司按合同约定的居间报酬数额收取原告的居间费用，不再具有合理根据，亦有违公平原则。

> **特别提示**
>
> 意向金本身并不是一个法律概念，与定金不同，没有明确的法律规定意向金具有担保功能。

7. 看中了一套房，签了购房意向书，向中介支付了意向金后反悔，购房者是否可以要求退还意向金？

答：在合同成立前交纳意向金，既不属于违约金，亦不属于预付款。意向书是否具有合同效力，应结合其本身的有效性、条款完备性、主体指向排他性等因素进行综合判断。双方签订的意向协议书则是为缔结正式合同而签订的预合同。意向金是否能够退还的处理原则是遵循"合同自由"原则，要根据双方的约定处理是否可以要求退还意向金，在每个个案中都有可能因为约定的内容不同而有不同的结果，不能一概而论。

如果购房者交纳了意向金，但没有约定定金性质的，中介或者卖房者主张定金权利的，是不会得到支持的。但是如果在意向书中有类似的规定，"购房者为表示购买之诚意，特向中介方支付意向金×万元，作为其与买方进行合同洽谈之用，如果最终买房人确认购买房屋而签署房屋买卖合同，则该意向金转为定金，适用定金罚则"，那么这样是可以在买卖房屋反悔后要求中介退还意向金的，否则就不能要求退还意向金了。

🔍 典型案例[①]

2019年10月28日，丁某某（出售人、甲方）委托尹某作为其代理人与

[①] 案号：北京市第一中级人民法院（2020）京01民终4768号民事判决书。

郭某（购买人、乙方）、中某俊某公司（购买人郭某代理人、丙方）签订《买卖意向金协议书》，就甲方出售房屋给乙方，甲乙双方就暂收意向金事宜达成协议。

协议第二条约定了有关意向金收付的规定：1.乙方经现场勘验甲方上述房屋后，对甲方出售的该套房产的权属状况、设备、装修等情况进行了解，确认以伍佰肆拾万元整的成交价格购买该房屋，成交价为甲方包含增值税，乙方的房款支付方式为全款；2.乙方购买上述房屋向甲方交付购房意向金共计五万元整。协议第三条约定：1.甲乙双方应于签署本协议后10个工作日内签署《北京市存量房屋买卖合同》及《居间成交确认书》等相关法律文件；2.乙方将意向金支付给甲方后，在合同约定10个工作日内，买卖双方不触犯违约责任，如超过10个工作日甲方因各种原因拒不履行合同，甲方违约应双倍返还定金，如超过10个工作日乙方因各种原因拒不履行合同，乙方违约则定金不予返还。该协议还约定了其他内容。该协议签订当日，郭某向丁某某支付5万元。

2019年11月7日，郭某通过短信及邮寄书面通知的形式向丁某某发送通知，通知丁某某因双方在十个工作日内未就签订购房合同的细节达成一致意见，要求丁某某退还5万元。之后，双方继续就签订房屋买卖合同的具体事宜进行沟通。

庭审中，郭某与丁某某向法院提交2019年10月30日至2019年11月11日期间与中某俊某公司工作人员三方的微信聊天记录。三方就房屋买卖合同的签订地点、付款方式、付款时间、过户手续办理及合同文本的内容等交易细节进行协商，但未能达成一致意见。郭某表示已支付的5万元性质为意向金，丁某某认为属于定金，中某俊某公司表示《买卖意向金协议书》的模板为其提供，协议内容虽出现意向金及定金两种表述，但5万元的真实属性为意向金。

法院经审理认为，郭某与丁某某签订的《买卖意向金协议书》系双方当事人的真实意思表示，且未违反法律的强制性规定，合法有效，对双方当事人均具有法律约束力。现郭某提出解除《买卖意向金协议书》，丁某某同意解除。关于合同解除的时间,郭某主张在2019年11月7日向丁某某发送解除通知后合同即解除,但在通知发出后双方继续就合同履行问题进行协商,在协商无果后向法院提起诉讼,丁某某于2019年11月25日收到起诉书,故合同解除时间为2019年11月25日。

关于已支付款项的性质问题,虽然《买卖意向金协议书》中对此有意向金与定金两种表述,但根据协议约定10个工作日内双方不触犯违约责任,该约定不符合定金的规定。同时根据签订合同的目的,双方就签订房屋买卖合同达成了初步意向,通过签订《买卖意向金协议书》对该意向进行确立,最终是否签订房屋买卖协议,双方有权在签订合同后10个工作日内进行最终确定。故法院认为,郭某已支付的5万元的性质为意向金协议上明确约定郭某将意向金支付给甲方后,在合同约定10个工作日内,双方不触犯违约责任。郭某于2019年11月7日通过微信等方式通知丁某某不再履行协议,要求退还意向金,该时间点属于约定的10个工作日期间内,按照协议约定,此时双方互不承担违约责任,郭某要求丁某某退还已支付的5万元意向金于法有据,法院予以支持。

法律分析

本案是签订买卖意向金协议并支付意向金,后要求退还意向金的典型案例。

本案中,郭某起诉请求法院判令解除与丁某某签订的《买卖意向金协议书》,并请求法院判令丁某某返还郭某购房意向金5万元。虽然丁某某主张案涉5万元的性质应该是定金而不是意向金,但是,结合案件中双方签署的《买卖意向金协议书》来看,协议书中有意向金与定金两种表述,但合同中条文表述,"乙方将意向金支付给甲方后,在合同约定10个工作日内,买卖双方不触犯违约责任",该约定不符合定金的规定。同时亦约定"如超过10个工作日甲方因各种原因拒不履行合同,甲方违约应双倍返还定金,如超过10个工作日乙方因各种原因拒不履行合同,乙方违约则定金不予返还",表明了签订合同的目的,双方就签订房屋买卖合同达成了初步意向,通过签订

《买卖意向金协议书》对该意向进行确立，最终是否签订房屋买卖协议，双方有权在签订合同后 10 个工作日内进行最终确定。

后双方未签订房屋买卖合同，意向金未转换为定金。也即郭某支付给丁某某的是意向金而非定金，郭某于 2019 年 11 月 7 日通过微信等方式通知丁某某不再履行协议，要求退还意向金，并且该时间点符合他们之间房屋买卖合同约定的 10 个工作日期间内，所以按照协议约定，丁某某应退还郭某 5 万元意向金。

因此，不能仅凭"意向金"的文字表述，就认定具有定金效力，应根据协议的具体内容进行分析，对于能否退还，协议的具体约定起着决定性的作用。

> **特别提示**
>
> 房屋中介公司作为从事房产中介的专业性机构，应被赋予更为专业、更为详尽的注意义务。

8. 因买房人不了解限购政策，中介公司也未告知，签订购房合同后因不具有购房资格不能办理网签的，买房人是否可以要求中介公司退还中介费？

答：买房人可以要求中介公司退还中介费。买房人已经花钱请中介提供居间服务，所以不能赋予买房人过重的注意义务，即便相关协议里面有限购注意义务的条款。

中介公司能够赚取中介费用的原因就在于其本身具有的专业能力，也就是帮助买卖双方评估、识别买卖房屋过程中的风险，增加交易的可靠性和稳定性，所以其在履行居间责任过程中就应当主动审查买房人是否具有购房资格。如果中介公司没有履行应当尽到的注意义务，没有明确告知买房人其不具有买房资格，仍然促成交易赚取中介费的，就不能要求买房人支付费用，而且买房人有权要求中介公司承担损害赔偿责任。

典型案例[①]

2013年10月17日，麻某（买受人）与申某某（出卖人）在麦某公司居间介绍下签订《北京市存量房屋买卖合同》。麻某于当日支付给出卖人定金

---

① 案号：北京市第一中级人民法院（2014）一中民（商）终字第8903号民事判决书。

50万元。同日，申某某（甲方、出卖人）、麻某（乙方、买受人）、麦某公司（丙方、居间人）签订居间服务合同，约定乙方向丙方支付居间服务费220700元。当日麻某向麦某公司支付居间服务费10万元。

麻某表示在合同履行过程中，才在与朋友聊天时知晓单身人士在北京只能拥有一套住房的限购政策，因自己名下已有一套住房，故依据限购政策，无法完成与申某某的买卖合同。无奈之下，自己（乙方）于2013年12月30日与申某某（甲方）签订《房屋买卖合同解除协议书》，协议书载明：甲乙双方于2013年10月17日签订了《北京市存量房屋买卖合同》。乙方已付给甲方定金人民币50万元，鉴于乙方无法继续履行合同，双方将友好协商，终止该合同的履行，现约定解约协议：鉴于乙方未按原合同规定时间支付房款，依据合同约定并经双方协商，甲方扣留乙方已付定金人民币20万元，其余定金人民币30万元于本协议签订后一个月内由甲方退还至乙方银行账户。

麻某主张麦某公司向自己提供的居间服务存在瑕疵，并未告知自己单身人士在北京限购一套房产的政策，直接导致自己与申某某解除房屋买卖合同并损失定金20万元，麦某公司对此不予认可，麦某公司提供麻某于2013年10月17日签字的购房承诺书，以此证明已在麻某购房前详细告知其相关限购政策，该承诺书写有：本人已详细阅读并清楚知晓《国务院办公厅关于进一步做好房地产市场调控工作有关问题的通知》（国办发〔2011〕1号）、《北京市人民政府办公厅关于贯彻落实国务院办公厅文件精神进一步加强本市房地产市场调控工作的通知》（京政办发〔2011〕8号）、《关于落实本市住房限购政策有关问题的通知》（京建发〔2011〕65号）中有关住房限购政策的规定。本人承诺遵守限购政策规定，提交的材料均真实、合法、有效，并自愿接受相关部门核查家庭购房资格。以上承诺如与事实不符，违反限购政策规定导致本人所购住房不能办理网上签约、房屋登记等手续，本人愿意承担由此造成的一切法律责任。

法院经审理后，认为麦某公司是一家中介公司，是充分具备房地产买卖经纪服务的专业知识和能力的。其应当在提供居间服务时负有审慎注意和积极调查义务。判决麦某公司退还麻某居间服务费十万元,赔偿麻某经济损失十万元。

法律分析

本案是因限购政策无法购房,购房者要求中介公司退还中介费并要求赔偿得到法院支持的典型案例。

麦某公司是一家专业中介公司,是充分具备房地产买卖经纪服务的专业知识和能力的,其在提供居间服务时应当负有审慎注意和积极调查义务。本案中,虽然麦某公司协助麻某与申某某签订了房屋买卖合同,但其未能尽到审慎注意义务,既未就北京的限购政策对麻某进行充分告知及说明,也未尽到审查义务,即未对麻某的购房资格进行基本的形式审查,居间服务存在重大瑕疵。

事实上存在麻某因购房政策无法与申某某进行网签继续履行房屋买卖的情形,因此麦某公司应向麻某退还居间服务费。另外,麻某作为具有一般认知能力及社会经验的成年人,未能在签订房屋买卖合同前对相关政策进行深入细致了解而贸然订立合同,其对相关损失的发生也有不可推卸的责任,故对于损失应当由麻某与麦某公司共同承担。

> **特别提示**
>
> 中介公司在居间服务过程中是否存在过错，要分情况对待，如果已经尽职且没有过错，不应承担责任；否则，根据过错程度，承担相应的责任。

9. 买房人被卖房人诈骗，房产中介是否需要赔偿损失？

答：如果房产中介在提供居间服务时存在重大过错，包括故意或过失，如为推动交易故意隐瞒相关情况，或应当注意到相关情况而未尽注意义务，由此被诈骗，给购房者造成重大经济损失的，应根据过错程序承担赔偿责任。如果房产中介已经尽到了正常中介机构应尽的义务，以及履行了合同约定的相关事项，没有过错的，房产中介不需要承担赔偿责任。

《民法典》第九百六十二条第一款规定，中介人应当就有关订立合同的事项向委托人如实报告。同时，参照适用《民法典》第九百二十九条第一款之规定，有偿的委托合同，因受托人的过错造成委托人损失的，委托人可以请求赔偿损失。此外，《房地产经纪管理办法》第二十一条规定，房地产经纪机构签订房地产经纪服务合同前，应当向委托人说明房地产经纪服务合同和房屋买卖合同或者房屋租赁合同的相关内容，并书面告知包括房屋交易的一般程序及可能存在的风险在内的各种事项。

随着目前市场房屋价格的不断上涨，二手房交易的风险也不断增加。防范二手房交易风险，有效途径之一就是规范房产中介的行为。房产中介为追求利益，有可能采取隐瞒重要事实或者提供虚假情况，损害购房者利益的行为。如果因上述行为造成购房者损失的，房产中介需要承担相应的赔偿责任。

🔍 典型案例 [①]

2013年12月21日，案外人任某某（甲方）、苏某某（乙方）、美某公司（丙方）签订《房屋买卖居间合同》，约定：交易房产总成交价为人民币1100万元，其中房屋主体成交价格为人民币700万元，房屋装饰、装修和相关设施的补偿价格为400万元。

合同签订后，乙方同意于2013年12月21日前向甲方支付定金共计人民币200万元整。剩余房款全款支付；甲、乙双方签订买卖合同，居间行为完成，甲、乙双方应依据如下约定向丙方支付居间服务费及其他服务费，乙方应于本合同签订时向丙方支付居间服务费15万元；丙方应及时为甲、乙双方报告订立房屋买卖合同的机会、提供订立房屋买卖合同的媒介服务，并向甲、乙双方如实报告丙方了解到的订立房屋买卖合同的相关事项。

当日，苏某某与任某某还签订了《北京市存量房买卖合同》，合同约定：该房屋已经设定抵押，抵押权人为交某银行，任某某应于2014年2月1日前办理抵押注销手续；双方同意采用自行划转房款，苏某某无须贷款，双方约定于2014年3月1日前，苏某某支付给任某某剩余价款合计人民币900万元整；任某某应当保证该房产没有产权纠纷，因任某某原因造成该房屋不能办理产权登记或发生债权债务纠纷的，由任某某承担相应责任；任某某应当保证已如实陈述该房屋权属状况、附属设施设备、装饰装修情况和相关关系，苏某某对任某某出售的该房屋具体状况充分了解，自愿买受该房屋。合同签订后，苏某某向美某公司支付5万元中介费。同日，李某（苏某某配偶）向任某某账户转入200万元，当日任某某出具相应购房款收条。2014年1月7日，苏某某向任某某账户转入600万元，任某某出具相应购房款收条。2014年1月16日，美某公司钱款交付书显示，苏某某向任某某支付60万元房款，该款项系李某向任某某转账支付，当日任某某出具相应房款收条。2014年2月

[①] 案号：北京市第二中级人民法院（2018）京02民终1613号民事判决书。

18日，李某向任某某支付购房款50万元，苏某某总共向任某某支付购房款910万元。

但是，诉争房屋已于2012年10月24日被北京市朝阳区人民法院查封。2014年11月28日，该房屋被北京市朝阳区人民法院依法拍卖。苏某某向公安机关报案，2015年11月4日，任某某被羁押。2016年9月19日，北京市人民检察院第三分院向北京市第三中级人民法院提起公诉，指控任某某犯合同诈骗罪。2016年11月15日，北京市第三中级人民法院依法判决任某某有期徒刑十五年，剥夺政治权利三年，并处罚金人民币15万元；责令任某某退赔被害人李某、苏某某人民币910万元。一审宣判后，任某某不服，提出上诉。2017年3月6日，北京市高级人民法院终审裁定，驳回任某某的上诉，维持原判。

苏某某向美某公司主张涉诉房屋的差价损失85万元。法院经审理后认为，本案中，任某某向美某公司提供的资料与实际情况不符，因美某公司没有尽到对涉诉房屋真实情况进行审查的义务，向苏某某提供了虚假情况，造成了苏某某的巨大损失，美某公司应当就苏某某的损失承担相应的赔偿责任。

法律分析

本案是买房人被诈骗后要求中介公司赔偿损失的典型案例。

本案中，美某公司作为专业的中介公司，在提供居间服务时，有责任、有义务也有能力对即将出售的房屋的基本情况进行核实。任某某向美某公司提供的资料与实际情况不符，因美某公司没有尽到对涉诉房屋真实情况进行审查的义务，向苏某某提供了虚假情况，造成了苏某某的巨大损失，美某公司应当就苏某某的损失承担相应的赔偿责任。

在房屋买卖居间活动中，中介公司（居间人）对于受托事项及居间服务应承担符合专业主体要求的注意义务，注重审查核实与交易相关的主体身份、房产权属、委托代理、信用资信等证明材料的真实性。中介公司因未尽到必要的注意义务而未能发现一方提供的相关材料存在重大瑕疵、缺陷,由此使另一方受欺诈遭受损失的,应根据其过错程度在相应的范围内承担赔偿责任。

当然,作为购房者,在交易过程当中也不能一味依赖房产中介的专业性,对于购买房屋的基本信息和交易流程也要充分了解,必须要求卖房者或者房产中介提供权属证明并进行必要的核实。这项工作对于购房者来说,是尤为必要的。买房子往往是一辈子的事情,所以,买房子不仅要买得值,更要买得安心。

> **特别提示**
>
> 　　如果中介对房产贷款作出了承诺，承诺没有实现，买房人可以要求中介对其承担的违约赔偿承担部分责任。

10. 中介承诺办理贷款但未兑现，对买房人逾期支付购房款的违约赔偿由谁来买单？

　　答：在二手房买卖中，经常会出现借款人的贷款申请被银行拒绝导致交易不能完成的情况。中介机构除提供一般的居间服务外，往往还提供代为办理按揭服务或对购房者的贷款能力进行承诺判断的服务，在此种情况下，中介机构是否应当承担责任？

　　中介公司作为一个提供中介服务的专业机构，对处于信息弱势的买房人作出承诺，买房人很有可能基于对中介机构的信任与卖房人签订合同，对中介机构产生信赖。但是中介机构只是为买房人报告订立房地产交易合同的机会，或提供订立房地产交易合同的媒介服务，并向委托人收取佣金等服务费，其不是金融机构，不能对是否能够办理贷款、办理多少金额贷款、什么时候能够完成贷款做出任何有效的承诺。

　　中介公司及其从业人员违反居间人的如实报告义务，就房屋买卖的贷款作出虚假的陈述，如果导致买房人和卖房人签订房屋买卖合同而无能力履行，并致使买房人违约支付房款而遭受损失，应当承担赔偿责任。

典型案例①

2018年1月，王某某欲购买房产，并看中刘某某、李某某欲出售的位于东海县的房产，遂向广某公司咨询购房事宜。在王某某与广某公司工作人员协商沟通期间，王某某因担心自身存在个人征信问题，就能否办理购房贷款多次向广某公司咨询，并将个人征信相关材料信息交付广某公司。广某公司经多次核实后，明确告知王某某可以成功办理相关购房贷款。

2018年1月16日，王某某（乙方）与刘某某、李某某（甲方）及广某公司（丙方）签订《广某地产买卖中介合同》一份，约定甲方自愿将坐落于东海县的房产出售给乙方；乙方于2018年1月16日向甲方支付购房定金5万元，于2018年1月29日向甲方支付购房首付款31.5万元，余款64万元于银行贷款到账后一次性打入甲方账户；合同还具体约定了其他事项。同时，王某某（乙方）与刘某某、李某某（甲方）及广某公司（丙方）签订《居间服务合同》一份，第一条约定了居间服务及标准。第二条约定委托代办服务及标准，主要内容为：甲乙双方同意由丙方代为办理交易房屋的购房贷款手续的相关事宜，具体委托事项包括但不限于收集办理相关手续应提交的材料，向银行申请办理贷款及协助办理贷款手续的相关全部事项。贷款银行及公积金管理中心签发批贷函之时，丙方代为办理贷款手续完成，房屋登记管理机关核发新的房屋所有权证书之时，丙方代为办理过户手续事宜完成。其中第四条约定，丙方应遵守相关法律规定，合法提供居间服务。丙方不得在交易中提供虚假信息，或有意隐瞒真实情况，在甲方或乙方的要求下，丙方可以就房屋的交易政策和流程提供咨询服务。如丙方违反前述约定，丙方应承担相应的违约责任。

协议签订后，王某某向广某公司交纳中介费1.5万元，广某公司出具收据一份。王某某向刘某某交付购房定金5万元，刘某某出具购房定金收据一份。截至2018年1月29日，王某某将需要交纳的购房首付款资金准备到位，

---

① 案号：江苏省东海县人民法院（2018）苏0722民初6818号民事判决书。

存放于其名下的银行卡账户内，准备交付给刘某某、李某某。2018年1月29日，王某某、广某公司工作人员及案涉房屋出售方三方一起至银行办理贷款，银行工作人员告知王某某，因王某某征信存在问题，不能办理购房贷款。

王某某多次找刘某某、李某某协商解决但都没有结果，致使房屋买卖合同不能履行，所交的定金也不能退还，给王某某造成了重大的经济损失，故其向法院提起了诉讼。法院经审理后支持了王某某的部分请求，要求中介公司赔偿其损失52000元人民币。

法律分析

本案是中介公司承诺办理贷款但未兑现，被法院判决承担赔偿损失的典型案例。

本案中的中介机构广某公司与买房人签订居间服务合同签订后向王某某收取了代理费1.5万元。根据居间服务合同要求，王某某将个人的信息材料交给了广某公司以便贷款使用。王某某在向广某公司递交个人信息的同时，还向其说明了自己的征信问题，并请其向金融部门核实，如果征信没有问题，王某某就按合同约定履行义务。

后来，广某公司说经过向金融部门核实王某某的征信没有问题，房屋买卖合同可以履行，可以向房屋出售方支付定金5万元，随后按照广某公司的要求向房屋出售方支付了定金5万元。按照与广某公司的约定，准备向房屋出售方支付首付款并申请银行贷款时，广某公司告知买房人说其征信有问题银行不给贷款。

居间服务合同第四条第一项约定，"丙方（广某公司）应遵守相关法律规定，合法提供居间服务。丙方（广某公司）不得在交易中提供虚假信息，或有意隐瞒事实情况等"，根据该条约定，广某公司在提供居间服务过程中明显存在过错。

广某公司作为提供房屋买卖居间服务的专业机构，在王某某的要求下，在就王某某能否办理银行贷款调查时应尽到谨慎注意义务，并将该调查结果如实、全面地告知委托人王某某，并提示相关风险，这样才能妥善维护委托人王某某的合法权益。但是广某公司既未提供充分证据证明其已经尽到积极调查义务，也未对可能无法办理购房贷款的风险进行明确提示，而是明确告知王某某经核实可以办理购房贷款。所以可以就此认定广某公司在履行委托合同中存在明显过失，并且该过失行为导致委托人王某某作出错误意思表示，签订了《广某地产买卖中介合同》及《居间服务合同》，并导致王某某支付居间费1.5万元和支付购房定金5万元的损失，广某公司对该直接损失应依法承担赔偿责任。

　　同时由于王某某对于自己能否办理购房银行贷款亦负有一定的审查注意义务，结合合同的履行情况、当事人过错程度等综合因素，根据公平原则和诚实信用原则，王某某也应自行承担部分损失，所以法院支持了部分诉讼请求。

第十章

房产物业纠纷

自从国家进行房地产改革、商品房开发以来，物业管理进入普通百姓家。现在，绝大多数城乡小区，都有物业管理公司对小区进行管理和服务。业主和物业本是"主人"和"管家"之间的关系，本应真诚合作，共同提高小区品质，但是，在现实中，业主和物业往往矛盾重重，甚至有些小区业主和物业公司之间陷入僵局，常年无法解决。

> **特别提示**
>
> 《民法典》第九百四十四条第三款明确规定:"物业服务人不得采取停止供电、供水、供热、供燃气等方式催交物业费。"

1. 业主拖欠物业费,物业公司是否可以通过断水、断电催收物业费?

答:物业公司以停水、停电的方式催缴物业费是一种"暴力催收"的行为,是不合法的。物业公司与业主之间是一种具有委托性质的物业服务合同关系,物业公司依据其与业主(或业主委员会)签订的物业服务合同对小区提供物业管理等并有权收取物业费用,业主则应遵守物业管理规约并承担支付相应物业费用的义务。业主和物业公司之间适用的是《物业管理条例》以及与物业管理有关的规定和合同。

《民法典》生效前,由于已经出现过不少通过断水、断电等手段催收物业费的民生事件,各地政府相关部门相继出台规定,禁止物业公司采取断水、断电手段催收物业费。《民法典》生效后,第九百四十四条第三款明确规定:"物业服务人不得采取停止供电、供水、供热、供燃气等方式催交物业费。"《民法典》正式终结了物业公司"断水、断电"这一催收物业费"杀手锏"的"出场机会"。

与业主缔结供水、供电合同的当事人并非物业公司,物业公司充当的角色通常是代收代缴水电费。合同在合同当事人之间具有约束力,供水、供电公司可以在业主拒交水电费的情况下,按照国家规定的程序中止供电、供水,但物业通过断水断电催收物业费既无法律依据,也无合同依据。

不过很多时候，在物业服务合同当中不难找到诸如"若业主欠缴物业费达到××天或××元以上，物业公司有权采取断水、断电措施，直至业主清缴物业费及违约金"此类的条款，物业公司认为自己和业主有关于断水、断电催收物业费的约定，所以自己的断水断电行为有合法依据。

需要明确的是，物业公司是为业主提供对房屋及配套的设施设备和相关场地进行维修、养护、管理以及维护物业管理区域内环境卫生和相关秩序活动的企业。物业公司本身无权干涉业主专有区域内的水、电等能源的自由使用，也没有法律赋予物业公司以断水、断电这种严重影响业主正常生产、生活的行为来催缴物业费的权利。所以在物业合同当中约定断水、断电属于无权人创设了一种涉他权利，不仅应当征得权利人（供水、供电公司或其他有权断水、断电的机构单位）的同意，还应当符合法定程序。从实际情况来看，物业公司显然无法获得这样的授权，无法以断水、断电催讨物业费。

🔍 典型案例[①]

2017年12月10日，王某某所在小区业主委员会与美某物业公司签订物业服务合同，合同期限为自2017年12月1日至2020年11月30日。物业服务费项下约定：1.住宅每平方米0.6元/月；2.公共水、电费、电梯年检费、电梯维护费、电梯电费由业主分摊。2017年5月，王某某家因露台发生积水，楼下住户发生渗水，向美某物业公司反映，美某物业公司认为属房屋质量问题，向开发商反映。

王某某认为上述问题属美某物业公司未尽到管理义务，拒绝交纳物业费，美某物业公司催收未果，遂诉至法院。王某某提出反诉，王某某以美某物业公司未尽合同管理义务为由，要求支付违约金3210元，以房屋渗水导致地板木腐烂为由，主张修复费用5000元及被美某物业公司停水停电造成经济损失600元。因未能向法院提供有效证据予以证明，故其反诉主张没有得到法院的支持。

---

① 案号：福建省南平市中级人民法院（2020）闽07民终1511号民事判决书。

法律分析

这是一个因物业以断水断电催物业费，要求物业赔偿的典型案例。

从本案中可以看出"断水、断电"这一物业费催收手段如果要得到赔偿，获取、保存证据是极为重要。在日常生活中，如果业主真的遭遇了物业违法以断水、断电的手段来催收物业费，可以通过录音、录像等方式，或者及时报警处理，并通过出警记录、询问笔录等完成取证。

除此之外，业主还可以及时向物业管理主管部门、街道办、居委会等反映物业公司断水、断电的暴力催收问题，由他们出面制止物业公司的违法行为。即使不能出面制止此问题，向有关部门反映此问题的记录也可以作为证据，间接地证明物业公司的暴力催收行为的存在。

物业公司为了催缴物业费而停水、断电，致使业主遭受损失，业主可以以物业公司未履行物业服务合同构成违约为由，要求物业公司赔偿由此而造成的损失。

> **特别提示**
>
> 物业费的交纳不是业主直接行使对其房屋的占有、使用、收益、处分的前提，两者间不存在必然的关系。

2. 业主拖欠物业费，物业公司是否可以拒绝办理停车、拒绝更换小区门禁卡、停用小区门禁卡？

答：物业因业主拖欠物业费就拒绝办理停车、拒绝更换小区门禁卡不仅违反了相关法律的规定，还侵犯了业主的居住权。我国《民法典》已经明确规定了物业不得通过断电、断水的方式催缴物业费，该条款要求物业不得通过妨害业主行使所有权的方式主张物业费，依据举轻以明重原则，断电、断水行为会影响业主行使所有权，拒绝办理停车、拒绝更换小区门禁卡、停用门禁卡等行为使业主不能进出小区，这种更加严重的行为理应得到法律的禁止。

业主拖欠物业费本是物业合同纠纷，而拒绝办理停车、拒绝更换小区门禁卡、停用小区门禁卡限制了业主的所有权和使用权，物业费的交纳不是业主直接行使对其房屋的占有、使用、收益、处分的前提，两者间不存在必然的关系。如果以拒绝办理停车、拒绝更换小区门禁卡、停用小区门禁卡作为"要挟"手段来催收物业费，直接导致业主进不去家门、影响业主使用小区共有部分，严重侵犯了业主对其所拥有房屋的占有、使用、收益、处分的权利。

物业这种直接采取"强制措施"的行为实质上放大了其催款的权利，物业公司实际上只能依据物业合同规定的权限管理小区，即使双方达成的物业管理合同约定，在业主不交费的情况下，可以采取停止供电、供水、供热、供燃气、禁用门禁卡等条款也归属无效，对业主不产生强制约束力。在业主逾期履行交纳物业费的情况下，物业需要通过法律途径解决，不可未经过法律途径就自行妨碍业主停车、回家。

🔍 典型案例[①]

2003年9月4日，南京某房地产开发有限公司与刘某签订了一份《半地下室使用权转让协议》约定将其与南京甲房地产开发有限公司合作开发建设的某小区05幢C单元负102室地下一层半地下室的使用权转让给刘某，总价149337元，并保证刘某受让后的使用年限与该幢建筑的使用年限一致。此前，南京某房地产开发有限公司于2003年6月16日与案外人施某某签订了《半地下室使用权转让协议》，约定将05幢C单元负101室地下一层半地下室的使用权转让给施某某。2005年7月26日，案外人施某某将负101室半地下室使用权转让给了刘某。刘某取得上述房屋后办理了水卡、电卡和燃气卡。刘某没有购买某小区内的其他住宅房屋。

前述半地下室及所在的楼房系由南京某房地产开发有限公司建设，该公司取得了土地使用证和商品房销售许可证，预售商品房面积测算表中也记载了负一层各房间的建筑面积、套内面积和分摊面积等。案涉的05幢房屋的竣工图载明的负一层系地下室，且未载明该地下室系住宅还是储藏用房，而其他房屋均载明的是半地下层，且明确该半地下层系储存间。

2014年，某市人民政府向各区人民政府转发了《关于开展群租房整治的实施意见》，该意见所载明的整治范围包括"地下室、车库等对外出租的行为"。2017年8月1日，某市公安局某区分局、某市某区建设房产与交通局、某市某区安全生产监督管理局及某市某区公安消防大队联合发布了《致全区居民群众的一封信》，要求地下室出租房主动劝离违规租住人员，恢复原有使用功能。

[①] 案号：江苏省南京市鼓楼区人民法院（2018）苏0106民初6514号民事判决书。

2017年9月4日，百某物业公司与某小区业主委员会签订了物业管理服务合同，约定服务期限为自2017年9月18日起至2020年9月30日止，物业费结算期自2017年10月1日起开始计算。2017年11月，某小区的部分业主发现半地下室存在群租等现象遂倡议全体业主进行整治，并投诉至街道。2017年11月27日，电视台对某小区存在的群居现象进行了报道。当日，某市某区人民政府某办事处、某市某区某派出所联合发布了《致小区居民群众的一封信》，要求各地下室违规住宿场所出租房要自觉遵守法律规定，主动劝离违规人员，恢复原有功能。

2018年2月5日，百某物业公司发布了《关于锦某花某人行门禁卡领取通知》，告知业主该小区的门禁卡系统将于2018年2月5日开始试运营，定于2018年2月10日对业主发放门禁卡，为业主办理门禁卡的时间为2018年2月10日至11日，每户领卡人必须凭本人身份证及产权人身份证前来办理，业主资料未登记的，请先按"登记业主资料通知"带上房产证、产权人身份证原件及复印件先登记，再办理门禁卡；物业向每户业主发放门禁卡3张，每张10元；门禁卡不准买卖非本小区业主。

居住在某小区某的半地下室业主曾到街道进行信访投诉，称百某物业公司拒绝为其办理进入小区的门禁卡，街道曾对此事进行协调，但百某物业公司一直未给刘某办理门禁卡。

法院经审理认为，因百某物业公司存在拒绝为刘某办理门禁卡的行为，该行为侵害了刘某对半地下室的使用权，故应赔偿相应的损失。但是，因涉案的半地下室通常情况下仅系储藏设施，而非居住性用房，故刘某主张按照其提供的租赁合同所约定的租金标准赔偿损失，无事实和法律依据，法院未予采纳。百某物业公司虽存在拒绝为刘某办理门禁卡的行为，但并非完全禁止其进入小区，其仍能跟随其他业主进出小区，故其要求按照完全无法使用涉案房屋的标准赔偿损失，不具有合理性。综上，因居民楼下方的地下室通常仅系家用设施的储存场所，其使用功能有限，且租金价格相对较低，故根据百某物业公司通知办理门禁卡的时间，同意办理门禁卡的时间、百某物业公司并未完全禁止刘某进出小区的事实，以及刘某仍在将负101室提供给他人使用的事实，法院酌定百某物业公司应赔偿刘某损失1500元。

法律分析

本案是一个典型的拒绝办理门禁卡的侵犯业主权利的案例。

业主进家门是行使所有权最基本的权利，物业公司以交纳物业费为条件升级门禁卡，甚至为单元门上锁的行为，已经侵犯到业主对其所有房屋的占有与使用。

业主对房屋享有的所有权属于对世权，也即对所有人的权利，物业将门禁卡、停车与物业费收取变相挂钩的行为已经涉嫌侵权。法规规定以及相关行业规范物业公司应当履行确定的维修、养护、管理以及维护义务，虽然物业公司运营需要运营成本和管理经费，业主不交纳物业费，无疑也会影响到物业公司的正常运营，但物业公司仍不能以违背相关法律规定的违法行为维护自己的权利。如果物业公司将物业费的收取与门禁卡、停车问题变相地绑定在一起，不交纳物业费就不给办理门禁卡、不交纳物业费就不给办理停车，那么物业公司就有假借维护名义，实则对业主实行管制之嫌，业主有权依法请求维护自己的合法权益。

> **特别提示**
>
> 物业公司不公示物业费收支情况下，业主能否拒交物业费，要看该小区物业费的收取方式，对酬金制的物业费收取方式，业主可以拒绝支付物业费。对包干制的物业费收取方式，业主不可以拒绝支付物业费。

3. 物业公司不公示物业费收支情况，业主是否可以拒交物业费？

答：根据《物业服务收费管理办法》第九条规定，"业主与物业管理企业可以采取包干制或者酬金制等形式约定物业服务费用"，物业服务费用可分为包干制和酬金制。

包干制，是指业主向物业公司支付固定物业服务费用，盈亏由物业公司自负的物业服务计费方式。实行包干制收费方式的物业公司，应当定期公布物业共用部位、共用设施设备以及相关场地经营所得的收支情况。而酬金制，是指在预收的物业资金中按约定比例或者约定数额提取酬金给物业公司，其余全部用于物业服务合同约定的支出，结余或者不足均由业主享有或承担的物业服务计费方式。实行酬金制收费方式的，应当向业主大会或者全体业主公布物业服务资金年度预决算并每年不少于一次公布物业服务资金的收支情况。业主或者业主大会对公布的物业服务资金年度预决算和物业服务资金的收支情况提出质询时，物业管理企业应当及时答复。

如果小区实行的是包干制的收费方式，物业费金额固定，盈余或亏损均由物业公司享受或承担，物业公司对物业费的支出情况按照物业管理条例的相关规定对业主进行公示。而酬金制的收费方式，与物业合同中双方当事人的权利义务有紧密关系，所以如果物业公司的收费方式是酬金制，则业主可以因物业公司没有公示公司收支情况而拒交物业费。

🔍 典型案例[①]

吕某某系业主，其所居住的园区由威某酒店物业提供物业服务。2016年4月27日，吕某某与威某酒店物业签订了《某小区物业服务合同》，该合同约定了威某酒店物业提供的物业服务内容和物业服务质量。该合同约定物业收费项目及价格包括在业主临时公约中。业主临时公约约定管理费的确定和调整及收取办法按照法律法规及北京市的有关规定执行。本物业按高档住宅建设，其物业管理费标准为8.28元/平方米/月，按地上面积收费。

吕某某以物业公司提供的物业服务长期不符合《某小区业主临时公约》的约定，如小区多年来很多业主就物业服务纠纷与威某酒店物业诉诸法律程序，烟感防火和燃气泄漏报警设施既未开通，更没联网，从未组织过文化娱乐活动，环境卫生公共秩序维护及消防管理等方面完全不达标等，以及自2016年4月入住涉案小区以来，威某酒店物业从来没有向其公布物业服务资金年度预决算和物业服务资金收支情况，无法得知预交纳物业费用的金额为由拒绝缴纳物业费。

法院经审理认为，王某某提供的证据不足以证明威某酒店物业提供的物业服务存在重大瑕疵，且威某酒店物业的收费方式是包干制，物业费金额固定，盈余或亏损均由物业公司享受或承担，物业公司对物业费的支出情况与业主关系不大，是否公示收支情况并不影响业主的物业费负担，物业费的支出、利用属于物业公司内部经营范畴，是否公示年度收支情况及年度预算亦非其可以不支付物业费的合法抗辩理由，没有支持吕某某的抗辩意见和上诉意见，要求其按照物业合同向物业公司足额支付物业费。

[①] 案号：北京市第三中级人民法院（2020）京03民终13029号民事判决书。

法律分析

本案是业主以物业公司没有公示物业费收支情况作为抗辩理由拒交物业费的典型案例。

《民法典》第九百四十三条将业主的知情权纳入了具体条文,该条规定:"物业服务人应当定期将服务的事项、负责人员、质量要求、收费项目、收费标准、履行情况,以及维修资金使用情况、业主共有部分的经营与收益情况等以合理方式向业主公开并向业主大会、业主委员会报告。"这一规定有利于保障业主的知情权,让业主在了解物业服务有关事项的基础上,可以及时召开业主大会或者业主委员会对重要事项进行决策。还可以通过业主对物业服务人的监督,使物业服务人会更加努力地做好各项服务工作,提高服务质量,让业主获得更好的服务,提高生活品质,从而实现物业服务合同的目的。

但事实上,物业公司未公示收支情况,业主是否可以拒缴物业费还需结合其他事实。实行酬金制的物业公司迟延或拒绝公示物业费收支情况、未依照法律规定公布物业服务资金年度预决算构成违约行为,但该违约行为主要损害了业主和物业使用人知情权、监督权。与物业公司已经履行的管理、维修、养护义务相比较而言,该违约情节轻微。

业主在物业服务合同中的主要义务在于按时足额支付物业服务费,在物业公司已经履行物业服务主要义务的情况下,业主以物业公司存在的轻微违约为由拒绝履行其合同主要义务,不符合《民法典》第五百二十五条所规定的"一方在对方履行债务不符合约定时,有权拒绝其相应的履行请求",中的"相应"的规定。物业管理公司提供的服务具有公共性和整体性,服务于整个小区的物业,个别业主不按时交纳物业管理费会对小区的整体服务产生不利的影响,对于其他按时交纳费用的业主或物业使用人也极为不公。

所以,虽然立法明确保护业主的知情权,但业主也不能滥用知情权拒绝缴纳物业费,因为物业服务是一个长期且动态的过程,应在一个长期动态的整体情况下去判断物业公司提供的服务是否符合合同规定标准。如果物业公司提供的物业服务，仅仅是在服务的某些环节、个别区域做得不够完善，业主不能仅以物业服务不到位、物业服务有瑕疵为由，拒绝交纳相关物业管理费用，否则有违公平原则，也将造成物业管理企业运营经费不足，无法维持正常的物业服务水平，最终损害其他正常交纳物业服务费的业主的利益。

同时，物业公司在经营过程中也应当在提供物业服务中倾听业主意见，加强管理、完善服务，努力不断提高物业服务质量，为业主提供一个满意的物业服务。

> **特别提示**
>
> 物业公司没有执法权,没有权利强行将违法建筑物拆除。

4. 业主私搭乱建,影响其他业主权益,物业公司是否有权拆除?

答:业主私搭乱建,既是一种违反管理规约的违约行为,同时也是一种违反《土地管理法》《城乡规划法》等相关法律、法规的规定的违法行为。

业主与所在小区的物业管理公司签订物业管理服务协议后,即与物业管理公司之间建立了物业管理服务合同关系。物业管理公司作为提供物业管理服务的合同一方当事人,有义务依约进行物业管理,要求业主遵守业主公约及小区物业管理规定,有权对于违反业主公约及物业管理规定的行为加以纠正,以维护小区正常的物业管理秩序,维护小区全体业主的共同利益。

业主的擅自搭建构筑物的行为已对物业公司的管理行为构成妨害。依据《物业管理条例》第四十五条"对物业管理区域内违反有关治安、环保、物业装饰装修和使用等方面法律、法规规定的行为,物业服务企业应当制止,并及时向有关行政管理部门报告"之规定,制止业主的私搭乱建是物业公司的义务。

同时《最高人民法院关于审理物业服务纠纷案件适用法律若干问题的解释》第一条规定,业主违反物业服务合同或者法律、法规、管理规约,实施妨碍物业服务与管理的行为,物业服务人请求业主承担停止侵害、排除妨碍、恢复原状等相应民事责任的,人民法院应予支持。当业主不按照整改要求纠正违反业主公约和物业管理规定的行为时,物业管理公司作为合同一方当事人,有权依法提起诉讼,这既是物业公司的权利,同时也是义务,但物业公司没有权利进行拆除,否则还要承担赔偿责任。

🔍 典型案例 ①

  王某某与才某分别购买哈尔滨市某小区某室(以下简称王某某家)及对门(以下简称才某家)。王某某已在购买的房屋中居住,才某购买的房屋尚在装修中。才某在装修房屋时,将室门及门的位置更换,引起王某某不满。王某某遂向捷某物业公司投诉,捷某物业公司于2019年10月15日下达整改通知书,注明:"尊敬的才某家你好:经查您家私自改变了进户门方向,将原入户左手门堵住在旁侧改成右手门,并占用部分公共区域,造成和对门的门碰撞,物业要求恢复原状。特此整改通知。"

  2020年7月20日,捷某物业公司向一审法院出具情况说明,注明:"改门的事物业不知道,改完门后对门王某某家来找告知,物业去查看时,才某家说事先已和对门打好招呼了。改完门两边门边碰撞,协调让才某家把门往后挪,让两家门有个空隙不碰就行,开始不同意往后挪,才某家老人和子女总来找物业,物业多次调解,物业怎么调解两家都不让步,物业不是执法部门,只能下个通知让才某家恢复原状,去送单时才某家没人在家,放室内拍个照,给对门个交代,安抚下老人。关于提到占用部分公共区域的事,本人下单时表面看原状是公共区域,不知实际不是公共区域。才某家后来把门往后挪了不碰撞了。物业没办法,在未了解清楚事实的情况下,下达通知单,现物业决定把该通知收回,特此说明。"

  法院认为,才某与王某某系邻里关系,作为不动产的相邻权利人,应当按照有利生产、方便生活、团结互助、公平合理的原则正确处理相邻关系。如一方给相邻方造成了妨碍或损失的,应当停止侵害、排除妨碍、赔偿损失。根据二审查明事实,才某家移动其自家墙体后改变入户门打开方式,导致公共空间面积变小,故王某某要求才某将私改门的位置恢复原状,事实及法律依据充分,法院予以支持。和睦的邻里关系需要大家共同营造,希望双

---

① 案号:黑龙江省哈尔滨市中级人民法院(2020)黑01民终5698号民事判决书。

方在今后的生活中能秉承合理的生活需求，相互体谅，友好协商，共同创造良好的居住环境。

法律分析

本案是业主擅自改建、物业公司下达整改通知、业主拒绝整改、相邻业主只能通过法院诉讼的方式解决的典型案例。

物业公司如发现业主或物业使用人存在违法建设行为的，可以首先口头劝阻。口头劝阻无效的，发送停止违法建设行为通知书和整改通知书，要求行为人立即停止违法建设并恢复原状。在发送通知书的过程中，应当注意做好记录，留存通知书回执、现场照片等相关证据。行为人不配合签收通知书的，物业公司可以采取邮政特快专递的方式送达。另外，物业公司在制止无果后24小时内应向相关行政机关作出书面报告，请求相关行政机关依法处理。

如果私搭乱建的业主拒不整改、市政管理部门也不强行拆除，被影响的业主只能通过法院诉讼的方式请求法院强制拆除和恢复原状。

> **特别提示**
>
> 建设单位依法与物业公司签订的前期物业服务合同，以及业主委员会与业主大会依法选聘的物业公司签订的物业服务合同，对业主具有约束力。

5. 物业公司是开发商聘请的，业主未与物业公司签过物业合同，业主是否可以不交物业费？

答： 不可以物业公司是开发商聘请的为由拒绝交纳物业费。开发商聘请的物业公司通常成为前期物业服务公司。前期物业服务合同，是指物业建设单位与物业公司就前期物业管理阶段双方的权利义务所达成的协议，是物业公司被授权开展物业管理服务的依据。《物业管理条例》第二十一条规定："在业主、业主大会选聘物业服务企业之前，建设单位选聘物业服务企业的，应当签订书面的前期物业服务合同。"

在实际生活中，业主通常以合同的相对性原则作为依据，辩称其未在合同上签字，故不是合同当事人，主张开发商与物业公司签订的前期物业服务合同对其不具有约束力而拒绝承担物业费。前期物业服务合同突破了合同相对性原则，对业主具有约束力，这是立法确认的原则之一。

物业管理企业的选聘一般由业主大会决定，但是实践中从物业开始交付给业主到业主大会成立有较长时间，如让每个业主自己与物业管理企业签订前期物业服务合同，会导致小区由于缺乏前期物业管理，进而损害业主的合法权益。因此，为维护业主的合法利益，只能暂时"剥夺"业主自主选聘物业，开发商是业主委员会成立之前已经存在的第一业主，所以，业主当然代表人的开发商与物业管理企业签订的前期物业服务合同是为了全体业主的利益，当然适用于全体业主。

《物业管理条例》第二十一条规定："在业主、业主大会选聘物业管理企业之前，建设单位选聘物业管理企业的，应当签订书面的前期物业服务合同。"第二十五条规定："建设单位与物业买受人签订的买卖合同应当包含前期物业服务合同约定的内容。"实践中，前期物业服务合同一般作为房屋买卖合同的附件。所以，业主在房屋买卖合同上签字，自然受前期物业合同约束。《民法典》也在第九百三十九条中再次确认了前述原则。建设单位依法与物业服务人订立的前期物业服务合同，以及业主委员会与业主大会依法选聘的物业服务人订立的物业服务合同，对业主具有法律约束力。

前期物业服务合同在业主购买物业后就直接关系到业主的切身利益，但是业主在选聘前期物业管理企业时不能表达自己意志，所以前期物业服务合同约定可能会损害业主合法权益，此时，业主可以向房地产主管部门和物价主管部门投诉。如果物业管理企业未按照前期物业服务合同约定的内容履行义务，构成违约，业主可以拒交相应的物业管理费用，但业主不能单独以自己未对前期物业服务合同作出承诺为由，拒交物业管理费用。

🔍 典型案例 [①]

中某凯某公司系某小区的开发建设单位，小区内共有199户。2017年3月27日，中某凯某公司（甲方）与东某某物业公司（乙方）签订了《北京市前期物业服务合同》，双方约定，由东某某物业公司为该小区提供物业服务；前期物业服务期限为2年，自2017年3月27日至2019年3月26日；物业服务费应当从甲方通知乙方进场办理承接查验、收房之日起计收，甲方在通知乙方办理承接查验、收房前30日支付半年的物业服务费，此后按半年交纳，具体时间为上一半年截至前5个工作日支付；物业服务费用由业主

---

① 案号：北京市第一中级人民法院（2021）京01民终6603号民事判决书。

按其拥有物业的建筑面积交纳；乙方的服务标准为不低于《住宅物业服务等级规范（三级）》。

刘某某购买了该小区房屋，成为该房屋的业主，房屋建筑面积为85.65平方米。东某某物业公司为刘某某提供了物业服务。2018年11月23日至2019年11月22日期间的物业费，刘某某已交给中某凯某公司。之后，东某某物业公司向刘某某催要物业费未果。

2020年10月12日，小区业主委员会给东某某物业公司发了解聘通知书，要求东某某物业公司于2020年11月30日撤场交接，但东某某物业公司拒绝撤出小区。2021年3月5日，东某某物业公司诉至法院，请求法院判令刘某某缴纳拖欠2019年12月至2020年12月的物业管理费共计3340.35元、违约金350.67元。庭审中，刘某某称其于2018年11月23日入住，同时称其未办理房产证，不同意东某某物业公司的诉讼请求。

法院认为，关于刘某某向东某某物业公司交纳物业费的期间问题：

（1）关于东某某物业公司诉请刘某某支付2019年12月至2020年11月30日期间的物业费问题。2019年3月26日，中某凯某公司与东某某物业公司签订的《北京市前期物业服务合同》到期后，小区没有其他物业公司进驻，东某某物业公司也未与刘某某签订《物业服务合同》，但东某某物业公司在此期间提供了事实上的物业服务，刘某某予以认可，故刘某某应交纳上述期间的物业费。

（2）关于东某某物业公司诉请刘某某支付2020年12月1日至2020年12月31日期间的物业费问题。根据《物权法》第七十六条的规定：下列事项由业主共同决定：……（四）选聘和解聘物业服务企业或者其他管理人的权利。选聘和解聘物业服务企业，应当经专有部分占建筑物总面积过半数的业主且占总人数过半数的业主同意。根据上述《小区物业征求意见表》上显示的情况，仅签"同意"和"画对勾"无法客观地反映业主的真实意思表示，而签名同意解聘东某某物业公司的业主未超过全部业主总人数的半数，故法院认定《小区物业征求意见表》关于解聘东某某物业公司未形成有效决议，小区业主委员会于2020年10月12日向东某某物业公司发出的解聘通知书不符合解聘物业公司的法定程序。解聘通知书上确定的交接日期到期后，东某某物业公司继续在小区内提供物业服务，故刘某某应当支付2020年12月1日至2020年12月31日期间的物业费。

法律分析

本案是一个涉及多个环节是否应当交纳物业费的典型案例。

第一环节是开发商聘请的前期物业公司提供服务期间；第二环节是前期物业合同到期后未聘请新物业期间；第三环节是业主委员会解聘了前期物业后。

首先，第一环节开发商签订的《前期物业服务合同》效力及于业主是法律明确规定的，本案中业主也认可应该交纳该期间的物业费。其次，第二环节虽然《前期物业服务合同》已经到期，但是物业公司事实上还在提供物业服务，那么业主作为服务的接受者也应当支付物业费。最后，第三环节在解聘前期物业、招聘新物业后只是停止与前期物业的合同关系，建立了与新物业的合同关系，但并不会影响合同原本的效力，业主如对前期物业有欠费仍应缴清，不能以聘用新物业为由逃避支付物业费。

> **特别提示**
>
> 业主不可以未居住为由不交或少交物业费，因为物业公司的管理和服务内容针对的是公共部位和共有部分。

6. 业主购房后一直未居住，业主是否可以不交或少交物业费？

答：房屋交付之后，房屋购买者就已经成为法律意义上的业主，依法就应承担业主的义务。物业管理和服务的内容针对的是房屋及配套的设施设备和相关场地的维修、养护和管理，以及对于物业管理区域内的环境卫生和相关秩序进行维护，而不是针对业主购买房屋所对应的专有部分。可见，物业公司的管理和服务内容是针对公共部位和共有部分的。小区的物业服务费主要是公共性服务收费，包括公共设备、设施的日常运行、维修和保养，绿化管理、保安、保洁等，无论业主是否入住，即使房屋空置，也应当交纳相应物业费。

《民法典》第九百四十四条第一款明确规定："业主应当按照约定向物业服务人支付物业费。物业服务人已经按照约定和有关规定提供服务的，业主不得以未接受或者无需接受相关物业服务为由拒绝支付物业费。"另外，从实践来看，购房者与开发商签订房屋买卖合同的同时，要签订前期物业服务合同，对业主交纳物业服务费的义务进行约定。因此，从合同约定角度也能判断未入住的业主是否应当交纳物业服务费，业主不可以购房后一直未居住为由拒绝交纳物业费或减免物业费。

典型案例[①]

2011年8月18日,长某物业公司与亘某财富汇小区的开发商某房地产开发有限公司德胜分公司签订《前期物业服务合同》,合同期限自2011年12月31日至2013年12月31日。

2015年3月10日,原告长某物业公司与亘某财富汇小区的开发商某房地产开发有限公司德胜分公司签订《亘某财富汇项目物业服务合同》,合同期限自2015年3月11日至2017年3月10日。合同到期后,双方又进行了续签,合同期限自2017年3月11日至2020年3月10日。

2019年7月3日,某县物业管理中心出具证明,载明:"兹证明长某物业集团股份有限公司银川分公司从2013年至2015年,为亘某财富汇别墅区提供物业服务。"

西某电梯公司系亘某财富汇小区9-1室房屋业主,房屋面积是650.78平方米,未交纳涉案房屋2015年1月1日至2019年3月31日期间的物业费。《亘某财富汇项目物业服务合同》第八条约定:物业服务收费标准,物业服务费由业主按其拥有物业的建筑面积交纳,具体标准如下:办公楼2.5元/月/㎡,商业物业2.5元/月/㎡;第九条约定:空置物业管理服务费根据实际空置面积由产权单位按物业费的50%支付;第十条约定:物业服务费用按一年期交纳,业主或物业使用人应在每个交费周期的前一个月内履行交纳义务。对业主和物业使用人逾期缴纳物业服务费的,乙方可以从逾期之日起按应交费用的万分之五加收违约金;第十八条约定:业主逾60日未交纳物业服务费的,应当按照逾期金额每日万分之五的标准承担相应的违约金。拖欠费用三个月以上,乙方可对违约方提起诉讼。现原告就被告拖欠的物业费起诉。

2014年12月18日,被告西某电梯公司与某房地产开发有限公司签订商品房买卖合同购买涉案房屋,合同第九条约定:交付期限及条件,出卖人应当在2015年2月18日前,将符合本合同约定的商品房交付买受人使用。

[①] 案号:宁夏回族自治区银川市中级人民法院(2019)宁01民终3145号民事判决书。

长某物业公司向法院起诉请求依法判令被告向原告支付所欠物业费、滞纳金。法院经审理后认为，原告长某物业公司具备物业管理的合法资质，其与被告所属小区的开发商某房地产开发有限公司德胜分公司签订了《亘某财富汇项目物业服务合同》，其行使物业管理的行为合法，且原告实际履行了为被告所居住的小区提供物业管理服务的义务，双方已经形成了物业服务合同关系，原、被告双方应按照合同约定履行各自的义务。原告长某物业公司在提供了相应物业管理和服务的情况下，有权向该小区的业主收取物业服务费用，被告有义务支付相应物业费。

法律分析

本案是空置房交纳物业费的典型案例。

该案的主要争议焦点为西某电梯公司能否依据长某物业公司与某房地产开发有限公司德胜分公司签订的《亘某财富汇项目物业服务合同》第九条约定，按50%支付物业费。

《亘某财富汇项目物业服务合同》第九条约定："空置物业管理服务费根据实际空置面积由产权单位按物业费的50%支付"，该条约定是否包括西某电梯公司在内的业主，即房屋已出售且已交付但未使用的空置房。对该条约定的空置房的理解与适用应结合合同签订主体及房屋实际状况。这份物业服务合同系与开发商某房地产开发有限公司德胜分公司签订，该条约定调整的应是未出售而空置的房屋物业费交纳问题，不包括已出售的房屋。

而物业服务是针对全体业主提供的物业服务，如果该合同约定的空置房包括已出售房屋，则包括其他已接收房屋但未实际使用的业主均只按50%交纳物业费，物业公司将无法按照合同约定保质保量提供合格的物业服务，这与《最高人民法院关于审理物业服务纠纷案件具体应用法律若干问题的解释》第六条"物业服务企业已经按照合同约定以及相关规定提供服务，业主仅以未享受或者无需接受相关物业服务为抗辩理由的，人民法院不予支持"的规定相悖。最终法院支持物业公司的诉讼请求，业主应当全额支付物业费。

业主购买房屋后空置也该交纳物业费，如果空置的房屋可以不交纳或者可以少交纳物业费，这会大幅提高真正居住的业主的居住成本，这对真正居住的业主是不公平的。如果空置的房屋可以不交或者少交物业费，这些少交纳的物业费最终会平摊到真正居住的业主身上，侵害了刚需购房者的权益。另外，大部分空置房都是炒房客持有的，如果在物业费上还可以减少他们持有房产的成本，这无疑是在助长炒房现象，也侵害了真正的刚需购房者的权益。

> **特别提示**
>
> 业主和前物业公司此前的物业服务法律关系不会因新物业公司入驻发生任何变更。

7. 物业公司由于服务不好被业主大会更换,新物业公司入驻后,拖欠原物业公司的物业费是否就可以不再交了?

答:小区换物业后,之前欠原物业公司的物业费是仍然要交的,因为即使该物业公司撤出小区了,在其服务期间产生的所有物业费都是有权收取的,若是业主不交,物业公司可以到法院起诉业主,并要求依法执行。

合同相对性是指合同主要在特定的合同当事人之间发生法律拘束力,也即业主和前物业公司此前的物业服务法律关系不会因新物业公司入驻发生任何变更。如果小区更换物业后将之前的债权转让给新物业,在交接期间都会将所有的资料、账目转交,其费用也是会转移给现物业,那么业主同样也需要向新物业公司交纳。

典型案例[①]

2016年6月1日,华某物业与杨某某签订物业服务协议,协议第六条约定:"物业费由业主按房屋房权证面积或房屋买卖合同中所拥有的建筑面积(含储藏室面积)交纳"住宅物业费每月1元/㎡。杨某某房屋建筑面积为

[①] 案号:山东省菏泽市中级人民法院(2021)鲁17民终5231号民事判决书。

106.72平方米。华某物业出具情况说明："我公司于2017年7月5日将菏泽千某园小区物业交由菏泽开发区君某物业管理，2017年7月5日之后的物业费由君某物业收取，物业收费标准及违约责任按照我公司与业主签订的千某园物业服务协议中的约定执行。为了便于君某物业的管理，我公司允许君某物业继续使用'山东省华某集团物业服务有限公司千某园服务部'的印章。"

2019年12月12日，街道办事处物业管理办公室出具证明内容为："兹证明菏泽开发区君某物业管理有限公司自2017年7月6日进驻千某园小区进行物业服务并在西城办事处物业科备案。"

杨某某物业费交至2018年6月1日，于2019年7月14日缴纳水费208元。2019年11月28日交予千某园小区业主委员会水费48元，水表自220方至232方，共计12方。

首先，君某物业在物业管理部门的备案证据足以证明君某物业进入千某园小区的合法性。其次，杨某某自华某物业撤出千某园小区后，仍继续交纳物业费至2018年6月1日，证明杨某某对君某物业的实际管理行为是认可的。最后，2019年1月3日，千某园小区召开业主大会，决议解聘前期物业公司，亦可证明业主大会认可前期二个物业公司的合法存在。《民法典》第九百四十四条规定，"业主应当按照约定向物业服务人支付物业费。物业服务人已经按照约定和有关规定提供服务的，业主不得以未接受或者无需接受相关物业服务为由拒绝支付物业费。业主违反约定逾期不支付物业费的，物业服务人可以催告其在合理期限内支付；合理期限届满仍不支付的，物业服务人可以提起诉讼或者申请仲裁"。最终，法院经审理判决业主支付山东华某集团物业服务有限公司、菏泽开发区君某物业管理有限公司物业费。

法律分析

本案是小区更换物业公司后产生物业合同纠纷的典型案例。

物业服务合同属于公共服务合同，对于服务是否存在缺陷的判断不应以个别业主的感受为标准，一般情况下的服务瑕疵不能成为业主拒绝交纳物业费的理由。业主如果有证据证明因物业方面造成自己损失，可另行主张赔偿，而不是拒绝交纳物业费，业主应采取合法有效的方式，理性维权。

原物业公司尽管根据业主大会的决定或其他原因退出小区的物业管理，但是，业主在原物业公司退出前，接受了原物业公司的服务，理应支付其服务期间的服务费，即物业费，除非各方达成共识，并向业主公示，原拖欠的物业债权已经转移给新的物业公司，由新入驻的物业公司统一收取。

> **特别提示**
>
> 主要看物业管理是否有瑕疵,如果是因物业服务瑕疵导致的损失,业主可以要求物业进行赔偿。

8. 业主家被偷窃,小偷一直未抓到,业主损失巨大,是否可向物业公司主张损失?

答:通俗地讲,物业管理是对住宅小区的共用部位、共用设施设备以及小区绿化、环境卫生、小区秩序进行维修、养护、管理的活动。根据《民法典》第九百四十二条的规定,物业服务人应当维护物业服务区域内的基本秩序,采取合理措施保护业主的人身、财产安全。对物业服务区域内违反有关治安、环保、消防等法律法规的行为,物业服务人应当及时采取合理措施制止、向有关行政主管部门报告并协助处理。

根据《物业管理条例》第四十六条第一款的规定:"物业服务企业应当协助做好物业区域内的安全防范工作。发生安全事故时,物业服务企业在采取应急措施的同时,应当及时向有关行政管理部门报告,协助做好救助工作。"由此可见,物业公司的保安义务是属于防范性质的,它只是平等主体之间的合同义务,与公安机关的维护社会秩序、保护公民合法权益的法定职责,还是有本质区别的,业主被盗的直接责任人是盗窃者,物业公司仅需在失职的范围内承担责任,也即业主可以向物业公司主张赔偿损失。

如果物业服务存在违反法律法规、安全保障明显不到位等重大瑕疵的,物业费可以适当减免。如因物业服务瑕疵导致的损失,业主可以要求物业进行赔偿。比如,小区门禁损坏后物业未及时修复,未设保安室,亦无保安巡查,或虽有录像监控但监控损坏缺失等原因,导致业主财物被偷窃的,可以认为物业在业主安全保障方面明显管理不到位,为重大瑕疵,减免物业费并要求赔偿损失。

🔍 典型案例[①]

2013年3月3日,诚某物业公司、陈某某双方签订《前期物业管理服务协议》,该协议约定,诚某物业公司为陈某某提供案涉房屋的物业管理服务。

2013年5月26日,陈某某接收了案涉房屋,该房屋自2014年9月12日起至今登记在陈某某名下。陈某某至今未向诚某物业公司交纳自2014年7月至2017年12月期间的上述房产的物业管理费。

陈某某家遭遇了被盗,陈某某报警后无果。陈某某认为诚某物业公司未能按照协议的约定提供相应的物业管理服务,导致盗贼可以随意进入小区对住宅进行盗窃。诚某物业公司的管理服务内容和质量均未达到双方协议第二章第六条第二款、第三款、第四款及第三章第十四条第二款、第三款的约定,涉案小区大门只有1人看门,其任由闲杂人员随意进出不检查,并且没有对本物业公共区实行值班巡逻,盗贼可以自由进出小区,进而通过没有安装防盗网的通道进入二楼平台,再沿着周围没有安装监控设施的违章建筑攀爬撬开陈某某住宅窗户入室盗窃。根据双方签订的协议第八章第三十六条约定,诚某物业公司应对其未能提供约定的管理服务质量承担法律责任。

法院经审理认为,陈某某提出诚某物业公司提供的物业服务不符合合同的约定,导致其涉案房屋被盗,但并未提供证据证明其房屋被盗属于诚某物业公司的责任或者与诚某物业公司提供的物业管理服务存在必然联系,而物业服务是一个动态的长期过程,物业服务本身具有长期性和综合性的特性,由多项服务内容组成,如清洁服务、保安服务、绿化养护服务等,因此在陈某某不能提供充分证据证实诚某物业公司提供的物业管理费存在重大瑕疵的事实情况下,最终没有采纳陈某某关于盗窃事实的抗辩意见,不同意支付物

[①] 案号:广东省高级人民法院(2020)粤民申1344号民事裁定书。

业管理费及代收费用的理由。

法律分析

本案是一个以发生盗窃事件为由抗辩支付物业费的典型案例。

本案中，业主最终没有胜诉的原因主要在于没有提供证据证明物业提供的物业服务与盗窃行为之间存在因果关系。

《民法典》第九百四十二条规定，物业服务人应当维护物业服务区域内的基本秩序，采取合理措施保护业主的人身、财产安全。对物业服务区域内违反有关治安、环保、消防等法律法规的行为，物业服务人应当及时采取合理措施制止、向有关行政主管部门报告并协助处理。小区物业公司应当采取保安定时巡检、在公共区域安装安防监控等方式维护小区的治安。小区发生偷盗事件后，物业公司应向有关行政部门报告，提供小区监控录像、安保巡检记录等，协助有关行政部门处理偷盗事件。

根据物业管理合同的一般约定，物业公司有义务维持公共秩序，包括安全监视、巡视、门岗执勤。业主家中如发生盗窃事件，可以结合物业公司的是否有保安值班巡逻、是否在小区内安装监控设备，以及在对小区外来人员的进出管理是否存在一定的瑕疵，分析小偷从小区大门进入小区并翻窗或撬门进入家中行窃的因果关系。如果物业公司能提供证据证明其已经尽到上述义务，业主则不能以小区发生偷盗事件为由拒付物业服务费。

> **特别提示**
>
> 物业公司未尽安全保障义务，有责任人的，承担补充责任；没有责任人的，承担直接责任。

9. 业主在小区被高层业主扔的东西砸伤，扔东西的业主一直未查到，是否可以要求物业赔偿损失？

答： 高层业主扔东西的现象在法律上叫"高空抛物"。高空抛物现象一直被称为"悬在城市上空的痛"，近年来由于高空抛物造成的人身伤害事件频发，轻者受伤、重则死亡。高空抛物不仅是不文明行为，严重的还要追究刑事责任。《刑法》第二百九十一条之二第一款规定："从建筑物或者其他高空抛掷物品，情节严重的，处一年以下有期徒刑、拘役或者管制，并处或者单处罚金。"

对于高空抛物伤人，物业公司是否需要进行赔偿这个问题，《民法典》第一千二百五十四条中已经明确列出物业作为"第三方"的责任，如果物业不主动采取措施拦截高空抛物，也将承担一定的责任。具体来讲，物业公司系公共场所的管理人，属于安全保障义务主体之一，物业公司如未尽安全保障义务，对于高空坠物，有责任人的，承担补充责任，没有责任人的，承担直接责任。

当然如果物业公司未尽安全保障义务，除了承担民事责任之外还可能承担行政责任。例如，根据《北京市物业管理条例》第八十八条第一款规定：物业服务人应当对物业管理区域内的电梯、消防设施等易于发生安全风险的设施设备和部位加强日常巡查和定期养护；采取必要的安全保障措施，防止建筑物、构筑物或者其他设施及其搁置物、悬挂物发生脱落、坠落。第一百条规定，如果违反上述规定，由区住房和城乡建设或者房屋主管部门责令限期改正，处二万元以上五万元以下的罚款。

典型案例[1]

某房产公司系某小区开发建设单位，新某物业公司为某小区提供物业服务。2019年5月12日上午9点多钟，付某某为黄某某、刘某某夫妇装修房屋挑河沙，因内急到某乙栋僻静处方便，被某乙栋高楼的一块砖砸在右手手指上。由于右手指大出血，付某某用左手掐着右手，走到新某物业公司，物业公司随即向110报警处理，付某某的叔叔立即陪同其到骨伤科医院治疗。

2019年9月21日，经某司法鉴定所鉴定并出具鉴定意见：付某某构成伤残九级，伤休150天，护理期90天，营养时间75天。此后，付某某找到新某物业公司，他们提供了某房产公司在2019年5月12日前第某乙栋交房的11户业主名单。

根据物业巡查记录，案发当天，某乙栋302邓某某家在运材料（河沙），某乙栋202钟某某、402张某某以及403刘某某家在做泥工，某乙栋1102曾某某和1403陈某某家打墙、打线槽，某乙栋1702杨某某在做泥工，某乙栋2502陈某某家在打墙，某乙栋3002汪某某家在做水电、泥工。某乙栋1503莫某某家以及某乙栋2403李某某家物业敲门未开。新某物业公司未在小区内设置高空抛物警示标志，某房产公司没有提供相应证据证明在本案发生时其对所建某乙栋房屋地面尽到了采取相应安全措施和安全注意义务。

法院经审理认为，本案中，新某物业公司作为某小区管理单位，未在小区内设置高空抛物警示性标志，对业主装修没有尽到安全教育义务，故应对付某某的损失承担相应赔偿责任。某房产公司作为某小区的开发商，没有提供相应证据证明其对所建某乙栋房屋地面采取了相应安全措施和尽到安全注意义务，导致该房屋地面存在安全隐患，故对付某某的损失也应承担相应

---

[1] 案号：湖南省邵阳市中级人民法院（2020）湘05民终1015号民事判决书。

赔偿责任。因本案中未找到抛掷物品或者坠落物品的侵权人，除能够证明自己不是侵权人外，应由可能加害的建筑物使用人给予付某某相应补偿。本案中，钟某的202号房屋位于2楼、邓某某的302号房屋位于3楼、张某的402号房屋及刘某某的403号房屋均位于4楼，结合其房屋位置高度、付某某的陈述以及伤势情况，可以排除其作为侵权人。莫某某的1503房屋位于15楼，根据其提供的证据结合物业巡查记录，可以排除其作为侵权人。曾某、陈某某所提供的证据不足以排除其不是侵权人，故曾某、陈某某应当对付某某的损失承担一定的补偿责任。杨某、李某某、陈某某、汪某某未提供证据证明其不是该案侵权人，故都应对付某某的损失承担一定的补偿责任。付某某作为完全民事行为能力人，擅自到不是厕所且存在高空坠物风险的某乙栋左侧的僻静处随地大便，自身也存在过错，故自身应负相应的责任。

法律分析

这是由于被高空抛物砸伤，法院判决多方承担责任的典型案例。

《民法典》关于高空抛物的规定明确了物业公司在高空抛物坠物中的安全保障义务，其中第一千二百五十三条规定，建筑物、构筑物或者其他设施及其搁置物、悬挂物发生脱落、坠落造成他人损害，所有人、管理人或者使用人不能证明自己没有过错的，应当承担侵权责任。所有人、管理人或者使用人赔偿后，有其他责任人的，有权向其他责任人追偿。第一千二百五十四条规定，禁止从建筑物中抛掷物品。从建筑物中抛掷物品或者从建筑物上坠落的物品造成他人损害的，由侵权人依法承担侵权责任；经调查难以确定具体侵权人的，除能够证明自己不是侵权人的外，由可能加害的建筑物使用人给予补偿。可能加害的建筑物使用人补偿后，有权向侵权人追偿。物业服务企业等建筑物管理人应当采取必要的安全保障措施防止前款规定情形的发生；未采取必要的安全保障措施的，应当依法承担未履行安全保障义务的侵权责任。发生本条第一款规定的情形的，公安等机关应当依法及时调查，查清责任人。作为房屋所有人的业主遇到此类高空抛物的事件应当主动提供证据证明自己没有过错。例如，提供家中无人的证据，或者家中的监控等。物业服务企业为了避免承担"高空抛物""高空坠物"责任，也应在日常积极履行安全保障义务。例如，可以从宣传教育、提醒警示、预防措施、维修防护等方面采取措施，履行义务后还应尤其注意保存证据、留痕，以证明自己尽到安全保障义务。

另外，如果所辖小区真的发生了高空抛物事件，则物业公司应积极采取措施，协助受害人进行责任追究；采取应急措施，防止事故扩大化，做好抢救伤员工作；立即进行调查，迅速辨认抛物方向、楼层位置，设法寻找责任人员；依据现场情况及时报警，并协助有关部门做好证据保全工作，如派人看管好抛下的物品或拍照存档；记录一切有关资料于物业日常管理记录簿内；报告物业经理通知安保部主管及呈交书面报告；协助赔偿事宜的调解。还可以为所辖小区购买保险，通过保险制度合理转移一些风险，降低物业公司本身的责任。

> **特别提示**
>
> 在保修期内的,一般由建设单位负责;超过保修期的,一般由建筑物的所有权人、管理人或者使用人负责。物业作为管理人,如未尽到管理职责,应承担相应的赔偿责任。

10. 大风天,小区外墙或小区树枝掉落砸伤业主或损坏业主的财产,业主是否可以要求物业公司赔偿损失?

答:按照《建设工程质量管理条例》第三条规定,建设单位、勘察单位、设计单位、施工单位、工程监理单位依法对建设工程质量负责。第三十九条规定,建设工程实行质量保修制度。建设工程承包单位在向建设单位提交工程竣工验收报告时,应当向建设单位出具质量保修书。质量保修书中应当明确建设工程的保修范围、保修期限和保修责任等。同时,《民法典》第一千二百五十三条规定,建筑物、构筑物或者其他设施及其搁置物、悬挂物发生脱落、坠落造成他人损害,所有人、管理人或者使用人不能证明自己没有过错的,应当承担侵权责任。所有人、管理人或者使用人赔偿后,有其他责任人的,有权向其他责任人追偿。

结合前述法律及条例规定,城市小区外墙脱落砸到人在建设工程保修范围与保修期内的,一般由负责建设工程的有关责任单位来负责;如果超过保修期,发生的外墙脱落,造成人身财产损害的,一般由建筑的所有权人、管理人或者使用人承担赔偿责任。

关于小区内树枝,《民法典》第一千二百五十七条也有规定:"因林木折断、倾倒或者果实坠落等造成他人损害,林木的所有人或者管理人不能证明自己没有过错的，应当承担侵权责任。"物业公司作为林木的管理者，林木掉落砸伤路人，按照《民法典》规定侵害他人造成人身损害的，应当赔偿医疗费、护理费、交通费等为治疗和康复支出的合理费用，以及因误工减少的收入。

综上，物业公司作为物业的管理者有责任对区域内的林木、公共部位的搁置物、高空悬挂物等进行有效的管护，以保障人身和财产的安全。及时发现安全隐患，设置警示标识并消除隐患是物业公司的法定义务，如果大风天，小区外墙或小区树枝掉落伤到业主，除非物业公司有证据证明，其尽到了应尽的管理职责，否则业主是可以要求物业赔偿损失的。

典型案例[①]

王某某、曹某系邦某小区业主，济南豪某物业公司为邦某小区的物业服务人。2020年6月22日凌晨，邦某小区12号楼西侧五楼外墙墙皮脱落，导致停放在该位置的车辆被砸。当日，曹某将车辆送至某汽车销售公司，预估维修费为30550.3元。

王某某、曹某向法院起诉请求判令济南豪某物业公司赔偿车辆维修费用30550.3元、车辆因维修产生的贬值损失、因车辆损坏导致乘坐公共交通工具、出租车等产生的交通费7280元、因处理此次侵权纠纷、车辆鉴定等产生的误工费17145.44元、车辆损失鉴定费3000元。

法院认为，法律规定"建筑物、构筑物或者其他设施及其搁置物、悬挂物发生脱落、坠落造成他人损害，所有人、管理人或者使用人不能证明自己没有过错的，应当承担侵权责任。所有人、管理人或者使用人赔偿后，有其他责任人的，有权向其他责任人追偿"，济南豪某物业公司是邦某小区的物业管理公司，对12号楼共用部位具有管理职责，因12号楼外墙墙皮发生脱落，造成王某某、曹某的车辆被砸，济南豪某物业公司作为管理人，应当承担赔偿责任。济南豪某物业公司认为事发地点是消防通道，设有禁停标志，

[①] 案号：山东省济南市中级人民法院（2021）鲁01民终9166号民事判决书。

王某某、曹某违规乱停放车辆遭受损害，本身具有过错，应当减轻侵权人的责任。法院经分析认为，事发地点没有消防通道交通标线，济南豪某物业公司提供的证据不能证明事发地点为消防通道。邦某小区于二十多年以前建成，规划停车位较少，不能满足日益增长的车位需求，小区内乱停车现象严重，事发地点的路旁在事发后仍有多辆车停放。而且，墙皮脱落是导致车辆被砸的直接原因，即使存在违规无序停放，其仅是车辆被砸的间接原因，不能因此减轻济南豪某物业公司的侵权责任。因此，济南豪某物业公司的该条抗辩理由不予采纳。最终法院判决结果为济南豪某物业管理有限公司赔偿王某某、曹某车辆维修损失。

法律分析

这是高空坠物造成损害要求物公司赔偿的典型案例。

2019年10月21日最高人民法院发布《关于依法妥善审理高空抛物、坠物案件的意见》，提出16条具体措施，旨在充分发挥司法审判的惩罚、规范和预防功能，依法妥善审理高空抛物、坠物案件，切实维护人民群众"头顶上的安全"。

物业公司因与开发商或业主签订有物业服务合同，通过合同约定赋予物业公司相应的管控、维修、保养义务。现代小区居民对于提升居住环境的需求不断加大，物业公司的服务范围有增无减，绝大多数的小区内的治安、卫生、建筑物管理与修缮都由物业公司承担。那么，基于合同明确约定，物业公司作为建筑物管理人对建筑物、构筑物或者其他设施及其搁置物、悬挂物进行管理，并承担相应责任。

本案中，物业公司作为小区的管理人，没有提供充分证据证明自己尽到必要的管理和注意义务，应当对外墙脱落造成的损害，承担相应的赔偿责任。随着小区住宅楼的老化，类似事件可能会不断发生，对公众的人身及财产安全构成较大威胁。物业管理公司应当及时履行职责，采取有效措施，排除安全隐患，有效预防此类事件再次出现。

第十一章

房产其他纠纷

房产纠纷中,新型案件层出不穷,"名为房屋买卖,实为借贷纠纷""借名买房纠纷""房屋执行异议""唯一住房强制执行""按揭业主断供"成为近几年常见的比较典型的司法实践案例。

> **特别提示**
>
> 名为买卖，实为借贷担保的，人民法院会按照实际的借贷法律关系审理。

1. 为借款而签订房屋买卖合同，到期后未还款，房屋是否已卖给出借人了？

答： 在民间借贷中，经常会出现为了保障还款，借款人用自己的房产抵押，但是，双方签订的不是正常的抵押合同，而是房屋买卖合同，双方约定，如果借款人不归还借款，其房屋就卖给出借人的情况。

由于借款人为借到款，出借人也并非为买房，因此，合同中房屋价格往往比市场价低。一旦借款人不还款，出借人要求履行双方签订的房屋买卖合同，借款人往往又不同意了。在此情况下，双方签订的房屋买卖合同是否具有法律效力？出借人是否可要求履行房屋买卖合同？

《最高人民法院关于审理民间借贷案件适用法律若干问题的规定》第二十三条第一款规定，当事人以订立买卖合同作为民间借贷合同的担保，借款到期后借款人不能还款，出借人请求履行买卖合同的，人民法院应当按照民间借贷法律关系审理。当事人根据法庭审理情况变更诉讼请求的，人民法院应当准许。

从上述规定可以明确看出，出借人无法要求履行房屋买卖合同，只能按照民间借贷纠纷进行诉讼，即只能要求归还借款，不能要求过户、交房，这类案件是"名为买卖，实为借贷"案件。

按照民间借贷案件审理且判决生效后，借款人如果不履行生效判决确定的金钱债务，出借人可以申请拍卖买卖合同约定的房屋，以偿还债务。拍卖所得的价款如果多于借款本息，多出的部分归借款人所有，如果不足，出借人还可以继续追偿。

典型案例[①]

蓝某因急需流动资金向案外人罗某借款，2014年7月8日，罗某（甲方、出借方）与蓝某（乙方、借款方）、某公司（丙方、担保方）签订《借款合同》，约定：乙方向甲方借款人民币600万元；借款期限3个月，从2014年7月8日起至2014年10月7日止。

丙方以其所有的第436号商铺（面积为4280.08㎡）为甲方的借款提供担保，甲方与丙方以签订《商品房买卖合同》方式进行备案登记，乙方或丙方按本合同约定向甲方还清借款本息后，甲方按丙方的要求到房管部门办理《商品房买卖合同》注销备案登记；若乙方或丙方未按照合同约定期限还款，本合同项下的借款金额则转为甲方与丙方签订《房屋买卖合同》的购房款。同日，某公司与周某签订《商品房买卖合同》，将第436号商铺以总价600万元售与周某并办理备案登记。《商品房买卖合同》签订当日，罗某转款600万，完成600万借款的支付义务。

借款到期后，蓝某未归还借款。2015年4月24日，罗某在公证员的见证下向某公司邮寄了《关于履行保证责任办理商品房买卖转款手续的函》（以下简称《转款通知》），要求某公司履行担保义务，将借款本金及时转为商品房购房款。2015年6月4日，再次邮寄《转款通知》，要求某公司办理相关转款手续。后罗某诉法院，要求确认与某公司签订的《商品房买卖合同》有效并要求某公司交付436号商品房。

法院经审理认为：借款合同与商品房买卖合同究竟是两个各自独立的合同，还是互相依赖的主从合同关系是本案争议的焦点。本案中，罗某与蓝某在发生民间借贷关系之前并不相识，亦无经济往来，罗某为确保向蓝某提供

[①] 案号：新疆维吾尔自治区高级人民法院（2022）新民申128号民事裁定书。

的资金安全，必然会要求蓝某提供相应担保。鉴于蓝某是某公司法定代表人的特殊身份，其行为可以代表某公司，因此，某公司与罗某之间签订的《商品房买卖合同》实质上是为罗某提供给蓝某的资金做担保，故该《商品房买卖合同》应属《借款合同》的从合同。双方未办理抵押登记，该担保方式属于非典型担保。

综上，按商品房买卖合同关系起诉某公司与法院查明的法律关系性质不同，在原审法院已经释明而不变更诉讼请求的情况下，应当依法驳回其诉讼请求。

法律分析

这是用签订《商品房买卖合同》担保借贷还款的典型案例。

在借款合同中，明确约定了将商品房用于抵押，并约定了以签订《商品房买卖合同》并进行备案登记的方式进行担保。如果按期还款，就及时注销备案；如果未按期还款，将借款转为房款，执行《商品房买卖合同》。借款到期后，借款人未还款。出借人也及时多次发函要求担保人把借款转为房款，并要求履行《商品房买卖合同》未果，只能向法院起诉要求确认《商品房买卖合同》有效，并要求交付房屋。但是，经法院审理查明后，《商品房买卖合同》并非真正的商品房买卖，而是为担保借款而签，属于非典型担保，未得到法院的支持。

如果这种买卖能够得到法院的支持，其实法院就变相支持了"流质担保"。根据《借款合同》约定，在未按期归还借款时，有权将出借款转为购房款，该约定的实质是在不履行返还借款义务的情况下，即可通过取得用于担保的房屋所有权的方式实现其债权，该约定明显违反了《民法典》第四百零一条"抵押权人在债务履行期届满前，不得与抵押人约定债务人不履行到期债务时抵押财产归债权人所有"的规定，依法应当无效。

> **特别提示**
>
> 正常的借名买房是合法有效的，但是，为规避国家房屋限购政策或其他法律规定，有违公序良俗的，借名买房无效。

2. 借他人名义购房，多年后他人反悔，拒不配合过户，甚至拒不承认借名购房事实，会如何认定和处理？

答：出于规避法律法规规定的限购限贷政策、减免税费或者借用特殊购房资格等各种原因，借用他人名义购房的情况时常发生，由于房价的上涨，或者名义购房者与出资人出现矛盾导致名义购房者反悔的案件屡见不鲜。在不违反公序良俗原则、不存在无效事由的情况下，借名买房是合法的，是受法律保护的，借名人可以依据实质上的借名关系要求出名人将房屋过户至其名下，此项权利系基于合同关系所产生的债权请求权。

但是，借名人为规避国家房屋限购政策或其他法律规定而借名买房，有违公序良俗原则，借名买房合同会被法院认定为无效。如果借名买房被法院认定为无效，借名人就无法请求法院确认自己为房屋产权人，无法要求出名人将房屋过户至自己名下。

另外，在借名买房过程中，往往是借亲戚或可信的朋友名义，出于情面以及信任，很多情况下并没有签订书面的借名或代持合同。在实际案例中，法院一般会从以下几个方面进行分析和判断。因此，如果借名购房者没有签借名购房合同或难以签这样的合同，应从这几个方面留意保存证据，以便发生纠纷后取得较为有利的证据。

一是涉诉房屋的购房款及相关税费实际由谁支付，这是最为重要的证据。在实际操作过程中，支付这些款项都需以名义购房者的名义支付，但是，未必需要直接从名义购房者的账户上支付，尽可能从实际购房者的账户上支付。即使只能从名义购房者的账户上支付，也应保留从实际购房者账户上汇入名义购房者账户上的凭证，同时，应由实际购房者保管相关收费凭证。

二是房屋产权证由谁保管，房屋产权证书是房屋产权的重要凭证，产权人一般不会随意交由他人，如果产权证由主张实际购房者处长期保管，就可以佐证如果房屋实际权利人为名义登记人，则由他人长期保管该证书的做法有违常理。

三是房屋由谁长期支配使用，谁能提供长期居住的证明，如提供装修证明、物业证明、相关的水电费和取暖费等票据。

典型案例[①]

2006年9月5日，王某岩以其名义签订402号房屋北京市商品房预售合同，房屋总价款为198696元，付款方式为一次性付款。2011年3月7日，北京首某建设有限责任公司开出402号房屋的房款发票，房款为199560元。2011年5月4日，402号房屋办理了产权登记手续，登记在王某岩名下，房屋性质为经济适用房。402号房屋自交付起由王某平占有使用，并由王某平办理了装修、燃气安装事宜。402号房屋的商品房预售合同、契税完税证明、购房款发票、产权证、入住手续书、住户手册等手续的原件均由王某平持有。

一审中，王某平申请对402号房屋的市场价值进行评估，法院依法进行评估，确定402号房屋的市场价值为3047697元。王某平确认其无北京市住房购房资质，402号房屋无法过户至其名下。其主张402号房屋已由王某岩侵占，强行更换门锁，以致其无法占有使用。法院到现场勘验，王某平、王某岩均否认持有402号房屋门锁钥匙，撬锁后屋内无人，经询屋内物品属

[①] 案号：北京市第二中级人民法院（2021）京02民终13492号民事判决书。

于王某平一方，无王某岩一方物品。另，双方均曾因402号房屋门锁被撬锁换锁而报警，在公安机关的询问笔录中，王某岩曾作以下表述"我是2019年7月10日，我和我弟弟王某国一起到了402室，我要换锁，当时我报警了，民警告诉我房产存在纠纷，让我去法院解决，然后就走了，我就让开锁公司把原有的门锁更换了，当时叫的开锁公司安装了新锁，这把新锁的钥匙都由我保管，换锁后我就在门口贴了告知书，内容是'402房主王某岩已经报警，把锁更换，任何人不经过房主本人王某岩同意不得进入，有事联系王某岩'……""2019年7月22日下午5点许，我去402室内的房屋，发现大门锁芯被换了，门上贴了一张纸条，上面写的是'此房为王某平凭借王某岩姓名所购买的房，房屋实际拥有权人为王某平，并已经过北京市第二中级人民法院民事庭认定判决完，判决文号为（2019）京02民终1406号。欢迎查阅！落款是王某平，时间是2019年7月19日'门上还安装了一个探头，我就没法进去该房屋""2019年7月27日，我报警反映402门锁锁芯被换，我现在来派出所申请撤销该案件，我不要求派出所进一步工作。"

  法院认为，当事人应当按照约定全面履行自己的义务。王某平主张其与王某岩之间就402号房屋存在借名买房合同关系。判断当事人之间是否存在借名买房合同关系，应从双方是否存在借名买房协议、借名人是否为实际出资人并履行了相应出资、房屋是否由借名人实际控制使用、房屋买卖履行过程是否符合借名买卖习惯等要件予以考虑。本案中，根据已查明的事实，王某平与王某岩虽未签订书面借名买房协议，但双方原系朋友关系，现王某平持有购房合同等相关文件，交纳房款及办理产权登记费用凭证、入住手续、产权证明、装修及使用房屋的证据，且王某平对借名购房的陈述较王某岩的否定性陈述更为合理，可以证实双方已达成王某平借王某岩名义购房、房屋权益由王某平享有的一致意思表示。虽王某岩主张系借用房屋、王某平亦未提供交纳购房款的转账记录，但王某岩所述借用房屋的理由明显与常理不符，且亦未提交其交纳购房款的证据，王某岩的抗辩不足以达到使本案事实真伪不明的证明标准。因此，可以认定双方构成借名买房合同关系。

  王某平凭借王某岩名义于2006年购买案涉房屋的买卖合同签订，双方达成的借名买房合同关系，系真实意思表示，且不违反法律法规的强制性规定，应属有效。

当事人一方迟延履行债务或者有其他违约行为致使不能实现合同目的，当事人可以解除合同。王某岩曾向法院提起物权保护纠纷诉讼，要求王某平立即腾退402号房屋。此外，王某岩还曾强行更换402号房屋门锁。王某岩以上述行为表明其不履行合同主要债务，严重影响王某平正常使用402号房屋，致使合同目的不能实现，已经构成根本违约。在此情形下，王某平有权主张解除双方之间的借名买房合同。且王某平现不具备北京市购房资格，借名买房合同事实上不能履行。故对于王某平主张解除借名买房合同的诉讼请求，法院予以支持。

在借名买房合同解除后，王某平有权主张王某岩补偿房屋的折价款。因402号房屋原系经济适用房，其购买价应低于市场价格，且王某平不具备购房资格，借名买房合同长期无法全面履行，故其应亦承担一定责任。综合考虑双方获得的利益、损失情况、过错程度等因素，结合专业评估机构的评估意见，根据公平原则，法院确定王某岩向王某平支付房屋折价款2438157.6元。

法律分析

这是一个因没有经济适用房资格，借用具有资格的朋友之名购买，双方也没有签借名协议，多年后，双方为争所购房屋，反复通过换锁、抢占房屋、多次诉讼的典型案例。

王某平因没有北京经济适用房购房资格，而其朋友王某岩具有北京经济适用房购房资格，于是借用王某岩的名义购买了一套经济适用房，由王某平支付了所有费用，交付后也一直使用，所有的购房手续也由王某平保管。但是，购房五年后，王某岩开始抢房，多次到所购房处换锁，要求王某平腾房，多次报警，并多次在房屋门前贴告示。

尽管双方没有签借名购房合同，但是，法院根据房屋的商品房预售合同、契税完税证明、购房款发票、产权证、入住手续书、住户手册等手续的原件均由王某平持有确认双方存在借名买卖合同关系。但是，由于王某平仍然不具有北京市经济适用房购房资格，无法请求法院将房屋过户至自己名下，无法通过要求王某岩办理过户的方式彻底解决双方的纠纷。王某平选择了解除借名合同，要求王某岩支付房屋补偿的方式一次性解决。

购买案涉房屋时，双方对于王某平不具备购房资格的事实均是明知的，现双方解除合同，案涉房屋亦无法过户至王某平名下，故导致合同解除的双方均有责任。鉴于王某岩作为出名人，其初衷并不想购买案涉房屋，现基于借名买房关系解除，王某岩实际取得并拥有了案涉房屋的所有权，作为受益方其应当向借名人王某平支付因失去案涉房屋所受到的损失。根据双方过错程度及购买案涉房屋的出资等情况，酌情确定王某岩给付王某平房屋增值部分的80%。

> **特别提示**
>
> 名义产权人对外销售属于无权处分,如实际产权人不认可,房屋销售行为无效,但是,这并不意味着能要回房屋,还需看购买人是否适用"善意取得"。

3. 借名购房后,名义产权人擅自将房屋对外销售,是否有效?实际产权人以及购房者如何保障自己的权益?

答:名义产权人、实际产权人是针对双方的关系而言的。对于他人而言,除非明知名义产权人并非实际产权人,否则基于对不动产权登记的公示效力的信赖,登记人就是产权人。因此,借名购房中,房屋被名义产权人擅自出售的案例并非个案。特别是对于实际产权人没有实际使用和居住的房屋,名义产权人极其容易背着实际产权人擅自对外销售。

名义产权人擅自对外销售,由于处置的是他人的财产,在民法上属于无权处分,实际产权人可以向法院起诉要求认定房屋出售行为无效。如果名义产权人擅自对外销售后,拒不交付售房款,有证据证明其擅自对外销售是为了非法占有售房款,可能涉及合同诈骗罪。合同诈骗罪是行为人以非法占有为目的,采取虚构事实、隐瞒真相等手段,在签订、履行合同的过程骗取对方当事人数额较大钱财的行为。实际产权人可以向公安机关报案,要求进行刑事立案侦查。

不管是民法上的无权处分,还是成立合同诈骗罪,房屋销售行为都是无效的,但是,房屋销售行为无效并不意味着实际产权人可以从购房者处要回房屋。因为还需看购房者购房是否适用善意取得。按照《民法典》第三百一十一条善意取得条款的规定，只要符合下列情形的，不动产也可以善意取得：（1）受让人受让该不动产时是善意的；（2）以合理的价格转让；（3）转让的不动产依照法律规定应当登记的已经登记。

如果购房者购房符合法律规定的善意取得，实际产权人无权要回房屋，只能向名义产权人要求赔偿。如果有证据证明购房者购房系恶意，即明知产权并非名义产权人所有或通过价格、相互的关系等应当知道，仍然购买的，实际产权人可以要回房屋，购买人的损失向名义产权人主张。

典型案例[①]

冀某发之妻与云某之妻系姐妹关系，冀某发、云某之间系连襟关系。2007年4月15日，云某（买受人）与某房地产开发公司（出卖人）签订《商品房买卖合同》。庭审中，冀某发、云某均认可：涉案房屋首付款系冀某发所交纳，云某将房屋按揭贷款还款所用银行卡给了冀某发，冀某发向银行归还了全部按揭贷款，云某未支付过任何购房款。

云某将涉案房屋《商品房买卖合同》《个人住房抵押贷款合同》公证书、某房地产开发公司开具的购房款《收据》《前期物业管理服务协议》等原件均交予冀某发；房屋交付后冀某发对房屋进行了装修、购置家具家电，并由冀某发家人一直居住并交纳物业费、水电费、停车费等费用，后于2016年将房屋对外出租。

2019年1月，云某将房屋门锁更换，清走租客，并将涉案房屋出售于案外人李某1、李某2。2019年9月4日，涉案房屋所有权人变更登记为李某1、李某2，云某收取了133万元购房款，庭审中云某与李某1均称133万元价格包括房屋及房屋内的家具家电。

庭审中云某辩称冀某发曾口头承诺涉案房屋冀某发先住着，将来房子还是云某的，具体住多长时间双方都没有说。

---

① 案号：陕西省西安市中级人民法院（2020）陕01民终13678号民事判决书。

冀某发诉至法院称，其与云某系亲戚关系，早年双方及家人相处甚好，其对云某及其家庭时有相帮。2007年，云某所在单位在西安团购商品房，因云某及家人没有购买意向且不准备在西安生活，便将该名额推荐给冀某发，双方口头约定以云某名义购房，所有费用均由其支出，待银行贷款还清之后，由云某协助办理过户手续，将该房产过户到其名下。随后其以云某的名义办理了首付、按揭等相关手续，支付了购房的全部费用，并于2017年3月还清银行贷款。

2007年5月，冀某发按时接收了房屋，随后进行了装修，于2008年5月入住。后其多次催促云某按照双方约定办理过户手续，云某均拒绝办理，并于2019年擅自卖出房屋，故诉至法院，请求确认其与云某之间的借名买房口头合同有效以及要求云某赔偿相关损失。

云某辩称，首先，其与冀某发之间不存在借名买房口头合同，故不存在合同解除和有效的问题；其次，涉案房屋系其所购买，应归其所有，怎么处置是其自由，故不同意冀某发要求其赔偿各项损失的诉讼请求。

法院认为，借名买房协议既可以是书面形式，也可以是口头形式。本案中，冀某发、云某虽未签订书面借名买房协议，但根据庭审查明的事实可知，涉案房屋的首付款及全部按揭款均为冀某发所支付，云某未支付过任何购房款；房屋按揭贷款还款所用银行卡亦为云某交付冀某发；涉案房屋《商品房买卖合同》《个人住房抵押贷款合同》公证书、某房地产开发公司开具的购房款《收据》《前期物业管理服务协议》等原件均在冀某发处，且均为云某交付于冀某发；房屋交付后的装修亦为冀某发所为；冀某发家人在房屋内居住了近十年之久，并交纳了物业费、水电费、停车费等费用。足以认定冀某发、云某之间就涉案房屋存在借名买房口头协议的事实。该口头协议未违反法律、行政法规的强制性规定，应为有效。

但因涉案房屋云某已于2019年9月4日出卖给案外人李某1、李某2，且房屋所有权人已进行了变更登记，故冀某发、云某之间的借名买房口头协议无法继续履行，现冀某发要求解除口头协议，于法有据，法院予以支持。云某在将涉案房屋出售于案外人之前，冀某发已交纳了全部购房款，故房屋应归冀某发所有，但因云某擅自出售房屋的行为导致房屋所有权人已变更登记至善意第三人名下，致冀某发无法要求云某履行配合将房屋产权过户至其名下的借名买房口头协议的附随义务，无法最终取得涉案房屋所有权。云某的违约行为给冀某发造成了损失，现冀某发要求云某赔偿房产及房屋内物品损失及逾期还款利息损失，于法有据，法院予以支持。

法律分析

这是借用亲戚名义购房，双方未签书面借名购房协议，多年后，租户被其清走，同时，房屋被其对外销售，产生纠纷后，否认借名购房事实的典型案例。

借名人和出资人的妻子是亲姐妹，双方系连襟关系，应该属于极为亲近的亲戚关系了，因其中一方单位有团购机会，自己又不想购买，于是将机会让与自己的亲戚，让其出资以自己的名义购房。基于良好的亲戚关系，没有签订书面合同，只是口头约定，在整个操作过程中也没有发生问题。未曾想十二年后，情势发生变化，名义产权人不但清走房屋内的租户，还擅自将房屋出售他人。发生诉讼后，名义产权人也否认双方存在的借名购房事宜。

幸亏根据购房的资金支出、各项手续的保管、房屋的长期使用情况，法院确认了双方借名购房合同，但是，由于房屋已经对外出售，购房者已经善意取得了房屋产权，出资人只能要求对方赔偿相应的损失。因此，在借名购房过程中，尽可能签订书面协议，约定清楚相关内容，如果确因各种原因无法签订书面协议或者借名购房已经发生，难以补签协议，应尽量保存房款以及与该房有关的费用支出凭证，尽可能实际占有和使用房屋，保留占用和使用房屋的证据。

> **特别提示**
>
> 仅依据借名买房协议，不能直接成为案涉房屋的所有权人，不享有排除执行的合法权益。

4. 借他人名义购房后，由于名义人的债务纠纷，房屋被法院查封，实际购房者是否可以申请排除法院执行？

答：借他人名义购房后，房屋登记在他人名下。根据法律对于物权登记公示的规定，房屋登记在谁名下谁就拥有所有权。房屋名义登记人因债务纠纷，法院有权对其进行查封。

如果名义登记人在法院判决后仍然无法归还债务，法院就会对房屋进行强制执行。房屋被拍卖后，尽管实际产权人可以要求名义登记人进行赔偿，但是，在这种情况下，实际产权人就面临"钱房两空"的风险。那么，实际产权人能否在房屋拍卖前就提出执行异议，排除法院的强制执行呢？对此，最高人民法院通过判例作出了回答。最高法人民院认为：法律确立的物权公示原则和不动产物权登记生效原则，除非法律另有规定，否则不动产物权的变动应履行变更登记程序才能发生相应的法律效力。[1]

在借名买房并不违反公序良俗原则、不存在无效事由的情况下，借名人可以依据实质上的代持关系要求出名人将房屋过户至其名下，但此项权利系基于合同关系所产生的债权请求权，在经法定变更登记程序完成物权公示之

---

[1] 参见：最高人民法院（2021）最高法民终990号民事裁定书。

前,借名人尚不能依据借名买房的合同关系未经公示程序即直接被确认为房屋的物权人,其所享有的债权请求权也不具有对世效力、排他效力和绝对效力。这不但符合我国法律关于物权变动的实然规定,也是借名人故意制造名义买房人与实际买房人不一致时应面临的权利风险。

🔍 典型案例[①]

2012年12月20日,徐某与曾某签订《房产代持协议》,协议约定:案涉房屋所有权、使用权、收益权、处分权等一切权利均属于徐某;徐某以曾某名义签订案涉购房合同及其他相关配套法律文件,交房时案涉房屋的房产证、土地使用证登记在曾某名下;曾某仅代替徐某持有房产,并不享有任何权利,未经徐某书面同意,曾某不得单方处分房产。

2012年12月24日,金某向星某房地产公司支付购房款20万元;2013年1月14日至2013年5月14日期间,安某公司分25次向星某房地产公司支付购房款共计23892000元;2013年5月8日,徐某向星某房地产公司刷卡支付购房款250万元,上述购房款合计26592000元。

2013年3月8日,星某房地产公司与曾某签订《某市商品房现房买卖合同》,约定某购买案涉房屋,房屋总价款26592000元,买方签名为"曾某"。2016年2月19日,案涉房屋所有权登记在曾某名下。2014年4月25日,中集某某公司作为委托人、某银行作为贷款人与庆某公司作为借款人签订《委托贷款借款合同》和《补充协议》,约定委托借款人民币2910万元,用于补充流动资金,借款期限6个月。2014年4月25日,某银行与石某、秦某、曾某、周某、马某某签订《最高额保证合同》,约定连带保证责任,保证范围为本金及利息。

2016年5月16日,一审法院作出民事判决书,判决庆某公司返还中集某某公司借款本金23279999.43元及利息;石某、秦某、曾某、周某、马某某承担连带给付责任。判决生效后,中集某某公司向一审法院申请强制执行。

---

① 案号:最高人民法院(2020)最高法民再328号民事判决书。

2016年10月17日,一审法院作出民事裁定书,查封登记在曾某名下的案涉房屋。2017年4月11日,徐某向一审法院提出案外人执行异议,一审法院于2017年4月24日作出执行裁定书,驳回徐某的执行异议,徐某提起执行异议之诉。

一审、二审法院认为:限购政策为房地产市场的行政调控管理手段,非法律和行政法规的强制性规定,徐某占用曾某的购房资格,曾某即失去购房资格,不会导致地区限购政策落空,不损害公共利益。

不动产物权登记产生的公示公信效力,系对社会公众产生的外部效力,但仅是一种推定效力,当事人有证据证明真正权利人时,可以推翻这种推定,维护事实上的真实。《房产代持协议》及由徐某代曾某签订的《北京市商品房现房买卖合同》均发生在法院查封案涉房屋之前,徐某实际支付了全部购房款,在查封前交纳了案涉房屋的车位租赁费等居住费用,实际占有使用案涉房屋至今。故徐某不是登记簿上的房屋产权人,不影响其对案涉房屋的物权期待权。综上,可以认定徐某作为案涉房屋实际买受人,享有足以排除强制执行的物权期待权。

但是,最高人民法院经再审认为:2010年4月17日发布的《国务院关于坚决遏制部分城市房价过快上涨的通知》(国发〔2010〕10号),是基于部分城市房价、地价出现过快上涨势头,投机性购房再度活跃,增加了金融风险,不利于经济社会协调发展的现状,为切实稳定房价、抑制不合理住房需求、严格限制各种名目的炒房和投机性购房,切实解决城镇居民住房问题而制定的维护社会公共利益和社会经济发展的国家宏观经济政策。该通知授权"地方人民政府可根据实际情况,采取临时性措施,在一定时期内限定购房套数"。某市政府为贯彻落实该通知要求而提出有关具体限购措施的文件,系依据上述国务院授权所作,符合国家宏观政策精神和要求。徐某在当时已有两套住房的情况下仍借曾某之名另行买房,目的在于规避国务院和北京市的限购政策,通过投机性购房获取额外不当利益。司法对于此种行为如不加限制而任其泛滥,则无异于纵容不合理住房需求和投机性购房快速增长,鼓励不诚信的当事人通过规避国家政策红线获取不当利益,不但与司法维护社会诚信和公平正义的职责不符，而且势必会导致国家房地产宏观调控政策落空，阻碍国家宏观经济政策落实，影响经济社会协调发展，损害社会公共利益和社会秩序。故徐某与曾某为规避国家限购政策签订的《房产代持协议》因违背公序良俗而应认定无效，徐某依据规避国家限购政策的借名买房合同关系，不能排除对案涉房屋的执行。

徐某依据规避国家限购政策的借名买房合同关系也不能当然成为房屋所有权人。《物权法》第九条第一款规定："不动产物权的设立、变更、转让和消灭，经依法登记，发生效力；未经登记，不发生效力，但法律另有规定的除外。"第十六条规定，"不动产登记簿是物权归属和内容的根据"。根据前述法律确立的物权公示原则和不动产物权登记生效原则，除非法律另有规定，否则不动产物权的变动应履行变更登记程序才能发生相应的法律效力。《最高人民法院关于适用〈中华人民共和国物权法〉若干问题的解释（一）》第二条规定："当事人有证据证明不动产登记簿的记载与真实权利状态不符、其为该不动产物权的真实权利人，请求确认其享有物权的，应予支持。"但司法解释的该条规定系适用于利用虚假资料骗取登记、登记机关人员错误登记、非基于法律行为导致物权变动后未及时更正登记等情况下，已经过法定程序取得权利的真实权利人与登记簿记载不一致导致的登记错误等情形。本案徐某借用曾某名义签订商品房买卖合同、办理相关手续，故意将案涉房屋登记在曾某名下，不属于前述法律规定的登记错误情形。在借名买房并不违反公序良俗原则、不存在无效事由的情况下，借名人可以依据实质上的代持关系要求出名人将房屋过户至其名下，但此项权利系基于合同关系所产生的债权请求权，在经法定变更登记程序完成物权公示之前，借名人尚不能依据借名买房的合同关系未经公示程序即直接被确认为房屋的物权人，其所享有的债权请求权也不具有对世效力、排他效力和绝对效力。这不但符合我国法律关于物权变动的实然规定，也是借名人故意制造名义买房人与实际买房人不一致时应面临的权利风险。故仅依据借名买房协议，徐某并不能直接成为案涉房屋的所有权人，不享有排除执行的合法权益。原审判决认定徐某某因借名买房关系对案涉房屋享有物权或所谓物权期待权而足以排除执行，认定事实及适用法律错误，法院予以纠正。

法律分析

这是借名购房，房屋因借名人债务纠纷被法院查封，实际产权人通过执行异议诉讼，一审、二审法院、最高人民法院对于规避限购政策代持协议是否有效、借名持有的房屋是否享有物权对世权、是否足以排除法院强制执行论述最为全面的典型案例。

一审、二审法院认为：限购政策为房地产市场的行政调控管理手段，非法律和行政法规的强制性规定，徐某占用曾某的购房资格，曾某即失去购房资格，不会导致地区限购政策落空，不损害公共利益。

不动产物权登记产生的公示公信效力，系对社会公众产生的外部效力，但仅是一种推定效力，当事人有证据证明真正权利人时，可以推翻这种推定，维护事实上的真实。《房产代持协议》及由徐某代曾某签订的《北京市商品房现房买卖合同》均发生在法院查封案涉房屋之前，徐某实际支付了全部购房款，在查封前交纳了案涉房屋的车位租赁费等居住费用，实际占有使用案涉房屋至今。故徐某不是登记簿上的房屋产权人，不影响其对案涉房屋的物权期待权。可以认定徐某作为案涉房屋实际买受人，享有足以排除强制执行的物权期待权。

但是，一审、二审法院的观点被最高人民法院否决。最高人民法院认为在不具备再次购房资格的情形下，为规避国家及某市房地产限购政策，司法对于此种行为如不加限制而任其泛滥，则无异于纵容不合理住房需求和投机性购房快速增长，鼓励不诚信的当事人通过规避国家政策红线获取不当利益，不但与司法维护社会诚信和公平正义的职责不符，而且势必会导致国家房地产宏观调控政策落空，阻碍国家宏观经济政策落实，影响经济社会协调发展，损害社会公共利益和社会秩序。为规避国家限购政策签订的《房产代持协议》因违背公序良俗而应认定无效。

法律确立的物权公示原则和不动产物权登记生效原则，除非法律另有规定，否则不动产物权的变动应履行变更登记程序才能发生相应的法律效力。

在借名买房并不违反公序良俗原则、不存在无效事由的情况下，借名人可以依据实质上的代持关系要求出名人将房屋过户至其名下，但此项权利系基于合同关系所产生的债权请求权，在经法定变更登记程序完成物权公示之前，借名人尚不能依据借名买房的合同关系未经公示程序即直接被确认为房屋的物权人，其所享有的债权请求权也不具有对世效力、排他效力和绝对效力。这不但符合我国法律关于物权变动的实然规定，也是借名人故意制造名义买房人与实际买房人不一致时应面临的权利风险。故仅依据借名买房协议，不能直接成为案涉房屋的所有权人，不享有排除执行的合法权益。

> **特别提示**
>
> 从开发商处购买与从非开发商处购买抵抗法院查封、拍卖的条件是不同的。从开发商处需具备"三个条件",从其他地方购买需具备"四个条件",而且条件还有所不同。

5. 购房后,房屋又被法院查封、拍卖,要具备什么条件才能排除法院查封、拍卖,保住所购房屋?

答:由于我国办理产权证的周期较长,不管是购买"一手房"还是"二手房",办理产权证都有一个过程。除办证机关的周期外,由于各种原因,购房者也可能会在购房后较长时间内没有取得新的产权证,可是,就是在这个时期,由于售房人的对外债务,致使房屋被法院查封、拍卖。

按照不动产权登记公示的法律效力,房屋应属于原业主所有,原业主的债权人有权要求查封和拍卖。但是,购房者往往又已支付了大部分房款,甚至全部房款,已入住多年,而原业主往往已经资不抵债。面对如此情况,购房者应该如何处理?如何才能合法地抵抗法院的查封、拍卖,保住所购房屋成为购房者唯一的出路。

如果符合一定条件,购房者可抵抗法院的查封、拍卖。根据《最高人民法院关于人民法院办理执行异议和复议案件若干问题的规定》第二十八条规定:"金钱债权执行中,买受人对登记在被执行人名下的不动产提出异议,符合下列情形且其权利能够排除执行的,人民法院应予支持:(一)在人民法院查封之前已签订合法有效的书面买卖合同;(二)在人民法院查封之前已合法占有该不动产;(三)已支付全部价款,或者已按照合同约定支付部分价款且将剩余价款按照人民法院的要求交付执行；（四）非因买受人自身原因未办理过户登记。"第二十九条规定："金钱债权执行中，买受人对登记在被执行的房地产开发企业名下的商品房提出异议，符合下列情形且其权利能够排除执行的，人民法院应予支持：（一）在人民法院查封之前已签订合法有效的书面买卖合同；（二）所购商品房系用于居住且买受人名下无其他用于居住的房屋；（三）已支付的价款超过合同约定总价款的百分之五十。"

需要注意的是，第二十八条是通用的条款，即正常情况下需满足四个条件，但是，从开发商处购房，只需满足三个条件，即适用第二十九条的规定，不过这三个条件，除在查封前签订合法有效的书面买卖合同相同外，另两个条件有所不同。这两条的规定不是冲突和矛盾的，只能根据不同情况适用其中的一条。简单来说，"一手居住用房"买卖适用第二十九条，"一手非居住用房"和"二手房"买卖适用第二十八条。

典型案例[①]

王某于2014年1月23日与甲地产公司签订《内部预留房认购合同书》，购买了某小区7号楼2单元402号房屋。总房款270082元。截至2015年9月13日，王某累计交纳房款246033元，该房屋至今未交付使用。

新某公司诉乙地产公司建筑工程施工合同纠纷财产保全一案，山西省运城市中级人民法院作出民事裁定，冻结乙地产公司银行存款4400万元或查封、扣押其相应价值的其他财产。之后，山西省运城市中级人民法院向市不动产登记中心送达了2018年11月19日作出的协助执行通知书，要求协助查封乙地产公司某小区的129套房产，其中包括7号楼1单元402号房产。王某收到民事裁定书后，在法定期限内提起诉讼。

法院认为，本案的争议焦点为王某对案涉房屋是否享有足以排除强制执行的民事权益。王某与甲地产公司于2014年1月23日签订《内部预留房认购合同书》约定，王某选定的房屋位于某小区7幢1单元4层402号。

---

① 案号：最高人民法院（2021）最高法民再315号民事判决书。

该合同明确约定了当事人的姓名和商品房的基本状况、付款方式以及总房价等主要内容,该合同已包含商品房买卖合同的主要内容。虽然甲地产公司与乙地产公司为不同的民事主体,但王某提交的某小区置业计划书上显示"开发商:乙地产公司;投资商:甲地产公司",乙地产公司与《内部预留房认购合同书》上的甲地产公司法定代表人相同。王某所提交的商品房销售收据上显示,首期交纳购房款的收据上盖有甲地产公司财务章,后四期收款收据上盖有乙地产公司财务章,且五份收据上显示的商品房坐落位置及房款金额与《内部预留房认购合同》所约定的分期付款金额基本一致。结合上述案件实际情况,可认定王某与甲地产公司之间签订的《内部预留房认购合同书》实际由乙地产公司履行。故从利益平衡的角度考虑,尽管案涉《内部预留房认购合同书》上显示的相对人甲地产公司并非被执行人,仍应当认定王某已经举证证明了其在人民法院查封之前签订了书面买卖合同。

王某名下在运城市无其他用于居住的房屋。王某提交的收款收据、银行转账单以及POS机刷卡小票等可互相印证,证明已交款项超过了总价款的百分之五十。因此,王某对案涉房屋主张的民事权益符合《最高人民法院关于人民法院办理执行异议和复议案件若干问题的规定》第二十九条规定的情形,可以排除新某公司对案涉房屋的强制执行。

法律分析

这是依据《最高人民法院关于人民法院办理执行异议和复议案件若干问题的规定》第二十九条规定的三个条件,排除法院强制执行的典型案例。

《最高人民法院关于人民法院办理执行异议和复议案件若干问题的规定》第二十九条规定:"金钱债权执行中,买受人对登记在被执行的房地产开发企业名下的商品房提出异议,符合下列情形且其权利能够排除强制执行的,人民法院应予支持:(一)在人民法院查封之前已签订合法有效的书面买卖合同;(二)所购商品房系用于居住且买受人名下无其他用于居住的房屋;(三)已支付的价款超过合同总价款的百分之五十。"案外人的民事权益需要同时满足上述三个要件才能够排除强制执行。

第一个条件是在人民法院查封之前已签订合法有效的书面买卖合同。本案购房合同并非正式的《商品房买卖合同》，更未经网签或备案，只是《内部预留房认购合同书》，但是，由于具备了商品房买卖的主要内容，中级人民法院、高级法院、最高法院都认可双方签订了合法有效的书面合同。因此，书面合同不限于正式的《商品房买卖合同》、网签合同，具备商品房买卖合同主要内容的《认购合同》《订购合同》《预订合同》等书面形式的合同，都可能符合"签订合法有效的书面买卖合同"的条件。

第二个条件是在所购房系用于居住且在所购房城市买受人名下无其他用于居住的房屋。《〈全国法院民商事审判工作会议纪要〉理解与适用》[①]第629页在对"九民纪要"第125条作了如下解读："'买受人名下无其他用于居住的房屋'一般情况下可以理解为与涉案房屋同一设区的市和县级行政区（不包括设区的市的'区'）无其他用于居住的房屋。是否构成消费者购房者，审查的着眼点在于是否用于居住需求。随着人们生活水平的提高以及人员的流动，异地购房的现象比较普遍，比如在出生地有一套住房，在工作地又购置一套住房，均为用于居住，应认定买受人为消费者购房者，从可操作的角度看，应当界定为一个范围，范围过窄，不利于对消费者购房者的保护，范围过宽，则损害其他权利人的合法权益。纪要结合各地司法实践，将范围界定在与涉案房屋同一设区的市和县级行政区（不包括设区的市的'区'）无其他用于居住的房屋。"第632页作了如下解读："三是如何理解'买受人名下'，买受人名下无房屋，但其配偶、未成年子女名下有房屋，此时，能否排除执行。对于'名下'应当作宽泛的理解，应当将买受人、实行夫妻共同财产制的配偶一方以及未成年子女作一并考虑。只要三者之一名下有房屋，即可视为已有居住用房。"《〈全国法院民商事审判工作会议纪要〉理解与适用》中认为"买受人名下无其他用于居住的房屋"一般情况下可以理解为与

---

① 最高人民法院民事审判第二庭编著：《〈全国法院民商事审判工作会议纪要〉理解与适用》，人民法院出版社2019年版。

涉案房屋同一设区的市和县级行政区（不包括设区的市的"区"）无其他用于居住的房屋。

第三个条件是已付房款超过合同款的百分之五十。已付房款包括银行按揭贷款，不管是首付款、分期付款，还是从银行贷款支付，都是购房者向开发商支付的款项，都应包含其中。

这是"以人为本"的体现，法院优先保护购房者居住权的法律规定。按照此规定，老百姓的"居住权"优先于开发企业的其他债权。

> **特别提示**
> 家庭唯一住房不再是阻却法院强制执行的理由,提供租住用房、给予房屋安置费等措施后,家庭唯一住房是可以进行拍卖、变卖的。

6. 如果是家庭唯一住房,法院是不是就不能强制拍卖、变卖或抵债了?

答:关于家庭唯一住房,法院是否可以强制执行、强制要求腾退、强制拍卖,在司法实践中曾经引起广泛关注和争论。不少专家认为,为保障人民最基本的居住权,家庭唯一住房不应当再被强制执行。这种观点和理念曾经在一段时期占主流,造成对家庭唯一住房的法院强制执行滞后。由此造成许多人认为,家庭唯一住房是不会被法院执行的。

2005年1月1日施行的《最高人民法院关于人民法院民事执行中查封、扣押、冻结财产的规定》(以下简称《查冻扣规定》)第六条规定:"对被执行人及其所抚养家属生活所必需的居住房屋,人民法院可以查封,但不得拍卖、变卖或者抵债。"在此规定之后,各地法院对于家庭唯一住房,一般只是查封,但是,不进行拍卖、变卖或者抵债,造成法院大量执行无法进行。一方面,不少被执行人,甚至是"老赖",住着房屋,甚至"豪宅",但是如果是唯一住房,不能拍卖、变卖或抵债;另一方面,债权人却"望房兴叹",造成许多不公平现象。

其实《查冻扣规定》第七条也规定:"对于超过被执行人及其所抚养家属生活所必需的房屋和生活用品,人民法院根据申请执行人的申请,在保障被执行人及其所抚养家属最低生活标准所必需的居住房屋和普通生活必需品后,可予以执行。"但是,在多年以来的司法实践中,很多法院在执行"唯一住房"时,都依据《查扣冻规定》第六条的规定不予执行。

直到多年以后,发现一概不执行"唯一住房"存在重大问题后,各地法院才开始根据第七条进行纠偏。《最高人民法院关于人民法院办理执行异议和复议案件若干问题的规定》(2015年)第二十条规定:"金钱债权执行中,符合下列情形之一,被执行人以执行标的系本人及所扶养家属维持生活必需的居住房屋为由提出异议的,人民法院不予支持:(一)对被执行人有扶养义务的人名下有其他能够维持生活必需的居住房屋的;(二)执行依据生效后,被执行人为逃避债务转让其名下其他房屋的;(三)申请执行人按照当地廉租住房保障面积标准为被执行人及所扶养家属提供居住房屋,或者同意参照当地房屋租赁市场平均租金标准从该房屋的变价款中扣除五至八年租金的。执行依据确定被执行人交付居住的房屋,自执行通知送达之日起,已经给予三个月的宽限期,被执行人以该房屋系本人及所扶养家属维持生活的必需品为由提出异议的,人民法院不予支持。"

从上述规定也可以看出,被执行人名下唯一住房满足一定条件时,如提供租住用房、给予房屋安置费等措施后,是可以进行拍卖、变卖或者抵债的。

典型案例[1]

王某与黄某承揽合同纠纷由德州市中级人民法院出具民事调解书,确认黄某承担还款义务。黄某与李某系夫妻关系,在婚姻关系存续期间购买了浩某家园小区A1号楼1单元401室房产一处,2010年1月21日取得了该房产的房产证。房屋所有权人:黄某,共有情况空白,建筑面积为130.22平方米。

2015年8月27日,武城县人民法院作出执行裁定书,裁定拍卖黄某所有的浩某家园A1号楼1单元401室的房屋。裁定作出后,黄某先后向德州市

---

[1] 案号:山东省德州市中级人民法院(2017)鲁14民终1997号民事判决书。

中级人民法院、山东省高级人民法院提出复议、申诉，均被驳回。在武城县人民法院执行王某与黄某承揽合同纠纷一案中，李某提出执行异议，主张涉案房屋系李某与黄某婚后共同财产，也是他们的唯一住房，申请法院停止拍卖。武城县人民法院于2017年2月13日作出裁定书，驳回了李某的执行异议。李某提起上诉。

二审法院认为，对于上诉人李某、第三人黄某提出的涉案房屋系唯一房屋不得拍卖、析产诉讼期间应停止执行的主张，无事实和法律依据，法院不予支持。《最高人民法院关于依法妥善审理涉及夫妻债务案件有关问题的通知》第六条规定："保护被执行夫妻双方基本生存权益不受影响。要树立生存权益高于债权的理念。对夫妻共同债务的执行涉及夫妻双方的工资、住房等财产权益，甚至可能损害其基本生存权益的，应当保留夫妻双方及其所扶养家属的生活必需费用。执行夫妻名下住房时，应保障生活所必需的居住房屋，一般不得拍卖、变卖或抵债被执行人及其所扶养家属生活所必需的居住房屋。"《最高人民法院关于人民法院办理执行异议和复议案件若干问题的规定》第二十条第一款规定："金钱债权执行中，符合下列情形之一，被执行人以执行标的系本人及其所扶养家属维持生活必需的居住房屋为由提出异议的，人民法院不予支持：（一）对被执行人有扶养义务的人名下有其他能够维持生活必需的居住房屋的；（二）执行依据生效后，被执行人为逃避债务转让其名下其他房屋的；（三）申请执行人按照当地廉租住房保障面积标准为被执行人及其所扶养家属提供居住房屋，或者同意参照当地房屋租赁市场平均租金标准从该房屋的变价款中扣除五至八年租金的。"

不难看出，以上规定并不冲突，即使对被执行人名下的唯一住房，在满足规定的条件下，仍可以执行。至于执行措施在法定授权范围内如何选择或者对被执行人的财产是否采取查封、拍卖等执行措施，根据《民事诉讼法》第二百四十四条"被执行人未按执行通知履行法律文书确定的义务，人民法院有权查封、扣押、冻结、拍卖、变卖被执行人应当履行义务部分的财产"之规定，应属人民法院在执行程序中的自由裁量权，不属执行异议之诉的审理范围。

法律分析

这是一个家庭只有唯一住房，因丈夫对外债务纠纷要被法院拍卖，妻子提出异议要求停止拍卖，被法院驳回的典型案例。

丈夫因承揽合同，产生纠纷，被他人起诉，通过调解确定还款义务，但是，到期后仍未还款。对方申请法院强制执行，法院查封了其家庭唯一住房，并裁定将进行拍卖、变卖，妻子提出异议，被法院裁定驳回后，又提出执行异议之诉。

当事人以《最高人民法院关于依法妥善审理涉及夫妻债务案件有关问题的通知》第六条的规定，即"保护被执行夫妻双方基本生存权益不受影响。要树立生存权益高于债权的理念。对夫妻共同债务的执行涉及夫妻双方的工资、住房等财产权益，甚至可能损害其基本生存权益的，应当保留夫妻双方及其所扶养家属的生活必需费用。执行夫妻名下住房时，应保障生活所必需的居住房屋，一般不得拍卖、变卖或抵债被执行人及其所扶养家属生活所必需的居住房屋"为依据要求停止拍卖、变卖。

但是，法院依据《最高人民法院关于人民法院办理执行异议和复议案件若干问题的规定》第二十条第一款"金钱债权执行中，符合下列情形之一，被执行人以执行标的系本人及所扶养家属维持生活必需的居住房屋为由提出异议的，人民法院不予支持：（一）对被执行人有扶养义务的人名下有其他能够维持生活必需的居住房屋的；（二）执行依据生效后，被执行人为逃避债务转让其名下其他房屋的；（三）申请执行人按照当地廉租住房保障面积标准为被执行人及所扶养家属提供居住房屋，或者同意参照当地房屋租赁市场平均租金标准从该房屋的变价款中扣除五至八年租金的"的规定，认为即使是被执行人名下的唯一住房，在满足规定的条件下，仍可以执行。

> **特别提示**
>
> 业主"断供"不能免除归还银行贷款的义务,还会促使银行要求业主提前还款,并留下不良记录,业主可以解除购房合同和按揭贷款合同。

7. 购买的房屋长期"烂尾",业主是否可以"断供"?如何合法维护自己的权益?

答:从法律上说,业主和开发商是购房合同关系,业主和银行是按揭贷款合同关系,这是两个独立的合同关系。因此,"烂尾"是开发商违反购房合同的约定逾期交付房屋,业主只能依据购房合同关系向开发商主张。而在银行未违约的情况下,业主擅自停止还贷,将构成对贷款合同的违反,银行可追究业主的违约责任。银行一般会在业主停止还贷后,起诉业主提前一次性还贷,本来还可以慢慢还的贷款,需要一次性归还。同时,法院判决后,还会被强制执行,并有可能被列入法院失信人名单和银行不良记录名单,对业主以后的生产、经营产生很大的影响。如果业主通过各种努力,发现已经彻底"烂尾",取得房屋无望,应及时起诉解除购房合同和按揭贷款合同。

最高人民法院经审判决委员会集体讨论作出判决[①],因开发商未按照约定期限交付房屋,致使《商品房预售合同》解除,《借款合同》《抵押合同》因合同目的无法实现亦被解除,应由开发商将收取的购房贷款本金及利息返还

---

① 参见:最高人民法院(2019)最高法民再245号民事判决书。

贷款银行和购房者，而购房者不负有返还义务。也就是说，合同解除后，可以合法"断供"了，同时，还可以要求开发商归还已付购房款。即使可能由于开发商已经无钱归还，但是，最起码可以合法"断供"，及时"止血"。

🔍 典型案例①

2015年8月12日，王某诚与越某公司签订《商品房预售合同》，以147953124元的价格购买越某公司开发的案涉商业用房，建筑面积3736.19㎡，交付时间为2015年10月30日前。王某诚首付73983124元，剩余7397万元按揭贷款。

2015年8月14日，王某诚、王某博、王某宝与某银行、越某公司签订《借款合同》，约定：王某诚等三人向某银行借款7397万元，借款期限为2015年8月25日至2025年8月25日；每月归还本息829227.74元；担保方式为抵押加阶段性保证。同日，王某诚与某银行、越某公司签订《房地产抵押合同（在建工程/预购房）》（以下简称《抵押合同》）。2015年8月18日，某银行取得案涉房屋他项权利证书。王某诚分多次首付73983124元，某银行于2015年8月21日分8笔向越某公司支付7397万元。

根据另案判决，前述《商品房预售合同》《借款合同》《抵押合同》均已解除，截至2017年3月21日，王某诚累计偿还贷款本金9170995.81元、利息6095047.89元，尚欠某银行贷款本金64799004.19元。某银行提起诉讼，要求归还全部本息。

一审法院判决：驳回某银行的诉讼请求。某银行不服一审判决，提出上诉请求。二审法院认为，本案的争议焦点为某银行主张王某诚等三人与越某公司共同偿还贷款本金58546629.55元及资金占用损失、律师费能否成立。王某诚与越某公司签订《商品房预售合同》，王某诚等三人与某银行签订《借款合同》，上述当事人之间发生民事行为产生的民事法律关系不同。某银行与王某诚等三人因签订《借款合同》形成借贷民事法律关系，王某诚与越

---

① 案号：最高人民法院（2019）最高法民再245号民事判决书。

某公司因签订《商品房预售合同》形成商品房买卖民事法律关系。应从案涉当事人形成的民事法律关系分析认定权利义务。根据《最高人民法院关于审理商品房买卖合同纠纷案件适用法律若干问题的解释》(2003年)第二十五条第二款的规定,作为商品房出卖人的越某公司将其收到的王某诚购房贷款本息返还给某银行,从法律关系上说是购房者王某诚委托越某公司向某银行归还贷款本息,越某公司所还款项就是购房者王某诚的还款,故王某诚作为《借款合同》主债务人的还款责任并未免除。由于案涉《借款合同》被另案生效判决解除后,越某公司并未依照生效判决向某银行返还王某诚的贷款本息,王某诚等三人对某银行所负债务并未清偿,故双方之间的借贷民事法律关系并未消除。王某诚作为越某公司债权请求权人及贷款本息返还的委托人,并未依据生效判决积极主张权利,其怠于行使权利的行为,造成某银行债权受损。某银行权衡利益,根据合同相对性原理,主张王某诚等三人偿还贷款本息,并不违反法律规定,也与生效判决不冲突或产生歧义,符合双方合同约定。王某诚等三人承担偿还贷款责任后,并不影响其向越某公司主张返还权利。因生效判决已判令越某公司向某银行返还贷款本息,其再主张越某公司与王某诚等三人共同承担还款责任属重复起诉,二审法院不予支持。因王某诚等三人对某银行主张的剩余贷款本金、利息及律师费数额无异议,二审法院予以确认。二审法院判决撤销一审民事判决;王某诚等三人偿还某银行贷款本息。

最高人民法院审查明的事实与一审、二审查明事实一致,认为根据各方当事人诉辩意见,本案再审争议焦点为,案涉《借款合同》解除后王某诚等三人应否承担剩余贷款的还款责任。对此,法院评析如下:第一,关于案涉《借款合同》解除后的贷款返还责任主体问题。《最高人民法院关于审理商品房买卖合同纠纷案件适用法律若干问题的解释》(2003年)第二十五条第二款规定:"商品房买卖合同被确认无效或者被撤销、解除后,商品房担保贷款合同也被解除的、出卖人应当将收取的购房贷款和购房款的本金及利息分别返还担保权人和买受人。"本案中,因越某公司未按照约定期限交付房屋,致使案涉《商品房预售合同》解除,《借款合同》《抵押合同》因合同目的无法实现亦被解除。根据前述规定，应由出卖人越某公司将收取的购房贷款本金及利息返还某银行，王某诚等三人不负有返还义务。第二，关于案涉《借款合同》中相关格式条款的适用问题。案涉《借款合同》第十九条载明："贷款人与借款人的借贷关系解除的，借款人应当立即返还其所欠贷款的本金、利息、罚息及实现债权的费用，或委托售房人直接将上述款项归还贷款人。"该条款系某银行为重复使用而提前拟定的格式条款。在《最高人民法院关于审理商品房买卖合同纠纷案件适用法律若干问题的解释》（2003年）已经明确规定，商品房买卖合同和商品房担保贷款合同解除后，出卖人将收取的购房贷款的本金及利息直接返还给贷款人而非购房者（借款人）的情况下，某银行拟定该条内容，意味着要求王某诚等三人在既未取得所购房屋亦未实际占有购房贷款的情况下归还贷款，明显不合理地加重了王某诚等三人的责任，根据《合同法》第四十条"……提供格式条款一方免除其责任、加重对方责任、排除对方主要权利的，该条款无效"之规定，该条款对王某诚等三人不具有拘束力。第三，关于商品房按揭贷款商业模式下各方当事人权利义务关系问题。本案涉及商品房买卖合同和商品房担保贷款合同双重法律关系。从合同内容来看，在商品房买卖合同中，王某诚等三人支付房款，越某公司交付房屋；在商品房担保贷款合同中，某银行将王某诚等三人所贷款项直接支付给越某公司，越某公司实际用款。王某诚等三人并不支配购房贷款，但需偿付贷款本息。如果案涉合同正常履行，王某诚等三人取得房屋，各方权利义务亦可保持平衡。但本案中，因越某公司不能交付房屋而致使合同解除，导致合同约定的各方权利义务严重失衡。具体表现为：越某公司违约不能交房导致各方合同解除，却实际占有使用王某诚等三人支付的首付款及某银行按揭贷款；某银行依据合同约定既享有抵押权，又同时享有对越某公司、王某诚等三人的债权；王某诚等三人未取得房屋，却既支付了首付款，又需偿还按揭贷款。若按合同约定的权利义务关系处理，则在王某诚等三人对合同解除无过错的情况下，仍要求其对剩余贷款承担还款责任，明显不合理地加重了其负担，各方权利义务失衡，有违公平原则。因此，审理案件时，必须充分考虑商品房按揭贷款商业模式下各合同之间的密切联系和各方权利义务关系的平衡问题，避免因强调单个合同的相对性而造成三方权利义务的失衡。综上，某银行请求王某诚等三人归还剩余贷款并支付利息的请求不能成立，其为本次诉讼产生的律师费亦不应由王某诚等三人承担。王某诚等三人的再审请求成立，应予支持。二审判决对此认定有误，法院予以纠正。经法院审判委员会讨论决定判决撤销二审民事判决；维持一审民事判决。

法律分析

　　这是购买的房屋长期"烂尾"后，购买人解除购买合同、贷款合同，无须归还银行贷款的诉求得到最高人民法院支持的开创性典型案例。

　　按照严格的主流的法律观点，《商品房预售合同》与《借款合同》产生的民事法律关系不同。某银行与王某诚等三人因签订《借款合同》形成借贷民事法律关系，王某诚与越某公司因签订《商品房预售合同》形成商品房买卖民事法律关系。

　　二审法院认为，由于案涉《借款合同》被另案生效判决解除后，越某公司并未依照生效判决向某银行返还王某诚的贷款本息，王某诚等三人对某银行所负债务并未清偿，故双方之间的借贷民事法律关系未消除。王某诚作为越某公司债权请求权人及贷款本息返还的委托人，并未依据生效判决积极主张权利，其怠于行使权利的行为，造成某银行债权受损。某银行权衡利益，根据合同相对性原理，主张王某诚等三人偿还贷款本息，并不违反法律规定，也与生效判决不冲突或产生歧义，符合双方合同约定。二审法院判决要求归还全部本息。

　　最高人民法院认为，因越某公司未按照约定期限交付房屋，致使案涉《商品房预售合同》解除，《借款合同》《抵押合同》因合同目的无法实现亦被解除。根据前述规定，应由出卖人越某公司将收取的购房贷款本金及利息返还某银行，王某诚等三人不负有返还义务。从合同内容来看，在商品房买卖合同中，王某诚等三人支付房款，越某公司交付房屋；在商品房担保贷款合同中，某银行将王某诚等三人所贷款项直接支付给越某公司，越某公司实际用款。王某诚等三人并不支配购房贷款，但需偿付贷款本息。如果案涉合同正常履行，王某诚等三人取得房屋，各方权利义务亦可保持平衡。王某诚等三人未取得房屋，却既支付了首付款，又需偿还按揭贷款。若按合同约定的权利义务关系处理，则在王某诚等三人对合同解除无过错的情况下，仍要求其对剩余贷款承担还款责任，明显不合理地加重了其负担，各方权利义务失衡，有违公平原则。因此，审理案件时，必须充分考虑商品房按揭贷款商业模式下各合同之间的密切联系和各方权利义务关系的平衡问题，避免因强调单个合同的相对性而造成三方权利义务的失衡。

附　录

房产实用流程及注意事项

一、购买"一手房"主要流程及注意事项

(一)主要流程

1.购房前的两项准备

(1)查询核实购房资格

按照各地通常的限购标准,本地户籍购房者都可以在本地购买首套房。如果没有本地户籍的,一般需要一定年限的社保或纳税。至于本地户籍能否购买第二套以上房屋,以及外地籍人员需要的社保或纳税年限,根据不同地区的房地产政策不同而不同。

(2)做好购房预算

房款是购房中最大的决定性因素,需要注意的是,购房所需的费用不只是房价,至少还包括以下费用:税费、公共维修基金、物业费、面积差价、装修费、后续的房贷费用等多项支出。

2.选择证件齐全的开发商及楼盘

购房者在挑选房源时,一定要核查楼盘是否有"五证",只有五证齐全的房子才意味着开发商建造的房子是合法的。

"五证"是指《国有土地使用权证》《建设用地规划许可证》《建设工程规划许可证》《建设工程施工许可证》《商品房销售(预售)许可证》。

3.签认购书、交定金

(1)购房资格审核

购房者需将相关材料提交给开发商,开发商将资料统一录入当地住建委

官方网站，住建委再对购房者家庭信息等进行审核。

（2）签订购房意向书

购房者的资格审核通过后，与房企或代理机构签署《商品房认购书》，对拟交易房屋的有关事宜进行初步确认。确认内容一般包括买卖双方当事人的基本情况、房屋的基本情况（包括房屋位置、面积等）、房屋价款计算方式、定金、签署正式买卖合同的期限。

（3）支付定金

签订《商品房认购书》后，按照认购书约定支付定金，需要特别提醒的是，一定看清是"定金"，而不是"订金"。如果是定金，购房者不履行合同无权要求返还定金，开发商不履行合同应双倍返还定金。而如果是订金，则不是一个法律概念，不具备担保性质。

4.正式签订《商品房买卖合同》

购房合同是维护买卖双方权利的重要凭证，期房签署预售合同，现房签署现房销售合同。一般所需材料：户口本、身份证、定金合同、定金收据、连续5年社保或税单。

5.交首付

签订正式合同后，购房者需要按照商品房买卖合同支付首付款。开发商应当出具收到首付款的凭证，一般是收据。购房者切记保存好首付款收据和小票，因为后期按揭和换票据时需要收据和小票。

6.按揭贷款

买房付款的方式可以分为两种，一种是全款买房，另一种是贷款买房，大多数购房者会选择贷款买房，要根据自身实际情况，选择合适的贷款方式和贷款年限，主要是选择好公积金贷款、商业贷款、组合贷款。

7.网签备案

根据《城市商品房预售管理办法》要求，需要对商品房买卖进行备案，现在除极个别没有网签条件，仍实行书面备案外，基本上都是网签备案。

网签备案基本流程：

第一步，录入合同。房屋网签备案系统自动导入买卖双方当事人及房屋信息，当事人在线填写成交价格、付款方式、资金监管等合同其他基本信息，自动生成网签合同文本。

第二步，签章确认。买卖双方当事人在打印出的网签合同上签章确认并将合同签章页上传至房屋网签备案系统。

第三步，备案赋码。核验通过的，完成网上签约即时备案，赋予合同备案编码。

第四步，网签备案信息载入楼盘表。网签备案后，将合同备案编码、购房者基本信息、成交价格、付款方式、资金监管等房屋买卖合同网签备案信息载入楼盘表。

根据各地实际情况，各地房地产主管部门制定的房屋网签备案具体程序可能有所区别。

8.办理入住手续

房屋建设完成后，由政府相关部门组织验收。验收合格后，开发商会通知业主交房。业主按照开发商的通知，携带相关材料，一般是业主身份证件、购房合同、交款凭证到指定地点办理交房手续，同时，到所购房屋进行验收交房。办理入住手续时，一般需要一并办理物业服务手续，缴纳一定期限的物业服务费，缴纳公共维修基金。

9.缴纳税费、办理房产证

新房在开发商办理整幢楼的房产证（大产权）后，通知业主办理业主产权证（小产权）。办理房产证前，业主需缴纳契税，契税是房屋总价的1%~3%。根据是否首套、是不是普通住宅，税率不同。

（二）注意事项

1.购房者应确认售房企业是否持有"五证"，特别是《商品房预售许可证》。如果是代理销售的机构，则其除了应取得房地产开发企业的授权销售委托书，还需持有《房地产经纪机构备案证明》。

2.购房者在交纳商品房购房款、签订相关合同、认购书、意向书时，一定要向售房人索要盖有房地产开发企业印章的合同、认购书、发票、票据等。

3.对于"集资建房""合作建房""市场运作房"等涉嫌违规的融资性购房尽量不参与。

4.购房投资有风险,购房者小心定金陷阱。如果要交纳定金,必须看好定金合同,了解合同条款内容,避免进入定金圈套。

5.购房者应当设法通过各种方式核实自己特别关心的信息,如土地使用年限、小区规划、面积测量报告等,可要求开发商履行告知义务,注意不要盲目听信夸大、虚假的宣传。

6.在购房合同中要注意明确如果按揭贷款不成功的解决之道。如果销售人员承诺帮助办理按揭贷款,需要将此承诺明确写在合同中。

7.购房者如有疑问或发现房地产开发企业、房地产经纪机构有违规销售商品房、发布虚假违法广告等行为以及自身合法权益受到不法侵犯的,要及时停止办理之后的手续,先解决发现的问题。

8.购房者应当注意容易忽视的资料:

(1)《住宅质量保证书》

(2)《住宅使用说明》

(3)《面积实测表》

9.交房后购房者手里应该具有的文件资料:

(1)《商品房买卖合同》

(2)《全额购房发票》

(3)《契税发票》

(4)《维修基金发票》

(5)《产权登记费收据》

(6)《银行按揭合同》(贷款买房业主)

(7)《住宅质量保证书》

(8)《住宅使用说明书》

二、购买"二手房"主要流程及注意事项

（一）主要流程

1.选择中介公司与经纪人

在二手房买卖过程中，购房者应当注意选择中介公司和经纪人，中介公司和经纪人扮演着重要作用，但是由于中介公司和经纪人的门槛要求相对较低，而且中介公司与经纪人为了促成交易进而收取中介费，常常会对购房者进行一些隐瞒或忽略不利事项，夸大有利事项。因此，购房者应当尽量找信誉好、实力强、可靠的中介机构和经纪人。

2.资质及房源信息审核

交易首先应当对买卖双方的相关信息进行审核，一般需审核的事项包括：

（1）审核买方是否具备购房资格：

①落户是否满足当地购房要求；

②社保是否符合当地的购房要求；

③征信是否合格。

（2）审核卖方房源信息是否无误：

①房源信息和房产证是否一致；

②卖方人员是否和房产证信息一致。

（3）审核房产权属情况、出售是否受限：

①房产性质具体是住宅、商业、工业等；

②土地性质是否为"出让";

③房产是否共有;

④房产是否有贷款、是否被抵押;

⑤房产是否被查封;

⑥房产是否为其他人设立居住权;

⑦房产是否被出租;

⑧房产是否发生过非自然死亡事件;

⑨学位是否被使用过;

⑩水电、物业费是否被拖欠。

3. 签订房屋买卖合同

买卖双方在协商完成后,应当签署房屋买卖合同,对房屋坐落位置、产权状况及成交价格、交付时间、交付标准、产权办理等事项进行明确约定。

交易合同中的合同条款要注意进行规范:

(1)写明双方当事人的具体情况、地址、联系办法等,标明房屋是否共有财产、是否夫妻共同财产或家庭共同财产,原售房单位是否允许转卖,是否存在房屋抵押或其他权利瑕疵,是否有私搭乱建部分,房屋的物业管理费用及其他缴费状况;

(2)写明房屋位置、性质、面积、结构、格局、装修、设施设备等情况,房屋合同标注的房屋面积应与房产证上的面积一致;

(3)写明总价款,约定好付款方式,明确各种税费、其他费用如何分摊;

(4)明确违约责任;

(5)对争议解决进行选择,明确采用仲裁方式还是诉讼方式;

(6)明确约定好合同的生效时间、约定房屋正式过户及交接时间;

(7)明确约定好户口迁出的时间,学区房应该尤其谨慎;

(8)合同变更或撤销的条件及合同无效或被撤销后,已付款应当如何进行返还,违约金如何计算。

4. 解除抵押

尽管《民法典》规定,不解除抵押也能买卖,但是,在实际操作中,绝大多数还是需解除抵押后才能交易过户。

5. 缴纳税费

因为税费的构成比较复杂，所以具体税费要根据交易房屋的性质而定。比如，"房改房"、危改回迁房、经济适用房与其他商品房的税费构成是不一样的。

6. 办理产权转移过户手续

办理产权转移过户手续，原则需买卖双方亲自到现场办理，但是如果确无法亲自办理，需办理授权公证，未经公证机关公证的授权委托，不动产权中心一般会拒绝办理。（办理过户事宜参照《办理房产过户指南及注意事项》）

7. 办理房屋抵押和银行放贷

完成产权登记变更，购房者领取房屋所有权证后，办理抵押手续，将房屋抵押给银行，抵押后银行将贷款一次性发放，并汇入卖房人账户。

8. 房屋交接

对于房屋交接的标准应当在合同中进行具体的约定，一般是以附件方式具体约定。在交接时双方根据约定进行逐项确认，包括维修基金、水、电、气、有线电视、宽带、电话的过户和费用结算。

（二）注意事项

1. 选择正规的中介机构

正规的中介有丰富的经验及比较完整交易流程，可以尽可能地规避可能出现的风险，即使真的产生纠纷也能得到妥善的解决。

2. 检查房屋手续是否齐全

房产证是证明房主对房屋享有所有权的最重要的凭证，没有房产证的房屋交易时，对购房者来说有得不到房屋的极大风险。

3. 房屋产权是否明晰

有些房屋有多个共有人，如夫妻共有、家庭共有、继承共有。对此购房者应当和全部共有人签订房屋买卖合同。如果只是部分共有人擅自处分共有财产，购房者与其签订的买卖合同未在其他共有人同意的情况下是无效的。

4. 交易房屋是否出租

如果购房者只看房产证，只注重过户手续，而不注意是否存在租赁，极有可能得到一个无法及时入住的房产。"买卖不破租赁"，就是说房屋买卖合同不能对抗在先成立的租赁合同。

5. 检查土地情况是否清晰

二手房中购房者应注意土地的使用性质。确认土地性质是划拨还是出让？划拨的土地是无偿使用，没有缴纳土地出让金的；出让的土地才是缴纳了土地出让金的，购房者对房屋享有较完整的权利。

6. 市政规划是否影响

调查了解附近是否存在影响房屋使用和房屋价值的规划变化，如会影响采光、视野、通风的高楼。

7. 福利房屋是否合法

"房改房"、安居工程、"经济适用房"是一种具有福利性质的特殊政策性住房，在转让时有一定限制，而且这些房屋在土地性质、房屋所有权范围上有一定的国家规定，购房者购买时要符合相关政策规定。

8. 多了解业主的状况

购房者应当了解业主的职业、收入来源、负债情况，询问、核实业主出售房屋的原因，防止买到有缺陷的房屋，重点是避免房屋交易过程中被查封的风险。

9. 检查水电物业费用是否拖欠

物业管理费，电费以及"三气"（天然气、暖气、煤气）费用如果欠费，后续为了房屋的正常使用可能需要先行垫付，再向原房主追偿也会比较麻烦。

10. 检查合同约定是否明确

二手房买卖合同虽然不需像新房买卖合同那么全面，但是还要注意核对合同条款的约定是否明确和具体，尤其是对有关合同主体、权利保证、房屋价款、交易方式、违约责任、纠纷解决、签订日期等问题均应综合全面地进行考虑。

11.检查拆改、私搭私建部分

注意检查房屋拆改，特别是检查是否存在拆改承重墙，评估私搭私建部分被拆的风险。

12.确认房屋的准确面积

购房者应当确认的面积包括建筑面积、使用面积和房内的实际面积。购房者避免风险的最好的办法就是亲自检查测量一下房屋内从墙角到墙角的面积，即所谓"地毯面积"。

13.详细了解房屋内结构图、管线图

应详细了解住宅的内部结构图，包括管线的走向、承重墙的位置等，以便购买后重新装修时能够满足拟设计的功能要求。

三、购买"经济适用房"主要流程及注意事项

（一）主要流程

1.购买经济适用房满5年（从取得全额购房发票之日起计算，下同）并取得经济适用房产权证的，产权人在补交土地价款后，可以上市交易；也可在按规定补交土地出让金后由不动产登记部门重新核发不动产权证，土地性质由划拨转为出让，取得完全产权。

2.上市交易，应按有关政策规定取得完全产权。具体是由当地住房保障部门对购房者是否已缴纳土地价款取得完全产权、政府是否行使优先购买权等情况出具书面意见。

3.购房者（产权人）向当地住房保障部门提出申请，并提供身份证明、户口簿、结（离）婚证件、购房合同、全额购房发票、经适房产权证（未办理经济适用房权证的可提供分户栋证，也可提供由不动产登记部门出具的不动产初始登记凭证列表）等材料。

4.住房保障部门审核。符合条件的，由当地住房保障部门出具审核意见，并核定应补交的土地价款。

5.购房者（产权人）到指定银行补交土地价款，将补交价款全额缴至财政局非税收入汇缴结算户。

6.购房者（产权人）凭当地住房保障部门的审核意见、补交价款的相关证明、身份证明、经济适用房权证等材料到不动产登记部门核发不动产登记证或办理产权转移登记手续。

特别提示：购买经济适用房除上市交易审核以及补交土地出让金的流程和程序不一样外，其他流程和程序适用"二手房"交易流程和程序。

（二）注意事项

1.如果夫妻间离婚办理析产手续，不用办理经济适用房转商品房登记的，可直接办理《不动产权证书》产权变更手续。

2.购买有按揭贷款未还清的经济适用住房时应提前了解清楚贷款银行的态度，因为办理过商业按揭贷款的经济适用住房，银行不同意抵押变更且原房主也无法结清抵押的，是不能办理经济适用房转商品房登记的。

3.经济适用房因为在买卖周期中涉及办理经济适用房转商品房登记，会拉长交易周期，如果不能立即进行过户，卖房人将获得充分时间，且不易被权利人查证，那么一房多卖的风险就较高，买房人需要特别注意。

5.经济适用房有上市交易的时间限制，如果在未满足上市交易前就私下交易，那么交易的时间就是比较长，增大了交易的不稳定性也使买房人的风险增大。

6.补交土地出让金是一笔不小的费用，应明确需要向政府补交土地收益等费用由谁承担。

四、购买"房改房"的主要流程与注意事项

（一）主要流程

1.上市交易审核

"房改房"的交易，首先需要对其能否交易进行审核：

（1）早期的"房改房"如果按照成本价购买的，经过一定年限，一般是5年，就可以直接对外销售的。

（2）按照标准价购买的，则需要补交差价款或与原销售单位分成。

（3）后期的"房改房"，大多数是按经济适用房管理的，对外销售适用经济适用房的政策，按照经济适用房交易审核的程序进行审核。

具体处理方式一般是：

①标准价：一般在1995年以前实行房改的，所购"房改房"基本上是用标准价购买的，房屋增值额的80%归个人所有，其余20%需要交回原产权单位。

②成本价：一般在1995年以后实行房改的，所购"房改房"基本上是以成本价购买的，其增值部分全部归个人所有。

③补成本价：在1995年以前已经按标准价房改的，如果在1995年以后，办理了补成本价的手续，则视为以成本价购买，那么增值部分全部归个人所有。

④交换、赠与的，需按成本价付清房款。

⑤已交纳应分摊共有建筑面积价款。

2.其他交易流程适用"二手房"交易流程

（二）注意事项

1.在购买"房改房"之前，一定首先了解清楚所要购买的"房改房"的种类，是成本价房还是标准价房，产权性质是"房改房"，还是"按经济适用住房管理"。

2.需要确认原单位是否有严禁对外销售、优先回购或当地政府相关部门有优先回购的约定或政策。

五、购买"农村房"主要流程及注意事项

(一)主要流程

1.确认"农村房"性质

农村房屋比较复杂,有普通商品房、经济适用房、安置房、"小产权房"、宅基地房屋。需根据房屋性质确定交易流程,普通商品房按照普通商品房的交易流程,经济适用房按照经济适用房的流程;由于"小产权房"以及安置房依法是不能交易的,因此,没有合法的交易流程。本书主要讲述比较通用的农村宅基使用权及其房屋转让的主要流程。

2.农村宅基地使用权自行协商转让主要流程

(1)提交申请:转让双方持相关资料向宅基地所在地的村、镇人民政府(街道办事处)提出书面申请(书面申请须经转让方全体权利人签字确认)。

(2)条件审查:村、镇人民政府(街道办事处)对转让条件进行审查;审查通过前应将转让审查情况在村务公开栏内公示五个工作日。

(3)签订合同:签订转让合同,并经村、镇人民政府(街道办事处)鉴证或公证机构公证。

(4)产权登记:转让双方按合同约定支付相关费用后,可持转让审查表、转让合同、不动产权证、纳税证明等相关资料向不动产登记中心申请办理产权转移登记手续。

3.农村宅基地使用权交易平台挂牌转让主要流程

(1)提交申请:转让方持相关资料向宅基地所在地的村、镇人民政府

（街道办事处）提出书面申请（书面申请须经转让方全体权利人签字确认），由镇人民政府（街道办事处）审查并设定受让人资格条件，出具意见书。

（2）委托挂牌：转让方持意见书、不动产权证等相关资料委托政府指定的交易平台挂牌转让。

（3）挂牌转让：交易平台按法定程序挂牌转让，确认成交，签订转让合同。受让人资格条件由村、镇人民政府（街道办事处）审查并出具相关证明材料。

（4）产权登记：转让双方按合同约定支付相关费用后，可持转让审查表、转让合同、不动产权证、纳税证明等相关资料向不动产登记中心申请办理产权转移登记手续。

（二）注意事项

1.宅基地属于农民集体所有，由村集体经济组织或者村民委员会经营、管理。

2.农村村民一户只能拥有一处宅基地，农村村民出卖、出租住房后，再申请宅基地的，不予批准。

3.农民的住宅不得向城市居民出售，城市居民占用农民集体土地建住宅也难以取得政府相关部门的审批。

4.自2015年起，我国逐渐放宽了农村房屋买卖的限制，十二届全国人大常委会第十三次会议审议通过《关于授权国务院在北京市大兴区等三十三个试点县（市、区）行政区域暂时调整实施有关法律规定的决定》，授权在试点地区暂停实施《中华人民共和国土地管理法》《中华人民共和国城市房地产管理法》的有关规定，启动了农村土地三项制度改革试点工作，设立了33个试点地区，诸如浙江德清、义乌等地城里人购买农村房屋符合一定条件就是合法的。如果在试点地区，农村宅基地买卖符合当地政府出具的细则，都是合法的，不会导致买卖无效。

六、"收房"主要流程及注意事项

（一）主要流程

1.开发商发出收房通知

（1）收房通知中包括收房的时间、须交纳的费用、未按时收房的处理方式等。

（2）接到入住通知书后，首先应判断开发商是否如期交房。若逾期交房，则应提出处理意见，并根据开发商的答复决定是否前往收房。

2.确定是否达到交房标准

（1）《竣工验收备案表》

《房屋建筑工程和市政基础设施工程竣工验收备案表》是目前收房环节中最应该注意的文件，是工程验收合格的最主要文件，如果没有验收备案，购房者有权拒绝收房。

（2）《住宅质量保证书》

《住宅质量保证书》是开发商针对房屋质量及保修期限、范围作出的承诺，是购房合同的附件，与购房合同具有同等的效力。所以提醒收房者要仔细审查其中的具体条款，注意保修期限。

（3）《住宅使用说明书》

《住宅使用说明书》是针对房屋设计、施工及验收中的具体技术指标，如抗震指数、墙体结构类型等作出的相关说明和提出注意事项。

3.办理入住手续

业主按收房通知书，带齐相关材料，一般是业主身份证、购房合同、购房发票或收据，到开发商指定地点办理手续：

（1）签署房屋面积误差的补充协议书。

（2）签署收房确认书，签署前期物业合同、业主公约等。

（3）缴纳契税、住宅专项维修基金、物业费、面积差额房款（期房）等。

4.验收交房

（1）检测房屋面积

要求开发商出具《实测面积测绘报告》，如果有条件的，最好请检测机构进行检测，无法做到的，最好也自行通过测量屋内面积进行推算，看是否相差太大，如果发现太大，再请专业机构检测，若面积误差超出3%，可以拒绝收房。

（2）检验房屋质量

对房屋进行验收，看是否存在质量问题，对发现的重大质量问题要及时提出，在整改后再验收交房，对于小的质量问题，记录清楚，要求在交房后限时完成整改。房屋验收主要从以下几个方面入手：

①"看外部"：观察外立面、外墙瓷砖和涂料、单元门、楼道。

②"查内部"：检查入户门、内门、窗户、天棚、墙面、地面、墙砖、地砖、上下水、防水存水、强弱电、暖气、煤气、通风、排烟、排气。

③"测相邻"：主要是就闭存水试验、水表空转等问题与楼上楼下的邻居配合查验。

（3）交接房屋

房屋验收合格后，开发商将钥匙交给购房者。一般而言，钥匙的交付是房屋交接的主要标志，房屋权利归业主行使，风险也由业主承担。

房屋检验没有问题的：按实际验收情况填写《验房交接表》等相关文件。在这个记录表上，应把检验情况逐一记录，凡是无法确认的事项，则不记录或写上"暂不清楚""无法认定"等字样。若发现问题，则如实记录下来，并要求开发商限期处理。

如有不满意的地方，可提出意见并将意见填写在《验房交接表》中，作为书面依据，如开发商未准备有关表格，买家应另以书面形式将意见送交开发商。

发现问题，买卖双方可协商解决，如属可整修内容，应协商并签署有关整改维修文件，约定下次验收时间（一般不超过30天）。

对发现的问题要详细在验楼表上予以注明，如果确实属于不能收楼的，要详细写明不予收楼的原因并要求开发商签字、盖章，如果开发商不愿意签字、盖章，应通过录音录像等办法留存证据。

（二）注意事项

1.要注意收房的期限，因购房者的原因造成未按时交房，往往会视同交房，责任由购房者承担。

2.有特殊情况不能如期到场的，可以书面形式委托亲友、律师进行，也可及时与开发商联系，商议另行约定时间，并保留相关证据。

3.收房时先要审查验收文件，确认房屋已经具备交付条件之后，才能进一步进行验房、结算费用、交钥匙等交接工作。

4.《建筑工程竣工备案表》是最重要的文件，如果没有此表就说明它根本不具备交房的标准，购房者有权拒绝收房。

5.如果开发商拒绝出示验收合格文件，购房者要求开发商签收"关于出卖人拒绝出示《住宅质量保证书》《住宅使用说明书》《建筑工程竣工验收备案表》的责任确认函"。如果开发商拒绝签收，通过录音录像的方式保留证据。

6.一定要掌握"先验后收"的原则。如果开发商拒绝先验房后办理其他交付手续，则购房者可要求开发商签收"关于出卖人拒绝交验房屋的责任确认函"后终止办理手续。

7.若发现有质量问题，开发商应限期维修，购房者应要求开发商签订书面函件，由此导致业主逾期入住的，开发商应承担违约责任。

8.验房坚持的原则：只要发现问题，不管大小，都要在相关文件或表格中记录下来，而不管开发商陪同的收房人员如何"花言巧语"；如果楼盘根本就没准备验收登记表，则应自备纸笔，一一记录。

9.物业公司的行为代表不了开发商（除非有明确书面授权），因此，不要就房屋质量的问题与物业公司签署文件。

七、房产过户指南及注意事项

（一）新建房屋过户主要流程

新建房屋买卖的（含商品房、经济适用住房、限价商品住房、按经济适用住房管理住房、自住型商品住房等项目），应提交以下材料：

1.不动产登记申请书原件；

2.申请人身份证明；

3.不动产权属证书原件；

4.房屋买卖合同或安置补偿协议原件，其中，通过网签方式签订预售合同或买卖合同的，应提交网上签订的预售合同原件或网上签订的买卖合同原件；已办理预购商品房预告登记或不动产转移预告登记的，提交不动产登记证明原件，不提交房屋买卖合同或安置补偿协议；

5.签订预售合同的，买卖双方关于房号、房屋实测面积和房价结算的确认书原件；

6.购买经济适用住房的，还应当提交经济适用住房购房资格核定表或者审批表原件；

7.属于安置用房的，还应提交经人民政府确认的被安置人明细表原件或者安置证明原件，安置包括征收、拆迁、危旧房改造、棚户区改造、人口疏解、环境整治等；

8.属于绿化隔离地区按划拨方式供地的农民自住房，还应提交乡（镇）人民政府出具的购房者属于集体经济组织成员的证明材料原件；

9.属于以出让方式取得国有建设用地使用权的研发、工业用途房屋，转让时按照《关于进一步加强研发、工业项目监管有关问题的通知》规定提交转让批准文件；

10.车位办理转移登记的，还应提交购房者在本物业管理区域内所购房屋买卖合同或不动产权属证书；

11.宗地图、房产分户图两份原件；

12.已经办理预告登记的，提交不动产登记证明原件；

13.契税完税（或减免税）凭证；

14.其他必要材料。

（二）二手房过户主要流程

二手房过户登记，应当由买卖双方共同准备好以下申请材料：

1.不动产登记申请书原件；

2.申请人身份证明；

3.不动产权属证书原件；

4.提交网上签订的买卖合同原件，已办理不动产转移预告登记的，提交不动产登记证明原件，不再提交房屋买卖合同；

5.房屋被征收的，提交人民政府的房屋征收决定和被征收人明细表；

6.房屋拍卖的，提交拍卖成交确认书原件，拍卖成交确认书应载明委托人、拍卖人、买受人姓名或名称、房屋坐落、成交价格等内容，拍卖成交确认书中未载明以上内容的，还应提交相应的证明文件原件；

7.已购经济适用住房上市的，提交住房保障管理部门出具的上市出售意见原件（重点工程拆迁对接安置经济适用住房除外）；

8.车位办理转移登记的，提交购房者在本物业管理区域内所购房屋买卖合同或不动产权属证书；

9.以划拨方式取得国有建设用地使用权的房屋（成套住房除外），其建设用地使用权随房屋一并转让，继续保留划拨用地性质的，提交有批准权的人民政府批准划拨的证明文件；

10.已购按经济适用住房管理住房、"房改房",以及符合转让期限等规定的经济适用住房、限价商品住房、自住型商品住房等房屋转移登记的,提交补交土地收益的证明原件,但房屋性质不变的情形除外。其中,重点工程对接安置经济适用住房,按照出售价格10%缴纳土地收益等价款的,还应提交《重点工程和危改区被拆迁居民家庭购买经济适用住房审核表》或者拆迁管理部门的认定意见;

11.已购经济适用住房、限价商品住房、自住型商品住房等房屋转移登记,产权性质不变的,提交住房保障管理部门或其指定出具的批准意见,但涉及继承、遗赠、夫妻离婚析产及不动产登记簿记载为夫妻一方单独所有,申请登记为夫妻共有的情形除外;

12.已购标准价、优惠价"房改房"转移登记的,提交补交房屋差价或者满65年工龄的证明原件,但房屋性质不变的情形除外;

13.涉及住房限购的,按当地限购政策有关规定提交相关资料;

14.已经办理预告登记的,提交不动产登记证明原件;

15.契税完税(或减免税)凭证。

(三)注意事项

申请人身份证明

1.境内自然人:成年人为居民身份证,未成年人为居民身份证或户口簿,个体工商户或农村承包经营户为相应身份登记证明文件;

2.中国香港特别行政区、中国澳门特别行政区自然人:中国香港特别行政区、中国澳门特别行政区居民身份证、护照,或者来往内地通行证;

3.中国台湾地区自然人:台湾居民来往大陆通行证;

4.华侨:中华人民共和国护照和国外长期居留身份证件;

5.外籍自然人:中国政府主管机关签发的居留证件,或者其所在国护照;

6.境内营利法人:营业执照,或者其他身份登记证明;

7.境内非营利法人:事业单位法人证书,社会团体法人登记证书,基金会法人登记证书，社会服务机构登记证书，或者其他身份登记证明，或者成立之日起即具有法人资格所依据的文件；

8.境内特别法人：统一社会信用代码证书，北京市农村合作经济组织登记证书，城镇农村的合作经济组织法人、基层群众性自治组织法人身份登记证明，或者自成立之日起即具有法人资格所依据的文件；

9.境内非法人组织：营业执照，或者其他身份登记证明；

10.中国香港特别行政区、中国澳门特别行政区、中国台湾地区的法人或非法人组织：其在境内设立分支机构或代表机构的批准文件和注册证明，或者其注册文件在注册地公证后经有关部门转递或确认的材料；

11.境外法人或非法人组织：其在境内设立分支机构或代表机构的批准文件和注册证明，或者其注册文件在注册地公证后经中国驻外使（领）馆认证的材料；

12.外国驻华使（领）馆和外国驻华办事机构、国际组织驻华代表机构：该使（领）馆、办事机构、代表机构的身份证明材料。

（四）代理事项

1.委托人代为申请

申请人委托代理人申请不动产登记的，代理人应当向登记部门提交申请人身份证明、授权委托书及代理人的身份证明。授权委托书中应当载明代理人的姓名或者名称、代理事项、权限和期间，并由委托人签名或者盖章。代理人为两人或者两人以上，代为申请不动产登记的，全部代理人应当共同代为申请，但当事人另有约定的除外。

自然人处分不动产，委托代理人申请登记的，应当与代理人共同到不动产登记机构现场签订授权委托书，但授权委托书经公证的除外，具体情形包括：

（1）不动产权利转移登记转出方为自然人的；

（2）自然人放弃不动产权利申请注销登记的；

（3）抵押权（含最高额抵押权）设立登记中抵押人为自然人的；

（4）涉及抵押标的物范围、担保主债权数额、债务履行期限、担保债权范围或者抵押权顺位的抵押权（含最高额抵押权）变更登记中抵押当事人为自然人的；

（5）抵押权（含最高额抵押权）转移登记中抵押权转出方为自然人的；

（6）最高额抵押权确定登记中抵押权人为自然人的；

（7）抵押权（含最高额抵押权）注销登记中抵押权人为自然人的；

（8）自然人为权利人，申请更正不动产权属状况的；

（9）其他涉及自然人处分不动产的登记情形。

中国香港特别行政区、中国澳门特别行政区、中国台湾地区及外国申请人处分不动产的，其授权委托书应当按照国家有关规定办理认证或者公证。

2.监护人代为申请

无民事行为能力人、限制民事行为能力人申请不动产登记的，应当由其监护人代为申请。监护人应当向登记部门提交申请人身份证明、监护关系证明及监护人的身份证明，以及被监护人为无民事行为能力人、限制民事行为能力人的证明材料。被监护人行为能力的有关证明文件，系指未成年人的身份证明，或者人民法院认定行为能力的生效法律文书。

未成年人父母代为申请登记的，监护关系证明材料可以是证明父（母）子（女）关系的出生医学证明、收养证明、户口簿等。未成年人父母已经死亡或者没有监护能力的，监护关系证明材料可以是证明监护人与被监护人为亲属关系的证明材料、经未成年人住所地的居民委员会或村民委员会或民政部门同意的其他愿意担任监护人的个人或组织的证明材料、被监护人父母担任监护人通过遗嘱指定监护人的材料、具有监护资格的人之间确认监护人的协议、人民法院等有指定权的部门指定监护人的材料等。

无民事行为能力或者限制民事行为能力成年人的监护人代为申请登记的，监护关系证明材料可以是证明监护人与被监护人为亲属关系的证明材料、经成年人住所地的居民委员会或村民委员会或民政部门同意的其他愿意担任监护人的个人或组织的证明材料、成年人与其近亲属或其他愿意担任监护人的个人或者组织事先协商确定监护人的材料、被监护人父母担任监护通过遗嘱指定监护人的材料、具有监护资格的人之间确认监护人的协议、人民法院等有指定权的部门指定监护人的材料等。

处分被监护人不动产的，应提交为被监护人利益而处分不动产的书面保证；监护人委托代理人申请的，为被监护人利益而处分不动产的书面保证应当经过公证。

（五）其他注意事项

1.申请材料要求提交原件的，应提交原件；未要求提交申请材料原件的，提交与原件核验一致的复印件，并经登记部门工作人员比对后，由登记部门工作人员签字并加盖原件相符章。不能提供原件核验的，应当提交该材料的出具机构或职权继受机构确认与原件一致的复印件。

2.申请人申请不动产登记，应当如实、准确填写登记部门制定的不动产登记申请书。申请人为自然人的，申请人应当在不动产登记申请书上签字；委托他人申请不动产登记的，代理人应在不动产登记申请书上签字；申请人为法人或其他组织的，代理人应在不动产登记申请书上签字，可不加盖法人或其他组织的公章。

3.申请不动产登记的，申请人或者其代理人应当向登记部门提供有效的联系方式。申请人或者其代理人的联系方式发生变动的，应当书面告知登记部门。

4.填写申请材料应使用黑色钢笔或签字笔，不得使用圆珠笔、铅笔。因申请人填写错误确需涂改的，需由申请人在涂改处签字（或盖章）确认。

5.申请材料应使用汉字文本，外文文本的申请材料应当附经公证或者认证的汉字译本。

八、房产抵押指南及注意事项

（一）办理指南

1.办理房产抵押登记所需材料

（1）不动产权登记申请书（原件）；

（2）申请人身份证明；

（3）存在监护、委托代办情形的，区分情形提交：

①监护人代为申请登记的提交：监护人身份证明（核原件）、监护关系证明材料（核原件）；

②委托代理人申请登记的提交：授权委托书（原件）、代理人身份证明（核原件）；

③法人、其他组织申请登记的提交：法定代表人身份证明（复印件）、法定代表人证明书（原件）；

④不动产权属证书（原件或免证办）；

⑤主债权合同和抵押合同（属最高额抵押的，应提交将要连续发生债权的合同或其他登记原因证明文件以及最高额抵押合同）(原件)；

⑥同意抵押的证明材料（原件），区分情形包括：

a.抵押人属国有或国有控股企业的提交：国有资产管理部门或其上级主管部门同意抵押的证明材料；

b.抵押人属机关、事业单位、集体企业的提交：上级主管部门同意抵押的证明材料；

c.抵押人属合伙企业的提交：全体合伙人同意抵押的证明材料；

d.以共有不动产抵押的提交：其他共有人同意抵押的证明材料；

e.以国家租赁国有建设用地使用权抵押的提交：自然资源部门的批准文件。

2.专门材料（原件），区分情形包括

（1）以地上有合法建筑物的国有划拨土地使用权抵押的提交：优先补交地价款的保证书、市政府或自然资源部门批准抵押的文件；

（2）以集体建设用地使用权或地上有合法建筑物的集体建设用地使用权设定抵押的，提交同意集体建设用地使用权设定抵押的材料，该材料具体包括：

①管理机构审核同意文件（原件）；

②经镇人民政府（街道办）见证下，经本集体经济组织表决同意抵押的材料（原件）；

③需要土地管理部门批准抵押的，提交经批准抵押的文件（原件）。

（3）以无（限制）民事行为能力人名下不动产抵押的，监护人应提交：

①为被监护人利益而处分不动产的书面保证；

②以在建商品房项目设定抵押的提交：预售管理部门出具的未办理预售许可意见；

③以已出租的不动产抵押的提交：抵押情况告知承租人的告知书；

④抵押房地产属旧村改造或三旧改造项目用地的应提交政府土地管理部门同意抵押的文件；

⑤抵押房地产上存在建筑物构筑物以外的其他附着物，需一并办理抵押时提交：地上附着物权属证明；

⑥抵押不动产存在异议登记的提交：知悉异议并愿意自担风险的承诺；

⑦在建工程抵押的，提交建设工程规划许可证、报建总平面图；

⑧同意将最高额抵押权设立前已经存在的债权转入最高额抵押担保范围的，应当提交已存在债权合同以及当事人同意将该债权纳入最高额抵押担保范围的书面材料。

（二）注意事项

1.抵押权人需要检查确保抵押标的物产权关系明晰，抵押人对其应拥有完整的产权，即拥有完整的处分权。

2.抵押财产禁止转让的约定必须进行登记。《民法典》的规定从根本上改变了未经抵押权人同意不得转让抵押财产的规则，在办理抵押登记时，确保该等约定登记于不动产登记簿。

3.注意在办理不动产抵押登记时对抵押合同约定的全部担保范围进行登记，以保障能够对全部的担保范围享有抵押权。

4.对于在建工程抵押的抵押权人而言，为最大程度保障抵押权，除在抵押合同中约定对在建工程续建部分享有抵押权外，还应当及时与抵押人就续建部分办理抵押登记。

5.随着《农村承包土地的经营权抵押贷款试点暂行办法》和《农民住房财产权抵押贷款试点暂行办法》的发布，现在在部分试点地区也可以进行耕地、宅基地房屋抵押贷款。

九、房产继承的主要方式、办理流程及注意事项

房产继承主要分为公证继承、诉讼继承和其他非公证继承，无论是公证继承还是其他非公证继承，都只有在全部继承人对继承份额协商一致、没有争议的情况下进行。如果继承人对继承无法达成协议，只有通过诉讼的方式，由法院来裁定。诉讼得到判决结果后，相关继承人便可以持身份证、房屋所有权证和法院生效判决书或调解书，到不动产登记中心办理继承过户手续。

（一）公证继承

公证继承，就是要先办理继承权公证，再办理继承过户。2016年7月5日，司法部发布关于废止《司法部、建设部关于房产登记管理中加强公证的联合通知》，废止了继承房产变更登记必须进行继承公证的要求，但继承人仍可以选择到公证处进行公证继承，再前往不动产登记中心办理房屋的转移登记。

1.程序：在公证处办理继承手续后，持继承公证书、身份证明文件、原不动产权属证书，到不动产登记综合受理窗口申请办理转移登记。

2.继承公证需要材料：

（1）继承人的身份证、户口簿，被继承人的结婚证。

（2）被继承人的死亡证明：由派出所或者医院出具死亡证明；墓碑照。

（3）与被继承人有继承关系的亲属关系证明（户籍档案、人事档案、单位证明、公证书等）。

（4）遗产权利凭证：房产证、土地证、存单（折）、车辆登记证、购房合同、拆迁安置协议书等。

（5）如继承人无法亲自到场表示放弃继承的，应提供公证的放弃继承权声明书；继承人愿意继承但不能亲自申办继承公证的，应当办理公证委托书，在委托书中明确表示要求继承且在法定期限内。

（6）如被继承人死亡时未满75周岁，需提供其父母的死亡证明。

（7）提供1-3名证明人（证明人需带身份证、与财产没有利害关系）。

（8）承办公证员认为需提交的其他资料。

准备好上述资料，在所有继承人对继承份额没有异议的情况下，公证处可以出具《继承权公证书》，继承人便可以持身份证、房屋所有权证和《继承权公证书》到不动产登记中心办理继承过户手续。

（二）诉讼继承

1. 前往法院办理继承诉讼后，持法院生效的继承法律文书、身份证明文件、原不动产权属证书，到不动产登记综合受理窗口申请办理转移登记。诉讼继承涉及法院管辖问题，根据《民事诉讼法》关于专属管辖的规定，如果继承纠纷涉及的是房屋等不动产，只能在不动产所在地法院提起继承的诉讼。

2. 遗产继承案件所需要的最基础的立案材料（遗产继承诉讼还存在个案的差异，所以每个案件所需提交的材料都不尽相同）：

（1）原被告的身份信息（如身份证复印件、户籍信息、联系地址、联系电话）；

（2）被继承人的直系亲属关系证明（该材料可去户籍地派出所进行亲属关系摘抄、被继承人生前所在单位进行履历摘抄等）；

（3）要向提交被继承人的死亡证明（由公安机关或医院出具的有效证明）；

（4）应当提交被继承人主要遗产的相关材料（如房产产权登记信息、银行存折清单等）。

3.继承纠纷案由确定

遗赠抚养协议的效力优先于遗嘱继承，遗嘱继承优先于法定继承。如果被继承人生前与他人签订有遗赠扶养协议，同时又立有遗嘱的，继承开始后，如果遗赠扶养协议与遗嘱没有抵触，遗产分别按照协议和遗嘱处理；如果有抵触，按遗赠扶养协议处理。因此，在继承案件中，法院应查明是否存在遗嘱和遗赠扶养协议，确定继承纠纷的案由。

4.遗产的分割

继承案件审理中，法官会确定遗产的范围、价值、种类和存在形式，明确遗产是否具备分割条件及分割方式。

遗产中，一般房产系价值较大的财产，继承案件中当事人争议的焦点主要集中在对房产的处理上。继承案件中的房产处理与离婚案件处理的方式比较接近，夫妻之间如果没有特殊约定，在婚姻关系存续期间所得的房产归夫妻共同所有，分割遗产时，应当先将共同所有的房产的一半分割配偶所有，其余的为被继承人的遗产。当继承人对遗产中的房屋价值及归属无法达成协议时，可按照以下情形分别对待：

（1）各方均主张房屋所有权并且统一约定竞价取得的，应当准许；

（2）一方主张房屋所有权的，评估机构按市场价格对房屋作出评估，取得房屋所有权的一方应当给予其他方相应的补偿；

（3）各方均不主张房屋所有权的，根据当事人的申请拍卖房屋，就所得价款进行分割。

（三）非公证继承

1.其他非公证继承的方式，不动产登记中心现场进行审核，实质上类似于公证处做继承权公证的那套实质审查，所需的资料基本相同，其审查标准也基本一致，其他非公证继承只是省去到公证处做继承权公证的程序和费用。

2.备齐各项证明材料之后，所有继承人当场确定继承房产的份额，并签订关于不动产的分配协议，不动产登记中心就可以进行继承房产的登记过户。

（1）全部继承人持房屋产权证或不动产权证、身份证明、户口簿、亲属关系材料到场（继承人包括死者的父母、配偶、子女，无法到场的可提供公证委托书或放弃继承权公证声明书；已经去世的需提供死亡证明）。

（2）亲属关系证明：包括死者的父母、配偶、子女（父母包括养父母、继父母；子女包括婚生子女、非婚生子女、养子女、有抚养关系的继子女、已死亡或者失踪等其他子女）。需提交资料包括：户口簿、婚姻证明、收养证明、出生医学证明，被继承人（死者）的子女若为独生子女，可提供独生子女证或其他能够证明相关亲属关系的材料等，或由公安机关、街道办事处、（村）居委会或被继承人单位等职能单位出具亲属关系材料。

（3）死亡证明：由医疗机构出具的死亡证明、公安机关出具的死亡证明、注明死亡日期的注销户口证明或人民法院宣告死亡的判决书。

（四）注意事项

1.申请人、代理人身份证明（验证原件）

（1）境内自然人：居民身份证或者军官证、士官证等；居民身份证遗失的，应提交临时身份证；未成年人可提交户口簿。

（2）中国香港特别行政区、中国澳门特别行政区自然人：提交中国香港特别行政区、中国澳门特别行政区居民身份证、护照，或者来往内地通行证。

（3）中国台湾地区自然人：提交台湾居民来往大陆通行证。

（4）华侨：提交中华人民共和国护照和国外长期居留身份证件。

（5）外籍自然人：中国政府主管机关签发的居留证件，或者其所在国护照。

2.代理

（1）无民事行为能力人、限制民事行为能力人申请不动产登记的，应当由其监护人代为申请。监护人应当向不动产登记机构提交监护关系证明及监护人的身份证明复印件（提供原件核对），以及被监护人为无民事行为能力人、限制民事行为能力人的证明材料复印件（提供原件核对）。

（2）监护关系证明材料可以是户口簿、监护关系公证书、出生医学证明，或者所在单位、居民委员会、村民委员会或者人民法院指定监护人的证明材料。

（3）代理人为两人或者两人以上的，全部代理人应当共同代为申请，但另有授权的除外。

3.其他事项

（1）外文文本的申请材料应当翻译成汉字译本，汉字译本的真实性由当事人负责。

（2）非公证的，按《不动产登记操作规范（试行）》和非公证继承、受遗赠不动产登记相关文件规定办理。

（3）如有特殊情况，应根据具体情况补充相关材料。

十、房产赠与的主要流程及注意事项

（一）主要流程

1.签订房屋赠与合同

双方签署赠与合同，详细约定赠与的房产权属、房屋情况、赠与过户的流程，以及是否可以撤销等相关事项。主要写清楚双方当事人的准确完整信息，房屋完整信息，清楚表明赠与的条款。

2.办理完税手续，缴纳税款

（1）非直系亲属房产赠与税费：

①受赠方需缴纳契税3%、个人所得税20%；

②赠与方需缴纳增值税及附加（含增值税、城建税、教育费附加、地方教育附加）6%。

（2）直系亲属房产赠与税费：

①直系亲属之间无偿赠与房产，免征增值税和个税，需缴纳3%契税；

②直系亲属包括：配偶、父母、子女、祖父母、外祖父母、孙子女、外孙子女、兄弟姐妹。

上述规定也适用于房屋产权所有权人将房屋产权无偿赠与对其承担直接抚养或者赡养义务的扶养人或赡养人的情形。

同时，值得注意的是，不管以哪种方式进行赠与都要缴纳万分之五的印花税。

3.办理产权过户，赠与过户所需材料

（1）赠与方权利人（原产证权利人）身份证复印件一套；

（2）受赠方权利人（现产证权利人）身份证复印件一份；

（3）产权证复印件一套；

（4）户口本（若是直系亲属，能证明直系亲属证明或直系亲属公证书）；

（5）房屋赠与合同原件和复印件；

（6）已缴纳税款的凭证。

（二）注意事项

1.赠与是无偿的法律行为，法律后果不同于有偿的转让行为；

2.赠与后变更产权登记的税费与继承后变更的标准不同，办理前应向税务局机关咨询；

3.一般的赠与行为，赠与人在赠与财产的权利转移之前可以撤销赠与，但是经过公证的赠与合同除外，也就是说经过公证的赠与行为不能撤销；

4.直系亲属之间的赠与、再次转让，房屋购买年限以赠与前的房本、契税票时间计算，原值为赠与人购买时的原值；

5.非直系亲属之间的赠与、再次转让时以最新商品房的税费政策为准，时间以受赠人取得产权证或契税票时间为准，原值为赠与后的金额；

6.父母赠与未成年子女的，如果户口本在一起可以体现直系关系，不需要提供监护权公证，否则需提供监护权公证；

7.即使赠与人可以通过赠与方式腾出房票，但赠与的房屋是计入受赠人的房产套数，受赠人再购买新的房屋时受限购政策的影响；

8.交易房屋评估价格是系统直接给到的评估价格，此价格一旦受理，不可变更，现场打好税单，需要当天缴纳契税；

9.赠与的房子不受限购，不需要查询限购；

10.产权证会被交易中心办理时收走，如有需要使用，请提前复印备用。

十一、夫妻婚内房产赠与、共有、分割的方式和注意事项

（一）婚姻存续期间，夫妻之间赠与、共有房屋

在婚姻关系存续期间，夫妻之间将自己一方所有的房屋赠与另一方所有，或将自己一方的房屋变成夫妻共同所有，应签订书面协议并办理过户或加名登记手续。

为了维护双方感情及婚姻关系的稳定，常有夫妻之间相互赠与房屋或者夫妻一方将个人房产约定为共同共有或按份共有的情况，这种赠与行为通常会签订一份书面协议，但是大部分人不会去办理过户登记手续。以为反正是夫妻共同财产或已经明确约定了赠与一方了。

但是，如果婚前房产婚后约定赠与、共有，若没办理更名或加名登记，原持有房屋的夫妻一方在产权变更登记之前可以行使任意撤销权。

因此，除签订赠与合同或夫妻财产约定外，还应当办理变更登记手续，而且，夫妻关系存续期间过户或加名，是无须缴纳税费的。

《最高人民法院关于适用〈中华人民共和国民法典〉婚姻家庭编的解释（一）》第三十二条规定，婚前或者婚姻关系存续期间，当事人约定将一方所有的房产赠与另一方或者共有，赠与方在赠与房产变更登记之前撤销赠与，另一方请求判令继续履行的，人民法院可以按照民法典第六百五十八条的规定处理。

而《民法典》第六百五十八条规定，赠与人在赠与财产的权利转移之前可以撤销赠与。经过公证的赠与合同或者依法不得撤销的具有救灾、扶贫、助残等公益、道德义务性质的赠与合同，不适用前款规定。

如果房产尚未进行转移登记或"加名"的变更登记,那么赠与人仍是赠与房产的所有权人。因为不动产物权登记是物权变动的生效要件,发生物权转移的效力。即使夫妻一方实际占有另一方的不动产,如果未办理所有权转移登记或者"加名"的变更登记,应当认定为赠与财产的权利尚未转移,除非经过公证,否则,赠与的夫妻一方依然可以行使任意撤销权。

《民法典》第六百五十九条规定,赠与的财产依法需要办理登记或者其他手续的,应当办理有关手续。由于夫妻共同生活,夫妻一方的财产往往只是名分的不同,实际上大多由夫妻双方共同管理和使用。因此,即使另一方一直合法占有使用该房产,也不能认定房产所有权已经转移,赠与人仍可以撤销赠与。

办理房产过户登记后,房产所有权才合法转移给受赠人,同时赠与人的任意撤销权也归于消灭。夫妻一方就赠与另一方房产的约定行使任意撤销权,如果赠与房产已经办理房产过户登记,或者虽未办理过户登记但已办理公证手续的,对受赠的一方请求办理过户登记的诉讼请求,人民法院会予以支持。

(二)婚姻存续期间,夫妻之间分割房屋

夫妻共同财产从性质上说,属于共同共有。夫妻在婚姻关系存续期间,无论属于双方或一方的收入,无论各自收入的数量多少,也无论其中一方有无收入,夫妻作为共同生活的伴侣,对共同财产享有平等的所有权。对共同财产,夫妻双方均有依法占有、使用、收益和处分的权利。

但是在夫妻关系存续期间,共同财产制的实行也不是一成不变的。如果出现夫妻一方管理不善等行为,继续维持共同财产制将会使另一方配偶的利益受到危害时,另一方配偶就可以请求法院改变为分别财产制,即进行财产分割。

《民法典》第一千零六十六条规定:"婚姻关系存续期间,有下列情形之一的,夫妻一方可以向人民法院请求分割共同财产:(一)一方有隐藏、转移、变卖、毁损、挥霍夫妻共同财产或者伪造夫妻共同债务等严重损害夫妻共同财产利益的行为；（二）一方负有法定扶养义务的人患重大疾病需要医治，另一方不同意支付相关医疗费用。"

需要注意的是，在夫妻关系存续期间分割财产将导致夫妻关系恶化，因此，对于夫妻关系存续期间的分割具有较高的要求，同时，只有通过法院诉讼的方式。

对于隐藏、转移和毁损夫妻共同财产的行为较为容易识别，一般争议不大，而对于变卖、挥霍行为，应当作进一步的解读。

变卖行为不仅是将共同财产出售变卖，而且应当界定为一方未经对方同意，私自变卖夫妻共同财产，将所得收入隐藏、转移、毁损、挥霍的行为。挥霍是指随意、任意花钱，夫妻关系存续期间，一方为了自己或者双方的需求进行消费是正常的，如何将一些消费行为认定为挥霍，应当根据消费水准、消费数额、消费目的以及消费的合理性和正当性确定。如一方将夫妻共同财产用于赌博、吸毒、酗酒等，即使数额不大，也应当认定为"挥霍"，而一方将夫妻共同财产用于再学习、照顾一方或双方的父母子女、正常投资等，即使数额较大，也难以认定为挥霍。认定一方的消费行为是否为挥霍，不仅从消费本身来讲，更要考虑消费的原因和目的，从主观正当性考虑是否属于"挥霍"夫妻共同财产，目的的正当性应当可以阻止"挥霍"的认定。

扶养可以分为法定扶养、协议扶养和遗嘱扶养，但只有负有法定扶养义务的亲属因重大疾病医治才可以请求分割共同财产。至于"重大疾病"是否认定为"重大"，在司法实践中是参照医学上的认定，借鉴保险行业中对重大疾病的划定范围，一般认为，某些需要长期治疗、花费较高的疾病，如糖尿病、肿瘤、脊髓灰质炎等，或者直接涉及生命安全的疾病属于重大疾病。

图书在版编目(CIP)数据

房产纠纷常用法律问答与典型案例 / 刘寿明主编. —北京：中国法制出版社，2023.9
ISBN 978-7-5216-3857-8

Ⅰ.①房… Ⅱ.①刘… Ⅲ.①房屋纠纷—案例—中国 Ⅳ.①D922.385

中国国家版本馆CIP数据核字（2023）第165464号

策划编辑/责任编辑：黄会丽　　　　　　　　　　　封面设计：李　宁

房产纠纷常用法律问答与典型案例
FANGCHAN JIUFEN CHANGYONG FALÜ WENDA YU DIANXING ANLI

主编/刘寿明
经销/新华书店
印刷/三河市国英印务有限公司
开本/710毫米×1000毫米　16开　　　　印张/30.25　字数/447千
版次/2023年9月第1版　　　　　　　　2023年9月第1次印刷

中国法制出版社出版
书号ISBN 978-7-5216-3857-8　　　　　　　　　　　定价：98.00元

北京市西城区西便门西里甲16号西便门办公区
邮政编码：100053　　　　　　　　　　　传真：010-63141600
网址：http://www.zgfzs.com　　　　　　编辑部电话：010-63141784
市场营销部电话：010-63141612　　　　印务部电话：010-63141606
（如有印装质量问题，请与本社印务部联系。）